N. Ali Heji

Susanne Blanz, Ralf Courvoisier, Arthur Kalwis

Rechnungswesen

für Sozialversicherungsfachangestellte

8. Auflage

Bestellnummer 5903

Bildungsverlag EINS
westermann

Die in diesem Produkt gemachten Angaben zu Unternehmen (Namen, Internet- und E-Mail-Adressen, Handelsregistereintragungen, Bankverbindungen, Steuer-, Telefon- und Faxnummern und alle weiteren Angaben) sind i. d. R. fiktiv, d. h., sie stehen in keinem Zusammenhang mit einem real existierenden Unternehmen in der dargestellten oder einer ähnlichen Form. Dies gilt auch für alle Kunden, Lieferanten und sonstigen Geschäftspartner der Unternehmen wie z. B. Kreditinstitute, Versicherungsunternehmen und andere Dienstleistungsunternehmen. Ausschließlich zum Zwecke der Authentizität werden die Namen real existierender Unternehmen und z. B. im Fall von Kreditinstituten auch deren IBANs und BICs verwendet.

Die in diesem Werk aufgeführten Internetadressen sind auf dem Stand zum Zeitpunkt der Drucklegung. Die ständige Aktualität der Adressen kann vonseiten des Verlages nicht gewährleistet werden. Darüber hinaus übernimmt der Verlag keine Verantwortung für die Inhalte dieser Seiten.

service@bv-1.de
www.bildungsverlag1.de

Bildungsverlag EINS GmbH
Ettore-Bugatti-Straße 6-14, 51149 Köln

ISBN 978-3-8237-**5903**-4

westermann GRUPPE

Inhalt

Teil I Dreisatz, Prozent- und Zinsrechnen

Teil II Statistik

Teil III Haushaltsrecht und Rechnungswesen sowie Vermögensanlage der Krankenkassen

Teil IV Buchführung der Sozialversicherung am Beispiel der Krankenversicherung

Anhang

I Dreisatz, Prozent- und Zinsrechnen

1 Dreisatz

Der Dreisatz kann immer dort angewendet werden, wo aus gegebenen Größen, die in einem bestimmten Verhältnis stehen, eine weitere unbekannte Größe gesucht wird. Dabei schließt man stets von der bekannten Vielheit über die Einheit auf die unbekannte Vielheit.

1.1 Einfacher Dreisatz

Aus drei bekannten Größen soll eine vierte, unbekannte Größe bestimmt werden.

1.1.1 Einfacher Dreisatz mit geradem Verhältnis

Zwei Größen stehen in einem geraden Verhältnis, wenn sich bei einer Vergrößerung der einen Größe auch eine Vergrößerung der anderen Größe ergibt und umgekehrt: wenn sich bei einer Verkleinerung der einen auch eine Verkleinerung der anderen Größe ergibt. Die Größen stehen also in einem proportionalen Verhältnis zueinander. **Je mehr** Mitglieder die Krankenkasse hat, **desto mehr** Beitragseinnahmen hat die Krankenkasse bzw. **je weniger** Mitglieder eine Rehabilitationsmaßnahme beim Rentenversicherungsträger in Anspruch nehmen, **desto weniger** Ausgaben hat der Rentenversicherungsträger für die Rehabilitation.

In geradem Verhältnis zueinander stehen z. B.:

- Weg und Zeit (bei gleicher Geschwindigkeit)
- Fahrpreis und Fahrstrecke
- Preis und Gütermenge
- Arbeitsentgelt und Arbeitszeit
- Zinsen und Kapital (bei gleichem Zinssatz und gleicher Zeit)

Beispiel

Einer Krankenkasse werden 12 Kartons Vordrucke für 2 460,00 € angeboten. Wie viel Euro müsste die Krankenkasse für 17 Kartons bezahlen?

Lösung

1. Ansatz aufstellen

Bedingungssatz:	12 Kartons –	2 460,00 €
Fragesatz:	17 Kartons –	x €

Der Ansatz soll immer in der Weise aufgestellt werden, dass das x am Ende des Fragesatzes steht. Ferner ist darauf zu achten, dass gleiche Bezeichnungen untereinanderstehen (z. B. € unter €).

2. Schluss (in drei Sätzen) von der bekannten Vielheit über die Einheit auf die unbekannte Vielheit:

bekannte Vielheit	12 Kartons kosten	2460,00 €
⇓		
Einheit	1 Karton kostet	$\frac{2460}{12}$
⇓		
unbekannte Vielheit	17 Kartons kosten	$\frac{2460 \cdot 17}{12} = 3485{,}00$ €

oder

3. Schluss in zwei Sätzen

Bedingungssatz:	12 Kartons	2460,00 €
Fragesatz:	17 Kartons	x €

(malnehmen)

je **mehr** Kartons; desto **mehr** € ⇒ gerades Verhältnis ⇒ $\frac{2460 \cdot 17}{12}$ = 3485,00 €

Übungen

1. Der Sachbearbeiter einer Familienkasse benötigt zur Bearbeitung von 23 Kindergeldanträgen 276 Minuten.
   Wie viel Stunden und Minuten benötigt er für 17 Kindergeldanträge?
2. Die Kantine einer BG verbraucht in 15 Tagen 1,125 t Kartoffeln.
   Wie viel Kilogramm Kartoffeln müssen als eiserne Reserve für 3 Tage eingelagert werden?
3. Ermitteln Sie die Benzinkosten eines Dienstfahrzeuges mit einer Jahresleistung von 25600 km, wenn dieses 9,5 l Kraftstoff auf 100 km verbraucht und ein Liter 1,60 € kostet.
4. Eine Geschäftsstelle der DAK hat 16 Mitarbeiter, die 13000 Mitglieder betreuen.
   Wie viele Mitarbeiter braucht die Geschäftsstelle, wenn noch 4000 Mitglieder hinzukommen?
5. Zwei Sachbearbeiter einer Familienkasse bearbeiten 80 Akten pro Tag.
   Wie viele Mitarbeiter müssen zusätzlich eingesetzt werden, wenn 240 Akten am Tag bearbeitet werden sollen?
6. In der Kantine einer Berufsgenossenschaft werden täglich 208,5 Liter Getränke verkauft. Ein Drittel der Getränke ist Tee und der Rest Mineralwasser. Ein Glas Mineralwasser (0,25 Liter) kostet 40 Cent.
   Wie viel Geld nimmt der Kantinenpächter aufgrund des Mineralwasserverkaufs ein?
7. Ein Rentenversicherungsträger hat Kopierpapier bestellt. Der mit dem Transport beauftragte Spediteur berechnet für ein Gewicht von 50 kg 15,00 € an Fracht.
   Wie viel Euro wird er berechnen (ohne USt.), wenn er a) 68 kg, b) 480 kg, c) 375 kg befördert?

1.1.2 Einfacher Dreisatz mit ungeradem Verhältnis

Zwei Größen stehen in einem ungeraden Verhältnis, wenn sich bei einer Vergrößerung der einen Größe eine Verringerung der anderen Größe ergibt und umgekehrt: wenn sich bei einer Verringerung der einen Größe eine Vergrößerung der anderen Größe ergibt. Die Größen stehen also in einem umgekehrt proportionalen Verhältnis zueinander. **Je mehr** Mitarbeiter in einer Pflegekasse tätig sind, **desto weniger** Zeit wird für die Bearbeitung der Anträge benötigt, bzw. **je weniger** Mitarbeiter die Anträge auf Arbeitslosengeld bearbeiten, **desto mehr** Zeit benötigen die Mitarbeiter zur Antragsbearbeitung.

In ungeradem Verhältnis zueinander stehen z. B.:

- Anzahl der Arbeitskräfte und die Arbeitszeit
- Kapital und Zeit (bei gleichem Zinssatz und gleichen Zinsen)
- Zuteilung und Personenzahl (bei gleicher Gütermenge)
- Zeit und Geschwindigkeit (bei gleicher Wegstrecke)
- Radumfang und Umdrehungszahl

Beispiel

In der Hauptverwaltung einer Krankenkasse sollen die Büroräume neu gestrichen werden. 15 Arbeitnehmer benötigen 4 Tage, um diese Arbeit durchzuführen. Wie viele Tage werden benötigt, wenn 20 Arbeitnehmer für die Arbeit eingesetzt werden können?

Lösung

1. Ansatz aufstellen

Bedingungssatz:	15 Arbeitnehmer – 4 Tage
Fragesatz:	20 Arbeitnehmer – x Tage

2. Schluss (in drei Sätzen) von der bekannten Vielheit über die Einheit auf die unbekannte Vielheit:

bekannte Vielheit	15 Arbeitnehmer benötigen	4 Tage
Einheit	1 Arbeitnehmer benötigt	$4 \cdot 15$ Tage
unbekannte Vielheit	20 Arbeitnehmer benötigen	$\frac{4 \cdot 15}{20} = 3$ Tage

oder

3. Schluss in zwei Sätzen

Bedingungssatz	15 Arbeitnehmer	← malnehmen →	4 Tage
Fragesatz	20 Arbeitnehmer		x Tage

je **mehr** Arbeitnehmer; desto **weniger** Tage ⇒ ungerades Verhältnis ⇒ $\frac{15 \cdot 4}{20} = 3$ Tage

Übungen

1. Die Außenanlagen einer Krankenkasse sollen mit Frühlingsblumen bepflanzt werden. 3 Gärtner werden dazu 28 Tage benötigen.
   Wie viele Gärtner werden benötigt, wenn die Bepflanzung bereits nach 21 Tagen beendet sein soll?
2. Der Heizölvorrat der BKK Nord reicht noch 40 Tage, wenn täglich 2,1 t verbraucht werden. Wie lange wird der Vorrat reichen, wenn eine Kältewelle den Tagesbedarf auf 3,5 t steigert?
3. Die Schreibkraft einer Krankenkasse benötigt bei einer Anschlaggeschwindigkeit von 240 Anschlägen je Minute für ein Schriftstück 12 Minuten.
   Wie lange benötigt eine Anfängerin für das gleiche Schriftstück, wenn sie nur 180 Anschläge je Minute schafft?
4. Wie lange brauchen 4 Auszubildende, um 70 Aktenordner in das Archiv zu tragen, wenn 7 Auszubildende dafür 20 Minuten benötigen?
5. Ein Auszubildender einer AOK braucht 120 Minuten, um die Post eines Tages zu sortieren und zu verteilen.
   Wie lange würden 3 Auszubildende für die gleiche Arbeit benötigen?
6. 4 Angestellte mit je einem Terminal können die Entgeltmitteilungen über Online-Erfassung in 9 Stunden eingeben. Nun wird die Arbeit auf 12 Kontenführer mit je einem Terminal verteilt.
   Wie lange dauert nun die Erfassung?

1.2 Zusammengesetzter Dreisatz

Bei einem zusammengesetzten Dreisatz wird die unbekannte Größe aus mehr als drei bekannten Größen abgeleitet. Ein zusammengesetzter Dreisatz ist aus mehreren Dreisätzen zusammengesetzt, die sowohl gerade als auch ungerade Verhältnisse aufweisen können.

Beispiel

In einer Betriebskrankenkasse benötigen 16 Angestellte 5 Tage, um 410 Akten zu bearbeiten. Wie viele Tage werden benötigt, wenn 20 Angestellte 820 Akten bearbeiten sollen?

Lösung

1. Ansatz aufstellen

Bedingungssatz:	16 Angestellte – 410 Akten – 5 Tage
Fragesatz:	20 Angestellte – 820 Akten – x Tage

Beim Aufstellen des Ansatzes bitte Folgendes beachten:
- Die gesuchte Größe (hier: Tage) steht rechts.
- Gleiche Bezeichnungen (hier: Angestellte, Akten, Tage) stehen untereinander.

2. Gemeinsamen Bruchstrich aufstellen
   - Die verschiedenen Bezeichnungen werden nacheinander auf die gesuchte Größe bezogen; d. h. einzelne Dreisätze.
   - Das Gegenstück zur gesuchten Größe steht stets als Erstes auf dem Bruchstrich.
   - Feststellen, um welche Art Verhältnis (gerades oder ungerades) es sich handelt.
   - Dreisätze mit geradem Verhältnis: Die Größe aus dem Fragesatz steht im Zähler, d. h. auf dem Bruchstrich, die Größe aus dem Bedingungssatz im Nenner, d. h. unter dem Bruchstrich (umdrehen).
   - Dreisätze mit ungeradem Verhältnis: Die Größe aus dem Bedingungssatz steht im Zähler, d. h. auf dem Bruchstrich, die Größe aus dem Fragesatz im Nenner, d. h. unter dem Bruchstrich (übertragen).

16 Angestellte 20 Angestellte	410 Akten 820 Akten	5 Tage x Tage
je **mehr** Angestellte; desto **weniger** Tage	je **mehr** Akten; desto **mehr** Tage	
⇓	⇓	
ungerades Verhältnis	gerades Verhältnis	
⇓	⇓	
übertragen auf den Bruchstrich	umgekehrt auf den Bruchstrich bringen	

$$\frac{5 \cdot 16 \cdot 820}{20 \cdot 410} = \mathbf{8\ Tage}$$

oder

3. Aufstellen einzelner Dreisätze:

- Erster einfacher Dreisatz:

16 Angestellte benötigen 5 Tage.	5
1 Angestellter benötigt wie viele Tage? Mehr oder weniger als 16 Angestellte? Mehr, nämlich:	$5 \cdot 16$
20 Angestellte benötigen wie viele Tage? Mehr oder weniger als 1 Angestellter? Weniger, nämlich:	$\frac{5 \cdot 16}{20}$

- Zweiter einfacher Dreisatz:

Für 410 Akten benötigt man 5 Tage.	$\frac{5 \cdot 16}{20}$
Für eine Akte benötigt man mehr oder weniger Tage? Weniger, nämlich:	$\frac{5 \cdot 16}{20 \cdot 410}$
Für 820 Akten benötigt man mehr oder weniger Tage als für eine Akte? Mehr, nämlich:	$\frac{5 \cdot 16 \cdot 820}{20 \cdot 410}$
	x = **8 Tage**

Übungen

1. Für Abschlussarbeiten benötigten im Vorjahr 8 Angestellte einer BKK bei einer täglichen Arbeitszeit von 7,5 Stunden 6 Tage. In diesem Jahr sollen die entsprechenden Arbeiten nach 3 Tagen beendet sein. Die tägliche Arbeitszeit wird deswegen auf 8 Stunden erhöht.
   Wie viele Angestellte muss der Abteilungsleiter einplanen?

2. 4 Reinigungskräfte benötigen für die Säuberung eines Bürogebäudes 3 Arbeitstage zu je 6 Stunden.
   Wie viele Stunden müssen täglich gearbeitet werden, wenn die Reinigung in 2 Tagen beendet sein muss, aber 5 Reinigungskräfte eingesetzt werden können?

3. Eine AOK-Geschäftsstelle erhält einen Erweiterungsbau. Eine im Akkord arbeitende Gruppe von 12 Maurern zieht eine 638 m^2 messende Betondecke in 5,5 Stunden ein. Wie viele Stunden braucht die Arbeitsgruppe für eine Decke gleicher Stärke von 928 m^2, wenn 2 Maurer weniger eingesetzt werden können?

4. Der 3 Personen starke Trupp eines Reinigungsunternehmens putzt die Fenster für die Deutsche Rentenversicherung Bund bei einem täglichen Einsatz von 6 Stunden in 4 Tagen. Um Störungen zu vermeiden, sollen jetzt die Fenster nur samstags geputzt werden. Der Trupp wird um 5 Personen verstärkt; Arbeitszeit von 08:00 Uhr bis 12:00 Uhr. Wie viele Samstage sind nötig?

5. Die Leistungsabteilung einer Agentur für Arbeit zählt Ende November einen Bestand von 640 unerledigten, bearbeitungsreifen Anträgen auf Arbeitslosengeld. Mit der Bearbeitung dieser Rückstände werden 4 Mitarbeiter beauftragt. Nach allgemeinen Erfahrungssätzen würden diese 4 Mitarbeiter bei einer täglichen Arbeitszeit von 6 Stunden 24 Arbeitstage zur Aufarbeitung der Anträge benötigen.
   Berechnen Sie, wie viele Mitarbeiter eingesetzt werden müssten, um den Rückstand in 6 Arbeitstagen bei einer täglichen Arbeitszeit von 8 Stunden aufzuarbeiten.

1.3 Gemischte Aufgaben

Übungen

Bei der Lösung der folgenden Aufgaben wird zuerst der Bedingungssatz aufgestellt, dann der Fragesatz. Stellen Sie fest, ob es sich um ein gerades oder ungerades Verhältnis handelt, und erstellen Sie den Bruchstrich. Kürzen Sie so weit wie möglich. Falls nötig, runden Sie das Ergebnis sinnvoll.

1. Die DAK baut ein neues Verwaltungsgebäude. Zur Durchführung der Baggerarbeiten benötigt ein Unternehmen 12 Tage, wenn 5 Arbeitnehmer mit entsprechendem Arbeitsgerät ausgestattet werden. Aufgrund schlechten Wetters kann an 2 Tagen nicht gearbeitet werden.
   Wie viele Arbeitnehmer müssen zusätzlich eingestellt werden, wenn die Arbeit termingerecht fertiggestellt werden soll?
2. In der Baugrube hat sich Wasser angesammelt. Eine Pumpe, die 3,5 m^3 Wasser in 30 Sekunden fördert, wird zum Auspumpen eingesetzt.
   Wie viel Liter Wasser werden in 4,5 Stunden gefördert?
3. Die Bauzeit des Neubaus soll ein Jahr betragen, d.h. 250 Arbeitstage bei einer täglichen Arbeitszeit von 8 Stunden (5-Tage-Woche), bei einem Einsatz von durchschnittlich 30 Arbeitskräften. Kurz vor Baubeginn verringert sich die tarifliche Arbeitszeit auf 7,5 Stunden täglich.
   Wie viele Arbeitnehmer müssen zusätzlich eingestellt werden, wenn die Bauzeit gleich bleiben soll?
4. Der Lkw, der die Steine vom Werk zur Baustelle bringen soll, benötigt für diese Distanz (165 km) 3 Stunden.
   a) Wie hoch war seine Durchschnittsgeschwindigkeit?
   b) Der Lkw fährt um 06:15 Uhr vom Backsteinwerk weg. Wie viele km hat der Lkw um 08:39 Uhr zurückgelegt?
   c) Um wie viel Uhr würde der Lkw die Baustelle erreichen, wenn seine Durchschnittsgeschwindigkeit 66 km/h betragen würde?
5. Für den Sitzungssaal der Deutschen Rentenversicherung Nord werden Vorhänge benötigt. 600 m Vorhangstoff, 1,20 m breit, wiegen 240 kg.
   Wie viel Kilogramm wiegen 440 m Vorhangstoff bei einer Breite von 0,9 m?
6. Bei der Arbeitsagentur Berlin sollen die Daten alter Karteikarten in die EDV übernommen werden. Dazu benötigen 6 Arbeitnehmer bei einer täglichen Arbeitszeit von 8 Stunden für 46 000 Karten 15 Tage.
   In welcher Zeit werden 8 Angestellte eine gleichartige Kartei von 34 500 Karten bei einer täglichen Arbeitszeit von 7,5 Stunden fertigstellen?
7. Für den Neubau des Rehazentrums „Herz & Kreislauf" muss das Erdreich einer Grundfläche von 1 400 m^2 zwei Meter tief ausgehoben werden. Die beauftragte Baufirma will 3 Bagger einsetzen, die täglich 8 Stunden arbeiten sollen. Die Arbeiten sollen in 10 Arbeitstagen beendet sein. Nach 5 Arbeitstagen sind 1 600 m^3 Erde ausgehoben. Wichtige Terminabsprachen der Baufirma führen dazu, dass ein Bagger von dieser Baustelle abgezogen werden muss.
   a) Wie viel Erde muss insgesamt ausgehoben werden?
   b) Wie müsste sich ab dem 6. Arbeitstag die tägliche Arbeitszeit verändern, wenn die Baugrube termingerecht ausgehoben sein soll?
   c) Aufgrund von Beschwerden über den Baulärm muss ab dem 6. Arbeitstag zusätzlich die tägliche Arbeitszeit auf 6,5 Stunden reduziert werden.
   Wie lange benötigt die Firma unter diesen Bedingungen zum Ausheben der Baugrube?
8. Zur Bearbeitung von 16 000 Anträgen benötigte eine Pflegekasse im vergangenen Kalenderjahr 14 Mitarbeiter. Es ist damit zu rechnen, dass im laufenden Kalenderjahr ein Viertel weniger Anträge eingehen. Aufgrund von Beurlaubungen und Elternzeit werden in diesem Jahr 5 Arbeitskräfte fehlen und eine weitere Jahreskraft wird 6 Monate wegen Krankheit nicht zur Verfügung stehen.
   Wie viele Aushilfskräfte müssen beschäftigt werden?

9. Eine Krankenkasse beauftragt eine Druckerei, 1,4 Mio. Exemplare der Mitgliederzeitschrift zu drucken. Wenn die Druckerei 4 Maschinen, die täglich 8 Stunden laufen, einsetzt, dann werden 3 Arbeitstage für die Erledigung des Auftrages benötigt. Aufgrund der gestiegenen Mitgliederzahl benötigt die Krankenkasse nun 2,1 Mio. Exemplare der Mitgliederzeitschrift, der Umfang bleibt der gleiche. Die Druckerei setzt 2 Maschinen mehr ein, allerdings reduziert sich aus betrieblichen Gründen die tägliche Maschinenlaufzeit auf 6 Stunden.
   Wie viele Arbeitstage sind zur Ausführung des zweiten Auftrages notwendig?
10. Der Ausbildungslehrgang A 21/9 umfasst 21 Teilnehmer. Der Lehrgang findet in einem Hotel in Hessen statt. Dem Hotelier wurden aufgrund eines Schreibfehlers nur 15 statt der tatsächlichen 21 Teilnehmer angekündigt. Der Koch hatte 25 kg Gemüse für 5 Tage eingekauft. Aufgrund der veränderten Teilnehmerzahl bestellt der Koch noch 17 kg Gemüse dazu.
    Wie lange kann das Hotel den Ausbildungslehrgang mit Gemüse versorgen?
11. Drei Schreibkräfte einer Krankenkasse benötigen zur Eingabe eines Werbetextes, der einen Umfang von 180 000 Anschlägen hat, bei einer Leistung von 180 Anschlägen pro Minute unter Berücksichtigung aller Pausen 4 Stunden.
    Wie viel Zeit (in Stunden, Minuten und Sekunden) benötigen 2 Schreibkräfte unter denselben Bedingungen für eine Arbeit mit 150 000 Anschlägen bei einer Leistung von 200 Anschlägen pro Minute?
12. Im Gesundheitszentrum einer AOK sind 18 Glühbirnen der gleichen Brennstärke nötig, um in den Abendstunden nach Schließung des Zentrums eine werbewirksame Beleuchtung zu haben. Die Glühbirnen verbrauchen bei täglich 4 Stunden Brenndauer in 24 Tagen Strom im Wert von 30,00 €.
    Wie hoch sind die Kosten des Stromverbrauchs für 26 Tage, wenn 2 Glühbirnen mehr benötigt werden, die tägliche Brenndauer aber auf 3 Stunden reduziert wird?
13. Ein Möbelspediteur hat den Auftrag, den Umzug einer großen Krankenkasse in das neue Verwaltungsgebäude durchzuführen. Er plant für die Durchführung bei einer täglichen Arbeitszeit von 8 Stunden 5 Tage ein. Es sollen 8 Lkw eingesetzt werden. Das Gesamtgewicht des zu transportierenden Materials wird auf 2 400 t geschätzt. Ein neuer, aber ähnlicher Auftrag verlangt von dem Spediteur, 4 800 t zu befördern. Es können diesmal 10 Lkw eingesetzt werden.
    In welcher Zeit kann der neue Auftrag ausgeführt werden, wenn sich die tägliche Arbeitszeit um eine halbe Stunde reduziert?
14. In einem Jahr erhielten 9 765 000 Frauen eine Versichertenrente. Insgesamt gaben die Rentenversicherungsträger in dem Jahr 62,6913 Mrd. € aus.
    Wie hoch war die durchschnittliche monatliche Versichertenrente an die Frauen?
15. Der Posteingang bei einer Berufsgenossenschaft (BG) betrug in einem Jahr rund 192 060 Poststücke, umgerechnet auf den Arbeitstag betrug der durchschnittliche Posteingang 873 Poststücke. Der Postausgang betrug im selben Zeitraum 208.340 Poststücke.
    a) Wie viele Arbeitstage gab es in dem Jahr bei der BG?
    b) Wie hoch war der durchschnittliche Postausgang je Arbeitstag?
16. In einem Jahr sind insgesamt 1.386 Verbesserungsvorschläge bei der Bundesagentur für Arbeit (BA) eingegangen, davon in der Zeit vom 1. Januar bis 30. September 918 Vorschläge. Am 1. Oktober des Jahres sind neue Richtlinien für das betriebliche Vorschlagswesen in Kraft getreten, die u. a. dem Ziel dienen, das Verfahren zu beschleunigen. Ein Drittel der nach den neuen Richtlinien eingereichten Verbesserungsvorschläge konnte bereits in dem Jahr bearbeitet werden. Zur Bearbeitung benötigten 7 Arbeitskräfte 9 Arbeitstage bei einer durchschnittlichen wöchentlichen Arbeitszeit von 39 Stunden. Im folgenden Jahr wurden 2 Mitarbeiter in andere Abteilungen versetzt und die wöchentliche Arbeitszeit wurde aufgrund der finanziellen Anspannung um eine Stunde durchschnittlich erhöht.
    Wie viele Arbeitstage sind im Folgejahr nötig, um die restlichen Verbesserungsvorschläge, die nach den neuen Richtlinien eingereicht wurden, zu bearbeiten?

17. Ein Auszubildender möchte sich ein bestimmtes hochwertiges Rennrad kaufen. Er hat berechnet, dass er 18 Monate lang je 110,00 € sparen muss, wenn er sich das Fahrrad kaufen will.
   a) Um welchen Zeitraum verkürzt sich die Sparzeit, wenn seine Großmutter ihm 22,00 € monatlich zum Spargeld hinzugibt?
   b) Wie viel Euro müsste der Auszubildende monatlich sparen, wenn er das Fahrrad schon nach einem Dreivierteljahr haben möchte?

18. Am Ende eines Jahres wurde an 7,1 Mio. deutsche Berechtigte Kindergeld für 11,36 Mio. Kinder von den Familienkassen gezahlt.
   a) Wie viele Kinder hat der deutsche Kindergeldberechtigte im Durchschnitt?
   b) Wie viele kindergeldberechtigte Ausländer gab es, wenn diesem Personenkreis für 1,48 Mio. Kinder Kindergeld gezahlt wurde und der ausländische Berechtigte im Durchschnitt 1,9 Kinder hatte?

19. Im Jahresdurchschnitt gab es 1 987 000 Empfänger von Arbeitslosengeld. Dafür gab die BA 26,42 Mrd. € aus.
   a) Wie hoch waren die Ausgaben für 2 345 500 Empfänger von Arbeitslosengeld im folgenden Jahr, wenn gleiche Bedingungen unterstellt werden würden? (Auf zwei Dezimale runden.)
   b) Tatsächlich betrugen die Ausgaben der BA für die 2 345 500 Arbeitslosengeldempfänger aber 33,16 Mrd. €.
   Nennen Sie drei Gründe, weshalb die tatsächlichen Ausgaben höher waren als die, die Sie errechnet haben.

20. Bei einer Berufsgenossenschaft betreuen 1 800 Arbeitnehmer und Arbeitnehmerinnen, die in der Verwaltung beschäftigt sind, 468 000 Mitgliedsunternehmen.
   Wie viel Verwaltungspersonal wäre erforderlich, wenn die Zahl der Mitgliedsunternehmen aufgrund neuer Zuständigkeiten in der Unfallversicherung um 12 220 sinken würde?

21. Die Baugrube für ein neues Rehabilitationszentrum der Deutschen Rentenversicherung Mitteldeutschland ist 40 m lang, 20 m breit und 4 m tief. Zum Ausheben der Baugrube werden 4 Arbeitnehmer bei einer täglichen Arbeitszeit von 8 Stunden 5 Tage beschäftigt.
   Wie viele Arbeitnehmer sind zum Ausheben der Baugrube nötig, wenn die tägliche Arbeitszeit um 1 Stunde reduziert wird, die Arbeit in 3 Tagen erledigt sein soll und festgestellt wird, dass aufgrund eines Fehlers in der Zeichnung die Länge 49 m und die Breite 28 m beträgt?

22. Bei einer Berufsgenossenschaft (BG) betrug der Beitragsfuß in einem Jahr 3 ‰ und im Folgejahr 3,5 ‰. Ein Mitgliedsunternehmen, das zur Gefahrklasse 4 veranlagt ist, wies für das laufende Jahr Bruttoarbeitsentgelte in Höhe von 120 000,00 € nach und zahlte 1 440,00 € Beitrag. Im Folgejahr wies dasselbe Unternehmen Bruttoarbeitsentgelte in Höhe von 212 500,00 € nach.
   Wie hoch ist der Beitrag, den das Mitgliedsunternehmen im Folgejahr zu zahlen hat?

23. Das Mitgliedsunternehmen einer BG hat in einem Jahr 40 162,50 € Beitrag gezahlt. Das Unternehmen war zur Gefahrklasse 15 veranlagt, der Beitragsfuß für das betreffende Jahr betrug 3,5 ‰, und die entsprechenden Bruttoarbeitsentgelte, die der Berechnung zugrunde lagen, betrugen 765 000,00 €. Für das Folgejahr zahlte das Unternehmen einen Beitrag von 54 675,00 €, der Beitragsfuß ist auf 3,75 ‰ erhöht worden, und aufgrund eines neuen Gefahrtarifs wird das Unternehmen nun zur Gefahrklasse 18 veranlagt.
   Wie hoch ist das Bruttoarbeitsentgelt, das der Berechnung im Folgejahr zugrunde liegt?

24. Zwei Auszubildende haben eine Lottotippgemeinschaft gebildet. Anja zahlt von dem monatlichen Gesamteinsatz in Höhe von 50,00 € einen Anteil von 30,00 €. Im zweiten Monat erzielt die Tippgemeinschaft einen Gewinn in Höhe von 1 200,00 €.
Wie viel Euro Gewinn erhält die zweite Auszubildende?

25. Marita Mindermann, 68 Jahre alt, fliegt in die USA. Ein privates Krankenversicherungsunternehmen ist nicht bereit, mit Frau M. einen Vertrag über eine Auslandsreisekrankenversicherung abzuschließen. Frau M. informiert die AOK. In den USA muss sie ärztliche Behandlung in Anspruch nehmen. Der Rechnungsbetrag über 230,00 US-$ wird nach sorgfältiger Prüfung durch die AOK nur zu acht Zehntel ersetzt. Die AOK überweist Frau M. 178,90 €.
Mit welchem US-Dollar-Kurs rechnete die AOK?

26. Sehen Sie sich die Bildgrafik „Krankenhauskosten der Länder" an und lösen Sie die folgenden Aufgaben:

a) Wie viel Euro betragen die Krankenhauskosten im Durchschnitt in Berlin je Tag, wenn eine durchschnittliche Verweildauer von 8 Tagen angenommen wird?

b) Wie lange war im Durchschnitt die Verweildauer im Krankenhaus in Schleswig-Holstein, wenn ein Tag durchschnittlich 510,00 € kostet?

c) Wie viel Euro kostet im Durchschnitt ein Krankheitsfall in den neuen Bundesländern?

d) In Hamburg betragen die durchschnittlichen Krankheitskosten je Krankenhausfall 4893,00 €, in Brandenburg 3811,00 €. Geben Sie drei mögliche Gründe für die unterschiedliche Höhe an.

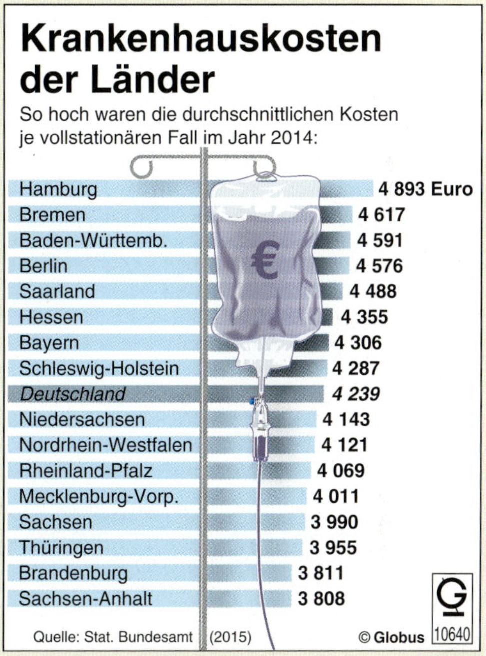

27. Ein Sozialversicherungsfachangestellter verbraucht $\frac{1}{5}$ seines jährlichen Gehaltes für die Miete, $\frac{1}{36}$ für Heizung und Beleuchtung, $\frac{1}{3}$ für den Haushalt, $\frac{1}{9}$ für Kleidung, $\frac{1}{12}$ für seine private Altersvorsorge und hat noch 15 400,00 € übrig.
Wie hoch ist sein Jahreseinkommen?

28. Der Turm der Hauptverwaltung einer Krankenkasse wirft einen Schatten von 8 m. Ein 10 m langer Fahnenmast auf dem gleichen Gelände wirft zur gleichen Tageszeit einen Schatten von 2,5 m Länge.
Wie hoch ist der Turm?

29. Lösen Sie die folgenden Aufgaben zusammen mit Ihrer Kollegin bzw. Ihrem Kollegen.
   a) 2 Fahrradfahrer, von denen der eine in einer Stunde 12 km, der andere 9 km zurücklegt, fahren dieselbe Strecke.
      Welche Zeit benötigt der zweite Fahrradfahrer, wenn der erste für die Strecke 3 Stunden benötigt?
   b) Ergänzen Sie die letzte Zahlengruppe.
      139/861 348/652 693/ ?
   c) Nach Bestehen der Abschlussprüfung möchte eine Gruppe von Auszubildenden einige Getränke und Leckereien ausgeben. Bernd entscheidet sich beim Kauf für einige Teile, die pro Stück 10,00 € oder 3,00 € kosten, und für viele Kleinigkeiten, das Stück für 0,50 €. Beim Bezahlen stellt Bernd erstaunt fest, dass es genau 100 Teile sind und alles zusammen genau 100,00 € kostet.
      Wie viele Teile waren es von jeder Preisklasse?
   d) Errechnen Sie das Lebensalter zweier Teilnehmer eines Bewerbungsseminars. Der eine Teilnehmer ist 24 Jahre älter als der andere. Die beiden Lebensalter verhalten sich wie 2 : 5.
   e) In eine GmbH brachte Gesellschafter Bauer 10 000,00 € weniger ein als Gesellschafter Anton. Der Gewinnanteil des Gesellschafters Bauer betrug 1 600,00 €, während Gesellschafter Anton 3 600,00 € Gewinn erzielte.
      Wie hoch ist die Einlage von Anton, wenn sich die Gewinne wie die Einlagen verhalten?

30. Suchen Sie eine Bildgrafik aus Ihrem Sozialversicherungszweig, formulieren Sie drei Dreisatzaufgaben und lösen Sie diese.

2 Prozentrechnen

Beispiel

Zwei Sozialversicherungsfachangestellte erhalten eine Gehaltserhöhung. Der Angestellte A, der bisher 2 000,00 € verdiente, bekommt nun 125,00 € mehr. Der Angestellte B bekommt nun 3 150,00 €, nachdem er bisher 3 000,00 € verdiente. Wer hat die höhere Gehaltserhöhung bekommen?

Lösung

		A €	B €
	altes Gehalt	2 000,00	3 000,00
+	Gehaltserhöhung	125,00	150,00
	neues Gehalt	2 125,00	3 150,00

Es ist ohne Weiteres ersichtlich, dass die Gehaltserhöhung von B um 25,00 € höher ist als die von A. Dieser absolute Vergleich ist jedoch nicht sehr aussagefähig, da er die unterschiedlichen Ausgangsgehälter unberücksichtigt lässt.

Setzt man die Gehaltserhöhung in Relation (Beziehung) zum jeweiligen alten Gehalt, so ist dies der aussagefähigere relative Vergleich. Dabei werden die Ausgangsgehälter gleich 100 gesetzt. Eine solche Vergleichsrechnung nennt man **Prozentrechnung** (pro centum = von Hundert). Setzt man die Ausgangsgröße gleich 1 000, so liegt eine **Promillerechnung** vor (pro mille = von Tausend).

2 000,00 € – 100 Anteile 125,00 € – x Anteile	3 000,00 € – 100 % 150,00 € – x %

Lösung mit Dreisatz (gerades Verhältnis):

Je **weniger** €, desto **weniger** Anteile

$$X = \frac{100 \cdot 125}{2000}$$

= 6,25 Anteile
= 6,25 von Hundert
= 6,25 Prozent
= **6,25 %**

Je **weniger** €, desto **weniger** %

$$X = \frac{100 \cdot 150}{3000}$$

= 5 Anteile
= 5 von Hundert
= 5 Prozent
= **5 %**

Der relative Vergleich zeigt, dass A eine Gehaltserhöhung von 6,25 % und B lediglich eine Gehaltserhöhung von 5 % erhalten hat.

Probe:

2 000,00 €	davon	6,25 %	=	?
2 000,00 €	davon	$\frac{6,25}{100}$	=	125,00 €
↕		↕		↕
Grundwert (GW) Wert, der mit der Vergleichszahl 100 gleichgesetzt wird. (Basis, Ganzes)		**Prozentsatz (PS)** Zahl, die das Verhältnis zur Vergleichszahl 100 angibt.		**Prozentwert (PW)** Wert, der den absoluten Anteil am Grundwert angibt.

In der Prozentrechnung wird immer mit den oben genannten Größen gerechnet. Zwei der Größen müssen immer gegeben sein, damit die dritte Größe berechnet werden kann.

Übungen

Könnte die Prozentrechnung auch für Sie persönlich von Bedeutung sein?

Nennen Sie jeweils 5 Beispiele für die Anwendung der Prozentrechnung im
a) privaten Bereich,
b) Bereich der Sozialversicherung.

2.1 Prozentrechnen vom reinen Grundwert (vom Hundert)

Der reine Grundwert entspricht stets 100 %.

2.1.1 Berechnen des Prozentwertes

Die Größen aus dem vorhergehenden Beispiel stehen in folgendem Zusammenhang:

Grundwert · Prozentsatz = Prozentwert

$$GW \cdot \frac{PS}{100} = PW$$

$$\frac{GW \cdot PS}{100} = PW$$

Beispiel

Ein Gemeindeunfallversicherungsverband erhält über eine Lieferung von Büromaterial eine Rechnung in Höhe von 2 687,00 €. Der Lieferant gewährt 3 % Skonto bei Zahlung innerhalb von 8 Tagen. Wie viel Euro beträgt der Skonto?

Lösung

- Formel
  - Feststellen, welche Größe der Grundwert und welche Größe der Prozentsatz ist;
  - dann einsetzen in die Formel
  - Grundwert = 2 687,00 €
  - Prozentsatz = 3 %

$$\frac{GW \cdot PS}{100} = PW$$

– $\frac{2687 \cdot 3}{100}$ = **80,61 €**

oder

- Dreisatz

  100 % = 2 687,00 €
  3 % = x €

  Gerades Verhältnis: je **weniger** %, desto **weniger** €

  $\frac{2687 \cdot 3}{100}$ = **80,61 €**

Beispiel

Die Deutsche Rentenversicherung Knappschaft-Bahn-See erhält einen neuen Stahlschrank zum Listenpreis (netto) von 5 200,00 €. Der Lieferant gewährt 15 % Rabatt und bei Zahlung innerhalb von 10 Tagen 3 % Skonto. Wie viel Euro überweist die Bundesknappschaft einschließlich 19 % Umsatzsteuer (Mehrwertsteuer), wenn sie Skonto in Anspruch nimmt?

Lösung

		€	%	%	%
	Listenpreis (netto)	5 200,00	100		
–	Rabatt	780,00	15		
	Zieleinkaufspreis (netto)	4 420,00	85	100	
+	Umsatzsteuer	839,80		19	
	Zieleinkaufspreis (brutto) bzw. Rechnungsbetrag (brutto)	5 259,80		119	100
–	Skonto	157,79			3
	Bareinkaufspreis (brutto)	5 102,01			97

Sozialversicherungsträger sind Letztverbraucher und daher nicht zum Vorsteuerabzug berechtigt. Die Umsatzsteuer ist für sie ein Kostenbestandteil.

Man unterscheidet bequeme und unbequeme Prozentsätze.

a) *Bequeme Prozentsätze* sind ohne Rest in 100 enthalten.

20 % = $\frac{1}{5}$ (Teiler 5); 20 % von 800 $\quad \frac{800}{5} = 160$

25 % = $\frac{1}{4}$ (Teiler 4); 25 % von 1 000 $\quad \frac{1000}{4} = 250$

Mit bequemen Prozentsätzen lässt sich einfach rechnen: Man teilt den Grundwert durch eine ganze Zahl.

Übungen

1. Ermitteln Sie die Teiler folgender bequemer Prozentsätze:

PS (%)	PS/100	Kürzen	Teiler
50	50 : 100	$\frac{1}{2}$	2
$33\frac{1}{3}$	$33\frac{1}{3}$: 100	$\frac{1}{3}$	?
20	20 : 100	?	?
$12\frac{1}{2}$	?	?	?
$6\frac{2}{3}$	?	?	?
5	?	?	?
$4\frac{1}{6}$	?	?	?
$2\frac{1}{2}$	?	?	?
$1\frac{2}{3}$	?	?	?

2. Wenden Sie die bequemen Prozentsätze an.

a) $3\frac{1}{3}$ % Skonto auf den Rechnungsbetrag von 360,00 €.
Errechnen Sie sowohl den Skontobetrag als auch den noch zu zahlenden Betrag.

b) $12\frac{1}{2}$ % Rabatt auf den Listenpreis von 864,00 €.
Errechnen Sie den Rabatt und den Preis abzüglich des Rabattes.

c) $8\frac{1}{3}$ % Rabatt auf den Listenpreis von 948,00 €.
Errechnen Sie den Rabatt und den Preis abzüglich des Rabattes.

b) *Unbequeme Prozentsätze* sind nicht ohne Rest in 100 enthalten. Sie lassen sich deshalb nur ungenau in Dezimale umrechnen.

Beispiel

$3\frac{1}{7}$ % von 78,40 €

Lösung

1. Methode:

1 % = 0,784 €

3 % = 2,352 €

$\frac{1}{7}$ % = 0,112 €

$3\frac{1}{7}$ % = 2,464 €

= **2,46 €**

2. Methode:

$\frac{22}{7}$ % von 78,40 €

$$\frac{78{,}40 \cdot 22/7}{100}$$

$$\frac{78{,}40 \cdot 22}{100 \cdot 7}$$

= **2,46 €**

Übungen

1. Eine Krankenkasse hatte im letzten Geschäftsjahr Aufwendungen für die Behandlung durch Ärzte in Höhe von 272 131 226,31 €.
Um wie viel Euro wird der Aufwand steigen, wenn mit einem Anstieg von $2\frac{3}{4}$ % gerechnet wird?

2. In einem Jahr hatte eine BG 260 neue Renten wegen einer Berufskrankheit zu zahlen. Im Folgejahr nahm die Zahl der Neurenten um 15 % ab.
   a) Wie viele Neurenten gab es im Folgejahr?
   b) Wie hoch war der Rückgang an Neurenten?

3. Der Sachbearbeiter einer Krankenkasse bezahlt Rechnungen unter Inanspruchnahme von 2 % Skonto.
Auf wie viel Euro lauten die Überweisungsbeträge bei folgenden Rechnungsbeträgen:
a) 2 876,80 €, b) 23 958,72 €, c) 537 968,70 €?

4. Die Deutsche Rentenversicherung Bund erhält für folgende Listenpreise (brutto) unterschiedliche Rabattsätze:

Nr.:	Listenpreis (brutto)	Rabattsatz	Rabatt in €	Zieleinkaufspreis (brutto)
1	5 780,00 €	25 %	?	?
2	52 870,50 €	10 %	?	?
3	766 030,10 €	$33\frac{1}{3}$ %	?	?

5. In einem Jahr wurden bei der Deutschen Rentenversicherung Bund 114700 Rentenanträge gestellt. Im folgenden Jahr waren es 11,1 % Anträge mehr.
   Wie viele Rentenanträge wurden im folgenden Jahr gestellt?

6. Ein Möbelhaus stellt der BKK Süd folgende Beträge in Rechnung (Listenpreise netto):

40 Stühle	à	278,00 €
10 Tische	à	789,00 €
1 Stehpult	à	990,00 €

   Auf den Gesamtbetrag wurden 12 % Rabatt und bei Zahlung innerhalb von 14 Tagen 2 % Skonto eingeräumt.
   Ermitteln Sie den zu überweisenden Rechnungsbetrag, wenn die Rechnung nach 10 Tagen bezahlt wird.

7. Ein Angestellter mit zwei Kindern bezieht ein Monatsgehalt von 2520,00 €.
   a) Über welchen Betrag lautet das Nettogehalt, wenn:
      - der Lohnsteuersatz 20 % beträgt,
      - die Kirchensteuer 9 % der Lohnsteuer ist,
      - er in allen Zweigen sozialversicherungspflichtig ist,
      - die Krankenkasse keinen kassenindividuellen Zusatzbeitrag erhebt?
   b) Wie hoch ist der Gesamtsozialversicherungsbeitrag, den der Arbeitgeber aufgrund dieser Gehaltszahlung abzuführen hat?

2.1.2 Berechnen des Prozentsatzes

Beispiel

In der gesetzlichen Krankenversicherung kostete in einem Jahr im Durchschnitt jeder Krankenhausfall 4060,00 €. Im darauffolgenden Jahr stiegen die Durchschnittskosten auf 4263,00 €. Wie viel Prozent betrug die Veränderung gegenüber dem Vorjahr?

Lösung

4263,00 € – 4060,00 € = 203,00 €

	€	%
altes Jahr	4060,00	100
+ Erhöhung	203,00	?
neues Jahr	4263,00	

▶ Dreisatz

4060,00 € – 100 %
203,00 € – x %

Gerades Verhältnis: je **weniger €**; desto **weniger** %

$$\frac{\mathbf{203 \cdot 100}}{\mathbf{4060}} = 5\,\%$$

oder

- Formel
  - Feststellen, welche Größe der Grundwert ist und welche Größe der Prozentwert ist;
  - dann einsetzen in die nach dem PS aufgelöste Formel
  - Grundwert = 4 060,00 €
  - Prozentwert = 203,00 €

$$\frac{\mathbf{PW \cdot 100}}{\mathbf{GW}} = \mathbf{PS}$$

– $$\frac{203 \cdot 100}{4060} = 5\,\%$$

Übungen

1. Die Bundesagentur für Arbeit hatte in einem Jahr Ausgaben in Höhe von 56,51 Mrd. € und Einnahmen in Höhe von 50,89 Mrd. €.
   Geben Sie das Defizit in Prozent der Einnahmen an.

2. Die monatliche Rente in Höhe von 1 500,00 € erhöhte sich am 1. Juli letzten Jahres um 22,50 €.
   Geben Sie die Höhe der Rentenanpassung in Prozent an.

3. Das Steueraufkommen soll nach einer Schätzung des BMF innerhalb von vier Jahren von 600 Mrd. € auf 720 Mrd. € steigen.
   Wie hoch ist die prozentuale Steigerung?

4. Im letzten Geschäftsjahr betrug die Anzahl der Renten-Neuanträge bei einem Rentenversicherungsträger 88 700. Davon entfielen auf Renten wegen verminderter Erwerbsfähigkeit 26 000, auf Altersruhegelder 37 300, auf Witwenrenten 17 100, auf Witwerrenten 3 300. Der Rest entfiel auf Waisenrenten.
   a) Wie hoch ist der Anteil der Witwerrenten?
   b) Wie viele neue Anträge auf Waisenrenten wurden gestellt und wie hoch ist ihr prozentualer Anteil?

5. Der Bundeshaushalt hatte in einem Jahr ein Volumen von 368,7 Mrd. €. Für den Bereich Arbeit und Soziales sah er 143,2 Mrd. € vor, davon allein für die Sozialversicherung 67,5 Mrd. €.
   Wie viel Prozent des Bundeshaushalts sind für Sozialversicherung und Soziale Sicherung verplant worden?

6. Die Ausgaben der Pflegeversicherung beliefen sich in einem Jahr auf 22,5 Mrd. €.
   Davon entfielen auf:

– Pflegesachleistungen	2,6325	Mrd. €
– vollstationäre Pflege	9,72	Mrd. €
– Pflegegeld	6,435	Mrd. €
– übrige Leistungsausgaben	2,52	Mrd. €
– Verwaltungsausgaben	?	Mrd. €

   a) Welchen prozentualen Anteil haben die jeweiligen Ausgabenbereiche?
   b) Wie hoch waren die Verwaltungsausgaben in Mrd. €?

2.1.3 Berechnen des Grundwertes (vom Hundert)

Beispiel

Einer Sozialversicherungsfachangestellten werden von ihrem Bruttogehalt 38,2 % an Steuern und Sozialversicherungsbeiträgen abgezogen. Das sind 849,95 €. Wie hoch ist das Bruttogehalt?

Lösung

	€	%
Bruttogehalt	?	100
+ Abzüge	849,95	38,2
Nettogehalt		

- Dreisatz

  38,2 % – 849,95 €

  100 % – x €

  Gerades Verhältnis: je **mehr** %; desto **mehr** €

  $$\frac{849{,}95 \cdot 100}{38{,}2} = 2225{,}00\ €$$

  oder

- Formel
  - Feststellen, welche Größe der Prozentsatz ist und welche Größe der Prozentwert ist;
  - dann einsetzen in die nach dem GW aufgelöste Formel
  - Prozentsatz = 38,2 %
  - Prozentwert = 849,95 €

$$\frac{PW \cdot 100}{PS} = GW$$

- $$\frac{849{,}95 \cdot 100}{38{,}2} = 2225{,}00\ €$$

Übungen

1. Die Anzahl der in der Bundesrepublik Deutschland tätigen Ärzte ist innerhalb von neun Jahren um 25 % = 84 000 Ärzte gestiegen.
   Wie viele Ärzte waren vor neun Jahren tätig?
2. In einem Jahr wurden in der Bundesrepublik Deutschland 12 % mehr Lungentransplantationen vorgenommen als im Jahr vorher. 30 zusätzliche Patienten konnten sich an einer neuen Lunge erfreuen.
   Wie viele Lungen wurden im Vorjahr transplantiert?
3. Die Ersatzkassen hatten in einem Jahr 23,5 Mio. Versicherte. Das waren 33,1 % aller Versicherten der gesetzlichen Krankenkassen.
   Wie viele Versicherte hatte die gesetzliche Krankenversicherung insgesamt?
4. Eine Auszubildende ist bei einem Rentenversicherungsträger versichert. Ihr monatlicher Rentenversicherungsbeitragsanteil beläuft sich auf 70,20 €.
   Wie viel Euro beträgt ihre Ausbildungsvergütung?
5. Die Deutsche Rentenversicherung Bund hat Büromaterial eingekauft. In der Rechnung werden 236,00 € an Umsatzsteuer (19 %) ausgewiesen.
   Wie viel Euro muss die Deutsche Rentenversicherung Bund an den Lieferanten überweisen?

2.2 Prozentrechnen mit dem vermehrten Grundwert (auf Hundert)

Der Grundwert beträgt immer 100 %. Der vermehrte Grundwert ist größer als 100 %. Er ergibt sich, wenn zum Grundwert der Prozentwert hinzuaddiert wird.

Beispiel

Nach einer Gehaltserhöhung um 4 % erhält ein Angestellter eines Sozialversicherungsträgers 2 267,72 €. Wie viel Euro betrug sein Gehalt vor der Erhöhung?

Lösung

	altes Gehalt (Grundwert)	=	100 %
+	Gehaltserhöhung	=	4 %
	neues Gehalt (vermehrter Grundwert)	=	104 %

▶ Dreisatz

104 % – 2 267,72 €
100 % – x €

Gerades Verhältnis: je **weniger** %; desto **weniger** €

$$\frac{\mathbf{2\,267{,}72 \cdot 100}}{\mathbf{104}} = \mathbf{2\,180{,}50\ €}$$

oder

▶ Formel

- Feststellen, wie hoch der vermehrte Grundwert ist und wie hoch der Prozentsatz der Erhöhung ist;
- dann einsetzen in die nach dem GW aufgelöste Formel
- vermehrter Grundwert = 2 267,72 €
- Prozentsatz = 4 %
- $\frac{\text{vermehrter Grundwert} \cdot 100}{(100 + \text{Prozentsatz der Erhöhung})}$ = Grundwert

➔ $$\frac{\mathbf{GW\ (me) \cdot 100}}{\mathbf{(100 + PS)}} = \mathbf{GW}$$

- $\frac{\mathbf{2\,267{,}72 \cdot 100}}{\mathbf{(100 + 4)}}$ = **2 180,50 €**

Übungen

1. Der Deutschen Rentenversicherung Nord werden neue Aktenschränke geliefert. Die auf die Lieferung entfallenden Frachtkosten betragen 12,5 %. Der gesamte Rechnungsbetrag in Höhe von 7 560,00 € wird auf das Konto des Lieferanten überwiesen.
   Wie hoch sind die Frachtkosten?
2. In einem Jahr gab es 2,1 Mio. nicht eheliche Lebensgemeinschaften, das waren 47 % mehr als vor acht Jahren.
   Wie viele nicht eheliche Lebensgemeinschaften gab es vor acht Jahren?
3. Die Zahl der Schwangerschaftsabbrüche in Deutschland ist seit Jahren rückläufig. Allerdings hat sich die Zahl der Abbrüche bei Minderjährigen im Vergleich zum Vorjahr um 3 % erhöht. Im Berichtsjahr wurden 5 974 Schwangerschaftsabbrüche bei Minderjährigen gemeldet.
   Wie hoch war die Zahl der Schwangerschaftsabbrüche im Vorjahr?

4. Die Ausgaben für Arbeitslosengeld stiegen auf 27,0108 Mrd. €, das waren 9,8 % mehr als im Vorjahr.
   Wie hoch waren die Ausgaben für Arbeitslosengeld im Vorjahr?
5. In einem Jahr hatte die Europäische Union 494 Mio. Einwohner. Das waren 4 % mehr als vor zwei Jahren.
   Wie hoch war die Einwohnerzahl der EU vor zwei Jahren?
6. Das nominale Bruttoinlandsprodukt (BIP) stieg in Deutschland innerhalb von sechs Jahren auf 3 126,6 Mrd. €, dies entsprach einer Steigerung von 15 %.
   Wie hoch war das nominale BIP vor sechs Jahren?

2.3 Prozentrechnen mit dem verminderten Grundwert (im Hundert)

Der Grundwert beträgt immer 100 %. Der verminderte Grundwert ist kleiner als 100 %. Er ergibt sich, wenn vom Grundwert der Prozentwert subtrahiert wird.

Beispiel

Die BEK überweist für Büromaterial nach Abzug von 3 % Skonto 2 803,30 €. Auf wie viel Euro lautete der Rechnungsbetrag?

Lösung

	Rechnungsbetrag	=	100 %
–	Skonto	=	3 %
	Überweisungsbetrag (verminderter Grundwert)	=	97 %

- Dreisatz

  97 % – 2 803,30 €
  100 % – x €

  Gerades Verhältnis: je **mehr** %; desto **mehr** €

  $$\frac{\mathbf{2\,803{,}30 \cdot 100}}{\mathbf{97}} = \mathbf{2\,890{,}00\ €}$$

  oder

- Formel
  - Feststellen, wie hoch der verminderte Grundwert ist und wie hoch der Prozentsatz der Verminderung ist;
  - dann einsetzen in die nach GW aufgelöste Formel
  - verminderter Grundwert = 2 803,30 €
  - Prozentsatz = 3 %
  - $\frac{\text{verminderter Grundwert} \cdot 100}{(100 - \text{Prozentsatz der Verminderung})}$ = Grundwert

$$\frac{\mathbf{GW\ (mi) \cdot 100}}{\mathbf{(100 - PS)}} = \mathbf{GW}$$

  - $\frac{\mathbf{2\,803{,}30 \cdot 100}}{\mathbf{(100 - 3)}}$ = **2 890,00 €**

Übungen

1. Der Preis für ein Kreislaufpräparat wurde um 4 % auf 64,39 € gesenkt.
   Wie viel Euro betrug die Preissenkung?
2. Die Deutsche Rentenversicherung Nord überwies an einen Lieferanten 7 657,72 € unter Inanspruchnahme von 2 % Skonto.
   Wie viel Euro betrug der Rechnungsbetrag?
3. Ein Sachbearbeiter ermittelte einen Zieleinkaufspreis (netto) von 10 182,64 €.
   Von welchem Listenpreis (netto) ist er ausgegangen, wenn 20 % Rabatt gewährt wurden?
4. Eine Woche nach Erhalt der Rechnung wies die Arbeitsagentur Berlin 16 918,74 € zur Zahlung an. Der Lieferant gewährte 15 % Rabatt und bei Zahlung innerhalb von zwei Wochen nach Lieferung 3 % Skonto. Im Rechnungsbetrag sind 19 % Umsatzsteuer enthalten.
   Wie hoch ist der Listenpreis (netto) des Lieferanten?
5. Ein Angestellter erhielt nach Abzug von 35,3 % Steuern und Sozialversicherungsbeiträgen 2 685,05 € ausgezahlt.
   Wie viel Euro beträgt sein Bruttogehalt?

2.4 Gemischte Aufgaben

Übungen

1. Erstellen Sie eine Tabelle nach dem folgenden Beispiel und ergänzen Sie diese mit den aktuellen Werten.

Versicherungs-zweig	Beitragssätze in Prozent			Beitragsbemessungs-grenzen in €[1]		
Jahr	**2016**	**2017**	**2018**	**2016**	**2017**	**2018**
Rentenversicherung	18,7			74 400,00		
Arbeitsförderung	3,0			74 400,00		
Kranken-versicherung	14,6[2]			50 850,00		
Pflegeversicherung	2,35/0,25[3]			50 850,00		

2. Errechnen Sie den monatlichen Beitrag, den ein Arbeitnehmer im laufenden Kalenderjahr höchstens zur Deutschen Rentenversicherung Bund zu tragen hat.
3. Das monatliche beitragspflichtige Arbeitsentgelt des versicherungspflichtigen B. B., geboren am 29.04.1977, zwei Kinder, beträgt 3 150,00 €.
   Errechnen Sie den Beitragsanteil, den B. B. zu tragen hat (kein Zusatzbeitrag).
4. Errechnen Sie den monatlichen Rentenversicherungsbeitrag für einen Arbeitnehmer, der ein beitragspflichtiges Arbeitsentgelt in Höhe von 4 200,00 € hat.
5. Unter der Bezeichnung „Rentenbetrag" verstehen die Rentenversicherungsträger den monatlichen Betrag, der sich aus der Bewertung der rentenrechtlichen Zeiten ergibt. Der auszuzahlende Betrag ist der Betrag, den der Rentner monatlich nach Abzug des Beitragsanteils zur Kranken- und Pflegeversicherung ausgezahlt bekommt (kein Zusatzbeitrag).

1 Alte Bundesländer
2 Arbeitgeber 7,3 %, Mitglied 7,3 % zzgl. kassenindividuellem Zusatzbeitrag
3 Zusatzbeitrag allein zu tragen für kinderlose Mitglieder ab dem vollendeten 23. Lebensjahr

a) Der monatliche Rentenbetrag der versicherungspflichtigen Rentnerin K. K. (2 Kinder) beträgt 1 500,00 €.
Errechnen Sie den auszuzahlenden Betrag.

b) Der monatliche Rentenbetrag der versicherungspflichtigen Halbwaise, E. E., kinderlos, 16 Jahre alt, beträgt 280,00 €.
Errechnen Sie den Kranken- und Pflegeversicherungsbeitrag, den der Rentenversicherungsträger an die zuständige Krankenkasse zu überweisen hat.

c) Der auszuzahlende Betrag der Altersrente des Versicherten A. A., 66 Jahre, 1 Kind, liegt bei 1 160,00 €. Für A. A. besteht Versicherungspflicht zur Kranken- und Pflegeversicherung.
Errechnen Sie den monatlichen Rentenbetrag.

6. Die Arbeitsagentur in Hamburg plant die Durchführung einer zehnwöchigen (jeweils montags bis freitags) Qualifizierungsmaßnahme „EDV-Anwendung für technische Berufe". An dieser Maßnahme, die 300 Stunden umfasst, sollen 25 Arbeitslose teilnehmen. Die Maßnahme soll von dem Fortbildungsinstitut „top" durchgeführt werden. Folgende Kosten sind veranschlagt:

Honorar für die Lehrkräfte	15 500,00 €
Raumkosten	50,00 € je Unterrichtstag
Verwaltungskosten	2 300,00 €
Lehr- und Lernmittel	2 350,00 €
Gewinn	8 % der Gesamtkosten

a) Wie viel Euro hat die Arbeitsagentur an das Fortbildungsinstitut „top" für diese Maßnahme zu zahlen?

b) Wie hoch sind die Kosten je Teilnehmer in Euro und welchem Prozentsatz entspricht dies?

c) Wie hoch sind die Kosten je Teilnehmer, bezogen auf die einzelne Unterrichtsstunde?

7. Sehen Sie sich die Bildgrafik „Auf Pflege angewiesen" an und lösen Sie die folgenden Aufgaben.

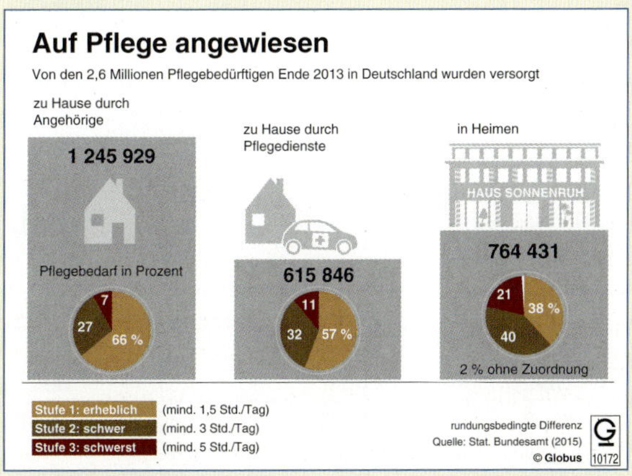

a) Wie viele Schwerpflegebedürftige, Pflegestufe 2, wurden zu Hause durch Angehörige gepflegt?

b) Wie viele Pflegebedürftige der Pflegestufe 1 wurden in Heimen versorgt?

c) Experten erwarten, dass die Zahl der Pflegebedürftigen im Jahr 2020 auf 2,8 Mio. Personen ansteigen wird.
Wie hoch wird der prozentuale Anstieg sein?

d) 2003 gab es 1,9 Mio. Leistungsempfänger.
Wie hoch war der prozentuale Anstieg bis Ende 2013?

e) Wie viele Leistungsempfänger der Pflegestufe 2 gab es Ende 2013?

f) Wie viele Personen der Pflegestufe 3 wurden zu Hause versorgt?

8. Die Mitglieder und ihre familienversicherten Angehörigen haben bei vielen gesetzlichen Krankenkassen die Möglichkeit, anstelle der Sach- oder Dienstleistungen die Kostenerstattung zu wählen. Eine Krankenkasse hat folgende Vereinbarung in ihrer Satzung: „... Erstattet werden höchstens die Beträge, die die Kasse bei Erbringung als Sachleistung zu tragen hätte. ... Der Erstattungsbetrag wird um einen Abschlag für Verwaltungskosten und fehlende Wirtschaftlichkeitsprüfungen von 7,5 v. H., je Erstattungsfall um mindestens 5,00 € und höchstens 50,00 €, gekürzt. ...".
Die folgenden freiwilligen Mitglieder der Krankenkasse machen von der Regelung der Kostenerstattung nach der Satzung Gebrauch.
Errechnen Sie, wie hoch die Kostenerstattung in dem jeweiligen Fall (a–c) durch die Krankenkasse ist. Anmerkung: Die einzelnen Leistungen sind grundsätzlich in der angegebenen Höhe erstattungsfähig.
   a) M. Stölken reicht folgende Rechnung bei der Krankenkasse ein:
   Behandlung am 22.08. durch Dr. Staake (Zahnarzt):

Datum	Zahn	Gebühren-Nr.	Faktor	Anzahl	Betrag in €
22.08.	25,26	001	2,3	1	25,30
22.08.	25,26	405	2,3	24	66,24
22.08.	24,25	402	2,1	1	10,40
22.08.	24,24	008	2,3	1	7,59

   b) H. Garnhost war in der Zeit vom 06.04. bis 16.05. bei Dr. G. Delvenhoch, Hautärztin, in Behandlung. Folgende Rechnung hat Herr Garnhost erhalten und bereits beglichen:

Datum	Position	Faktor	Betrag in €
06.04.	1B	2,3	37,95
	65	2,3	26,82
24.04.	1B	2,3	37,95
03.05.	2 × 490	2,3	30,86
03.05.	Auslagen OP-Material		27,67
03.05.	745	2,3	11,64
03.05.	2404	2,3	140,16
16.05.	1	2,3	18,22
16.05.	2007	2,3	10,12

   c) B. Behrendsen hat am 05.09. den Internisten Dr. Paschknecht besucht. Er erhält folgende Rechnung, die er bei seiner Krankenkasse einreicht:

Datum	GO-Nr.	Gebühr	Faktor	Betrag in €
05.09.	1	7,92	2,3	18,21
05.09.	65	11,66	2,3	26,81

9. Das kalendertägliche Bruttokrankengeld beträgt 70 % des Regel- bzw. Höchstregelentgelts, wird aber in der Höhe begrenzt auf 90 % des täglichen Nettoarbeitsentgelts (alle Angaben in der Tabelle in €).
Errechnen Sie das kalendertägliche Bruttokrankengeld.

Regelentgelt	Krankengeld (KG)	tägliches Netto	kalendertägliches KG
110,00	?	74,80	?
30,00	?	23,00	?
70,00	?	45,50	?

10. Das Bruttoinlandsprodukt betrug in einem Jahr 3027 Mrd. € nominal. Verwendet wurde es wie folgt: 53,9 % für den privaten Konsum, 19,5 % für Staatsausgaben, 18,8 % für Bruttoinvestitionen und der Rest für den Exportüberschuss. Im Vergleich zum Vorjahr war dies eine nominale Steigerung von 3,8 %.
    a) Wie viel Mrd. Euro wurden für den privaten Konsum ausgegeben?
    b) Wie viel Mrd. Euro betrug das nominale Bruttoinlandsprodukt im Vorjahr?

11. Im Jahr 2004 gab es 223 Ortskrankenkassen in Deutschland, dies entsprach einem Anteil von ca. 21,2 % an den Krankenkassen.
    a) Wie viele Krankenkassen gab es 2004 in Deutschland?
    b) Die Zahl der Innungskrankenkassen in Deutschland reduzierte sich in der Zeit von 2000 bis 2008 um 15 auf 17 IKK. Um wie viel Prozent verringerten sich die IKK?
    c) Im Jahr 2008 gab es in Deutschland noch 156 gesetzliche Krankenkassen. Um wie viel Prozent verringerte sich der Bestand an Krankenkassen?
    d) Bis zum Ende des Jahres 2015 gab es laut Experten einen Rückgang der Krankenkassen um 21,15 %. Wie viele Krankenkassen gab es Ende 2015 in Deutschland?

12. Für die Insolvenzgeldumlage musste eine Krankenkasse 2 870,00 € bezahlen. Die Krankenkasse wies für den Veranlagungszeitraum ein Entgelt in Höhe von 700 000,00 € nach.
    Wie hoch war der Prozentsatz für die Umlage in dem betreffenden Jahr?

13. Sehen Sie sich die Grafik „Ausgaben für die Gesundheit" an und lösen Sie die folgenden Aufgaben:
    a) Um wie viel Prozent sind die Ausgaben (Wer zahlt?) im Gesundheitswesen von 2013 bis 2014 gestiegen, wenn 2013 314,9 Mrd. € ausgegeben wurden?
    b) Bis 2017 rechnen Gesundheitsexperten mit einem Anstieg der Gesundheitsausgaben um 13 %. Wie hoch werden die Ausgaben 2017 sein, wenn die Prognose stimmt?
    c) Wie hoch waren die Pro-Kopf-Ausgaben? Annahme: Wohnbevölkerung 82,49 Mio. Menschen.

d) Errechnen Sie die prozentualen Anteile der
   - Krankenhauskosten,
   - ärztlichen und zahnärztlichen Leistungen,
   - Ausgaben in Apotheken.
e) Die Ausgaben im Gesundheitswesen betrugen im Jahr 2014 11,2 % des nominalen Bruttoninlandsproduktes.
   Wie hoch war das nominale Bruttoinlandsprodukt 2014?
f) Wie hoch war der prozentuale Anteil der Ausgaben der gesetzlichen Krankenversicherungen?

> Auszug aus dem Handelsgesetzbuch (HGB) **121**
>
> (1) (Verteilung von Gewinn und Verlust)
> Von dem Jahresgewinne gebührt jedem Gesellschafter zunächst ein Anteil in Höhe von vier vom Hundert seines Kapitalanteils. Reicht der Jahresgewinn hierzu nicht aus, so bestimmen sich die Anteile nach einem entsprechend niedrigeren Satz.
>
> ...
>
> (3) Derjenige Teil des Jahresgewinns, welcher die nach den Absätzen 1 und 2 zu berechnenden Gewinnanteile übersteigt, sowie der Verlust eines Geschäftsjahrs wird unter die Gesellschafter nach Köpfen verteilt.

14. In einer OHG gibt es zwei Gesellschafter mit folgenden Geschäftseinlagen:
    Werner 150 000,00 €
    Otto 100 000,00 €
    a) Aus dem Jahresabschluss ergibt sich ein Jahresgewinn von 30 000,00 €. Berechnen Sie den Gewinnanteil, den jeder OHG-Gesellschafter zu erhalten hat, wenn der Gewinn nach den gesetzlichen Bestimmungen verteilt wird.
       Entwerfen Sie für die Lösung eine übersichtliche Tabelle.
    b) Die OHG hat im folgenden Jahr einen Verlust in Höhe von 33 850,00 € ermittelt. Wie erfolgt die Verteilung des Verlustes, wenn eine vertragliche Vereinbarung fehlt?

15. Die Fernsprechkosten einer Geschäftsstelle betrugen in den letzten vier aufeinanderfolgenden Jahren 6 200,00 €, 7 325,00 €, 8 050,00 € und 9 000,00 €.
    a) Wie viel Prozent beträgt die Steigerung gegenüber dem ersten Jahr?
    b) Wie viel Prozent betrugen die jährlichen Steigerungsraten?

16. Für das Auswahlverfahren sind bei einer Agentur für Arbeit 448 Bewerbungen um die Einstellung als Verwaltungsinspektoranwärter eingegangen. Im Vergleich zum Vorjahr war dies eine Steigerung um 12 %.
    Von den 448 Bewerbungen wurden 215 Bewerber zu einem persönlichen Vorstellungsgespräch eingeladen. Davon erschienen nach dem Ergebnis des Vorstellungsgesprächs
    - 143 Bewerber als geeignet,
    - 22 Bewerber als nur bedingt geeignet,
    - 50 Bewerber als nicht geeignet.

    Berechnen Sie:
    a) wie viele Bewerbungen im Vorjahr eingegangen waren,
    b) wie hoch der prozentuale Anteil der zum persönlichen Vorstellungsgespräch eingeladenen Bewerber war,
    c) wie hoch die prozentualen Anteile der am Vorstellungsgespräch beteiligten Bewerber waren, die als geeignet, bedingt geeignet und nicht geeignet erschienen.

17. Die Ausgaben einer Krankenkasse für stationäre Behandlung lagen im Januar um $8\frac{1}{3}$ % unter denen des Dezembers. Im Februar stiegen die Ausgaben um 2,5 %, das sind 6 400,00 €, im Vergleich zum Januar. Im März liegen die Ausgaben um 5,5 % über denen im Februar.
    Wie hoch waren die Ausgaben für stationäre Behandlung in den einzelnen Monaten?

18. Die Miete für eine Geschäftsstelle der Innungskrankenkasse war im zweiten Jahr nach der Eröffnung um 9 % höher als im ersten Jahr und im dritten Jahr um 12,5% höher als im zweiten Jahr. Im dritten Jahr betrug sie 4 565,00 €.
Im Jahr nach der Eröffnung stieg die Miete um 10 %.
Berechnen Sie die Miete im Jahr der Geschäftsübernahme.

19. Eine Krankenkasse kaufte für eine Geschäftsstelle fünf Computer zum Listenpreis von 5 400,00 € je Stück. Der Lieferant gewährt 38 % Rabatt und 3 % Skonto.
Wie hoch ist die Überweisung der Krankenkasse?

20. Eine Krankenkasse veröffentlichte im Geschäftsbericht folgende Zahlen:

Gesetzliche Krankenkasse

Einnahmen	in Mio. €	Ausgaben	in Mio. €
1. Zuweisungen aus dem Gesundheitsfonds	689,703	1. Leistungen	584,459
2. Vermögenserträge	1,969	2. Verwaltungskosten	39,372
3. Erstattungen	3,898	3. Sonstige Ausgleiche	81,221
4. Ersatzansprüche	2,135	4. Überschuss	8,033
5. Erstattungen aus sonstigen Ausgleichen	15,380		
Summe	**713,085**	**Summe**	**713,085**

a) Wie hoch war der prozentuale Anteil der Verwaltungsausgaben an den Gesamtausgaben?
b) Wie viel Prozent der Zuweisungen aus dem Gesundheitsfonds musste diese Krankenkasse an Solidarbeitrag im Rahmen der sonstigen Ausgleiche aufbringen?
c) Für Krankenhausbehandlungen wurden 31,5 % der Leistungsausgaben ausgegeben.
Wie hoch waren die Ausgaben für die Krankenhausbehandlungen?
d) Die Leistungsausgaben sind im Vergleich zum Vorjahr um 2,5 % gestiegen.
Wie hoch waren die Leistungsausgaben im Vorjahr?

21. Ein Unternehmen hat die Sozialversicherungsabgaben des Monats Mai in Höhe von 11 634,20 € noch nicht abgeführt. Die Firma stellt Anfang Juni einen Insolvenzantrag. Die Krankenkasse erhält nach Abschluss des Insolvenzverfahrens von ihrer Forderung nur noch 1 225,10 €.
Wie hoch ist der Verlust in Prozent?

22. Sehen Sie sich die Grafik „Das soziale Netz" an und lösen Sie die folgenden Aufgaben:
a) Welchen prozentualen Anteil hat das Wohngeld an den Sozialleistungen?
b) Welchen prozentualen Anteil haben die Grundsicherung und die Arbeitslosenversicherung insgesamt an den Sozialleistungen?
c) Innerhalb von drei Jahren sind die Sozialleistungen um 6,0 % auf das im Schaubild genannte Niveau gestiegen. Wie hoch waren die Sozialleistungen vor drei Jahren?
d) Für Leistungen zur Teilhabe in der Rentenversicherung wurden im Jahr 2015 6,77 Mrd. € ausgegeben.
Welchen prozentualen Anteil haben die Leistungen zur Teilhabe an den Gesamtausgaben der Rentenversicherung?

e) Die Ausgaben für Sozialhilfe gliedern sich in unterschiedliche Hilfearten. Wie hoch waren die Ausgaben für die Wiedereingliederungshilfe behinderter Menschen, wenn dieser Anteil 57 % betrug?

f) Alle Sozialleistungen zusammengerechnet betrugen 33,0 % des Bruttoinlandsproduktes. Wie hoch war das Bruttoinlandsprodukt 2015?

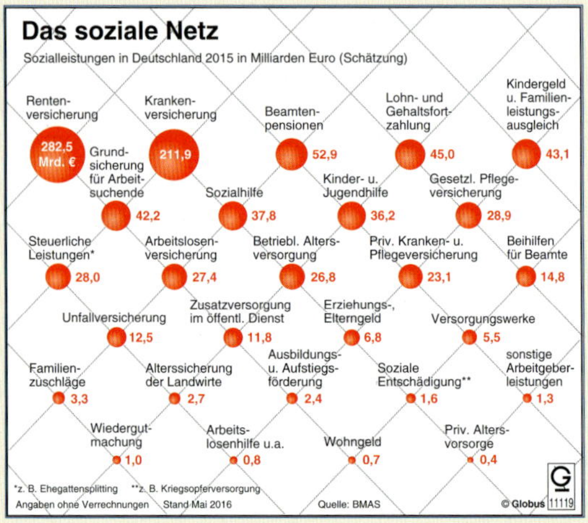

23. Folgende Tabelle gibt Aufschluss über einige Arbeitsmarktzahlen zweier aufeinanderfolgender Jahre.

	Berichtsjahr	Vorjahr
Erwerbstätige	35 847 000	35 770 000
Arbeitslose, darunter:	3 788 309	3 998 114
– Frauen	1 792 785	1 893 969
– Arbeiter	2 354 543	2 480 527
Arbeitslosenquote* in %	9,3	10,2

$$\text{* Arbeitslosenquote} = \frac{\text{gemeldete Arbeitslose} \cdot 100}{\text{zivile Erwerbspersonen}}$$

a) Errechnen Sie die Anzahl der zivilen Erwerbspersonen für das Berichtsjahr.
b) Errechnen Sie für das Vorjahr den prozentualen Anteil der arbeitslos gemeldeten Frauen.
c) Errechnen Sie den prozentualen Anteil der arbeitslos gemeldeten Männer im Berichtsjahr.
d) Um wie viel Prozent hat die Anzahl der gemeldeten arbeitslosen Frauen im Vergleich zum Vorjahr abgenommen?
e) Wie hoch ist der prozentuale Anteil der arbeitslos gemeldeten Angestellten im Berichtsjahr?
f) Um wie viel Prozent hat die Anzahl der Erwerbstätigen zugenommen?
g) Optimistische Schätzungen gehen von einer Arbeitslosenquote von 8,7 % im Folgejahr aus.
Welcher Arbeitslosenzahl entspricht dies unter sonst gleichen Voraussetzungen?

24. Eine Krankenkasse baut in Trier ein Verwaltungsgebäude auf einem Grundstück von 20 000 m². Dabei wird ein Parkplatz miteingerichtet, der 18 % der Grundstücksfläche einnimmt. Dieser Platz muss plattiert werden. Die Platten kosten 30,00 € pro Quadratmeter ohne Umsatzsteuer. Bei einer Abnahme von über 4.000 m² gewährt die Lieferfirma einen Rabatt von 3 %, bei einer Abnahme von 2000 bis 4000 m² einen Rabatt von 2 %. Bei Zahlung innerhalb von 14 Tagen werden 3 % Skonto gewährt.
Wie teuer wird die Plattierung des Parkplatzes einschließlich Umsatzsteuer, wenn der Kaufpreis nach einer Woche überwiesen wird?

25. Ein Sozialversicherungsträger baut für die auswärtigen Auszubildenden und andere Besucher ein Apartmenthaus mit 52 Zweizimmerwohnungen. Die Baukosten betragen 1 600 000,00 €. Neben den Eigenmitteln von 900 000,00 € wird das Haus mit einer 1. Hypothek über 300 000,00 € zu 6 %, einer 1b-Hypothek über 200 000,00 € zu 7,5 % und einer 2. Hypothek der Bundesanstalt für Arbeit über 200 000,00 € zu 2,5 % finanziert. Weiterhin entstehen folgende laufende Kosten: Steuern, Versicherungen und Gebühren 5 300,00 € jährlich; 2 % Abschreibungen von den Baukosten, Instandsetzung 2,5 % der Baukosten; Treppenreinigung und Flurbeleuchtung 155,00 € wöchentlich. Die Mieteinnahmen je Wohnung betragen monatlich 260,00 €.
Mit wie viel Prozent verzinst sich das Eigenkapital?

26. Lösen Sie die folgenden Aufgaben zusammen mit Ihrer Kollegin bzw. Ihrem Kollegen.
   a) Ein Sozialversicherungsfachangestellter, der mit 26 Jahren bei der DAK angestellt wurde, hat 25 % seiner übrigen Zeit gearbeitet, 37,5 % verschlafen, $\frac{1}{16}$ mit Essen und Trinken zugebracht, $\frac{1}{6}$ der Erholung gewidmet und $5\frac{1}{4}$ Jahre seinen Garten bearbeitet.
   Wie alt ist der Sozialversicherungsfachangestellte geworden?
   b) Eine Krankenkasse erwarb vom Land unter den folgenden Bedingungen ein Grundstück: 50 % des Preises als sofortige Barzahlung; $\frac{2}{5}$ des Kaufpreises wird nach einem Jahr fällig und 200 000,00 € sind im dritten Jahr zu bezahlen.
   Wie viel Euro kostete das Grundstück?
   c) $\frac{1}{16}$ des Grundwertes entspricht 8.
   Aus wie vielen Teilen besteht der Grundwert und welchem prozentualen Anteil entsprechen die acht Teile?
   d) Ein Apotheker stellt 160 Liter eines Vitamindrinks her, der zu 8,5 % aus einem Vitaminkonzentrat besteht und der Rest aus Wasser. Das Vitaminkonzentrat kostet 17,50 € je Liter, das Wasser wird nicht berechnet.
   Wie teuer muss er einen Liter des Vitamindrinks verkaufen, wenn er je Liter mindestens 90 Cent verdienen will?

27. Suchen Sie eine Bildgrafik zu einem Thema aus Ihrem Sozialversicherungszweig, formulieren Sie drei Prozentaufgaben und lösen Sie diese.

2.5 Säumniszuschlag nach § 24 SGB IV

§ 24 Säumniszuschlag

(1) Für Beiträge und Beitragsvorschüsse, die der Zahlungspflichtige nicht bis zum Ablauf des Fälligkeitstages gezahlt hat, ist für jeden angefangenen Monat der Säumnis ein Säumniszuschlag von 1 v. H. des rückständigen, auf 50,00 € nach unten abgerundeten Betrages zu zahlen. Bei einem rückständigen Betrag unter 100,00 € ist der Säumniszuschlag nicht zu erheben, wenn dieser gesondert schriftlich anzufordern wäre.

(2) Wird eine Beitragsforderung durch Bescheid mit Wirkung für die Vergangenheit festgestellt, ist ein darauf entfallender Säumniszuschlag nicht zu erheben, soweit der Beitragsschuldner glaubhaft macht, dass er unverschuldet keine Kenntnis von der Zahlungspflicht hatte.

Beitragsschuldner, die verspätet zahlen, sollen nicht besser gestellt sein als pünktliche Zahler. Deshalb ist für den Fall der Säumnis ein Ausgleich herbeizuführen (Beitragsgerechtigkeit). Dies geschieht durch die Erhebung von Säumniszuschlägen für rückständige Beiträge, dazu gehören auch die Umlagen der Krankenkassen, (z. B. für die Entgeltfortzahlung) und die Beitragsvorschüsse. Auf andere Forderungen der Krankenkassen, wie z. B. Geldbußen oder Mahngebühren, werden keine Säumniszuschläge erhoben. Mit den Säumniszuschlägen sollen auch die Verwaltungsgebühren, die den

Trägern dadurch entstehen, dass Beitragspflichtige einen fälligen Beitrag nicht oder nicht fristgemäß zahlen, abgegolten werden. Die Vorschrift gilt für alle Zweige der Sozialversicherung.

Die Fälligkeit der Beiträge ist in § 23 SGB IV geregelt. Die laufenden Beiträge werden an dem Tag fällig, den die Krankenkasse bzw. die Pflegekasse (§ 23 Abs. 1 SGB IV) in ihrer Satzung festgelegt hat. Beiträge, die nach dem Arbeitsentgelt oder Arbeitseinkommen zu bemessen sind, sind in voraussichtlicher Höhe spätestens am drittletzten Bankarbeitstag des Monats fällig, in dem die Beschäftigung oder Tätigkeit, mit der das Arbeitsentgelt oder das Arbeitseinkommen erzielt wird, ausgeübt worden ist oder als ausgeübt gilt; ein verbleibender Restbetrag wird zum drittletzten Bankarbeitstag des Folgemonats fällig. Die Lohn- und Gehaltsabrechnung der Unternehmen erfolgt heute mit modernster Informationstechnik. Aus diesem Grunde ist es den Unternehmen möglich, eine zeitnahe Berechnung der Sozialversicherungsbeiträge mit der Auszahlung der Nettolöhne und -gehälter vorzunehmen. Die Krankenkassen z. B. erbringen im Bedarfsfall ihre Leistungen an den Versicherten bereits zu Monatsbeginn, deshalb ist es notwendig, dass die Sozialversicherungsträger über die Beiträge zu diesem Zeitpunkt auch verfügen können.

Wenn die Beitragszahlung vor der Entgeltabrechnung fällig ist, muss die voraussichtliche Beitragshöhe ermittelt werden. Der Zahlungspflichtige hat die Beitragshöhe gewissenhaft zu schätzen, sodass der Restbeitrag, der erst im Folgemonat fällig ist, so gering wie möglich ist. Zur Ermittlung der voraussichtlichen Höhe der Beitragszahlung sind ausgehend vom Beitragssoll des letzten Entgeltabrechnungszeitraums zusätzlich

- Änderungen in der Zahl der Beschäftigten, der Arbeitstage bzw. Arbeitsstunden (inkl. Überstunden) sowie
- Änderungen der Beitragssätze, Erhöhungen der Beitragsbemessungsgrenzen, Lohn- und Gehaltsanpassungen

zu berücksichtigen.

Dabei ist zu beachten, dass die Beitragszahlungsverordnung abweichend von den Bestimmungen des Bürgerlichen Gesetzbuches (BGB) regelt, zu welchem Zeitpunkt eine Zahlung als geleistet gilt:

▶ Bareinzahlungen	Tag des Geldeingangs beim Träger
▶ Zahlung per Scheck, Überweisung oder Einzahlung auf ein Konto des Trägers	Tag der Wertstellung zugunsten des Trägers
▶ Lastschrifteinzugsverfahren	Tag der Fälligkeit

Fällige Beiträge müssen mit Wertstellung (Valuta) spätestens am drittletzten Bankarbeitstag des laufenden Monats dem Konto des Sozialversicherungsträgers gutgeschrieben sein. Ist der Monatsletzte, z. B. der 31. August, ein Donnerstag, dann ist der Fälligkeitstag für die Augustbeiträge Dienstag, der 29. August. Ist der Monatsletzte ein Sonntag, z. B. der 30. April, dann ist der Fälligkeitstag für die Aprilbeiträge der 26. April (Mittwoch).

Für die Bestimmung des drittletzten Bankarbeitstages kommt es auf den Sitz der Krankenkasse an, wenn einer der drei letzten Bankarbeitstage nicht auf einen bundeseinheitlichen Feiertag fällt. Der 24. und der 31. Dezember gelten nicht als bankübliche Arbeitstage.

Zahlungspflichtiger und Schuldner des Säumniszuschlages ist der Beitragsschuldner. Entscheidet er sich für das Lastschrifteinzugsverfahren, überträgt er damit die Verantwortung für die rechtzeitige Beitragsabführung auf den Träger.

Die Fälle des § 24 Abs. 2 SGB IV werden sich in der Regel aus Betriebsprüfungen ergeben, in denen eine Nachforderung für die Vergangenheit erhoben wurde, und aus Widerspruchs-/Klagefällen, in denen die Entscheidung über die Beitragsforderung erst im Nachhinein abschließend getroffen wird. Säumniszuschläge werden nur dann erhoben, wenn sich der Zahlungspflichtige schuldhaft verhalten hat. Dies ist z. B. der Fall, wenn sich der Beitragsschuldner/Arbeitgeber in Zweifelsfällen nicht bei der Einzugsstelle nach der Versicherungs- und Beitragspflicht erkundigt hat.

Die Erhebung von Säumniszuschlägen ist nach § 24 SGB IV zwingend vorgeschrieben. Ein Verzicht bzw. der Teilerlass des Säumniszuschlages ist nur in Einzelfällen unter den strengen Voraussetzungen des § 76 Abs. 2 Nr. 3 SGB IV möglich. Danach kann der Säumniszuschlag auf Antrag des Schuldners erlassen werden, wenn der Beitragsschuldner glaubhaft machen kann, dass er durch ein unabwendbares Ereignis (z. B. plötzliche Erkrankung oder Unfall des Zahlungspflichtigen, Naturkatastrophen) an der rechtzeitigen Entrichtung der Beiträge gehindert war. Der Säumniszuschlag kann auch erlassen werden, wenn der Zahlungspflichtige bisher immer ein pünktlicher Beitragszahler war und er glaubhaft machen kann, dass er z. B. die Überweisungslaufzeit falsch eingeschätzt hat.

Nach § 76 Abs. 2 Nr. 1 SGB IV können Beiträge gestundet werden, d. h., die Einzugsstelle erklärt sich mit einer späteren Zahlung einverstanden, wenn

- die sofortige Einziehung mit einer erheblichen Härte für den Beitragsschuldner verbunden wäre und
- der Anspruch durch die Stundung nicht gefährdet wird.

Bei gestundeten Forderungen darf für den Stundungszeitraum kein Säumniszuschlag erhoben werden, weil mit der Stundung die Fälligkeit hinausgeschoben wird. Für gestundete Forderungen erhebt der Träger eine angemessene Verzinsung.

Beispiel

1. Am 27. Juli war ein Beitrag in Höhe von 2 673,60 € fällig. Der Betrag wurde mit dem Wertstellungsdatum (Valuta) 31. Juli dem Konto der Krankenkasse gutgeschrieben.
   Berechnen Sie den Säumniszuschlag nach § 24 SGB IV.

Fälliger Beitrag	2 673,60 €	
Gerundeter Beitrag	2 650,00 €	
Fälligkeit des Beitrags	27. Juli	$\frac{2650 \cdot 1}{100} = 26{,}50$
angefangene Monate der Säumnis	1	
Säumniszuschlag (1 % von 2 650,00 €)	**26,50 €**	

2. Ein Bauunternehmen zahlt allen Beschäftigten das Arbeitsentgelt für den laufenden Monat am Monatsletzten. Für den Mai (Monat, in dem das Arbeitsentgelt erzielt wurde) war ein Beitrag in Höhe von 856 673,60 € fällig. Der Beitrag wurde mit Valuta 16. August dem Konto der AOK gutgeschrieben.

Berechnen Sie den Säumniszuschlag nach § 24 SGB IV.

Fälliger Beitrag	856 673,60 €	
Gerundeter Beitrag	856 650,00 €	
Fälligkeit des Beitrags	29. Mai	$\frac{856\,650 \cdot 3}{100} = 25\,699{,}50$
angefangene Monate der Säumnis	3	
Säumniszuschlag (3 % von 856 650,00 €)	**25 699,50 €**	

Übungen

1. Bestimmen Sie mithilfe des Kalenders den jeweiligen Fälligkeitstermin für die Sozialversicherungsbeiträge für die Monate: Februar, Mai, Juli, August, Oktober, Dezember des aktuellen Jahres.
2. Ein Supermarkt ist nicht in der Lage, die am 25. April fälligen Beiträge in Höhe von 3 126,34 € zu entrichten. Die Folgebeträge werden pünktlich bezahlt.
   Wie viel Euro beträgt der Säumniszuschlag, wenn die Beiträge am 15. Juli entrichtet werden?
3. Die Beitragsschuld einer Firma, die das Arbeitsentgelt an die Beschäftigten am 20. eines Monats für den laufenden Monat zahlt, beträgt für Juli 5 278,56 €. Letzter banküblicher Arbeitstag ist der 29. Juli.
   Berechnen Sie den Säumniszuschlag, wenn
   a) der Beitrag erst mit Valuta 24. August entrichtet wird.
   b) der Beitrag erst mit Valuta 7. Dezember entrichtet wird.
4. Für die am 25. März gezahlten Arbeitsentgelte sind von der Plan-Bau GmbH Gesamtsozialversicherungsbeiträge in Höhe von 44 785,80 € zu zahlen. Die Beiträge werden dem Konto der Einzugsstelle erst am 7. April (Wertstellungstag) gutgeschrieben. Bisher war die Plan-Bau GmbH bei der AOK als pünktlicher Beitragszahler bekannt, d. h., die Beiträge wurden stets zum Fälligkeitstag gezahlt. Aus diesem Grunde beantragt der Geschäftsführer der Plan-Bau GmbH den Erlass des Säumniszuschlags.
   a) Berechnen Sie den zu erhebenden Säumniszuschlag.
   b) Prüfen Sie, ob für die AOK die Möglichkeit besteht, der Plan-Bau GmbH den Säumniszuschlag zu erlassen.
5. Ein Arbeitgeber des Versicherungsgewerbes weist der Ersatzkasse Beiträge in Höhe von 120 580,70 € für die im Monat Juli gezahlten Arbeitsentgelte nach. Das Arbeitsentgelt der beschäftigten Arbeitnehmer wird regelmäßig am 15. des laufenden Monats fällig. Wegen finanzieller Schwierigkeiten ist der Arbeitgeber nicht in der Lage, den Beitrag für Juli fristgerecht zu entrichten. Die Ersatzkasse mahnt deshalb den Rückstand an. Auch daraufhin leistet der Arbeitgeber keine Zahlung.
   a) Entwerfen Sie ein Schreiben, mit dem die Ersatzkasse die Beiträge erstmals mahnt. Berücksichtigen Sie in dem Brief, dass die Ersatzkasse eine Mahngebühr in Höhe von 5,00 € erhebt.
   b) Warum ist es wichtig, dass der Sozialversicherungsträger eine Mahnung an den Beitragsschuldner sendet?
   c) Der Arbeitgeber zahlt am 29. Oktober, Valuta 31. Oktober, den Beitrag für die Arbeitsentgelte des Monats Juli.
   Wie hoch ist der von dem Versicherungsunternehmen insgesamt zu zahlende Betrag einschließlich des Säumniszuschlages?
6. Der am 27. Dezember fällige Beitrag eines Handwerksbetriebes in Höhe von 2 890,00 € wird wie folgt beglichen:
   1. Beitragsentrichtung in Höhe von 1 390,00 € am 31. Januar des Folgejahres
   2. Beitragsentrichtung in Höhe des Restbetrages am 30. März des Folgejahres
   In welcher Höhe hat die Krankenkasse einen Säumniszuschlag zu erheben?

7. Am 30. April ergeht der Vollstreckungsauftrag an die Wall-Farben GmbH. Sie schuldet der zuständigen Krankenkasse die am 29. März fälligen Beiträge in Höhe von 7988,00 €. Die bisher angefallenen Gebühren und Kosten betragen 30,00 €. Welchen Betrag hat die Wall-Farben GmbH insgesamt an den Vollstreckungsbeamten zu zahlen?

8. Im Rahmen einer von der zuständigen BG durchgeführten Betriebsprüfung ergibt sich eine Beitragsschuld des Mitgliedsunternehmens in Höhe von 34593,00 €. Diese Beitragsschuld besteht seit dem 15. Mai. Der Bescheid wird am 23. Oktober dem Mitgliedsunternehmen zugestellt. Der Unternehmer zahlt die nachgeforderten Beiträge am 10. November. Fällt ein Säumniszuschlag an? Wenn ja, in welcher Höhe? Wenn nein, warum nicht?

3 Zinsrechnen

Überlässt ein Gläubiger einem Schuldner eine bestimmte Geldsumme für eine bestimmte Zeit, dann hat der Schuldner dafür einen entsprechenden Preis zu zahlen. Dieser Preis ist der Zins. Ein Zins wird üblicherweise in Prozent (%) des Kapitals ausgedrückt und nennt sich dann Zinssatz. Die Zinsrechnung ist eine erweiterte Form der Prozentrechnung, da als vierte veränderliche Größe die Zeit, für die die Zinsen bezahlt werden müssen, hinzukommt.

Größen der Prozentrechnung:		Größen der Zinsrechnung:
▶ Grundwert	→	– Kapital (K)
▶ Prozentwert	→	– Zinsen (Z)
▶ Prozentsatz	→	– Zinssatz (p)
hinzukommt die	→	– Zeit, angegeben in: Tagen (T) Monaten (M) Jahren (J)

Die Nennung des Zinssatzes (Zinsfuß) erfolgt üblicherweise ohne Angabe eines Zeitraums und bezieht sich dann auf ein Jahr, z. B. 5 %; teilweise erfolgt der Zusatz p. a. (pro anno – für ein Jahr). Soll sich der Zinssatz auf einen anderen Zeitraum als ein Jahr beziehen, muss dies ausdrücklich gekennzeichnet werden, z. B. p. m. (pro Monat).

In der kaufmännischen Zinsrechnung werden die Zinsen in Deutschland grundsätzlich nach der Methode 30/360 berechnet. Das heißt: Zugrunde gelegt werden ein standardisierter 30-Tage-Monat sowie ein 360-Tage-Jahr.

In den Ländern der Europäischen Währungsunion werden teilweise andere Zinsberechnungsmethoden angewandt. Im Zuge der Anpassung an europäische Marktgebräuche wird in Deutschland teilweise auch die aktual/actual-Methode angewandt. Der Zinsberechnung werden dann die tatsächlichen Monats- bzw. Jahrestage zugrunde gelegt, z. B. für März 31 Tage, für das Jahr 365 Tage (Schaltjahr: 366 Tage). Zurzeit wird diese Zinsberechnungsmethode in der Bundesrepublik Deutschland angewandt, wenn Bundeswertpapiere (z. B. Bundesanleihen, Bundesobligationen, Bundesschatzanweisungen, Bundesschatzbriefe) zwischen zwei Zinszahlungsterminen gekauft bzw. verkauft werden.

Bei allen nachfolgenden Aufgaben wird die in der Bundesrepublik bei kaufmännischer Zinsrechnung angewendete 30/360-Methode zugrunde gelegt.

3.1 Berechnen der Zinsen

3.1.1 Jahreszinsen

Beispiel

Ein Kapital von 7 000,00 € wird zu 5 % verzinst. Wie viel Zinsen bringt das Kapital in drei Jahren?

- Dreisatz:

  100 % = 7 000,00 €
  5 % = x €

  Gerades Verhältnis: je **weniger** %, desto **weniger** €

  $\frac{7000 \cdot 5}{100}$ = 350,00 € Zinsen für ein Jahr

  Zinsen für drei Jahre: 350,00 € · 3 = **1 050,00 €**

- Jahreszinsformel:

  K = 7 000,00 €; p = 5 %; J = 3 Jahre, Z = x €

$$\mathbf{Z = \frac{K \cdot p \cdot J}{100}}$$

$$Z = \frac{7000 \cdot 5 \cdot 3}{100} = \mathbf{1050{,}00\ €}$$

3.1.2 Monatszinsen

Beispiel

Ein Kapital von 7 200,00 € wird von einer Sparkasse zu 5 % verzinst. Wie viel Zinsen bringt das Kapital in drei Monaten?

Lösung

Zinsen für ein Jahr	5 % von 7 200,00 € = 360,00 €
Zinsen für einen Monat	360,00 € : 12 = 30,00 €
Zinsen für drei Monate	30,00 € · 3 = **90,00 €**

Lösung mit der Monatszinsformel:

$$\mathbf{Z = \frac{K \cdot p \cdot M}{100 \cdot 12}}$$

$$Z = \frac{7200 \cdot 5 \cdot 3}{100 \cdot 12} = \mathbf{90{,}00\ €}$$

3.1.3 Tageszinsen

Beispiel

Ein Kunde überzieht sein Bankkonto um 8 000,00 € vom 17. Mai bis 29. Mai eines Jahres. Die Bank berechnet 9 % Zinsen. Wie viel Zinsen hat der Kunde zu zahlen?

Lösung

Zinsen für ein Jahr	9 % von 8 000,00 € = 720,00 €
Zinsen für einen Tag	720,00 € : 360 = 2,00 €
Zinsen für 12 Tage	2,00 € · 12 = **24,00 €**

Lösung mit der Tageszinsformel:

$$Z = \frac{K \cdot p \cdot T}{100 \cdot 360}$$

$$Z = \frac{8\,000 \cdot 9 \cdot 12}{100 \cdot 360} = \mathbf{24{,}00\ €}$$

Ermittlung der Tage in der Zinsrechnung:

Wenn bei der Berechnung der Zinsen ein Anfangs- und ein Enddatum angegeben ist, ist Folgendes zu beachten:

- Das Jahr hat 360 und der Monat 30 Zinstage.
- Ausnahme: Läuft der Zinszeitraum Ende Februar ab, so werden die Zinstage für diesen Monat genau berechnet: also 28 bzw. 29 Tage (Schaltjahr).
- Bei der Berechnung der Zinstage wird der erste Tag der Laufzeit nicht mitgerechnet, der letzte Tag, bis zu dem verzinst wird, wird mitgezählt (die §§ 187 und 188 BGB regeln den Fristbeginn und das Fristende).

Zur Berechnung der Zinstage gibt es zwei Methoden.

Beispiel

Additionsmethode (Daten geben die jeweiligen Zinszeiträume an.)

1. **16. Januar bis 7. März**

Januar	14 Tage
Februar	30 Tage
März	7 Tage
	51 Tage

2. **16. Januar bis 31. März**

Januar	14 Tage
Februar	30 Tage
März	30 Tage
	74 Tage

3. **16. Januar bis Ende Februar**

Januar	14 Tage
Februar	28 Tage
	42 Tage

4. **16. Januar bis 1. März**

Januar	14 Tage
Februar	30 Tage
März	1 Tag
	45 Tage

Subtraktionsmethode (Daten geben die jeweiligen Zinszeiträume an.)

1. ***3. April bis 17. November***

17	*11*	
– 03	*– 04*	
14 Tage	*07 Monate*	
+ 210 Tage (7 · 30) ←		
224 Tage		

allgemein:

	letzter Tag des Zinszeitraumes
–	*erster Tag des Zinszeitraumes*
=	*Anzahl der Zinstage und -monate*
	Umwandlung der Monate in Tage

2. ***14. Juli bis 2. September***

02	*09*	*Der Monat 09 wird in 30 Tage umgewandelt.*
32	*08*	
– 14	*– 07*	
18 Tage	*01 Monat*	
+ 30 Tage ←		*Der Monat wird in 30 Tage umgewandelt.*
48 Tage		

3. ***14. Juli 08 bis 2. September 10***

32	*08*	*10*	*Umwandlung des Monats 09*
– 14	*– 07*	*– 08*	*in 30 Tage*
18 Tage	*01 Monat*	*02 Jahre*	
+ 30 Tage ←	┘		*01 Monat zu 30 Tagen*
+ 720 Tage ←		┘	*02 Jahre zu je 360 Tagen*
768 Tage			

4. ***14. Juli 08 bis 2. Mai 11***

02	*05*	*11*	
32	*04*	*11*	*Umwandlung des Monats 05 in 30 Tage*
32	*16*	*10*	*Umwandlung des Jahres 11 in 12 Monate*
– 14	*– 07*	*– 08*	
18 Tage	*09 Monate*	*02 Jahre*	
+ 270 Tage ←	┘		*9 Monate zu je 30 Tagen*
+ 720 Tage ←		┘	*2 Jahre zu je 360 Tagen*
1 008 Tage			

Übungen

1. Berechnen Sie die Anzahl der Tage.

Nr.	Zeitraum	Tage
1.	25.04.–29.10.	?
2.	23.02.–21.12.	?
3.	26.03.–29.11.	?
4.	02.01.–28.02.	?
5.	15.10.–31.08. des Folgejahres	?
6.	03.09.–31.12. des Folgejahres	?
7.	01.12.–29.02. des Folgejahres	?
8.	29.03.–05.04.	?
9.	02.01.–31.12.	?
10.	25.12.–31.05. des Folgejahres	?

2. Errechnen Sie die Zinsen (ohne Zinseszinsen).

Nr.	Kapital in €	Zeit	Zinssatz in %	Zinsen in €
1.	6400,00	2 Jahre	8	?
2.	8500,00	4 Jahre	9	?
3.	14600,00	6 Monate	7	?
4.	920,00	10 Monate	10	?
5.	10800,00	4 Monate	9	?
6.	220000,00	305 Tage	7	?
7.	35000,00	95 Tage	8,5	?
8.	120000,00	15.05.–28.11.	7,5	?
9.	75000,00	02.01.–31.10.	7	?
10.	4500,00	03.08.08–24.07.12	12	?

3. Eine Ersatzkasse hat eine Lieferantenrechnung in Höhe von 17800,00 € 15 Tage nach Fälligkeit beglichen. Der Lieferant verlangt 9 % Verzugszinsen.
   Berechnen Sie die Höhe der Verzugszinsen.

4. Eine Krankenkasse gewährt einer Angestellten ein Arbeitnehmerdarlehen in Höhe von 7000,00 €.
   Wie hoch ist der Zinsertrag bei einer Laufzeit von 30 Monaten und einem Zinssatz von 5 %?

5. Eine Firma hat eine Rechnung über 16500,00 € bei ihrem Büromöbellieferanten zu begleichen. Die Zahlungsbedingungen lauten: zahlbar innerhalb acht Tagen abzüglich 2 % Skonto oder innerhalb von 30 Tagen netto. Um den Skonto ausnutzen zu können, muss die Firma einen Kredit zu 9,5 % Zinsen für 20 Tage in Anspruch nehmen.
   Wie viel Euro würde der Zinsvorteil betragen?

6. Berechnen Sie den Rückzahlungsbetrag einschließlich Zinsen:
   a) 60000,00 € zu 5,5 % vom 15. August 12 bis 12. Dezember 14.
   b) 5000,00 € zu 6,5 % vom 24. März 13 bis Ende Februar 16 (Schaltjahr).
   c) 120000,00 € zu 7 % vom 2. April 12 bis 31. Dezember 15.
   d) 50000,00 € zu 4,5 % vom 8. September 13 bis 24. November 16.

7. Die Telefonzentrale einer Krankenkasse wird modernisiert. Dazu wird ein Kredit über 170000,00 € zu 8,75 % aufgenommen, der nach zwei Jahren getilgt wird.
   a) Ermitteln Sie den Rückzahlungsbetrag.
   b) Welcher Betrag entfällt davon auf die Zinsen?
   c) Mit welchem Zinsaufwand muss die Krankenkasse monatlich rechnen?

8. Eine Lieferantenrechnung vom 1. Februar über 7250,00 € trägt den Vermerk: „Zahlbar innerhalb von 10 Tagen mit 2,5 % Skonto oder innerhalb von 30 Tagen ohne Abzug". Um den Skontoabzug ausnutzen zu können, muss der Kunde einen Bankkredit in Höhe des Barzahlungspreises zu einem Zinssatz von 7,5 % in Anspruch nehmen.
   a) Welchen Betrag zahlt der Kunde unter Ausnutzung des Skontos?
   b) Wie viel Zinsen muss er für den Kredit bezahlen?
   c) Vergleichen Sie den Zinsaufwand mit dem Skontoabzug.

9. Für den Bau einer Kindertagesstätte wurde dem Bauträger aus Mitteln der Bundesagentur für Arbeit ein Darlehen in Höhe von 120 000,00 € zu einem Zinssatz von 2,5 % bewilligt. Die Auszahlung erfolgt in zwei Raten, und zwar
die 1. Rate zu 48 000,00 € am 11. Februar 08,
die 2. Rate zu 72 000,00 € am 16. März 09.
Die Verzinsung begann jeweils mit dem Tag der Auszahlung. Die Tilgung setzt erst im Jahre 11 ein.
Berechnen Sie, welche Zinsbeträge der Darlehensnehmer in den Jahren 08 und 09 aufzubringen hatte.

10. Ein Bekannter bittet um Ihren Rat beim Kauf eines Mietshauses. Es wird ihm zum Preis von 1 250 000,00 € angeboten. Beim Kauf sollen 726 000,00 € gezahlt werden und zwei Hypotheken (1. Hypothek 374 000,00 € zu 5,5 %, 2. Hypothek 150 000,00 € zu 6,5 %) übernommen werden. Die vierteljährlichen Aufwendungen für das Mietwohnhaus (Abschreibung, Abgaben und Steuern, Instandhaltung usw.) betragen 4 990,00 €. Die Hypothekenzinsen kommen hinzu.
Wie viel Miete müsste Ihr Bekannter monatlich einnehmen, wenn er eine Eigenkapitalverzinsung von 6,5 % erzielen möchte?

11. Aufgrund eines Versehens wurde bei der Arbeitsagentur Hamburg die Rechnung über 2 680,00 € für geliefertes Büromaterial nicht angewiesen und bezahlt. Die Lieferfirma stellt deshalb für die Zeit vom 15. August bis 8. Januar des Folgejahres Verzugszinsen vom Rechnungsbetrag zum vertraglich vereinbarten Zinssatz von 9,5 % in Rechnung.
Berechnen Sie den insgesamt entstandenen Schaden und beachten Sie hierbei, dass bei rechtzeitiger Bezahlung vom Rechnungsbetrag 3 % Skonto hätten abgezogen werden können.

12. Die TK hat vergessen, eine Rechnung zu bezahlen. Nach einigen Wochen wird der Rechnungsbetrag in Höhe von 1 287,20 € einschließlich 19 % Umsatzsteuer angemahnt. Neben dem Rechnungsbetrag verlangt die Firma außer einer Mahngebühr von 5,00 € noch für 45 Tage Verzugszinsen zu einem Zinssatz von 4 % (auf den Rechnungsbetrag). Bei rechtzeitiger Zahlung hätten 3 % Skonto abgezogen werden können.
Stellen Sie die Höhe des Schadens fest.

3.2 Berechnen des Zinssatzes

Beispiel

Ein Kapital von 4 880,00 € brachte in der Zeit vom 6. März bis 30. Juli 97,60 € Zinsen. Zu welchem Zinssatz wurde das Kapital verzinst?

Lösung

- Dreisatz

4 880,00 € – 144 Tage – 97,60 €
100,00 € – 360 Tage – x €

$$x = \frac{97{,}60 \cdot 100 \cdot 360}{4880 \cdot 144}$$

x = **5,00 €**

→ 100,00 € bringen in 360 Tagen 5,00 € Zinsen. Der Zinssatz beträgt 5 %.

oder

▶ Formel

Die Tageszinsformel

$$Z = \frac{K \cdot p \cdot T}{100 \cdot 360}$$

wird aufgelöst nach p für die Berechnung des Zinssatzes:

$$p = \frac{Z \cdot 100 \cdot 360}{K \cdot T}$$

$$p = \frac{97{,}60 \cdot 100 \cdot 360}{4880 \cdot 144} = 5\,\%$$

Übungen

1. Berechnen Sie den Zinssatz.

Nr.	Kapital in €	Zeit	Zinsen in €	Zinssatz in %
1.	88 000,00	5 Jahre	28 600,00	?
2.	140 000,00	20 Jahre	252 000,00	?
3.	28 500,00	42 Monate	4 987,50	?
4.	76 990,00	10 Monate	1 924,75	?
5.	6 800,00	380 Tage	287,11	?
6.	44 600,00	184 Tage	1 367,73	?
7.	90 000,00	6 Monate, 16 Tage	588,00	?
8.	12 000,00	23.03.–31.08. d. n. Jahres	1 378,67	?
9.	4 000,00	25.02.–01.09.	248,00	?
10.	5 000,00	30.11.–24.02. d. n. Jahres	193,33	?

2. Eine Sparkasse berechnet für ein Darlehen von 8 000,00 € für 85 Tage 150,00 € Zinsen, die Volksbank verlangt für ein Darlehen von 12 000,00 € für 113 Tage 211,50 € Zinsen. Welcher Zinssatz lag jeweils zugrunde?

3. Der Kaufpreis eines Hauses beträgt 350 600,00 €. Die monatliche Mieteinnahme beträgt 850,00 €.
   Mit wie viel Prozent verzinst sich der Kaufpreis, wenn jährlich 1 340,00 € Kosten anfallen? Das Haus ist schuldenfrei.

4. Ein Kaufmann war mit einer Lieferantenrechnung über 3 550,00 €, die am 15. Mai fällig war, in Verzug geraten. Er bezahlte am 17. Juli einschließlich der Verzugszinsen den Betrag von 3 592,60 €.
   Wie viel Prozent Verzugszinsen wurden berechnet?

5. Peter besitzt 14 000,00 € und Klaus 85 000,00 €. Zu welchem Zinssatz (2 Dezimale) müssen Peter und Klaus ihr Kapital jeweils anlegen, um es in 12 Jahren zu verdoppeln? Die Zinseszinsen sollen unberücksichtigt bleiben.

6. Ein Angestellter hat zur Finanzierung seines Einfamilienhauses eine 1. Hypothek in Höhe von 130 500,00 € und ein Bauspardarlehen (2. Hypothek) über 43 600,00 € aufgenommen. Die 1. Hypothek ist mit 2,75 % höher zu verzinsen als die 2. Jährlich fallen für beide Darlehen zusammen 11 423,25 € Zinsen an.
   Wie hoch ist der jeweilige Zinssatz?
7. Eine Sozialversicherungsangestellte nimmt am 15. November ein Darlehen in Höhe von 8 500,00 € auf. Das Darlehen wird am 15. August des Folgejahres zurückgezahlt. Die Bank berechnet für Zinsen und Bearbeitungsgebühr (1 % des Darlehensbetrages) zusammen 626,87 €.
   Berechnen Sie den Zinssatz, zu dem das Darlehen ausgeliehen wurde.
8. Zwei Kapitalien in Höhe von 24 000,00 € und 20 000,00 € sollen gleich viel Zinsen bringen.
   Zu welchem Zinssatz sind die Kapitalien ausgeliehen, wenn der Zinssatz des ersten um 0,75 % niedriger liegt als der des zweiten Kapitals?
9. Die Deutsche Rentenversicherung Nord nimmt für den Kauf eines Grundstückes für einen Erweiterungsbau eine Hypothek in Höhe von 200 000,00 € auf. Die Bedingungen des Kreditinstitutes lauten: Auszahlung 96 %, Zinssatz 7 %.
   Wie hoch ist der wirkliche (effektive) Zinssatz?
10. Der Geschäftsstellenleiter der HEK München ist Kommanditist der im Familienbesitz befindlichen KG. Sein Kommanditanteil beläuft sich auf 200 000,00 €. Folgende Vereinbarung hinsichtlich der Gewinnverteilung wurde im Gesellschaftsvertrag geschlossen: 4 % Zinsen auf die Kapitaleinlage und 6 % vom Jahresgewinn auf den 100 000,00 € übersteigenden Betrag.
    Die KG erzielt folgende Jahresgewinne:
    1. Jahr 900 000,00 € 2. Jahr 1 200 000,00 €
    a) Wie hoch war sein Gewinnanteil in den jeweiligen Jahren?
    b) Wie hoch hat sich sein eingesetztes Kapital im 1. Jahr und im 2. Jahr verzinst?

3.3 Berechnen der Zeit

Beispiel

Ein Kapital von 5 620,00 € brachte in der Zeit bis zum 1. November 70,25 € Zinsen. Vor wie vielen Tagen wurde es eingezahlt, wenn es zu 6 % verzinst wurde?

Lösung

- Dreisatz

100,00 € – 6,00 € – 360

5 620,00 € – 70,25 € – x Tage

$$x = \frac{70{,}25 \cdot 100 \cdot 360}{5620 \cdot 6}$$

x = 75 Tage

Die Einzahlung erfolgte → 1. November abzüglich 75 Tage am 16. August.

oder

- Formel

Die Tageszinsformel

$$\mathbf{Z = \frac{K \cdot p \cdot T}{100 \cdot 360}}$$

wird aufgelöst nach T für die Berechnung der Tage:

$$T = \frac{Z \cdot 100 \cdot 360}{K \cdot p}$$

$$T = \frac{70{,}25 \cdot 100 \cdot 360}{5620 \cdot 6} = \mathbf{75}$$

75 Tage = 2 Monate à 30 Tage + 15 Tage

01.11.	31.10.
− 15.02.	− 15.02.
	= **16.08.**

Übungen

1. Berechnen Sie die Zeit in Jahren, Monaten oder Tagen.

Nr.	Kapital in €	Zinssatz in %	Zinsen in €	Zeit
1.	10800,00	8	3456,00	?
2.	5300,00	3	95,40	?
3.	44600,00	9	1605,60	?
4.	920,00	4	110,40	?
5.	108000,00	$3\frac{1}{3}$	1220,00	?
6.	22000,00	$8\frac{1}{2}$	5610,00	?
7.	145000,00	3	1740,00	?
8.	72000,00	9	51840,00	?
9.	58000,00	4	348,00	?
10.	96000,00	6	1920,00	?

2. Berechnen Sie den Rückzahlungstag.

Nr.	Kapital in €	Aufnahmetag	Zinssatz in %	Zinsen in €	Rückzahlungstag
1.	5600,00	25.04.	9	98,00	?
2.	8600,00	05.05.	12	258,00	?
3.	10800,00	23.12.	8	720,00	?
4.	18000,00	31.10.	$4\frac{4}{5}$	172,80	?
5.	3600,00	28.02.	$8\frac{1}{4}$	313,50	?
6.	800,00	15.01.	$6\frac{2}{3}$	28,00	?
7.	4400,00	10.08.	$7\frac{1}{2}$	143,00	?
8.	6300,00	01.10.	10	700,00	?
9.	500,00	25.03.	5	25,00	?
10.	1800,00	10.11.	9	84,60	?

3. Berechnen Sie die Verzugsdauer, wenn die Schuldsumme 12 800,00 € betrug und bei 6 % 454,40 € Verzugszinsen zu zahlen waren.
4. Ein Kaufmann erhält eine Rechnung über 5 217,80 €. Zahlungsziel 60 Tage netto. An welchem Tag wurde die Rechnung ausgestellt, wenn am 25. Januar 7,5 % = 50,00 € Verzugszinsen berechnet werden?
5. Bis zu welchem Tag müssen 8 450,00 € vom 28. Februar ab zu 5,5 % verzinst werden, damit sie so viele Zinsen bringen wie 11 400,00 € zu 7 % vom 28. Februar bis 31. Mai?
6. Einem Angestellten wird am 12. April von der Bank ein Darlehen in Höhe von 5 400,00 € zu einem Zinssatz von 9,5 % ausgezahlt.
   a) Berechnen Sie die Anzahl der Zinstage, wenn der Angestellte bei der vollständigen Rückzahlung des Darlehens insgesamt 185,25 € Zinsen zahlen musste.
   b) Ermitteln Sie den Tag der Rückzahlung des Darlehens.
7. Wie lange muss ein Kapital von 6 320,00 € bei einer Sparkasse zu 5 % angelegt werden, damit es auf 6 478,00 € anwächst?
8. Die Büroräume der DAK Nord in Hamburg sollen umgebaut und renoviert werden. Die erste Rechnung der Baufirma lautet über 10 240,00 €. Die zweite Rechnung über 8 270,00 € erhält die DAK am 5. Juli. Die Rechnungen sehen jeweils ein Zahlungsziel von 30 Tagen vor. Am 23. September erhält die DAK eine Mahnung über den Gesamtbetrag von 19 018,80 €, da die Rechnungen bisher nicht bezahlt wurden. Im Gesamtbetrag sind 8 % Verzugszinsen enthalten.
   Wann wurde die erste Rechnung ausgestellt?
9. Eine Krankenkasse erhält für Guthaben, das sie bei der Hausbank unterhält, 2,25 % Zinsen. Folgende Beträge gehen auf das Konto ein:

am 30.05.	22 290,00 €
am 24.06.	46 420,00 €
am ?	39 340,00 €
am 28.08.	41 130,00 €

   Wann erfolgte die Wertstellung der 39 340,00 € auf dem Konto der Krankenkasse, wenn das Guthaben einschließlich der Zinsen 149 914,50 € zum 30. September beträgt?
10. Ein Angestellter der Pflegekasse erhält von seiner Sparkasse ein Darlehen über 8 500,00 € zu 8 % Zinsen. Nach drei Monaten wird das Darlehen um 2 500,00 €, auch zu 8 % Zinsen, erhöht. Das gesamte Darlehen wird am 15. Mai in einer Summe in Höhe von 11 903,33 € (einschließlich der angefallenen Zinsen) zurückgezahlt.
    Wann wurden die Darlehen jeweils aufgenommen?

3.4 Berechnen des Kapitals

Beispiel

Ein Schuldner hat für 35 Tage 9 % Verzugszinsen in Höhe von 78,75 € zu zahlen. Von welchem Betrag wurden die Zinsen berechnet?

Lösung

▶ Dreisatz

9,00 € – 360 Tage – 100 €
78,75 € – 35 Tage – x €

$$x = \frac{78{,}75 \cdot 100 \cdot 360}{9 \cdot 35}$$

x = 9 000,00 €

oder

▶ Formel
Die Tageszinsformel

$$Z = \frac{K \cdot p \cdot T}{100 \cdot 360}$$

wird aufgelöst nach K für die Berechnung des Kapitals:

$$K = \frac{Z \cdot 100 \cdot 360}{T \cdot p}$$

$$K = \frac{78{,}75 \cdot 100 \cdot 360}{9 \cdot 35}$$

$$\mathbf{K = 9\,000{,}00\ €}$$

Übungen

1. Berechnen Sie das Kapital.

Nr.	Zinsen in €	Zinssatz in %	Zeit	Kapital in €
1.	922,50	9	300 Tage	?
2.	192,40	6	4 Monate	?
3.	5 580,00	9	1 Jahr	?
4.	198,92	5	154 Tage	?
5.	4,69	7	50 Tage	?
6.	5,83	3	6 Monate	?
7.	24 000,00	$6\frac{2}{3}$	2 Jahre	?
8.	704,00	8	33 Tage	?
9.	112,00	$3\frac{1}{3}$	112 Tage	?
10.	5 890,00	9,5	186 Tage	?

2. Wie viel Kapital hätte ein Sparer anlegen müssen, um bei einem Zinssatz von 4,5 % monatlich 112,50 € Zinsen zu erhalten?

3. Im Haushaltsplan wurden 79 677,80 € als Zinseinnahmen ausgewiesen.
Wie viel Euro betrugen die gegebenen Darlehen, wenn der Zinssatz 5 % beträgt?

4. Für welchen Rechnungsbetrag zahlt ein Sozialversicherungsträger für die Zeit vom 31. Januar bis 24. Mai bei einem Zinssatz von 7,5 % einschließlich 7,20 € Mahngebühren 850,12 € Verzugskosten?

5. Ein Angestellter besitzt ein Haus, das bei einer Verzinsung von 3,5 % jährlich 15 350,00 € Gewinn bringt. Außerdem besitzt er Wertpapiere, die zu 5,25 % angelegt halbjährlich 682,50 € Zinsen bringen. Ferner besitzt er ein Sparkonto, aus dem er bei 4 %iger Verzinsung jährlich 536,00 € bezieht.
Wie hoch ist das Vermögen des Angestellten?

6. Wie viel Euro betrug der Kredit, den ein Geschäftsmann bei seiner Bank in Anspruch nahm, wenn er für die Zeit vom 10. Mai bis 25. November bei einem Zinssatz von 7 % 282,10 € Zinsen zu zahlen hatte?

7. Eine Krankenkasse nahm zur Finanzierung ihres Verwaltungsgebäudes ein Darlehen auf, das zu 8 % verzinst wurde.
   Wie hoch war der Ursprungsbetrag, wenn für die Zeit vom 13. Mai bis zum Jahresende 165 480,00 € Zinsen gezahlt wurden?
8. Sie wollen eine größere Anschaffung tätigen, haben aber keine Ersparnisse. Welche Ausgaben könnten Sie höchstens durch einen Kredit finanzieren, wenn Sie zurzeit monatlich 2 500,00 € brutto verdienen und davon 30 % an Steuern und Sozialabgaben einbehalten werden? Für den monatlichen Lebensunterhalt müssten Sie 1 220,00 € rechnen und für beruflich bedingte Fahrtkosten 170,00 € im Monat. Eine Änderung der Einnahmen und Ausgaben ist in der nächsten Zukunft nicht zu erwarten. Der Kredit wird Ihnen zu folgenden Bedingungen angeboten: 8 % Zinsen, 2 % Tilgung zuzüglich der ersparten Zinsen, Auszahlung 99 %.
9. Ein Rentner erhält von der Deutschen Rentenversicherung Bund eine monatliche Rente von 950,00 €.
   Welches Kapital müsste er in 6 %igen festverzinslichen Wertpapieren anlegen, um den gleichen Ertrag zu erhalten?
10. Eine Pensionärin verkaufte ihr Haus auf Rentenbasis. Der Käufer zahlte ab 1. Mai 2007 monatlich 500,00 €, wobei die Pensionärin ein lebenslanges Wohnrecht hatte. Nach ihrem Tode im September 2012 errechnete der Käufer, dass er den Wert des Hauses mit 5 % verzinst hatte.
    Wie hoch war der Wert des Hauses?
11. Einem Abteilungsleiter wurde ein Darlehen mit einer Laufzeit von drei Monaten zugesagt.
    Wie viel Euro betrug das zugesagte Darlehen, wenn es nach Abzug der Zinsen (10 % p. a.) mit 7 312,50 € ausgezahlt wurde?
12. Ein Schuldner zahlte am 4. August einschließlich Zinsen 2 261,60 € zurück. Das Darlehen wurde am 10. März zu 7 % p. a. gewährt.
    a) Über wie viel Euro lautete das Darlehen?
    b) Wie viel Euro Zinsen waren im Rückzahlungsbetrag enthalten?
13. Eine Bank gewährt einem Kunden einen Kredit. Nach Abzug von 4 % Zinsen p. a. für die Zeit vom 2. Juni bis zum 23. August werden ihm am 2. Juni 3 752,20 € überwiesen.
    a) Wie viel Euro beträgt der Kredit?
    b) Wie viel Euro Zinsen wurden berechnet?
14. Auf eine Büromaschine zahlte eine Krankenkasse bei Lieferung 8 000,00 € an. Der Rest sollte in 2 Raten am 15. Mai und am 1. Juni bezahlt werden. Wegen Überschreitung des Zahlungsziels wurden die vereinbarten Verzugszinsen in Höhe von 6 % p. a. mit den beiden Raten überwiesen, mit Valuta 18. Juni 7 038,50 € für die erste Rate und mit Valuta 16. Juli 4 836,00 € für die zweite Rate.
    Wie hoch war der Rechnungsbetrag für die Büromaschine?

3.5 Verzinsung von Geldleistungen nach § 44 SGB I

§ 44 Verzinsung

(1) Ansprüche auf Geldleistungen sind nach Ablauf eines Kalendermonats nach dem Eintritt ihrer Fälligkeit bis zum Ablauf des Kalendermonats vor der Zahlung mit vier vom Hundert zu verzinsen.

(2) Die Verzinsung beginnt frühestens nach Ablauf von sechs Kalendermonaten nach Eingang des vollständigen Leistungsantrags beim zuständigen Leistungsträger, beim Fehlen eines Antrags nach Ablauf eines Kalendermonats nach der Bekanntgabe der Entscheidung über die Leistung.

(3) Verzinst werden volle Euro-Beträge. Dabei ist der Kalendermonat mit 30 Tagen zugrunde zu legen.

Zweck der Vorschrift

Soziale Geldleistungen bilden vielfach die Lebensgrundlage des Leistungsberechtigten. Werden sie verspätet gezahlt, sind entweder Einschränkungen in der Lebensführung damit verbunden oder oft Kreditaufnahmen bzw. die Auflösung von Ersparnissen notwendig, was für den Berechtigten zu Zinsverlusten führt. Da Ansprüche auf Sozialleistungen Rechtsansprüche sind, müssen die Nachteile verspäteter Zahlungen durch die Sozialleistungsträger ausgeglichen werden. Dies erfolgt durch die Anwendung des § 44 SGB I. Nach einem allgemeinen Rechtsgrundsatz werden gesetzliche Zinsen nicht wieder verzinst (vgl. § 289 Satz 1 BGB).

Zu verzinsende Geldleistungen

Der Verzinsung unterliegen sowohl einmalige als auch wiederkehrende Geldleistungen, auf die der Berechtigte nach dem SGB I Anspruch hat. Geldleistungen im Sinne des § 11 SGB I sind z. B.:

Geldleistungen / Leistungsträger	laufend	einmalig
Arbeitsförderung SGB III	Arbeitslosengeld, Kurzarbeitergeld	Bewerbungskosten, Zuschüsse
Krankenversicherung SGB V	Krankengeld, Mutterschaftsgeld	Fahrtkosten; Zuschüsse zum Zahnersatz
Rentenversicherung SGB VI	Versichertenrenten, Hinterbliebenenrenten	Beitragserstattungen
Unfallversicherung SBG VII	Verletztenrenten, Hinterbliebenenrenten	Sterbegeld, Abfindungen
Pflegeversicherung SGB XI	Pflegegeld	Pflegehilfsmittel und technische Hilfen
Sozialhilfe SGB XII	Sozialhilfe	Umzugskosten, Renovierungskosten

Geldleistungen im Sinne dieser Vorschrift sind auch Geldbeträge, die als Ersatz für eine Dienst- oder Sachleistung vom Sozialleistungsträger gewährt werden. Dazu gehören u. a. die Kosten für eine selbst beschaffte Haushaltshilfe.

Keine Geldleistungen sind z. B. Erstattungsansprüche zwischen den Sozialleistungsträgern, Zinsen, Arzthonorare. Sie sind deshalb auch nicht nach § 44 SGB I zu verzinsen.

Beginn der Verzinsung bei Geldleistungen, die auf Antrag gewährt werden

Sozialleistungen werden in der Renten-, Kranken- und Pflegeversicherung und nach dem Recht der Arbeitsförderung grundsätzlich auf Antrag gewährt.

Rentenversicherung	→	z. B. Regelaltersrenten, Hinterbliebenenrente
Krankenversicherung	→	z. B. Krankengeld, Haushaltshilfe
Pflegeversicherung	→	z. B. Pflegegeld, Zuschüsse
Arbeitsförderung	→	z. B. Arbeitslosengeld, Insolvenzgeld

Im § 44 Abs. 1 SGB I wird festgelegt, dass die Verzinsung nach Ablauf eines Kalendermonats nach Eintritt ihrer Fälligkeit beginnt. Allerdings hat der Gesetzgeber im Abs. 2 einen frühestmöglichen Verzinsungsbeginn festgelegt, um den Sozialleistungsträgern eine angemessene Zeit zur Bearbeitung zu lassen.

Der Beginn der Verzinsung ist also von zwei Bedingungen abhängig, die beide gleichzeitig gegeben sein müssen:

- Fälligkeit der Leistung und Ablauf der hieran geknüpften Monatsfrist

  und

- Eingang des vollständigen Leistungsantrags beim zuständigen Leistungsträger und Ablauf der hieran geknüpften Sechsmonatsfrist.

Der jeweils spätere der beiden Zeitpunkte bestimmt den Beginn der Verzinsung.

Frist von einem Kalendermonat nach Eintritt der Fälligkeit:

Ein Kalendermonat nach dem Eintritt der Fälligkeit ist abgelaufen, wenn die Geldleistung nach dem ersten Tag des Monats (z. B. am 05.08.) fällig ist, mit Ablauf eines weiteren Kalendermonats (hier: 01.10.), d. h., es muss ein vollständiger Kalendermonat (mit eigenem Namen, hier: September) dazwischenliegen. Eine andere Regelung gilt, wenn die Geldleistung am 1. eines Monats fällig ist, dann beginnt die Verzinsung mit dem 1. des Folgemonats.

Beispiele

1. Fälligkeit der Leistung:	2. Februar
Beginn der Verzinsung:	1. April
2. Fälligkeit der Leistung:	1. Februar
Beginn der Verzinsung	1. März

Frist von 6 Kalendermonaten:

Die Frist von sechs Kalendermonaten läuft vom Ablauf des Kalendermonats an, in dem der vollständige Leistungsantrag eingegangen ist.

Beispiele

1. Eingang des vollständigen Leistungsantrages	
beim zuständigen Versicherungsträger:	8. Februar
Beginn der Verzinsung:	1. September
2. Eingang des vollständigen Leistungsantrages	
beim zuständigen Versicherungsträger:	28. Mai
Beginn der Verzinsung:	1. Dezember

3. Eingang des vollständigen Leistungsantrages beim zuständigen Versicherungsträger:	25. Februar
Fälligkeit der Leistung:	1. Juni
Beginn der Verzinsung wegen 6-Monats-Frist:	1. September
Beginn der Verzinsung wegen Fälligkeit:	1. Juli
aber **Verzinsungsbeginn** immer der spätere Termin:	**1. September**

4. Eingang des vollständigen Leistungsantrages beim zuständigen Versicherungsträger:	15. August 15
Fälligkeit der Leistung:	20. Dezember 15
Beginn der Verzinsung wegen 6-Monats-Frist:	1. März 16
Beginn der Verzinsung wegen Fälligkeit:	1. Februar 16
aber **Verzinsungsbeginn** immer der spätere Termin:	**1. März 16**

Beginn der Verzinsung bei Geldleistungen, die ohne Antrag gewährt werden

Leistungen ohne Antrag werden z. B. in der Unfallversicherung bei Vorliegen eines Arbeitsunfalls oder einer Berufskrankheit erbracht, z. B. Verletztenrente.

Der Beginn der Verzinsung ist wiederum von zwei Bedingungen abhängig, die beide gleichzeitig gegeben sein müssen:

- Fälligkeit der Leistung und Ablauf der hieran geknüpften Monatsfrist

und

- Zeitpunkt der Bekanntgabe der Entscheidung und Ablauf der hieran geknüpften Monatsfrist.

Der jeweils spätere der beiden Zeitpunkte bestimmt den Beginn der Verzinsung.

Frist von einem Kalendermonat nach Eintritt der Fälligkeit:
Es gelten die oben unter diesem Punkt aufgeführten Grundsätze.

Frist von einem Kalendermonat nach Bekanntgabe des Bescheides:
Die Verzinsung beginnt frühestens einen Kalendermonat nach Ablauf des Kalendermonats, in dem die Entscheidung über die Leistung bekannt gegeben wurde. Das gilt auch dann, wenn die Entscheidung am 1. eines Kalendermonats bekannt gegeben wurde. Die Verzinsung beginnt also nach dem Ablauf des Kalendermonats, der dem Monat folgt, in dem der Bescheid bekannt gegeben wurde.

Beispiele

1. Bekanntgabe des Bescheides:	1. Februar
Beginn der Verzinsung:	1. April

2. Bekanntgabe des Bescheides:	2. Februar
Beginn der Verzinsung:	1. April

3. Bekanntgabe des Bescheides:	1. Februar
Fälligkeit der Leistung:	1. Januar
Beginn der Verzinsung wegen Bescheid:	1. April
Beginn der Verzinsung wegen Fälligkeit:	1. Februar
aber **Verzinsungsbeginn** immer der spätere Termin:	**1. April**

4. Bekanntgabe des Bescheides:	13. August
Fälligkeit der Leistung:	18. Juli
Beginn der Verzinsung wegen Bescheid:	1. Oktober
Beginn der Verzinsung wegen Fälligkeit:	1. September
aber **Verzinsungsbeginn** immer der spätere Termin:	**1. Oktober**

Ende der Verzinsung

Die Verzinsung endet mit Ablauf des Kalendermonats, der dem Kalendermonat vorausgeht, in dem der Berechtigte über die Geldleistung verfügen kann.

Beispiel

Zahlung der Geldleistung:	18. August
Ende der Verzinsung:	31. Juli

Berechnung der Zinsen

Verzinst werden nur volle Euro-Beträge für volle Kalendermonate. Dabei ist der Kalendermonat mit 30 Tagen zugrunde zu legen. Da der Zinssatz 4 % beträgt, sind die Zinsen nach folgender Formel zu errechnen:

$$\textbf{Zinsen pro Kalendermonat} = \frac{\textbf{Geldleistung} \cdot \textbf{4} \cdot \textbf{30}}{\textbf{100} \cdot \textbf{360}} = \frac{\textbf{Geldleistung}}{\textbf{300}}$$

Die Zinsen sind für jeden einzelnen Kalendermonat (Zinsmonat) zu berechnen.

Beispiel

Eingang des vollständigen Leistungsantrages beim zuständigen Leistungsträger:	15. Februar
Fälligkeit der Leistung:	1. März
Höhe der monatlichen Leistung:	1 000,00 €
regelmäßige Zahlung ab:	1. Oktober
Eingang der Nachzahlung für die Zeit vom 1. März bis 30. September am:	10. November

		Verzinsungsbeginn:
Fälligkeit der Leistung:	1. März	1. April
Eingang des Leistungsantrags:	15. Februar	**1. September**
		Verzinsungsende:
Eingang der Nachzahlung:	10. November	**31. Oktober**

Im Verzinsungsmonat September wird die Geldleistung der Monate März bis einschließlich August (6 000,00 €) verzinst. Im Verzinsungsmonat Oktober wird die Geldleistung der Monate März bis September (7 000,00 €) verzinst. Die Geldleistung des Monats Oktober ist fällig am 1. Oktober und daher wäre der früheste Verzinsungsbeginn der 1. November. Da aber das Ende der Verzinsung am 31. Oktober liegt, entfällt eine Verzinsung.

Zeitraum	Betrag in €	Zu verzinsende Geldleistung in €[1]	$\text{Zinsen} = \frac{\text{Geldleistung}}{300}$
01.03.–31.03.	1 000,00		
01.04.–30.04.	1 000,00	1 000,00	
01.05.–31.05.	1 000,00	2 000,00	
01.06.–30.06.	1 000,00	3 000,00	
01.07.–31.07.	1 000,00	4 000,00	
01.08.–31.08.	1 000,00	5 000,00	
01.09.–30.09.	1 000,00	6 000,00	20,00 €[2]
01.10.–31.10.	1 000,00	7 000,00	23,33 €[3]
		Summe der Zinsen	**43,33 €**[4]

Übungen

1. Bestimmen Sie den Verzinsungsbeginn und das Verzinsungsende.
   a) Eingang des vollständigen Leistungsantrages beim zuständigen Träger: 25. April
      Fälligkeit der Leistung: 1. September
      Zahlung der Geldleistung: 24. Februar des Folgejahres
   b) Eingang des Bescheides beim Versicherten: 27. Dezember
      Fälligkeit der Leistung: 25. November
      Eingang der Zahlung: 3. Februar des Folgejahres
   c) Eingang des vollständigen Leistungsantrages beim zuständigen Träger: 18. März
      Fälligkeit der Leistung: 1. Oktober
      Eingang der Zahlung: 23. Dezember
   d) Eingang des Bescheides: 28. Juni
      Fälligkeit der Leistung: 1. Juli
      Eingang der Zahlung: 3. September
2. Ein Arbeiter möchte am 1. September in Rente gehen und bringt deshalb den vollständigen Leistungsantrag am 19. Januar persönlich zur Deutschen Rentenversicherung Nord. Die erste laufende Rentenzahlung erhält er am 1. Dezember, die Nachzahlung erfolgt am 13. Dezember. Fälligkeitstag ist der 1. eines Kalendermonats. Wie viel Euro muss die Deutsche Rentenversicherung Nord an Zinsen zahlen, wenn die Rente auf 1 580,60 € monatlich festgesetzt wurde?
3. Die frühere Ehefrau eines an einem Arbeitsunfall verstorbenen Versicherten stellt am 02.07. einen unvollständigen Leistungsantrag bei der zuständigen BG. Am 22.07. reicht die frühere Ehefrau alle weiteren notwendigen Unterlagen bei der zuständigen BG ein. Am 08.04. des Folgejahres wird ihr ein Bescheid über eine monatliche Rente in Höhe von 600,00 € zugestellt. Rentenbeginn ist der 02.07. Ab Monat August ist der Fälligkeitstag der Rente jeweils der 1. eines Monats. Die Überweisung der Nachzahlung erfolgt mit der Bescheiderteilung.
   Wie hoch sind die von der zuständigen BG zu zahlenden Zinsen?

1 *zu verzinsende Geldleistung jeweils einen Kalendermonat nach Fälligkeit*

2 $\frac{6000}{300} = 20{,}00$ €   3 $\frac{7000}{300} = 23{,}33$ €   4 *20,00 + 23,33 =* ***43,33 €***

4. Eine Berufsgenossenschaft ist im Rahmen eines Sozialgerichtsverfahrens verurteilt worden, dem Kläger 4258,67 € zu zahlen. Am 30. Mai 10 wurde ein unvollständiger Leistungsantrag durch den Versicherten gestellt. Am 17. Juni 10 reichte der Versicherte die noch fehlenden Unterlagen bei der Berufsgenossenschaft ein. Die Überweisung des Leistungsträgers geht am 28. August 14 bei dem Versicherten ein.
   Wie hoch ist der Überweisungsbetrag einschließlich Zinsen?

5. Am 1. April geht der vollständige Leistungsantrag des Herrn Heinz, 58 Jahre alt, auf Pflegegeld bei der Pflegekasse der AOK ein. Der medizinische Dienst bescheinigt den Beginn der Leistung ab 1. Mai und stuft Herrn Heinz in Pflegegrad 4 ein. Das monatliche Pflegegeld beträgt 728,00 €.
   Welcher Betrag wird zum 4. Januar des Folgejahres insgesamt überwiesen?

3.6 Verzinsung des Erstattungsanspruchs nach § 27 SGB IV

§ 27 Verzinsung und Verjährung des Erstattungsanspruchs

(1) Der Erstattungsanspruch ist nach Ablauf eines Kalendermonats nach Eingang des vollständigen Erstattungsantrags, beim Fehlen eines Antrags nach der Bekanntgabe der Entscheidung über die Erstattung bis zum Ablauf des Kalendermonats vor der Zahlung mit vier vom Hundert zu verzinsen. Verzinst werden volle Euro-Beträge. Dabei ist der Kalendermonat mit 30 Tagen zugrunde zu legen.

(2) Der Erstattungsanspruch verjährt in vier Jahren nach Ablauf des Kalenderjahres, in dem die Beiträge entrichtet worden sind. Beanstandet der Versicherungsträger die Rechtswirksamkeit von Beiträgen, beginnt die Verjährung mit dem Ablauf des Kalenderjahres der Beanstandung.

(3) Für die Hemmung, die Ablaufhemmung, den Neubeginn und die Wirkung der Verjährung gelten die Vorschriften des BGB sinngemäß. Die Verjährung wird auch durch schriftlichen Antrag auf die Erstattung oder durch Erhebung eines Widerspruchs gehemmt. Die Hemmung endet sechs Monate nach Bekanntgabe der Entscheidung über den Antrag oder den Widerspruch.

Zweck der Vorschrift

Die in § 44 SGB I enthaltene Regelung, wonach Ansprüche auf Sozialleistungen bei verspäteter Auszahlung zu verzinsen sind, gilt nicht für die Verzinsung zu Unrecht entrichteter Beiträge (§ 26 SGB IV). Somit war eine eigenständige Regelung erforderlich: § 27 SGB IV. Diese Vorschrift soll diejenigen, die die Beiträge getragen haben, zugutekommen, dies sind grundsätzlich Versicherte/Mitglieder und Arbeitgeber. Aufgrund dieser Vorschrift sollen sie vor Nachteilen (z. B. Zinsverlusten) bewahrt werden, die aufgrund einer übermäßig langen Bearbeitungszeit ihrer Anträge eintreten können.

Beginn der Verzinsung

Die Verzinsung des Erstattungsanspruchs beginnt nach Ablauf eines Kalendermonats nach Eingang des vollständigen Erstattungsantrags oder beim Fehlen eines Antrags nach Ablauf eines Kalendermonats nach der Bekanntgabe der Entscheidung über die Erstattung.

Beispiel

Eingang des Antrags:	22. Mai
Beginn der Verzinsung:	1. Juli

Unvollständiger Erstattungsantrag:
Ist der Antrag unvollständig, so tritt an die Stelle des Eingangs des Erstattungsantrags der Zeitpunkt, an welchem dem Versicherungsträger alle Angaben für eine ordnungsgemäße Bearbeitung des Antrags vorliegen.

Fehlen eines Erstattungsantrags:
Stellt z. B. die Krankenkasse im Rahmen einer Betriebsprüfung fest, dass der Arbeitgeber Beiträge zu Unrecht entrichtet hat, beginnt der Verzinsungszeitraum nach Ablauf des ersten Kalendermonats nach der Mitteilung der Krankenkasse über die Beitragserstattung an den Arbeitgeber.
Ein Antrag ist auch nicht erforderlich, wenn es im Rahmen eines Widerspruchs- oder Sozialgerichtsverfahrens um die Erstattung der Beiträge geht. Der Verzinsungszeitraum beginnt dann frühestens nach Ablauf des ersten vollen Kalendermonats nach Einlegung des Widerspruchs oder der Klage.

Ende der Verzinsung

Die Verzinsung endet mit Ablauf des Kalendermonats vor dem Tag der Auszahlung des Erstattungsbetrages. Als Tag der Auszahlung gilt der Tag, an dem der Erstattungsbetrag dem Berechtigten zugegangen ist.
Zahlung am 25.08. Ende der Verzinsung: 31.07.

Berechnung der Zinsen

Der Zinssatz beträgt 4 %. Verzinst werden volle Euro-Beträge, wobei der Kalendermonat mit 30 Tagen zugrunde zu legen ist.

$$\textbf{Zinsen pro Kalendermonat} = \frac{\textbf{Kapital} \cdot \textbf{4} \cdot \textbf{30}}{\textbf{100} \cdot \textbf{360}} = \frac{\textbf{Kapital}}{\textbf{300}}$$

Beispiel

Eingang des vollständigen Leistungsantrags:	11. September
Höhe des Erstattungsbetrages:	2 000,00 €
Auszahlung des Erstattungsbetrages:	22. Dezember

Lösung

Beginn der Verzinsung:	1. November
Ende der Verzinsung:	30. November

Berechnung der Zinsen: $Z = \frac{2\,000}{300} = \mathbf{6{,}67\ €}$

Übungen

1. Ein Versicherter stellt am 10. Februar einen vollständigen Antrag auf Erstattung von überzahlten Beiträgen in Höhe von 2 354,21 €. Die Zahlung erfolgt erst am 5. Oktober desselben Jahres.
   Wie viel Euro betragen die Zinsen für den Erstattungsanspruch?
2. Am 17. April trifft bei einer AOK ein Antrag ein, mit dem um Erstattung von Beiträgen nachgesucht wird. Um den Fall abschließend bearbeiten zu können, benötigt der Sachbearbeiter noch zwei Nachweise, die am 7. Juni beim Sozialversicherungsträger eintreffen. Wie viel Euro betragen die Zinsen für den Erstattungsanspruch, wenn die Zahlung in Höhe von 1 978,05 € am 29. November erfolgte?
3. Ein Arbeitgeber hat der Krankenkasse Beiträge in Höhe von 1 000,77 € zu viel gezahlt. Am 5. Mai stellt er einen Erstattungsanspruch. Alle notwendigen Unterlagen befinden sich bereits bei der Krankenkasse. Mit Valuta 30. Juli erfolgt die Gutschrift auf dem Konto des Arbeitgebers.
   Wie viel hat die Krankenkasse einschließlich der Zinsen zu überweisen?

4. Ein Arbeitgeber hat vom 1. April bis 30. September bei der Berechnung der Krankenversicherungsbeiträge einen Beitragssatz von 16,6 % für seine Entgeltabrechnungen zugrunde gelegt anstatt des zu der Zeit gültigen Beitragssatzes von 15,5 % (14,6 % zzgl. Zusatzbeitrag des Arbeitnehmers in Höhe von 0,9 %). Der Beitragsberechnung lagen innerhalb dieses Zeitraumes Arbeitsentgelte in Höhe von 182 580,00 € zugrunde.
   a) Wie viel Krankenversicherungsbeiträge hat der Arbeitgeber insgesamt an die Krankenkasse in der Zeit vom 1. April bis 30. September abgeführt?
   b) Wie viel Beiträge sind zu viel abgeführt worden?
   c) Die Krankenkasse hat den Fehler am 10. Oktober bemerkt und kündigt dem Arbeitgeber am 15. Oktober die Beitragserstattung an. Aufgrund eines Fehlers des Sachbearbeiters erfolgt die Erstattung am 25. April des Folgejahres.
   Wie viel Euro bekommt der Arbeitgeber am 25. April insgesamt überwiesen? Geben Sie die Daten des Verzinsungsbeginns und des Verzinsungsendes an.
   d) Wem stehen die Erstattung und die Zinsen zu?

5. Lösen Sie das Kreuzworträtsel.
   Alle Lösungen werden waagerecht eingetragen. Bei richtiger Lösung ergibt sich senkrecht, an der gekennzeichneten Stelle, ein Begriff aus dem SGB IV.
   1. Vollstreckungsorgan
   2. von der EZB festgelegter Zinssatz
   3. Kreditwürdigkeit
   4. „Strafe" bei verspäteter Zahlung
   5. wiederholte Aufforderung zur Beitragszahlung
   6. Abzugsmöglichkeit bei vorzeitiger Zahlung
   7. Gesamtbetrag aus Zinsen und Tilgung
   8. Maßnahme, mit der auf einen fälligen Anspruch verzichtet wird
   9. nach § 44 SGB I unterliegen Ansprüche auf Geldleistungen der ...
   10. Maßnahme, durch die die Fälligkeit eines Anspruchs hinausgeschoben wird
   11. Faktor bei der Beitragsberechnung
   12. Maßnahme, mit der von der Weiterverfolgung eines Anspruchs vorläufig endgültig abgesehen wird
   13. Belastung eines Grundstücks
   14. Mittel zur Durchsetzung von Ansprüchen durch staatlichen Zwang
   15. Zeitraum, der dem Zinssatz üblicherweise zugrunde liegt
   16. Entgelt für die Bereitstellung des Produktionsfaktors Kapital
   17. Amortisation
   18. längerfristiger Kredit

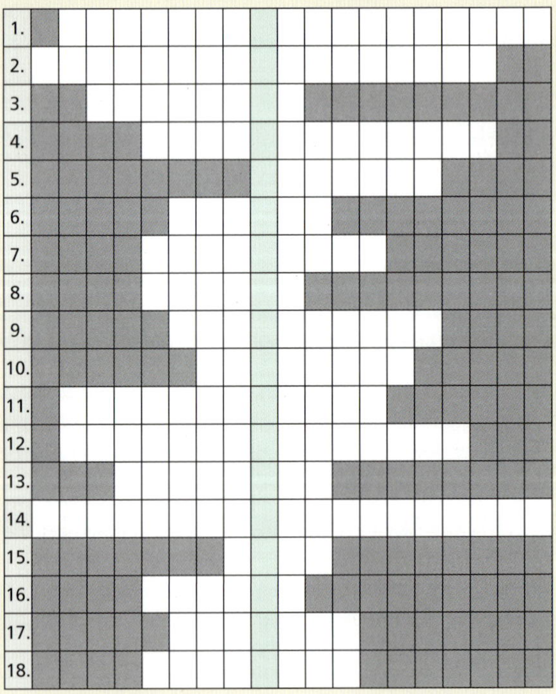

II Statistik

1 Aufgaben der Statistik für den Sozialversicherungsbetrieb

Die Statistik hat sich immer mehr zu einem äußerst wichtigen Informationsmittel des Wirtschafts- und Gesellschaftslebens entwickelt.

Im Bereich der gesetzlichen Sozialversicherung gibt es Statistiken, die sämtliche Erscheinungen der sozialen Sicherheit erfassen sollen (Sozialbudget), und solche, die sich auf einen der fünf Versicherungszweige (KV, PV, UV, RV, AF) beziehen. Aber auch innerhalb eines Versicherungszweiges können z. B. einzelne Kassenarten untersucht werden. Schließlich gibt es auch bei den einzelnen Versicherungsträgern eine Vielzahl innerbetrieblicher Statistiken. So beobachtet z. B. die einzelne Krankenkasse die Entwicklung ihres Mitgliederbestandes, ihres Marktanteils (gemessen an der Zahl der Erwerbstätigen im Kassenbezirk) und die Kostenstrukturen. Dabei führt die Betriebsstatistik Zahlenmaterial aus allen Betriebsbereichen (interne Daten) und aus Quellen von außerhalb des Betriebs (externe Daten) zusammen, um unternehmerische Entscheidungen zu fundieren.

Einen Einblick in das Erhebungsprogramm der Statistik der Bundesagentur für Arbeit können Sie dem Internetauftritt der Bundesanstalt für Arbeit entnehmen. Einen Überblick über die Statistiken, die die Krankenkassen aufgrund der allgemeinen Verwaltungsvorschrift über die Statistik in der gesetzlichen Krankenversicherung (KSVwV) zu erstellen haben, können Sie dem Internetauftritt des GKV-Spitzenverbandes entnehmen.

> Statistik ist eine Methode zur zahlenmäßigen Erfassung, Aufbereitung und Auswertung massenhafter Tatbestände und Entwicklungen.
>
> Das Ergebnis dieser Untersuchungen wird in Form von Tabellen und Grafiken dargestellt.

Aufgaben der Statistik sind:

- **Datenerfassung:** Informationen über Massenerscheinungen planmäßig durch Zählen, Messen und spezielle Erhebungsverfahren gewinnen
- **Datenaufbereitung:** Ordnen der Daten nach bestimmten Merkmalen
- **Darstellung:** anschauliche Darstellung der Daten in Tabellen und Grafiken
- **Datenanalyse:** Auswertung des aufbereiteten Datenmaterials mithilfe von Maßzahlen, um Entscheidungshilfen zu erhalten

Diese Aufgaben werden im Folgenden ausführlich dargestellt.

2 Rechtsvorschriften

Zu den gemeinsamen Vorschriften für die Sozialversicherung **(SGB IV)** gehört die Verpflichtung der Versicherungsträger, Übersichten über ihre Geschäfts- und Rechnungsergebnisse sowie sonstiges statistisches Material aus ihrem Geschäftsbereich zu erstellen und dem Bundesminister für Gesundheit vorzulegen (§ 79 SGB IV). Landesunmittelbare Versicherungsträger haben darüber hinaus ihre Statistiken den für die Sozialversicherung zuständigen obersten Verwaltungsbehörden der Länder oder den von diesen bestimmten Stellen vorzulegen. Die Bundesverbände der Träger sind Datenaufbereitungs- und Weiterleitungsstellen.

Näheres, insbesondere zu Inhalt, Art und Form der Unterlagen, wird durch allgemeine Verwaltungsvorschriften bestimmt, die der Bundesminister für Gesundheit mit Zustimmung des Bundesrates erlässt. Der Zustimmung des Bundesrates bedarf es nicht, soweit sich die allgemeinen Verwaltungsvorschriften nur an bundesunmittelbare Versicherungsträger richten.

Die **Allgemeine Verwaltungsvorschrift über die Statistik in der gesetzlichen Krankenversicherung (KSVwV)** unterscheidet vier Statistikgruppen: Mitgliederstatistiken, Finanzstatistiken, Leistungsstatistiken, Sonstige Statistiken.

Für die Pflegeversicherung **(SGB XI)** werden Statistiken z.B. über Pflegeeinrichtungen, betreute Pflegebedürftige nach verschiedenen Merkmalen, in Anspruch genommene Leistungen u.v.m. geführt. Gesetzliche Grundlage für den Datenschutz und die Statistik sind die §§ 93 bis 109 SGB XI.

Die **Allgemeine Verwaltungsvorschrift über die Statistik in der Rentenversicherung (RSVwV)** unterscheidet Statistiken über die Versicherten, Statistiken über Leistungen zur Teilhabe, Statistiken über Rentenanträge und Renten, Finanzstatistiken, Sonstige Statistiken.

Die **Krankenhausstatistikverordnung (KHStatV)** enthält Vorschriften über den Umfang der Erhebung, die betroffenen Erhebungseinheiten, die zu erhebenden Merkmale, den Berichtszeitraum, die Meldetermine sowie zur Übermittlung von Daten an oberste Bundes- und Landesbehörden. Für die Erhebung besteht Auskunftspflicht.

Mit der Einführung des SGB II und der damit verbundenen Zusammenlegung von Arbeitslosen- und Sozialhilfe sind auch die Jobcenter und zugelassene kommunale Träger verpflichtet, der Bundesagentur für Arbeit entsprechende Daten zu übermitteln. Die BA führt die amtlichen Statistiken, u. a. die Arbeitslosenstatistik, die Beschäftigungsstatistik und Förderstatistiken.[1]

Nicht erfasst sind die Beamten, Selbstständigen und mithelfenden Familienangehörigen. Rechtsgrundlagen für die Beschäftigtenstatistik der BA sind die §§ 282 ff. SGB III sowie die Verordnung über die Erfassung und Übermittlung von Daten für die Träger der Sozialversicherung **(DEÜV)**.

Nach § 283 SGB III sind dem Bundesministerium für Arbeit und Soziales die Arbeitsmarktstatistiken und die Ergebnisse der Arbeitsmarkt- und Berufsforschung vorzulegen und in geeigneter Form zu veröffentlichen.

1 *Vgl. http://statistik.arbeitsagentur.de*

Die umfangreichen Veröffentlichungen der Daten zum Rechtskreis SGB II (siehe § 50 ff.) und der Daten zum Rechtskreis des SGB III (§ 280 ff.) können im Internet unter www.arbeitsagentur.de/web/content/DE/Veroeffentlichungen/Statistik/index.htm abgerufen werden.

Amtliche Statistiken der gesetzlichen Krankenversicherung

In der gesetzlichen Krankenversicherung gibt es zahlreiche amtliche Statistiken. Der Spitzenverband der gesetzlichen Krankenversicherungen (GKV-Spitzenverband) sammelt die von den Krankenkassen elektronisch erhobenen und geprüften Daten. Der GKV-Spitzenverband führt diese Daten zusammen und bereitet sie auf. Er ist auch dafür verantwortlich, dass die Daten termingerecht und vollständig vorliegen, und prüft die Qualität der Daten. Wichtige amtliche Statistiken sind z. B.:

- die Vierteljahresrechnungen
- die Jahresrechnung

Zu finden sind dann z. B. die Anzahl der gesetzlichen Krankenkassen, die Anzahl der Mitglieder und Familienversicherten nach Alter, die von den Krankenkassen erbrachten Leistungen (z. B. Krankenhausbehandlung, ärztliche Behandlung, Haushaltshilfe, Arbeitsunfähigkeitsfälle, die Anzahl der Teilnehmer an Chronikerprogrammen).

Mit diesen amtlichen Statistiken arbeiten z. B. verschiedene Ministerien, Statistische Landesämter und die Medien.

Vgl. „Amtliche Statistiken" unter www.gkv-spitzenverband.de/presse/zahlen_und_grafiken/zahlen_und_grafiken.jsp, herausgegeben vom GKV-Spitzenverband, Berlin, zugegriffen am 17.09.2016

3 Grundbegriffe der Statistik

3.1 Arten der Statistik

1. Nach der Methode, mit der Aussagen über die Grundgesamtheit getroffen werden, sind zu unterscheiden:

- **deskriptive (beschreibende) Statistik,** d. h., die Strukturmerkmale der Gesamtheit werden durch eine Gesamterhebung (Erfassung aller Fälle) ermittelt. Sie beschränkt sich auf eine reine Beschreibung der Massenerscheinung.
- **induktive (schließende, analytische) Statistik,** d. h., von einer repräsentativen (Zufallsstichprobe) Stichprobe wird auf die Gesamtheit geschlossen. Grundlage dazu ist die Wahrscheinlichkeitsrechnung. Sie versucht allgemeingültige Aussagen zu erhalten.

2. Nach dem zeitlichen Bezug der Statistik werden unterschieden:

- **Bestandsstatistik:** Sie erfasst Zeitpunktdaten, z.B. Versichertenbestand einer Berufsgenossenschaft per 31. Dezember eines Jahres; Zahl der Arbeitslosen in einem bestimmten Arbeitsamtsbezirk zum Letzten eines Monats; Bilanz per 31. Dezember eines Jahres.
- **Bewegungsstatistik:** Sie erfasst Zeitraumdaten, z.B. Aufwendungen für Arbeitslosengeld in einem bestimmten Kalenderjahr; Anzahl der Wegeunfälle in einem bestimmten Monat; Umsatz in einem bestimmten Jahr.

3. Nach dem Träger der Wirtschafts- und Sozialstatistik in der Bundesrepublik Deutschland werden unterschieden:

- **Amtliche Statistiken.** Die Träger sind:
  - statistische Ämter (Statistisches Bundesamt, Statistische Landesämter, Statistische Ämter der Gemeinden)
  - Ämter, Behörden, Institutionen, deren Aufgaben nicht speziell auf statistische Arbeiten ausgerichtet sind, sondern die im Rahmen ihrer Tätigkeit Statistiken erstellen (z.B. Krankenkassen, Unfallversicherungsträger, Rentenversicherungsträger, Bundesagentur für Arbeit, Deutsche Bundesbank, Bundesministerium für Arbeit und Soziales).
- **Nichtamtliche Statistiken.** Die Träger sind:

  Wirtschaftsverbände, Wirtschaftsforschungsinstitute, Markt- und Meinungsforschungsinstitute, wirtschaftswissenschaftliche Institute. Auch die Sozialversicherungsträger erstellen nichtamtliche Statistiken, z.B. für innerbetriebliche Zwecke.

4. Nach dem Adressaten sind zu unterscheiden:

- **publizierte** und
- **interne** Statistiken.

3.2 Merkmale statistischer Einheiten

Eine Gesamtmenge von gleichartigen statistischen Einheiten bezeichnet man als **statistische Masse** oder Grundgesamtheit.

Die Merkmalsträger der Untersuchung, deren Eigenschaften festgestellt werden sollen, sind die **statistischen Einheiten** oder Elemente. Dabei handelt es sich um reale, klar voneinander abgrenzbare Objekte (z.B. Personen, Ereignisse, Vorgänge). Die Eigenschaften der statistischen Einheiten werden als **Merkmale** bezeichnet. Dabei ist zwischen zeitlichen, räumlichen und sachlichen Merkmalen zu unterscheiden.

Quantitative Merkmale sind objektiv (durch Messen, Zählen, Wiegen) quantifizierbar (d.h. in Zahlen ausdrückbar), z.B. Anzahl der Anträge, Höhe der Renten. Bei quantitativen Merkmalen können Durchschnittswerte für die Grundgesamtheit errechnet werden, wie z.B. das durchschnittliche Alter der Mitarbeiter eines Unternehmens.

Qualitative Merkmale sind nicht messbar, z. B. Geschlecht einer Person, Religionszugehörigkeit, Beschäftigungsverhältnis (Arbeiter, Angestellte, Beamte).

Jedes qualitative Merkmal hat mindestens zwei **Merkmalsausprägungen**. Das Merkmal Geschlecht hat die Ausprägungen männlich und weiblich, das Merkmal Familienstand hat die Ausprägungen ledig, verheiratet, verwitwet, geschieden. Aus qualitativen Merkmalen können nur Anteilswerte an der Grundgesamtheit errechnet werden und keine Durchschnittswerte, wie z. B. der Anteil der Frauen an der Gesamtheit der Mitarbeiter des Unternehmens.

Beispiel

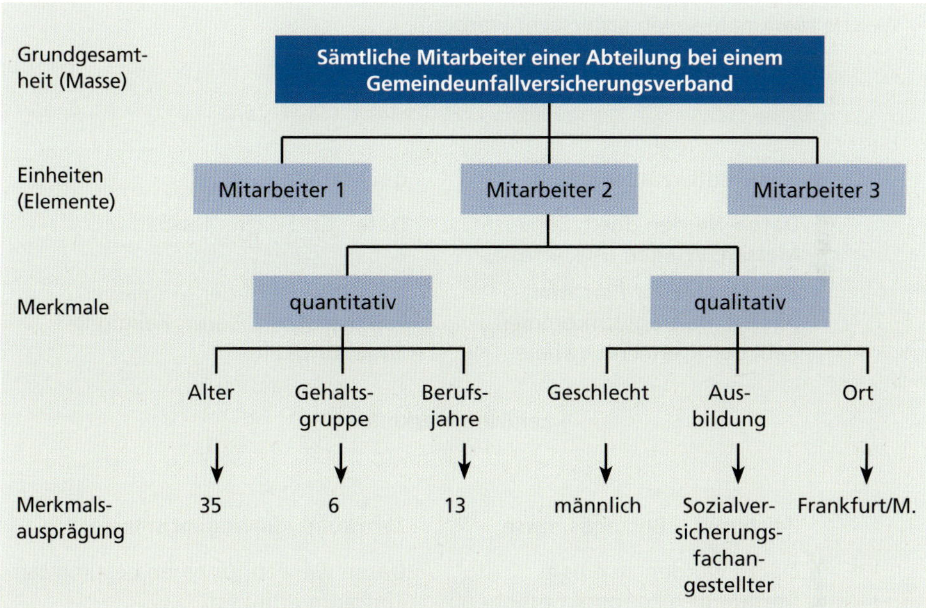

4 Statistische Erhebungen

Bei der Durchführung einer statistischen Erhebung werden vier Ablaufphasen unterschieden:

1. Vorbereitung und Planung der Datenerhebung
2. Datenerhebung (Gewinnung des Ausgangsmaterials)
3. Datenaufbereitung
4. Analyse des Datenmaterials und Veröffentlichung der Ergebnisse

4.1 Vorbereitung der Datenerhebung

Erste Stufe der Statistik ist die Vorbereitung und Planung des Verfahrens. Hier ist mit besonderer Sorgfalt vorzugehen, denn um zuverlässige Aussagen treffen zu können, müssen an die Daten und an die Datengewinnung gewisse Qualitätsanforderungen gestellt werden. Dabei sind die folgenden Fragen zu stellen und zu beantworten.

Ausgangspunkt ist die Festlegung des **Untersuchungszieles** der Erhebung.

- Welches **Ziel** bzw. welche Ziele sollen mit der Untersuchung erreicht werden?

  Zum Beispiel: Kennzeichnung der Mitgliederstruktur einer gesetzlichen Krankenkasse.

  Die statistische **Grundgesamtheit** (= statistische Masse), hier: die Mitglieder der gesetzlichen Krankenkasse, besteht aus einer bestimmten Menge gleichartiger **Elemente** (statistische Einheiten), hier: jedes einzelne Mitglied. Jedes einzelne Element weist bestimmte **Merkmale** (Eigenschaften) auf, hier: z. B. pflichtversicherte, freiwillig versicherte Mitglieder. Jede Teilmenge von Elementen (z. B. freiwilllige Mitglieder) der Grundgesamtheit (Mitglieder der Krankenkasse) ist wiederum eine statistische Masse, die auch als **Teilgesamtheit** bezeichnet wird.

- Welche **Merkmale** sollen untersucht werden?

→ **sachliche Merkmale**

quantitativ/zahlenmäßig	**qualitativ**/artmäßig
Daten werden durch Zählen, Messen, Wiegen usw. erfasst,	Daten sind nicht messbar,
z. B. Anzahl der Pflichtmitglieder, Beitragsaufkommen, Zahl der Krankenhausfälle	z. B. Geschlecht der Mitglieder, Familienstand, Beruf, Religionszugehörigkeit

→ **zeitliche Merkmale**

Zeitpunkt = **Bestandsmasse**	Zeitraum = **Bewegungsmasse**
Daten werden zu einem bestimmten Zeitpunkt erhoben,	Daten werden für einen bestimmten Zeitraum erhoben,
z. B. Bestand der Mitglieder am 31.12.	z. B. Beitragsaufkommen der freiwilligen Mitglieder in einem Jahr

→ **räumliche Merkmale**

Daten werden für ein bestimmtes **Gebiet** oder einen bestimmten **Bereich** erhoben z. B. AOK Rheinland/Hamburg, AOK in den neuen Bundesländern, AOK in Deutschland oder z. B. die Abteilung, das Unternehmen

- Wer soll die **Duchführung** der Untersuchung leiten?
  - z. B. Mitarbeiter des Unternehmens (bestimmte Mitarbeiter der AOK)
  - z. B. Verbände der Unternehmen (AOK-Bundesverband)
  - z. B. externe Unternehmen (Meinungs- und Marktforschungsinstitute)
  - z. B. amtliche Institutionen (Statistisches Bundesamt)

- Welche **Kosten** entstehen durch die Untersuchung?
  - z. B. Personalkosten
  - z. B. Sachkosten

Die Beantwortung der letzten beiden Fragen steht in einem engen Zusammenhang. Ist z. B. das Erhebungsziel die Untersuchung der Mitarbeiterstruktur einer bestimmten Betriebskrankenkasse, so kann diese Untersuchung relativ kostengünstig durch einige Mitarbeiter der BKK durchgeführt werden. Ist der Untersuchungsgegenstand der Markt für Betriebskrankenkassen, so kann diese Untersuchung durch den Verband der Betriebskrankenkassen durchgeführt werden. Ist das Untersuchungsziel die Feststellung der kundenfreundlichsten gesetzlichen Krankenkasse in Deutschland, dann sollte diese Untersuchung durch ein Meinungsforschungsinstitut vorgenommen werden und wird relativ hohe Kosten verursachen.

4.2 Gewinnung des Ausgangsmaterials

Nachdem sichergestellt ist, dass die Datengesamtheit und die Merkmale ihrer Elemente dem Untersuchungsziel entsprechen, muss nun in der zweiten Stufe die Datengewinnung einwandfrei durchgeführt werden.

Dabei ist zunächst zu klären:

Woher stammen die Daten?

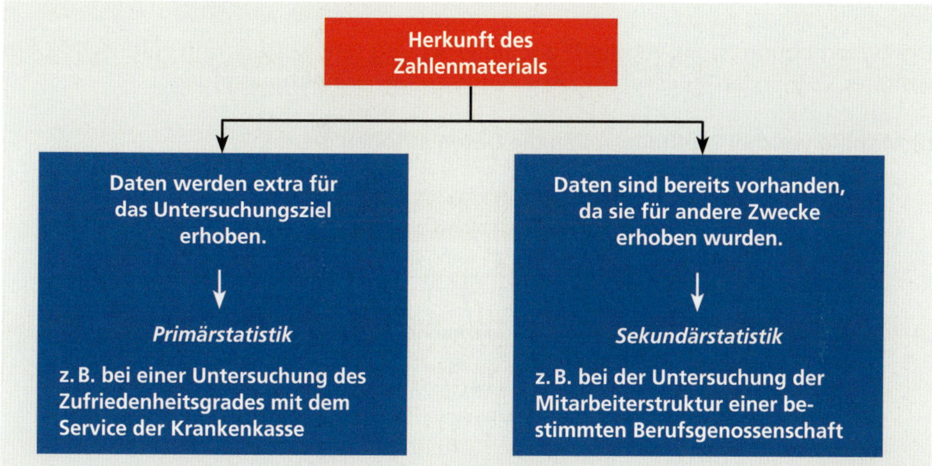

Mit der Primärstatistik werden die zu erhebenden Daten präzise auf das Untersuchungsziel ausgerichtet. Die Daten sind aktuell und grundsätzlich zuverlässig. Die Kosten für eine Primärerhebung sind je nach Erhebungsmethode (siehe Seite 66) zwar unterschiedlich, doch insgesamt relativ hoch. Außerdem ist die Durchführung einer Primärstatistik sehr zeitintensiv.

Bei der Sekundärstatistik können betriebsinterne Daten, wie z. B. Belege, Aufstellungen aus der Buchhaltung, Personalbögen, oder externe Daten, wie z. B. Statistiken von Ämtern (Bundesversicherungsamt, Statistisches Bundesamt usw.), Verbänden und Unternehmen, herangezogen werden. Wird im Rahmen einer statistischen Erhebung auf Sekundärdaten zurückgegriffen, dann muss sichergestellt sein, dass diese auf dem aktuellen Stand sind. Da sie unabhängig vom aktuellen Untersuchungsziel erhoben wurden, fehlt es an einem wesentlichen Zusammenhang. Für das Verwenden von Sekundärstatistiken sprechen insbesondere Kostengesichtspunkte und der Zeitfaktor.

Kann ein Untersuchungsziel nur durch eine Primärstatistik erreicht werden, dann müssen die beiden folgenden Fragen beantwortet werden:

a) In welcher Menge sollen die Daten erhoben werden?

Umfang der Erhebungsfälle

Werden alle Elemente einer Grundgesamtheit erfasst, dann handelt es sich um eine

Vollerhebung

z. B., wenn die Altersstruktur der Mitarbeiter in einer Berufsgenossenschaft untersucht werden soll.

Wird nur ein Teil (Stichprobe) einer Grundgesamtheit erfasst, dann handelt es sich um eine

Teilerhebung

z. B. bei der Überprüfung des Zufriedenheitsgrades mit dem Service der gesetzlichen Krankenkassen.

Die Vollerhebung ist im Vergleich zur Teilerhebung sehr kosten- und zeitintensiv. Ein weiterer Vorteil der Teilerhebung ist z. B. die einfachere Aktualisierung.

b) Mithilfe welcher Methode sollen die Daten erhoben werden?

Erhebungsmethoden

Beobachtung
Daten werden durch eine Person oder Messgeräte erfasst, die einen Vorgang beobachten.

Experiment
Daten werden durch einen methodisch angelegten Versuch erfasst.

Befragung

mündlich
Der Interviewer hält die Antworten auf einem Fragebogen fest oder gibt die Daten über die Tastatur direkt in ein Computersystem ein. Der Interviewer kann persönlich anwesend oder als Telefoninterviewer tätig sein.

schriftlich
Der Interviewte erhält einen Fragebogen und füllt ihn aus oder beantwortet die Fragen durch ein Bildschirmbefragungssystem.

Das wichtigste Erhebungsverfahren ist die Befragung einer Person. Hierbei ist man grundsätzlich auf die Auskunftswilligkeit der befragten Person angewiesen. Werden zu viele Antworten verweigert, so kann es zu Fehlern (Verfälschungen, Verzerrungen) kommen. Weitere Schwierigkeiten liegen in der eindeutigen Formulierung der Fragen und darin, dass der Interviewer durch die Art der Befragung und sein Verhalten ungewollt die Antworten des Befragten beeinflussen kann.

Das Beobachten von Sachverhalten und Vorgängen ist eine relativ objektive und einfache Methode, um Daten zu erheben (z.B. bei einer Verkehrszählung). Aber auch hier sind Fehlinterpretationen und Fehler durch die Wahrnehmung des Beobachters möglich.

Das Experiment ist ein relativ zuverlässiges, aber kosten- und zeitintensives Verfahren, da die Experimente mehrmals wiederholt werden müssen, um gesicherte Aussagen zu erhalten.

Soll ermittelt werden, wie zufrieden die Bevölkerung mit dem Service der gesetzlichen Krankenkassen ist, bietet sich eine Primärerhebung an, die als Stichprobe z.B. durch telefonische Befragung durchgeführt werden kann. Durch den persönlichen Kontakt können falsche Antworten vermieden werden, die Antwortquote ist relativ hoch und die Kosten sind gering. Fast 90 % der Bevölkerung sind telefonisch erreichbar. Telefonverzeichnisse gibt es auf CD-ROM. Die Fragen werden vom Bildschirm durch den Telefoninterviewer abgelesen und die Antworten können direkt über die Tastatur in das Computersystem eingegeben werden. Fehler in der Datenübertragung werden so vermieden.

Das Ergebnis einer statistischen Erhebung ist das **Urmaterial** (individuelle Fragebögen, Zählblätter usw.), welches nun aufbereitet werden muss.

4.3 Aufbereitung statistischen Materials

In dieser dritten Stufe der Statistik müssen

- Einzelangaben zu Gesamtangaben zusammengefasst und
- Erfassungsergebnisse durch Straffung oder Zerlegung auswertungsreif gemacht werden.

Die Aufbereitung besteht im Allgemeinen aus den folgenden vier Arbeitsschritten:

1. Prüfen des Urmaterials auf Vollständigkeit, Widerspruchsfreiheit und Glaubwürdigkeit.
2. Verschlüsseln von qualitativen Merkmalsausprägungen (Codieren), z.B. männlich = 1, weiblich = 2.
3. Übertragen von Informationen auf Datenträger, z.B. CD-ROM oder Festplatten.
4. Sortieren des Urmaterials entsprechend den Merkmalsausprägungen (Gruppenbildung), Auszählen der Elemente und evtl. Aufsummieren von quantitativen Merkmalen.

4.3.1 Urliste

Werden die Daten in der Reihenfolge niedergeschrieben, in der sie anfallen, enthält man eine **Urliste**. Sie bildet die Basis der weiteren statistischen Arbeit.

Beispiel

Die Mitarbeiter einer Arbeitsagentur und ihr Alter (Urliste)					
lfd. Nr.	**Name**	**Alter**	**lfd. Nr.**	**Name**	**Alter**
1	Althoff	48	317	Oggers	51
2	Ausbar	32	318	Paul	36
3	Baumann	19	319	Powileit	28
4	Blindow	21	320	Rippert	24
5	Düber	57	321	Rollfs	43
6	Elbers	19	322	Seidel	18
7	Emerich	62	323	Schulz	27
8	Fröhlich	32	324	Wolle	31
:	:	:	325	Zywitz	65

4.3.2 Strichliste

Aus der Urliste wird eine **Strichliste** erstellt, in der die statistischen Einheiten mit derselben Merkmalsausprägung zusammengefasst werden.

In unserem Beispiel werden jetzt die Altersangaben in aufsteigender Reihenfolge geordnet und durch Auszählen wird festgestellt, wie oft jede Merkmalsausprägung (Alter) vorkommt.

Beispiel

1.

Die Mitarbeiter einer Arbeitsagentur und ihr Alter (Strichliste)		
Alter	**Häufigkeit**	**Gesamt**
17	III	3
18	II	2
19	IIII	4
20	~~IIII~~ I	6
21	IIII	4
23	II	2
: :		: :
60	~~IIII~~ II	7
61	III	3
62	III	3
65	II	2
325		

Die Summe aller Häufigkeiten muss der Grundgesamtheit entsprechen. Da beim Merkmal Alter sehr viele Merkmalsausprägungen möglich sind, wird zur Steigerung der Übersichtlichkeit jeweils eine bestimmte Anzahl von Merkmalsausprägungen zu einer **Merkmalsklasse** zusammengefasst. Eine Merkmalsklasse ist die Menge sämtlicher Daten, die innerhalb festgelegter Grenzen liegen. Die Untergrenze der ersten Klasse und die Obergrenze der letzten Klasse bleiben häufig unbestimmt. Die Klassenbreite hängt vom jeweiligen Untersuchungszweck ab. Eine zu enge **Klassenbreite** führt zu einer hohen Zahl von Klassen und damit zu Unübersichtlichkeit. Eine zu breite Merkmalsklasse ist mit einem Informationsverlust verbunden.

2.

Altersstruktur der Mitarbeiter einer Arbeitsagentur	
Merkmalsklassen Alter	**Häufigkeit**
bis 20	16
von 21 bis 30	105
von 31 bis 40	92
von 41 bis 50	57
von 51 bis 60	47
über 60	8
	325

Ein Vergleich der derzeitigen Altersstruktur der Arbeitsagentur mit Zahlen aus anderen Jahren oder von anderen Arbeitsagenturen ist mit diesen absoluten Zahlen schlecht möglich. Deshalb werden die absoluten Häufigkeiten in das Verhältnis zur Grundgesamtheit gesetzt. Die sich so ergebenden **relativen Häufigkeiten** geben an, wie viel Prozent der Grundgesamtheit auf eine bestimmte Merkmalsklasse entfallen.
Die Aussagekraft der Tabelle lässt sich noch steigern, wenn die einzelnen absoluten und relativen Häufigkeiten **kumuliert** (aufsummiert) werden.

3.

Altersstruktur der Mitarbeiter einer Arbeitsagentur (absolute, relative und kumulierte Häufigkeiten)

Merkmalsklassen Alter	**einzelne Häufigkeiten**		**kumulierte Häufigkeiten**	
	absolut	**relativ (in %)**	**absolut**	**relativ (in %)**
bis 20	16	4,9	16	4,9
von 21 bis 30	105	32,3	121	37,2
von 31 bis 40	92	28,3	213	65,5
von 41 bis 50	57	17,5	270	83,0
von 51 bis 60	47	14,5	317	97,5
über 60	8	2,5	325	100,0
	325	100,0		

Die Altersstruktur der Mitarbeiter der Arbeitsagentur lässt sich anhand der Tabelle wie folgt charakterisieren:

- 4,9 % der Mitarbeiter sind jünger als 21 Jahre.
- 32,3 % der Mitarbeiter sind zwischen 21 und 30 Jahre alt.
- 65,5 % der Mitarbeiter sind jünger als 41 Jahre.

4.3.3 Statistische Analysen mithilfe von Computerprogrammen

Heute ist es üblich, statistische Daten computerunterstützt zu analysieren. Dabei werden häufig Tabellenkalkulationsprogramme, wie z. B. Excel, verwendet. Sie bieten dem Benutzer ein breites Spektrum vorgefertigter Formeln (= Funktionen), das von der einfachen Summenfunktion bis zu sehr komplexen technischen oder statistischen Funktionen reicht. Letztere umfassen neben Minimum und Maximum u. a. auch

Mittelwerte, Standardabweichungen und Varianzen. Der Benutzer von Kalkulationsprogrammen kann die Daten tabellarisch oder grafisch darstellen. Die Programme bieten dem Anwender eine Reihe von Diagrammtypen in verschiedenen Variationen an. Sie sind ein ideales Hilfsmittel, um Zahlenwerte in einer Tabelle übersichtlich und einprägsam darzustellen. Zwischen den Tabellenwerten und dem Diagramm besteht üblicherweise eine Verknüpfung, sodass bei Änderung der Tabellenwerte das Diagramm automatisch angepasst wird. Beim Erstellen eines Diagramms stehen in der Regel Hilfsprogramme zur Verfügung, die auch Assistenten genannt werden. Sie führen den Benutzer Schritt für Schritt zum gewünschten Ergebnis.

Für den Einsatz von Tabellenkalkulationsprogrammen spricht auch die Möglichkeit, Daten aus anderen Programmen (z. B. Datenbanken) zu importieren bzw. in andere Programme zu exportieren, um diese dann sofort weiterzuverarbeiten.

Obwohl die meisten Programme eine anwenderfreundliche Handhabung bieten, sind sie trotzdem sehr komplex, sodass sich der Benutzer regelmäßig und intensiv mit ihnen beschäftigen muss.

Zur Lösung der Übungsaufgaben können die angesprochenen Programme eingesetzt werden, insbesondere in Verbindung mit dem EDV-Unterricht.

4.3.4 Darstellungsformen

Sollen statistische Daten in übersichtlicher Form dargestellt werden, verwendet man dazu

- Tabellen,
- Grafiken und
- statistische Maßzahlen (Kennziffern).

Diese Erscheinungsformen von Statistik werden weiter unten ausführlich erläutert (Punkte 5 bis 7).

4.4 Kritische Interpretation statistischer Ergebnisse

In einer vierten und letzten Stufe der Statistik müssen die statistischen Ergebnisse auf ihren Aussagegehalt hin untersucht werden. Die Statistik in Form von Tabellen, Grafiken oder Kennziffern wird nicht um ihrer selbst willen erstellt – sonst wäre sie lediglich ein „Zahlenfriedhof", aus dem keine Schlussfolgerungen abgeleitet werden.

Die Erhebungsergebnisse sollen dazu beitragen, richtige Entscheidungen zu treffen. Stellt z. B. eine Berufsgenossenschaft bei einer Erhebung der Altersstruktur der Mitarbeiter fest, dass der Mitarbeiterstamm zu einem hohen Prozentsatz aus älteren Personen (über 55 Jahren) besteht, dann sollten aus dem Ergebnis Rückschlüsse für die Personalentwicklung gezogen werden.

Zusammenhänge zwischen Größen müssen untersucht und beurteilt werden. Dabei ist die Angemessenheit der angewendeten Methode kritisch zu hinterfragen. So könnten z. B. Erhebungsfehler oder Interpretationsfehler vorliegen.

Übungen

1. Gruppenarbeit: „Meine Schulklasse als statistische Grundgesamtheit" – Von der Vorbereitung der Datenerhebung bis zur kritischen Interpretation der Ergebnisse.

2. Ein Rentenversicherungsträger möchte die Altersstruktur der Mitarbeiter getrennt nach Geschlecht zum 31.12. erfassen.
   a) Erklären Sie die Begriffe:
      – Grundgesamtheit,
      – Element und
      – sachliche Merkmale am obigen Beispiel.
   b) Welches zeitliche Merkmal liegt der Untersuchung zugrunde?

3. Die Deutsche Rentenversicherung Knappschaft-Bahn-See möchte die Rentenbewilligungen innerhalb eines Jahres untersuchen.
   a) Begründen Sie, ob es sich bei der Grundgesamtheit um eine Bestandsmasse oder eine Bewegungsmasse handelt.
   b) Bilden Sie mögliche Teilmassen.
   c) Begründen Sie, ob es sich um eine Voll- oder Teilerhebung handelt.
   d) Begründen Sie, ob es sich um eine Primär- oder Sekundärstatistik handelt.
   e) Geben Sie mögliche Merkmale an, nach denen die Grundgesamtheit untersucht werden kann.

4. Geben Sie durch Ankreuzen an, ob es sich bei den folgenden Beispielen jeweils um ein quantitatives oder qualitatives Merkmal handelt.

Merkmal / Beispiel	quantitativ	qualitativ
Leistungsarten in der gesetzlichen Krankenversicherung		
Anzahl der Mutterschaftsfälle in einem Jahr		
Anzahl der Auszubildenden in der gesetzlichen Unfallversicherung		
schulische Vorbildung der Auszubildenden einer Krankenkasse		
Beitragsaufkommen der Bundesagentur für Arbeit in einem Jahr		
Anzahl der im Krankenhaus tätigen Ärzte		
Religionszugehörigkeit der Mitarbeiter		
Versichertenbestand in der privaten Krankenversicherung		

5. Kennzeichnen Sie durch Ankreuzen, ob der jeweilige Sachverhalt durch eine Primär- oder Sekundärstatistik erhoben werden sollte. Begründen Sie Ihre Entscheidung kurz.

Herkunft / Sachverhalt	Primärstatistik	Sekundärstatistik	Begründung
durch die Bundesregierung angeordnete Volkszählung			
vom GKV-Spitzenverband veröffentlichte Zahlen von Mitgliedern und Versicherten			
vom Statistischen Bundesamt ermittelter Warenkorb zur Ermittlung des Verbraucherpreisindexes			
von der Stiftung Warentest durchgeführte Tests über Tintenstrahldrucker			
Autobahn-Raststättentest des ADAC			
Veröffentlichung der Anzahl der tödlichen Arbeitsunfälle durch den Hauptverband der gewerblichen Berufsgenossenschaften			

6. Kennzeichnen Sie durch Ankreuzen, ob der jeweilige Sachverhalt durch eine Voll- oder Teilerhebung ermittelt werden sollte. Begründen Sie Ihre Zuordnung.

Sachverhalt / Umfang	Voll-erhebung	Teil-erhebung	Begründung
durch die Bundesregierung angeordnete Volkszählung			
Erhebung der Mitgliederstruktur bei einer Krankenkasse			
vom Statistischen Bundesamt ermittelte Preise zur Ermittlung des Verbraucherpreisindexes			
Ermittlung der Höhe des Beitragsaufkommens einer BG			
Erhebung über das Fernsehverhalten der Bevölkerung			
Erhebung über die Anzahl der Besucher einer Arbeitsagentur			

7. Geben Sie für die nachfolgenden Sachverhalte die Ihrer Meinung nach optimale Erhebungsmethode an. Begründen Sie Ihre Entscheidung.

Erhebungsmethode	Befragung			Beob-achtung
	mündlich		schriftlich	
Sachverhalt	persönlich	telefonisch		
Ermittlung der Anzahl der Besucher der Homepage eines RV-Trägers				
Ermittlung des Zufriedenheitsgrades der Teilnehmer mit der Fortbildungsveranstaltung				
Ermittlung der Bereitschaft der Bevölkerung, an Lottospielgemeinschaften teilzunehmen				
Erhebung über ein neues Verpackungsdesign eines Kosmetikherstellers				
Erhebung über den Bekanntheitsgrad von Berufsgenossenschaften				
Ermittlung des Zufriedenheitsgrades aller Auszubildenden bei bundesunmittelbaren Sozialversicherungsträgern mit der Berufsschule				

8. In welchen vier Arbeitsschritten erfolgt im Allgemeinen die Aufbereitung des statistischen Urmaterials?

9. Unterscheiden Sie zwischen Urliste und Strichliste.

10. Erläutern Sie vier Gründe, weshalb der Einsatz von Computerprogrammen bei der Datenanalyse sinnvoll ist.

5 Tabellarische Darstellungen

Tabellen bestehen aus Spalten und Zeilen. Angewandt wird folgendes Tabellenschema:

Überschrift der Tabelle (mit notwendigen Angaben in sachlicher, zeitlicher und örtlicher Hinsicht)

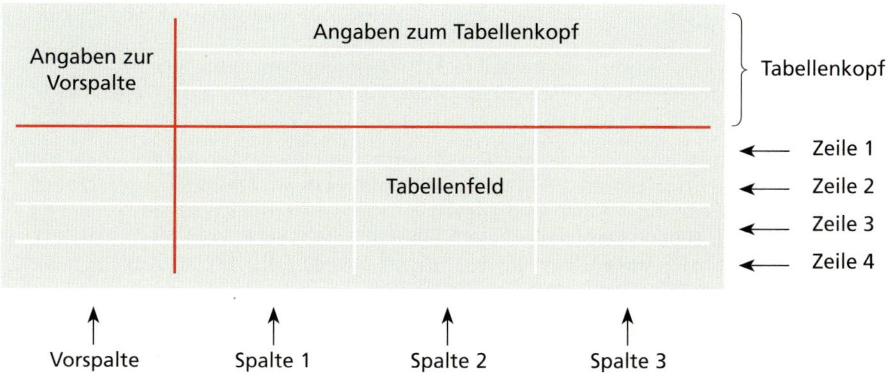

Die Tabellenfelder enthalten die statistischen Zahlen. Tabellen können Zahlenwerte (einschließlich der Kommastellen) aufnehmen. Sie haben somit den Vorteil großer Genauigkeit. Allerdings verlieren sie mit zunehmendem Umfang an Übersichtlichkeit.

Beispiel

Die Deutsche Rentenversicherung Schwaben hatte (jeweils zum 31. Dezember) im Jahr 1 einen Rentenbestand von insgesamt 1 033 018; davon waren 696 608 Versichertenrenten. Für das nächste Jahr lauten die Zahlen 1 040 269 und 704 415. Im Jahr 3 betrug die Anzahl der Versichertenrenten 712 960 bei 1 049 853 Renten insgesamt.

Der Sachverhalt ist tabellarisch darzustellen, wobei die Angaben für die drei Jahre nebeneinander aufgeführt werden sollen. Auch ist eine Zeile für die Hinterbliebenen einzurichten.

Lösung

Der Rentenbestand der Deutschen Rentenversicherung Schwaben (per 31. Dezember):

	Jahr 1	**Jahr 2**	**Jahr 3**
Versichertenrenten	696 608	704 415	712 960
Hinterbliebenenrenten	336 410	335 854	336 893
Gesamtbestand	1 033 018	1 040 269	1 049 853

Übungen

1. Das private Geldvermögen (ohne Sachvermögen, Immobilien) war in der Bundesrepublik Deutschland in einem Jahr ungleich verteilt. Während Selbstständige bei einem Bruttogeldvermögen von 160,0 T€ je Haushalt und 20,0 T€ Kreditverpflichtung (Konsumentenkredite, ohne Hypotheken und Bauspardarlehen) über ein Nettogeldvermögen von 140,0 T€ verfügten, betrug das Bruttogeldvermögen (Sparkonten, Lebensversicherungen, Wertpapiere) bei Angestelltenhaushalten im Durchschnitt 77,0 T€ – bei Kreditverpflichtungen in Höhe von 11,9 T€.

a) Setzen Sie diesen Text in eine Tabelle um, die die entsprechenden Werte für Selbstständige und Angestellte gegenüberstellt.
b) Geben Sie der Tabelle eine informative Überschrift.
c) Formulieren Sie eine Begründung für die Unterschiede.

2. Privates Vermögen und private Schulden in Deutschland (in Mrd. €):
Vermögen: 9492; davon: Geldvermögen 3414, Gebrauchsvermögen 1158, Immobilien 4920.
Schulden: 1216; davon: Konsumkredite 321, Wohnungsbaukredite 895.
Setzen Sie diesen Text in eine übersichtliche Tabelle um. Formulieren Sie eine sachliche Überschrift.

3. „Für das aktuelle Jahr rechnet der Verwaltungsrat der Bundesagentur für Arbeit mit 3,7 Millionen Arbeitslosen, 1,936 Millionen Empfängern von Arbeitslosengeld (79200 mehr als im Vorjahr), 770000 Empfängern von Kurzarbeitergeld (280000 weniger als im Vorjahr), 500000 Empfängern von Unterhaltsgeld (55000 mehr als im Vorjahr), 348300 AB-Maßnahmen (ein Plus von 33200). 85000 (plus 34000) Arbeitnehmer werden durch Lohnkostenzuschüsse gefördert."
Erstellen Sie aus dieser Zeitungsmeldung eine Tabelle, die die Entwicklung des Arbeitsmarktes (so weit wie möglich) deutlich macht.

4. Eine Welle von Zusammenschlüssen hat die gesetzlichen Krankenkassen ergriffen. Gab es 1993 noch 1221 Krankenkassen, davon 110 in den neuen Bundesländern, sank die Zahl der Krankenkassen 1996 in den neuen Bundesländern auf 71 und in den alten Bundesländern auf 551. 1999 gab es in Deutschland noch 455 Krankenkassen, davon 420 in den alten Bundesländern. 2002 gab es 24 Krankenkassen in den neuen und 331 in den alten Bundesländern. 2008 gab es in Deutschland noch 221 und 2013 134 Krankenkassen. Setzen Sie diesen Text in eine anschauliche Tabelle um.

5. Das Bundesversicherungsamt ist die zuständige Stelle nach dem Berufsbildungsgesetz für Auszubildende des Ausbildungsberufes Sozialversicherungsangestellte bei bundesunmittelbaren Sozialversicherungsträgern. Im Jahr 2015 wurden folgende Zahlen vom Bundesversicherungsamt veröffentlicht:

Neue Ausbildungsverhältnisse mit Sozialversicherungsfachangestellten (einschl. Abbrechern)

im Jahr	Krankenversicherung	Unfallversicherung	Rentenversicherung	Knappschaft-Bahn-See	Landw. SV	insgesamt
2012	912	123	77	121	7	**1240**
2013	1.035	123	129	143	28	**1458**
2014	904	101	128	135	21	**1289**

Quelle: Bundesversicherungsamt: Tätigkeitsbericht 2014, S. 151 ff.

Formulieren Sie drei wesentliche Aussagen der Tabelle.

6. Meldepflichtige Arbeitsunfälle

	1995	2000	2005	2010	2014
UV der gewerblichen Wirtschaft ***darunter in den BG-Gruppen***	**1415381**	**1144262**	**801834**	**840848**	**785248**
I Rohstoffe und chemische Industrie	65505	42856	25302	22689	22078
II Holz und Metall	315336	254367	172662	163864	155771
III Energie Textil Elektro Medienerzeugnisse	100227	80217	57733	63206	57993
IV Bau	364773	246287	123647	117736	103731
V Nahrungsmittel und Gastgewerbe	124076	114608	92080	72921	67669
VI Handel und Warendistribution	132009	120002	90615	100417	102029
VII Verkehr	77370	73152	55572	60995	56148
VIII Verwaltung, Bahnen, Glas/ Keramik	174414	164483	139240	174779	147782
IX Gesundheitsdienst und Wohlfahrtspflege	61671	48290	44983	64241	72047
UV der öffentlichen Hand (Allgemeine UV)	**236100**	**236027**	**130098**	**113611**	**84569**
Insgesamt	**1651481**	**1380289**	**931932**	**954459**	**869817**

Quelle: Geschäfts- und Rechnungsergebnisse 2014 der DGUV, Seite 17

Formulieren Sie drei wesentliche Aussagen der Tabelle.

7. Suchen Sie eine Grafik aus Ihrem Interessenbereich und formen Sie diese in eine Tabelle um. Geben Sie der Tabelle eine aussagekräftige Überschrift und stellen Sie ihren wesentlichen Inhalt in Form von drei kurzen Aussagen dar.

8. Nehmen Sie eine Tabelle aus dem Bereich der Sozialversicherung und erstellen Sie daraus eine Tabelle, die weniger umfangreich ist. Geben Sie der Tabelle eine aussagekräftige Überschrift und stellen Sie ihren wesentlichen Inhalt in Form von drei kurzen Aussagen dar.

6 Grafische Darstellungen

Sollen insbesondere Unterschiede und Entwicklungstendenzen herausgestellt werden und nicht so sehr die absoluten Zahlenwerte, so stehen hierfür mehrere Formen der grafischen Darstellung zur Verfügung. In der Literatur werden die Begriffe für die Formen der grafischen Darstellung sehr unterschiedlich verwendet.

Grafiken und Schaubilder sollen ebenso wie Tabellen eindeutig beschriftet und übersichtlich gestaltet sein.

Neben einfachen Grafiken werden hier auch Flächendiagramme, Strukturdiagramme und räumliche Darstellungen behandelt.

6.1 Einfache Diagramme

Zu den einfachen Diagrammen zählen Kurvendiagramme, Liniendiagramme, Säulendiagramme und Blockdiagramme. Sie sind dadurch charakterisiert, dass die Merkmalswerte durch den **Abstand zur x-Achse** dargestellt werden.

6.1.1 Kurvendiagramm

Kurvendiagramme stellen vor allem durch statistische Zahlen festgehaltene zeitliche Entwicklungen dar. In einem Koordinatensystem werden dazu auf der Abszisse (X-Achse) z. B. Zeiträume und auf der Ordinate (Y-Achse) die statistischen Zahlen (Häufigkeiten), z. B. Beitragseinnahmen, abgetragen.

Die statistischen Angaben werden als Punkte in das Koordinatensystem eingetragen und die Punkte werden dann durch Linien miteinander verbunden. Sind mehrere Entwicklungsmerkmale in einer Grafik darzustellen (kombiniertes Kurvendiagramm), so werden die Linien durch unterschiedliche Farbgebung oder unterschiedliche Strichführung unterscheidbar gemacht.

Beispiel

Die Anzahl der tödlichen Arbeits- und Wegeunfälle hat sich in der Bundesrepublik Deutschland wie folgt entwickelt: 1980: 2855, 1990: 1713, 1995: 2004, 2000: 1547, 2009: 818, 2014: 805.

Stellen Sie den Sachverhalt durch ein Kurvendiagramm dar.

1000 Unfälle ≙ 2,0 cm, 1 Jahr ≙ 0,5 cm.

Lösung

1. Jahr:

1000 Unfälle ≙ 2,0 cm
2855 Unfälle ≙ x cm

$$x \triangleq \frac{2 \cdot 2855}{1000}$$

$x \triangleq$ **5,71 cm**

Tödliche Arbeits- und Wegeunfälle in Deutschland

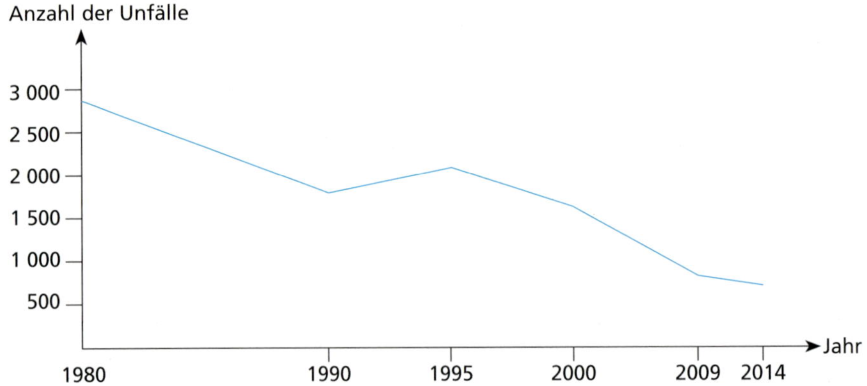

Zahlen nach: DGUV: Vorläufige Unfall- und Berufskrankheitenzahlen 2015, unter www.dguv.de/de/zahlen-fakten/Vorläufige-Zahlen-2015/Allgemeine-UV/index.jsp, Zugriff am 21.06.2016

Übungen

1. Stellen Sie die beiden Beitragssätze für die Jahre 01 bis 07 als Kurvendiagramm dar. Es gilt: 1 Jahr = 1,5 cm; 1 % = 2 cm, wobei der Nullpunkt bei 10 % liegt.

Jahr	Beitragssätze in % für Pflichtmitglieder	
	mit	ohne
	Entgeltfortzahlungsanspruch für mindestens 6 Wochen	
01	11,70	15,16
02	12,11	15,05
03	12,37	15,43
04	12,16	15,21
05	11,80	14,76
06	12,11	15,21
07	12,69	15,85

2. Entwicklung am Arbeitsmarkt (Jahresdurchschnitte gerundet auf volle 1 000)

Jahr	Arbeitslose (SGB III)	offene Stellen	Kurzarbeiter
1995	3612000	321000	199000
2000	3890000	515000	86000
2005	4861000	413000	126000
2010	3238000	380000	503000
2015	2795000	591000	58000

a) Stellen Sie den Sachverhalt als Kurvendiagramm dar. Es gilt: 500000 Arbeitslose/Kurzarbeiter/offene Stellen ≙ 2,5 cm; 1 Jahr ≙ 1,0 cm.
b) Erfragen Sie bei Ihrer Arbeitsagentur die Zahlen für das vergangene Jahr und ergänzen Sie die Tabelle und die Grafik entsprechend.

3. Stellen Sie folgenden Sachverhalt als Kurvendiagramm dar.
Es gilt: 10 Kalenderjahre ≙ 4 cm; wählen Sie für das Alter den Nullpunkt bei 20 Lebensjahren: 10 Jahre ≙ 10 cm.

Jahr	Durchschnittliches Heiratsalter	
	Frauen	Männer
01	25,4	28,1
11	23,7	25,9
21	23,0	25,6
31	23,2	26,1
36	24,6	27,2
37	24,9	27,5
38	25,2	27,7
39	25,5	28,0
40	25,7	28,2

4. Stellen Sie die Entwicklung der in der Bundesrepublik Deutschland lebenden Ausländer als Kurvendiagramm dar.

Es gilt: 10 Jahre ≙ 4 cm;
1 Mio. Ausländer ≙ 3 cm.

Jahr	Ausländer in Mio.	% der Ges.-Bev.	Ges.-Bev. in Mio.
1950	0,57	1,12	50,81
1961	0,69	1,22	56,17
1970	2,98	4,86	60,91
1975	4,09	6,61	61,75
1980	4,45	7,23	61,66
1985	4,38	7,10	61,02
1989	5,04	6,37	79,11
1995	7,17	8,79	81,54
2005	7,29	8,80	82,50
2015	8,15	10,04	81,20

5. Anteile der Erwerbstätigen in % in den Jahren 01–41:

Jahr / Sektor	01	11	21	Basisjahr 23	24	Schätzung	
						31	41
Primärer Sektor	13,7	8,5	5,5	5,4	5,5	4,7	2,8
Sekundärer Sektor	47,9	48,9	44,2	42,7	41,5	40,9	34,9
Tertiärer Sektor	38,4	42,5	50,4	51,8	53,1	54,4	62,3
Insgesamt	100,0	100,0	100,0	100,0	100,0	100,0	100,0

Abweichungen in den Summen durch Runden der Zahlen
primärer Sektor = Land- und Forstwirtschaft
sekundärer Sektor = Energie- und Wasserversorgung, Bergbau, Verarbeitendes Gewerbe, Baugewerbe
tertiärer Sektor = Handel, Verkehr und Nachrichtenübermittlung, Kreditinstitute und Versicherungsgewerbe, übrige private Dienstleistungen, Staat, Organisationen ohne Erwerbscharakter, private Haushalte

Stellen Sie den Sachverhalt in Form eines Kurvendiagramms grafisch dar, 100 % ≙ 10 cm. Verwenden Sie die Abszisse als Zeitachse, wobei 10 Jahre ≙ 3 cm. Die Werte für das Basisjahr sollen nicht berücksichtigt werden.

6. Die Entwicklung der Beitragssätze in der Sozialversicherung (Beitragssätze in %):

Jahr	Krankenversicherung[1]	Rentenversicherung	Arbeitsförderung	Pflegeversicherung	
1950	6,0	10,0	4,0		
1960	8,4	14,0	2,0		
1970	8,2	17,0	1,3		
1975	10,4	18,0	2,0		
1980	11,4	18,0	3,0		
1985	12,0	19,2	4,1		
1990	12,6	18,7	4,3		
1995	13,2	18,6	6,5	1,0	
2000	13,6	19,3	6,5	1,7	
2005	14,2	19,5	6,5	1,7	0,25[3]
2016	14,6[2]	18,7	3,0	2,35	0,25[3]

a) Stellen Sie die Entwicklung der Beitragssätze grafisch dar. 10 Jahre ≙ 5 cm, 20 % ≙ 10 cm.
b) Erfragen Sie die Beitragssätze für die Folgejahre und ergänzen Sie die Grafik.

1 Bei dem Beitragssatz der Krankenversicherung handelt es sich um einen durchschnittlichen Beitragssatz bis 2008.
2 Weiterer kassenindividueller Zusatzbeitrag möglich.
3 Zusatzbeitrag allein zu tragen für kinderlose Mitglieder ab dem vollendeten 23. Lebensjahr.

7. Deutsche Rentenversicherung:

   Die Entwicklung des Rentenbestandes von 1965–2015

Jahr	Versicherten-renten	Renten wegen Todes	gesamt
1965	5081281	3523882	8605163
1970	6017311	3861794	9879105
1975	7276922	4203325	11480247
1980	8038353	4415785	12454138
1985	9339775	4675063	14014838
1990	10368875	4643758	15012633
1995	15149742	5911220	21060962
2000	17232013	5912454	23144467
2005	18580485	5903260	24483745
2010	17462347	5804870	23267217
2015	18339544	5248705	23588249

   Stellen Sie die Entwicklung der Versichertenrenten einerseits und der Hinterbliebenenrenten andererseits in Form eines Kurvendiagramms dar. Es gilt: 10 Jahre ≙ 4 cm, 1 Mio. Renten ≙ 1 cm.

8. Erwerbstätige nach Wirtschaftsbereichen in % (Deutschland):

	1882	1907	1925	1939	1950	1961	1970	1980	1991	2005
Tertiärer Sektor	23	25	28	34	33	38	42	50	55	68
Sekundärer Sektor	34	40	41	41	45	48	49	45	41	30
Primärer Sektor	43	35	31	25	22	14	9	5	4	2

   a) Stellen Sie die Entwicklung durch ein Kurvendiagramm dar. Es gilt: 100 % ≙ 12 cm, 100 Jahre ≙ 12 cm.
   b) Charakterisieren Sie die Hauptaussage der Grafik durch einen Satz.

9. Die Anzahl (in Mio.) der in Deutschland registrierten Arbeitslosen hat sich wie folgt entwickelt:

Jahr	1990	1995	2005	2010	2015
Ostdeutschland	0,2	1,0	1,4	1,0	0,8
Westdeutschland	1,9	2,6	3,1	2,2	2,1

   a) Stellen Sie die Entwicklung in einem Kurvendiagramm dar. Es gilt: 1 Mio. Arbeitslose ≙ 3 cm, 1 Jahr ≙ 1 cm.
   b) Erfragen Sie die Zahlen für die Folgejahre und ergänzen Sie die Grafik.
   c) Fassen Sie die Hauptaussage der Grafik in einem Satz zusammen.

10. Besorgen Sie sich statistisches Material von Ihrem Versicherungsträger und setzen Sie geeignete Werte in ein Kurvendiagramm um. Versehen Sie die Grafik mit einer Überschrift.

11. Interpretieren Sie die folgende Grafik:

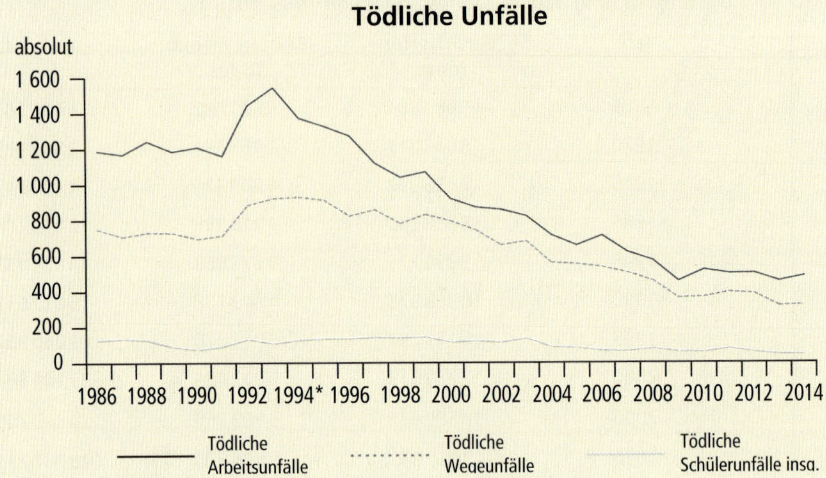

Zahlen nach: DGUV: Geschäfts- und Rechnungsergebnisse 2014, Seite 28.

6.1.2 Liniendiagramm

Die statistischen Zahlen werden durch Linien unterschiedlicher Länge dargestellt. Sie können sowohl senkrecht als auch waagerecht angeordnet werden.

Beispiel

Die meldepflichtigen Arbeitsunfäle betrugen im Jahr 2010: 840.848, im Jahr 2011: 8339658 und im Jahr 2012: 816.465. Stellen Sie diesen Sachverhalt in Form eines Liniendiagramms dar. 100000 Unfälle ≙ 2 cm, 1 Jahr ≙ 1,5 cm. Beginnen Sie bei 0,6 Mio. Unfällen (Nullpunkt).

Lösung

a) **vertikales Liniendiagramm**

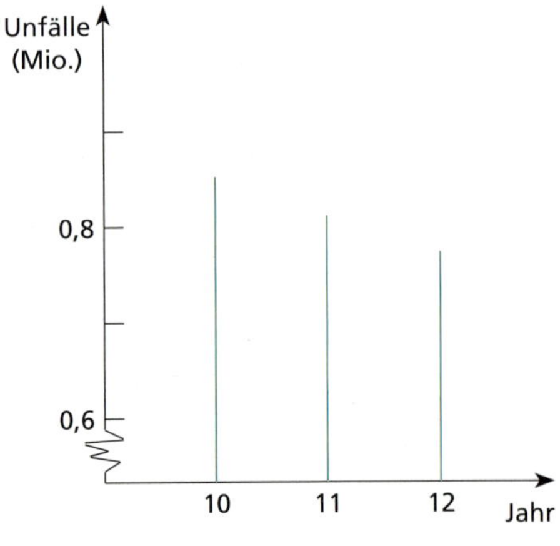

b) **horizontales Liniendiagramm**

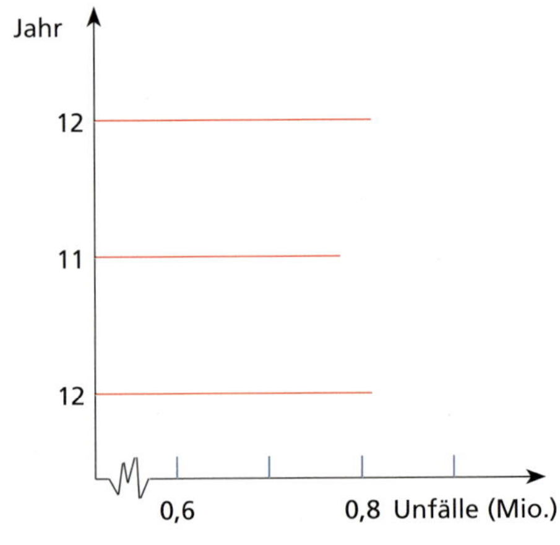

Jahr 10:

$$\begin{array}{r} 840\,848 \\ -\ 600\,000 \\ \hline 240\,848 \end{array}$$

100 000 U ≙ 2 cm
240 848 U ≙ x cm

$$x = \frac{2 \cdot 240\,848}{100\,000} = \mathbf{4{,}82\ cm}$$

Übungen

1. Entwicklung der Rentenversicherung in der Bundesrepublik Deutschland (Vorausschätzung).

	1987	1994	2000	2010	2020	2030	2040
Beitragszahler (in Mio.)	23	22	21	20	17	14	12
Rentner (in Mio.)	11	12	13	14	15	16	15
Rentner je 100 Beitragszahler	48	55	62	70	88	114	125

Stellen Sie die Entwicklung der Relation „Rentner je 100 Beitragszahler" als horizontales Liniendiagramm dar. Es gilt: 10 Jahre ≙ 3 cm, 100 Rentner je 100 Beitragszahler ≙ 10 cm.

2. Arbeitslose und Arbeitslosenquote in Deutschland 1995–2015 (Jahresdurchschnittswerte):

Jahr	Arbeitslose (in Tsd.)	Arbeitslosenquote[1] (in %)
1995	3 611	10,4
2000	3 889	10,7
2005	4 531	10,9
2010	3 244	7,7
2015	2 911	6,8

Stellen Sie die Arbeitslosenquote als Liniendiagramm dar. Verwenden Sie die Abszisse als Zeitachse. Es gilt: 10 Jahre ≙ 5 cm. 1 % ≙ 1 cm.

3. Stellen Sie die Entwicklung der Zahl der Versicherten in der GKV als Liniendiagramm dar (in Mio.): 1890: 6,58; 1911: 14,3; 1914: 16,0; 1923: 18,1; 1938: 23,2; 1955: 22,7; 1970: 30,6; 1980: 35,3; 1989: 55,8; 1994: 71,7; 2005: 71,3; 2012: 69,9. Abstand zwischen den Linien: 1 cm, 5 Mio. ≙ 1 cm.

1 Bezogen auf alle zivilen Erwerbspersonen

4. In den letzten Jahren wechselten stets mehr Versicherte aus der GKV in die PKV als umgekehrt. Dieses Plus für die PKV (in 1 000 Personen) betrug in den Jahren 2001: 108; 2002: 109; 2003: 75; 2004: 55; 2005: 60; 2006: 145; 2007: 120; 2008: 265. Stellen Sie diese Entwicklung anhand eines Liniendiagramms dar. Es gilt: 1 Jahr ≙ 1,5 cm, 100 000 Personen ≙ 5 cm.

5. Verlorene Arbeitstage durch Arbeitskämpfe in der Bundesrepublik Deutschland:

Jahr 01	Jahr 02	Jahr 03	Jahr 04	Jahr 05	Jahr 06	Jahr 07	Jahr 08
Verlorene Arbeitstage je 1 000 abhängig Beschäftigte							
115	18	6	3	1	2	136	2

Stellen Sie die Entwicklung der Zahl der in der Bundesrepublik Deutschland verlorenen Arbeitstage für die Jahre 2001 bis 2008 als Liniendiagramm dar. Es gilt: 10 Arbeitstage je 1 000 abhängig Beschäftigte ≙ 1 cm; 1 Jahr ≙ 1 cm.

6. Stellen Sie die Entwicklung der Zahl der Krankenkassen als Liniendiagramm dar: 1970: 1 827, 1980: 1 306, 1989: 1 153, 2005: 253, 2013: 134. Abstand zwischen den Linien: 1,5 cm, 10 000 Krankenkassen ≙ 5 cm.

7.

Beitragsbemessungsgrenzen

Gültig ab	€ im Monat	
	Rentenversicherung und Arbeitsförderung	Kranken- und Pflegeversicherung
1. Januar 1975	1 400,00	1 050,00
1. Januar 1980	2 100,00	1 575,00
1. Januar 1985	2 700,00	2 025,00
1. Januar 1990	3 150,00	2 362,50
1. Januar 1995	3 900,00	2 925,00
1. Januar 2000	4 300,00	3 225,00
1. Januar 2005	5 200,00	3 525,00
1. Januar 2010	5 500,00	3 750,00
1. Januar 2015	6 050,00	4 125,00
1. Januar 2016	6 200,00	4 237,50

a) Ergänzen Sie die Tabelle.

b) Stellen Sie die Entwicklung der BBG-KV als Liniendiagramm dar. Berücksichtigen Sie nur die Werte für 1975, 1980, 1985, 1990, 1995, 2000, 2005 und 2015.
Es gilt: 5 Jahre ≙ 1 cm. 1 000,00 € ≙ 2 cm.

6.1.3 Säulendiagramm (Stabdiagramm), Balkendiagramm

Die statistischen Zahlen werden durch Säulen (Stäbe) oder Balken gleicher Breite dargestellt. Sie haben üblicherweise einen Zwischenraum. Ihre Werte werden durch die Höhe der Säulen bzw. die unterschiedliche Länge der Balken dargestellt.

Beispiel

Das Sozialbudget war in einem Jahr wie folgt nach Funktionen gegliedert: Ehe und Familie: 88 Mrd. €, Gesundheit: 233 Mrd. €, Beschäftigung: 57 Mrd. €, Alter und Hinterbliebene: 267 Mrd. €, übrige Funktionen: 43 Mrd. €. Stellen Sie den Sachverhalt als a) Säulendiagramm, b) Balkendiagramm dar.

Es gilt: Basis (= Breite der Säule) = 0,35 cm, Zwischenraum (zwischen den Säulen) = 0,35 cm, 100 Mrd. € ≙ 1,35 cm.

Lösung

a) **Säulendiagramm**

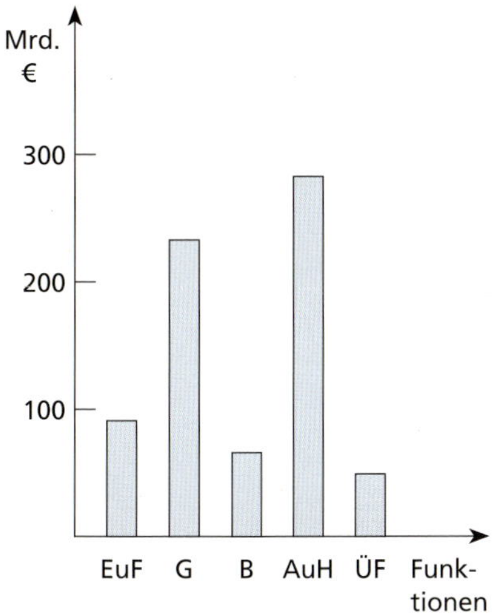

b) **Balkendiagramm**

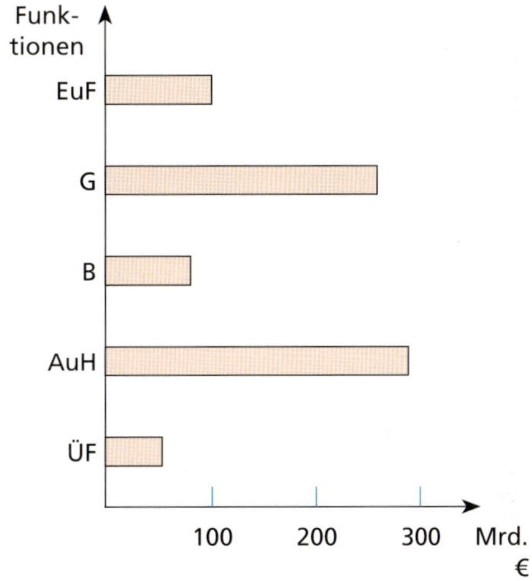

Ehe und Familie:

100 Mrd. € ≙ 1,35 cm

88 Mrd. € ≙ x cm

$$x \triangleq \frac{1{,}35 \cdot 88}{100} \triangleq \mathbf{1{,}19\ cm}$$

Übungen

1. Stellen Sie die Leistungsausgaben der gesetzlichen Krankenversicherung für die folgenden Jahre als Säulendiagramm dar.

Jahr	Leistungsausgaben in Mrd. €
1980	44
1985	56
1990	69
1995[1]	117
2000	126
2005	155
2010	175

Es gilt: Breite der Säulen = 1,5 cm; Zwischenräume 1 = cm; 20 Mrd. € ≙ 1 cm.

2. **Beschäftigungsstatistik**

Sozialversicherungspflichtig Beschäftigte am Arbeitsort nach Ländern, Auszubildenden, Deutschen und Ausländern am 30. September 2012 – Insgesamt

Regionale Gliederung	Insgesamt[1]	Und zwar		
		Auszubildende	Deutsche	Ausländer
Baden-Württemberg	4 133 027	242 012	3 648 565	482 393
Bayern	4 913 806	284 047	4 444 246	466 607
Berlin	1 213 929	49 853	1 112 872	100 159
Brandenburg	781 039	32 780	761 652	19 161
Bremen	301 537	16 528	279 960	21 456
Hamburg	869 854	39 799	791 179	78 221
Hessen	2 310 887	120 030	2 055 129	254 571
Mecklenburg-Vorpommern	538 218	25 169	530 127	7 897
Niedersachsen	2 651 899	176 392	2 510 209	140 444
Nordrhein-Westfalen	6 156 025	370 026	5 633 732	519 597
Rheinland-Pfalz	1 290 810	84 772	1 196 886	93 438
Saarland	369 028	22 784	335 877	33 016
Sachsen	1 474 266	62 717	1 450 384	23 573
Sachsen-Anhalt	766 541	34 777	755 043	11 246
Schleswig-Holstein	874 144	59 286	836 236	37 590
Thüringen	768 595	32 912	756 145	12 262
Deutschland	29 413 605	1 653 884	27 098 242	2 301 631

Quelle: Statistisches Bundesamt, Statistik der Bundesagentur für Arbeit. Vorläufiges Ergebnis.

Stellen Sie die sozialversicherungspflichtig Beschäftigten als Stabdiagramm für die 8 Bundesländer mit der höchsten Anzahl an sozialversicherungspflichtig Beschäftigten dar. Es gilt: 1 Mio. ≙ 2 cm, Breite der Stäbe = 1 cm, Zwischenräume = 0,5 cm.

1 Ab 1995 alte und neue Bundesländer
2 Einschließlich der Personen „Ohne Angabe".

3.

Vermittlung von Ausbildungsstellen

Jahr	neu abgeschlossene Ausbildungsverträge	unbesetzte Ausbildungsstellen	noch nicht vermittelte Bewerber
01	6500	446	173
02	6056	379	221
03	6313	199	341
04	6767	196	474
05	7056	211	584
06	6970	220	589
07	6852	310	469
08	6823	445	340

Stellen Sie die Zahlen der von einer Arbeitsagentur in den Jahren 01–08 noch nicht vermittelten Bewerber um Ausbildungsstellen als Säulendiagramm dar. Wählen Sie als Basis und Zwischenraum jeweils 1 cm; 100 Bewerber ≙ 2 cm.

4. „Wer aus 10000,00 € in 10 Jahren nicht mindestens 12.417 € gemacht hat, der hat als Geldanleger versagt. Denn dieser Betrag war erforderlich, um den Schwund des Geldwertes durch steigende Preise auszugleichen."

Aus je 10000,00 € wurden bei Anlage in:

Aktien* .... 34252,00 €
Festverzinslichen Wertpapieren* .... 21589,00 €
Immobilien** .... 14600,00 €
Sparguthaben mit 12 Mon. Kündigungsfrist* .... 14233,00 €
Sparguthaben mit gesetzlicher Kündigungsfrist* .... 12916,00 €
Gold .... 5270,00 €

* Zinsen und Dividenden wieder angelegt
** Grundstücke und Eigenheime in Großstädten

a) Interpretieren Sie den wesentlichen Inhalt der Tabelle in zwei Sätzen.
b) Stellen Sie die Tabelle als Stabdiagramm dar. Es gilt: Basis = 2 cm, Zwischenraum = 0,5 cm, 10000,00 € ≙ 5 cm.
c) Zeichnen Sie zusätzlich zwei waagerechte Linien ein, die die Höhe des Kapitaleinsatzes und des Inflationsausgleichs anzeigen.

5. Von jeweils 100 Haushalten waren in einem Jahr privat versichert:

Versicherung	Anzahl
Hausratversicherung	77
Private Haftpflichtversicherung	60
Lebensversicherung	56
Rechtsschutzversicherung	48
Unfallversicherung	41
Vollkaskoversicherung	30
Private Krankenzusatzversicherung	18
Private Krankenversicherung	14

a) Interpretieren Sie den wesentlichen Inhalt der Tabelle in zwei Sätzen.
b) Stellen Sie die Tabelle als Stabdiagramm dar. Basis = 1 cm, Zwischenraum = 0,5 cm, 100 Haushalte ≙ 15 cm.

6. Das verfügbare Einkommen durchschnittlich verdienender Arbeiterfamilien mit zwei Kindern (Bruttoverdienst abzüglich Steuern und Sozialabgaben, zuzüglich Kindergeld) betrug in einem Jahr in % vom Bruttoverdienst in Dänemark: 67,5; Deutschland: 78,2; USA: 81,2; Frankreich: 87,5; Japan: 90,3; Luxemburg: 98,2.
   Stellen Sie die Angaben als Stabdiagramm dar. Es gilt: Basis = 1,5 cm, Zwischenraum: 0,5 cm, 100 % ≙ 12 cm.
7. Ein Gemeindeunfallversicherungsverband meldet in der Schülerunfallversicherung folgende Unfallzahlen, gegliedert nach der Schulart:

1. Kindergärten	1 452
2. Grundschulen und Schulkindergärten	26 391
3. Hauptschulen	35 203
4. Sonderschulen	4 878
5. Realschulen	17 962
6. Gymnasien	23 358
7. Gesamtschulen	10 182
8. Berufliche Schulen	7 044
Summe	125 470

   Erstellen Sie ein horizontales Balkendiagramm. Dabei gilt: Basis = 1 cm, 10 000 Unfälle ≙ 4 cm, Zwischenraum 0,5 cm.

6.1.4 Blockdiagramm

Werden die Säulen eines Säulendiagramms ohne Zwischenräume nebeneinandergestellt, spricht man von einem Blockdiagramm. Auch hier kann die Darstellung in senkrechter oder waagerechter Form erfolgen.

Beispiel

Der Bestand an anhängigen Streitverfahren vor den Sozialgerichten, Landessozialgerichten und dem Bundessozialgericht betrug jeweils am Ende des Jahres 2000: 320 832, 2005: 363 654, 2010: 496 994, 2011: 497 697. Es gilt: Basis = 8 mm, 100 000 Verfahren ≙ 1,5 cm.

Lösung

a) **Blockdiagramm**

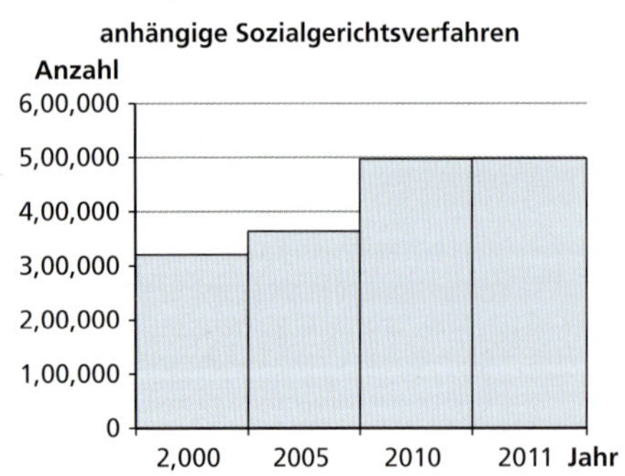

b) **geblocktes Balkendiagramm**

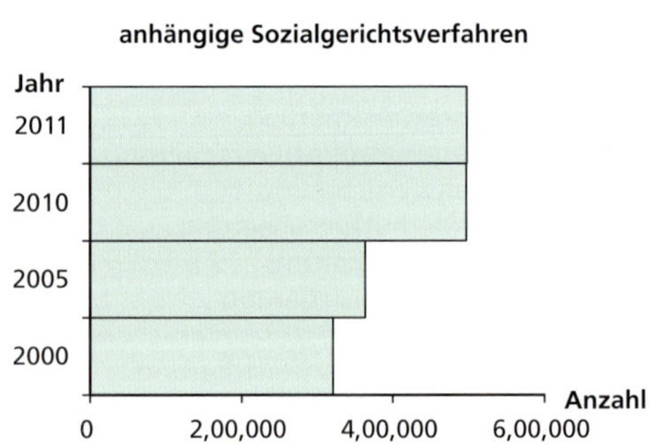

Jahr 01:
100 000 Verf. ≙ 1,5 cm
320 832 Verf. ≙ x cm

$$x = \frac{1{,}5 \cdot 320\,832}{100\,000} = \mathbf{4{,}8\ cm}$$

Übungen

1. Die Zahl der erwerbstätigen Personen nach Wirtschaftsbereichen – Jahresdurchschnittswerte in Tausend:

Wirtschaftsbereiche	Jahr 00	Jahr 05	Jahr 10
Erwerbstätige insgesamt	28479	36428	35999
Land- und Forstwirtschaft	995	1094	972
Produzierendes Gewebe	11309	8889	8414
Handel, Gastgewerbe usw.	5314	8860	8756
Übrige Wirtschaftsbereiche	10851	17585	17857

a) Werten Sie die Statistik für die Jahre 00 und 10 in Form zweier Blockdiagramme aus. Es gilt: 1 Mio. Erwerbstätige ≙ 1 cm, Basis = 2 cm.
b) Charakterisieren Sie den wesentlichen Inhalt der Tabelle durch drei Aussagen.

2. Entwicklung des Rentenbestandes in einem Jahr:

Unfallart	Allgem. UV	Schüler-UV	zusammen
Rentenbestand am 1. Jan. 20..	3420	1012	4432
Zugang in 20..	348	572	920
Abgang in 20..	337	535	872
Rentenbestand am 31. Dez. 20..	3431	1049	4480
Veränderung in 20..	+11	+37	+48

Setzen Sie die Entwicklung des Rentenbestandes der Allgemeinen Unfallversicherung in ein Blockdiagramm um.
Es gilt: 100 Unfälle ≙ 1 cm (der Nullpunkt soll bei 3000 Unfällen angesetzt werden), Basis = 3 cm.

3.

Jahr	beitragspflichtige Einnahmen je Mitglied (ohne Rentner)
01	23482,31 €
02	24705,04 €
03	25772,48 €
04	26695,57 €
05	27814,02 €
06	28537,33 €
07	29392,06 €
Veränderung in %	
01/02	+5,2
02/03	+4,3
03/04	+3,6
04/05	+3,0
05/06	+2,6
06/07	+3,0

Stellen Sie die Veränderung (in %) der Jahre 01/02 bis 06/07 als Blockdiagramm dar.
Es gilt: 1 % ≙ 1 cm, Breite einer Säule = 1,5 cm.

4. Die Leistungsausgaben der GKV (in Mrd. €) sollen für zwei Jahre gegenübergestellt werden.

Leistungen / Mrd. €	Jahr 00	Jahr 01
Krankenhausbehandlung	46,0	59,95
ärztliche Behandlung	22,4	27,63
Arzneimittel	23,4	28,98
zahnärztliche Behandlung, Zahnersatz	11,5	11,65
übrige Leistungen	8,5	14,4
Heil- und Hilfsmittel	8,8	14,76
Krankengeld	7,6	8,53

Stellen Sie den Sachverhalt in Form von Blockdiagrammen dar. Fassen Sie dabei die Werte für Jahr 01 und Jahr 02 je Ausgabenart zu einem Block zusammen. Die Basis der Säulen beträgt 0,7 cm, die Zwischenräume zwischen den Blöcken sollen 1 cm betragen. Es gilt: 10 Mrd. € ≙ 5 cm.

5. Ausgaben der gesetzlichen Krankenversicherung je Person in einem Jahr in €:

	Mitglieder und mitversicherte Familienangehörige insgesamt	davon:	
		Erwerbs-tätige und Angehörige	Rentner und Angehörige
Alle Leistungen	**2064**	**1590**	**3695**
darunter:			
Krankenhauspflege	679	431	1532
ärztliche Behandlung	369	305	592
Arzneimittel aus Apotheken	319	183	789
Zahnersatz	125	120	141
zahnärztliche Behandlung	129	149	61
Heil- und Hilfsmittel	129	93	253

a) Stellen Sie den Pro-Kopf-Aufwand der Mitglieder und mitversicherten Familienangehörigen (ohne: „Alle Leistungen") als Blockdiagramm dar. Es gilt: 100,00 € ≙ 1 cm, Basis = 2,5 cm.

b) Stellen Sie den Pro-Kopf-Aufwand für Erwerbstätige und Rentner als Säulendiagramm dar (Basis = 1 cm) und bilden Sie für jede Leistungsart einen Block, 100,00 € ≙ 1 cm.

6. Durchschnittliche monatliche Rentenzahlbeträge in € der laufenden Renten in einem Jahr:

	Rentenart	€-Betrag (gerundet)
Männer	Renten wegen verminderter Erwerbsfähigkeit	744,00
	Altersrente	985,00
Frauen	Renten wegen verminderter Erwerbsfähigkeit	663,00
	Altersrente	490,00
Hinterbliebene	Witwer- bzw. Witwenrenten	534,00
	Waisenrenten	159,00
	Erziehungsrenten	722,00

Vgl. DRV-Schriften, Band 22, Rentenversicherung in Zeitreihen, herausgegeben vom Verband deutscher Rentenversicherungsträger

Stellen Sie die Rentenzahlbeträge der Männer denen der Frauen gegenüber. Blocken Sie dabei die Stäbe für jede Rentenart. Es gilt: Basis der Säulen = 1 cm, Zwischenräume = 0,5 cm, 500,00 € ≙ 5 cm.

7. Eine Ersatzkasse gliedert ihren Mitgliederbestand wie folgt:

Mitgliederbestand			
Jahr	**insgesamt**	**davon männlich in %**	**davon weiblich in %**
01	4556.292	38,91	61,09
02	4584.703	38,42	61,58
03	4650.809	37,92	62,08
04	4686.350	37,35	62,65

Stellen Sie die Situation im Jahr 04 als geblocktes Diagramm von drei Säulen dar. Es gilt: Basis = 4 cm, 1 Mio. Mitglieder ≙ 3,5 cm.

8. Entwicklung der verfügbaren monatlichen Nettostandardrente, berechnet mit 45 Versicherungsjahren in € (gerundet) in Ost und West.

Jahr	1	2	3	4
West in €	1022,00	1039,00	1042,00	1057,00
Ost in €	841,00	885,00	892,00	916,00

a) Setzen Sie die Tabelle in vier Blockdiagramme um. Es gilt: Basis = 1 cm, 500,00 € ≙ 10 cm, Zwischenraum = 1,5 cm.
b) Charakterisieren Sie den wesentlichen Inhalt der Tabelle durch zwei Aussagen.

9. Die Zahl der Pflegefälle in der Bundesrepublik Deutschland wächst ständig.
   a) So viel Prozent der Altersgruppe sind pflegebedürftig:
      jünger als 60 Jahre .... 15 %
      60 bis 80 Jahre .... 33 %
      älter als 80 Jahre .... 52 %
   b) Von den Pflegebedürftigen werden versorgt:
      zu Hause oder in der Familie 1 428 000
      in Pflegeheimen 612 000

   Setzen Sie die Angaben in zwei Blockdiagramme um. Es gilt: Basis = 3 cm, Zwischenraum = 1 cm, 10 % ≙ 2,5 cm, 1,4 Mio. Pflegebedürftige ≙ 10 cm.

10. Aus einer Statistik der Bundesärztekammer geht hervor, dass u.a. folgende Arztberufe ausgeübt wurden:

Fachgebiete	**Anzahl**
Allgemeinmedizin	42 897
Innere Medizin	42 703
Chirurgie	19 549
Anästhesiologie	18 868
Frauenheilkunde	16 369
Kinderheilkunde	12 216
Orthopädie	10 837
Psychiatrie	8 297
Radiologie	6 806
Augenheilkunde	6 756

   Setzen Sie die Werte der Tabelle in ein horizontal geblocktes Balkendiagramm um. Dabei gilt: Basis = 1 cm, 5 000 ≙ 2 cm.

11. Der Arbeitsmarkt in Deutschland ist im Wandel begriffen.

	Erwerbstätige in 1 000		**Veränderung 2010**
	1991	**2010**	**gegenüber 1991 in %**
Industrie	10 988	9 168	−17
Staatliche Organisationen	7 274	8 125	+12
Dienstleistungen	6 288	8 656	+38
Handel	4 697	4 249	−10
Bau	2 541	2 513	−1
Verkehr, Post	2 128	1 939	−9
Landwirtschaft	1 393	762	−45
Energieversorgung	372	300	−19
Bergbau	301	115	−62

   Stellen Sie die Veränderungen als Blockdiagramm dar. Tragen Sie dabei die positiven Werte über der X-Achse, die negativen unter der X-Achse ab. Es gilt: Basis = 1,5 cm, 100 % ≙ 18 cm.

12. Die wesentlichen Gründe (Anteile in %) für die Gewährung von Renten wegen verminderter Erwerbsfähigkeit waren in einem Jahr:

Gründe / in %	Männer	Frauen
Skelett- und Muskelerkrankungen	27	23
Herz- und Kreislauferkrankungen	16	8
Neubildungen	12	14
psychische Erkrankungen	22	34
sonstige Erkrankungen	18	17
Stoffwechselerkrankungen	5	4

Stellen Sie die prozentualen Anteile der Männer und Frauen je Grund der Gewährung als geblocktes Balkendiagramm dar. Es gilt: 10 % ≙ 5 cm, Basis = 0,5 cm, Zwischenraum = 0,5 cm.

6.2 Flächendiagramme

Flächendiagramme können in Rechteck-, Quadrat-, Kreis- und Halbkreisdiagramme unterteilt werden. Ihnen ist gemeinsam, dass der Wert der Merkmalsausprägung durch den **Flächeninhalt** repräsentiert wird. Im Unterschied dazu wurde z. B. bei einem Säulendiagramm der Wert der Merkmalsausprägung durch die **Höhe** der Säule ausgedrückt.

6.2.1 Rechteckdiagramm

Die Rechtecke können unterschiedliche oder gleiche Breiten haben. Variieren die Breiten, so hat nur die Rechteckfläche Aussagekraft. Der hier bestehenden Gefahr der optischen Täuschung kann dadurch begegnet werden, dass man die tatsächlichen Häufigkeiten in die Flächen einträgt. Sind die Breiten gleich, so kann direkt aus der Höhe der Rechtecke auf den Wert der Merkmalsausprägung geschlossen werden.

Beispiel

In einem Jahr betrugen die Krankheitskosten je Mitglied (ohne Rentner) 1 511,00 €, die der Rentner 3 432,00 €. Darin sind jeweils die Kosten der Familienangehörigen eingeschlossen.
Setzen Sie diese Angaben in Flächendiagramme um: 1 000,00 € ≙ 20 cm^2.

Lösung

Rechteckdiagramm, Breite des Rechtecks 7 cm

Rentner

1 000,00 € – 20 cm^2
3 432,00 € – x cm^2

$$x = \frac{20 \cdot 3.432}{1000} = 68{,}64\ cm^2$$

Höhe des Rechtecks:

$$\frac{68{,}64}{7} = \mathbf{9{,}8\ cm}$$

Mitglied (ohne Rentner)

1 000,00 € – 20 cm^2
1 511,00 € – x cm^2

$$x = \frac{20 \cdot 1.511}{1000} = 30{,}22\ cm^2$$

Höhe des Rechtecks:

$$\frac{30{,}22}{7} = \mathbf{4{,}3\ cm}$$

Krankheitskosten

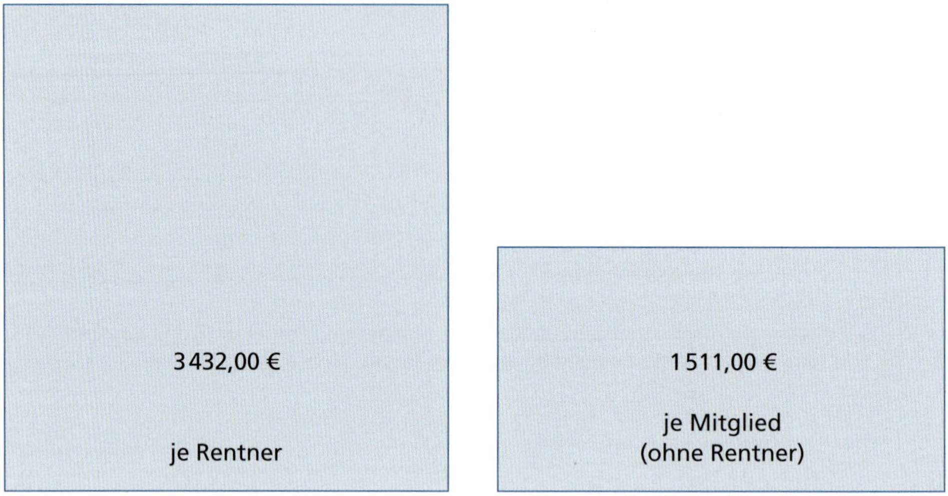

6.2.2 Quadratdiagramm

Eine Sonderform des Rechteckdiagramms ist das Quadratdiagramm. Hier haben Länge und Breite das gleiche Maß.

Die Krankheitskosten werden zunächst mithilfe des Dreisatzes in cm^2 umgerechnet. Die Seitenlänge der Quadrate ergibt sich als Wurzel der Flächenmaße.

Beispiel

Betrachten Sie noch einmal das Beispiel aus Kapitel 6.2.1. Setzen Sie die Angaben in Quadratdiagramme um: 1 000,00 € $\triangleq$ 20 cm^2.

Lösung

Rentner

1 000,00 € – 20 cm^2

3 432,00 € – x cm^2

$$x = \frac{20 \cdot 3.432}{1\,000} = 68{,}64\ cm^2$$

Mitglied (ohne Rentner)

1 000,00 € – 20 cm^2

1 511,00 € – x cm^2

$$x = \frac{20 \cdot 1.511}{1\,000} = 30{,}22\ cm^2$$

Darstellung in Form von Quadraten

$F = a^2 = 68{,}64\ cm^2$

$a = \sqrt{68{,}64} =$ **8,3 cm**

$F = a^2 = 30{,}22\ cm^2$

$a = \sqrt{30{,}22} =$ **5,5 cm**

Krankheitskosten

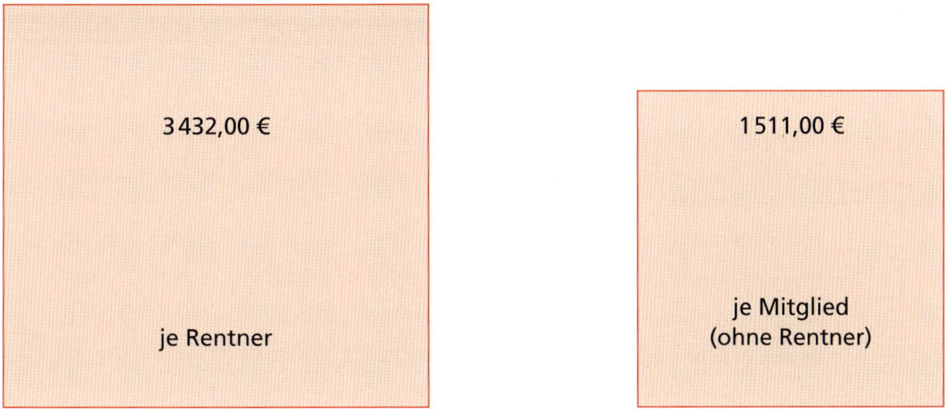

Übungen

1. Die Ausgaben der Krankenversicherung sind innerhalb von 30 Jahren von 8,9 Mrd. € auf 139,7 Mrd. € gestiegen.
   Zeichnen Sie zwei rechteckige Flächendiagramme (Breite jeweils 6 cm, 100 Mrd. € ≙ 60 cm²).
2. 1960 betrug der Durchschnittsverdienst je Arbeitnehmer 270,00 € monatlich und 40 Jahre später 2 606,00 € monatlich.
   Zeichnen Sie zwei rechteckige Flächendiagramme (Breite jeweils 6 cm, 1 000,00 € ≙ 24 cm²).
3. Die Arzneimittelausgaben je Einwohner betrugen in einem Jahr in der Bundesrepublik Deutschland 374,00 € und in Großbritannien 168,00 €.
   Stellen Sie diese Angaben in Form von Quadraten dar, wobei 100,00 € ≙ 15 cm².
4. Die Kassenarten der GKV hatten in einem Jahr folgende Mitgliedszahlen:

Ortskrankenkassen	19,0 Mio.
Ersatzkassen	17,6 Mio.
Betriebskrankenkassen	9,4 Mio.
Innungskrankenkassen	3,1 Mio.
Sonstige	2,6 Mio.

   Stellen Sie diesen Sachverhalt durch fünf Quadrate dar. Es gilt: 20 Mio. Mitglieder ≙ 100 cm².

5.

Leistungsbringer	Jahr 01	Jahr 02	Jahr 03	Jahr 04
in freier Praxis niedergelassene **Kassenärzte**	46302	49928	56138	63694
davon: Fachärzte	*20763*	*25171*	*31158*	*36289*
davon: Allgemein-/Praktische Ärzte	*25539*	*24757*	*24980*	*27405*
in freier Praxis niedergelassene **Kassenzahnärzte**	26528	26898	27382	30084
Apotheken	11256	13879	16244	17187
Krankenhäuser	3587	3481	3234	3106
Personal in Krankenhäusern	491656	630153	688740	726633
Betten in Krankenhäusern	683254	729791	707710	678708

Entwickeln Sie aus der Tabelle Rechteckdiagramme:

a) Stellen Sie den im Jahr 04 in freier Praxis niedergelassenen Kassenärzten die entsprechenden Kassenzahnärzte gegenüber. Es gilt: Basis = 6 cm, 10000 Pers. ≙ 10 cm².
b) Stellen Sie den Personalbestand in Krankenhäusern für Jahr 01 und Jahr 04 gegenüber. Es gilt: Basis = 7 cm, 100000 Pers. ≙ 10 cm².
c) Stellen Sie die Anzahl der Apotheken im Jahr 01 der im Jahr 04 gegenüber. Wählen Sie als Basis 4 cm, 10000 Apotheken ≙ 20 cm².

6. Die Anzahl der tödlichen Arbeitsunfälle (ohne Wegeunfälle) bei den gewerblichen Berufsgenossenschaften betrug 1960: 3.021; 1980: 1.807; 2000: 825.
Stellen Sie die tödlichen Arbeitsunfälle für die angegebenen Jahre als rechteckiges Flächendiagramm dar. Es gilt: 1000 Unfälle ≙ 16 cm², Breite = 5 cm, Zwischenraum = 1,5 cm.

7. Ein Unfallversicherungsträger meldete für ein Jahr Verwaltungskosten in Höhe von 12365284,86 €. Ihr Anteil am Gesamthaushalt betrug 10,73 %.
Sie wurden wie folgt aufgegliedert:
Persönlicher Verwaltungsaufwand (einschl. soziale Aufwendungen) .... 9843067,23 €
Sächlicher Verwaltungsaufwand .... 2039726,38 €
Aufwendungen für die Selbstverwaltung .... 80402,15 €
Vergütung an andere für Verwaltungsarbeit .... 402089,10 €
Stellen Sie diesen Sachverhalt durch ineinander geschachtelte quadratische Flächendiagramme dar. Dabei gilt: 10 Mio. € ≙ 200 cm².

8. In einem Jahr gab es 70731000 Versicherte in der gesetzlichen Krankenversicherung, die sich auf die folgenden Kassenarten verteilten:

Kasse	Anzahl
AOK	25861000
EK	24618000
BKK	13394000
IKK	4420000
Sonstige	2438000

Stellen Sie den Sachverhalt durch ineinander geschachtelte quadratische Flächendiagramme dar. Es gilt: 10 Mio. Versicherte ≙ 100 cm².

6.2.3 Kreisdiagramm

Beim Kreisdiagramm ist entweder die Kreisfläche insgesamt oder die Fläche der Kreissektoren das Maß für die Häufigkeit. Da unterschiedlich große Flächen manchmal schwer miteinander zu vergleichen sind, werden die tatsächlichen Häufigkeiten in die Kreise eingetragen.

Beispiel

Stellen Sie die durchschnittlichen Pflegesätze in betreuten Wohneinrichtungen als Kreisdiagramme dar. Die Pflegesätze betrugen in einem Jahr 120,76 € und im Vorjahr 91,60 €. Es gilt: 200,00 € $\triangleq$ 50 cm^2.

Lösung

Vorjahr:

200,00 € $\triangleq$ 50 cm^2

91,60 € $\triangleq$ F_1 cm^2

$$F_1 = \frac{50 \cdot 91,50}{200}$$

$F_1 = 22,88\ cm^2$

Da $F = \pi \cdot r^2$ ist, ergibt sich:

$$r_1 = \sqrt{\frac{22,88}{3,1415}}$$

r_1 = **2,7 cm**

aktuelles Jahr:

200,00 € $\triangleq$ 50 cm^2

120,76 € $\triangleq$ F_2 cm^2

$$F_2 = \frac{50 \cdot 120,76}{200}$$

$F_2 = 30,19\ cm^2$

$$r = \sqrt{\frac{F}{3,1415}}$$

$$r_2 = \sqrt{\frac{30,19}{3,1415}}$$

r_2 = **3,1 cm**

Übungen

1. In einem Jahr wurden bei einer Landesunfallkasse 1 536 Arbeitsunfälle und 766 Wegeunfälle gezählt. Stellen Sie die Werte für die beiden Unfallarten als Kreise dar (300 Unfälle ≙ 10 cm²).

2. **Arbeitslose in Deutschland (Jahresdurchschnitt)**

Jahr	insgesamt	Männer	Frauen
01	3 852 000	2 064 000	1 788 000
03	4 257 000	2 367 000	1 890 000
Veränderung	405 000	303 000	102 000

Stellen Sie den Stand der arbeitslosen Frauen im Jahr 01, die Veränderung im Zeitraum 2001–2003 und den Stand im Jahr 2003 in Form von drei Kreisdiagrammen dar. Es gilt: 1 Mio. arbeitslose Frauen ≙ 40 cm².

3. In einem Jahr waren gegen Krankheit versichert:
GKV .... 71,3 Mio. Versicherte
PKV .... 7,9 Mio. Versicherte
sonstiger Versicherungsschutz (z. B. Sozialhilfe) .... 1,8 Mio. Versicherte
nicht versichert .... 400 000 Personen
Stellen Sie obige Zahlen in Form von Kreisen dar (1 Mio. Personen ≙ 2 cm²).

4.

Rentenarten	Anzahl
Versichertenrenten	7 129 000
Witwen- und Witwerrenten	1 848 000
Waisenrenten	151 000
insgesamt	**9 128 000**

Stellen Sie die Bestände der Rentenarten durch drei Kreisdiagramme dar. 1 Mio. Renten ≙ 40 cm².

5. Die Gesamtzahl der bei einer Krankenkasse am 1. Januar eines Jahres versicherten Personen betrug 6 543 684. Davon waren 1 788 180 Familienangehörige. Zeichnen Sie zwei Kreisdiagramme, wobei 1 Mio. Versicherte 15 cm² entsprechen. Berechnen Sie die Radien auf einen Millimeter genau.

6.

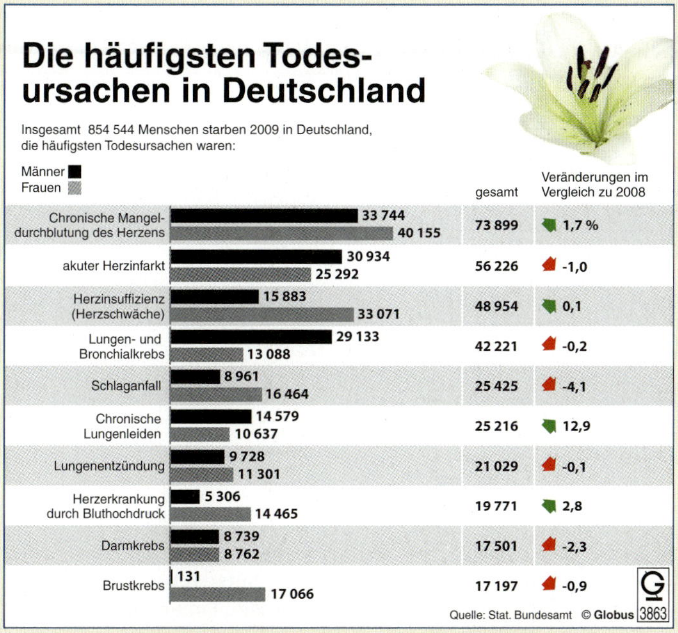

a) Stellen Sie die Anzahl der gestorbenen Männer und Frauen in Form von zwei Kreisdiagrammen dar. Es gilt: 700 000 Sterbefälle ≙ 100 cm².
b) Errechnen Sie die Radien für die Todesursachen (Männer und Frauen zusammen). Fassen Sie die vier Arten der Herzerkrankungen, die drei Krebsarten und die beiden Lungenleiden zusammen (700 000 Sterbefälle = 100 cm²).
c) Nennen Sie die Art des Diagramms in der Grafik.

6.2.4 Histogramm

Ein Histogramm ähnelt einem Blockdiagramm. Jedoch verhalten sich die absoluten Häufigkeiten der Merkmale (oder Merkmalsklassen) zueinander wie die Flächen der Rechtecke. Histogramme sind **flächenproportionale Darstellungen**, die sich besonders für die Darstellung von klassifizierten Daten eignen.

Benachbarte Merkmalsausprägungen werden in einer **Klasse** zusammengefasst, wenn nicht alle Merkmalsausprägungen einzeln erfasst werden sollen, weil z. B. ihre Anzahl zu groß ist. Die Klassenbreite bestimmt die Breite der Rechtecke. Sie kann frei gewählt werden. Werden Rechtecke gleicher Breite dargestellt, entspricht die Häufigkeit der einzelnen Merkmalsklassen der Höhe der einzelnen Rechtecke. Ungleiche Klassenbreiten werden gerne gewählt, wenn die Häufigkeiten ungleich verteilt sind.

Beispiel

Der Altersaufbau der Wohnbevölkerung der Bundesrepublik Deutschland in einem Jahr ist als Histogramm darzustellen. Es gilt: 1 Mio. Einwohner ≙ 1 cm².

a) Gleiche Klassenbreiten. Die Breite der Rechtecke ist 1,5 cm.

Altersaufbau der Wohnbevölkerung		**Berechnung der Höhe der Rechtecke**		
Altersklassen	**Einwohner in Mio.**	**Fläche cm²** :	**Breite cm** =	**Höhe cm**
0 bis unter 15	12,98	12,98	1,5	8,7
15 bis unter 30	14,664	14,664	1,5	9,8
30 bis unter 45	20,182	20,182	1,5	13,5
45 bis unter 60	15,849	15,849	1,5	10,6
60 bis unter 75	12,686	12,686	1,5	8,5
75 bis unter 90	5,211	5,211	1,5	3,5
90 und älter	0,466	0,466	1,5	0,3
Summe	82,038	82,038		

Grafische Lösung

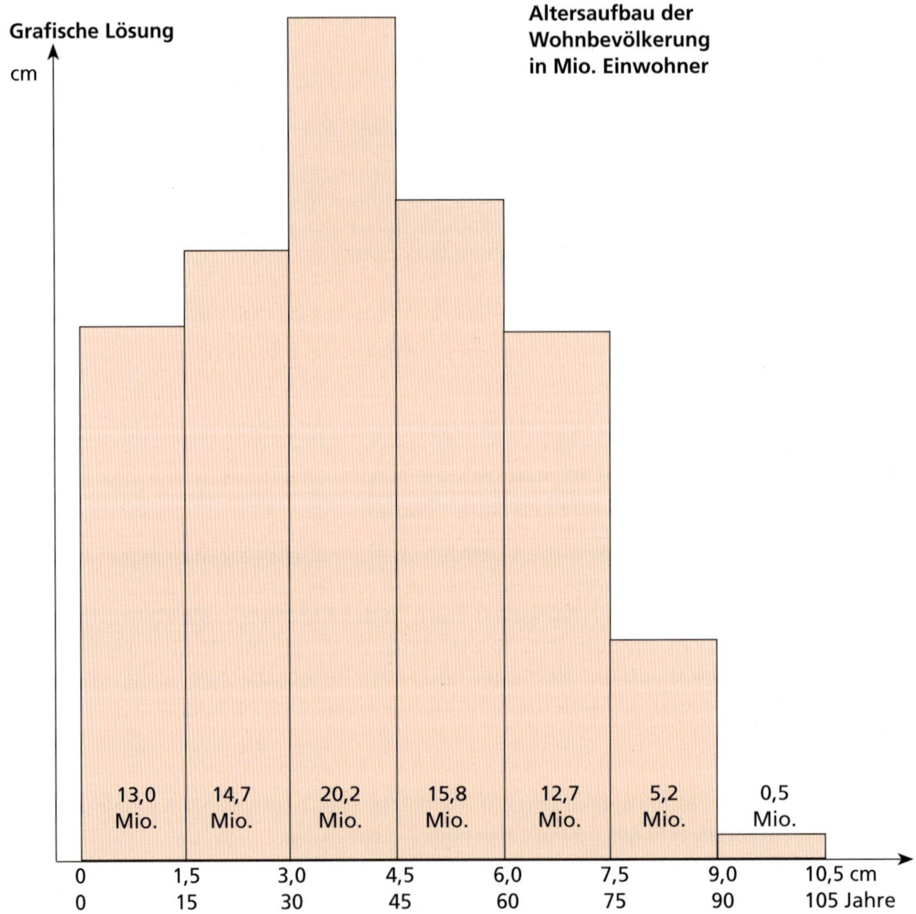

b) Die Breite der Rechtecke entspricht der unterschiedlichen Klassenbreite.
Es gilt: 10 Jahre ≙ 1 cm, 1 Mio. Einwohner ≙ 1 cm².

Altersaufbau		**Berechnung der Höhe der Rechtecke**		
Altersklassen	**Einwohner in Mio.**	**Fläche cm²** :	**Breite cm** =	**Höhe cm**
0 bis unter 6	4,757	4,757	0,6	7,9
6 bis unter 15	8,223	8,223	0,9	9,1
15 bis unter 45	34,846	34,846	3,0	11,6
45 bis unter 65	21,144	21,144	2,0	10,6
65 bis unter 105	13,067	13,067	4,0	3,3
Summe	82,037	82,037		

Grafische Lösung

Altersaufbau der Wohnbevölkerung in Mio. Einwohner

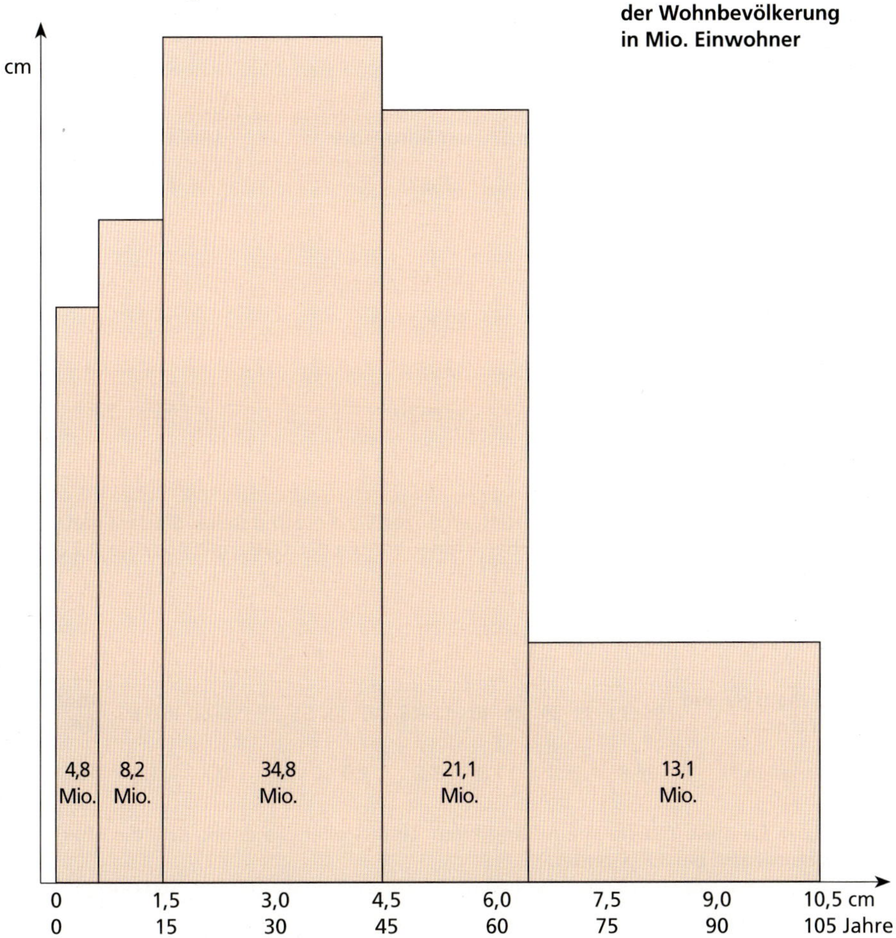

Übungen

1. In einer Berufsschulklasse haben 31 Schülerinnen und Schüler an einer Klassenarbeit teilgenommen, bei der zwischen 0 und 100 Punkten erzielt werden konnten. Folgende Ergebnisse wurden erzielt:

Punkte	Note	Anzahl
92–100	1	2
81–91	2	7
67–80	3	13
50–66	4	5
30–49	5	3
0–29	6	1

Stellen Sie das Ergebnis der Klassenarbeit als Histogramm mit unterschiedlichen Klassenbreiten dar. Dabei gilt: 100 Punkte ≙ 12 cm, 1 Schüler ≙ 2 cm^2.

2. **Mitgliedsbestand einer Krankenkasse**

Altersgruppe	Anzahl der Mitglieder	Anteil in %
15 bis unter 18	2567	?
18 bis unter 21	3879	?
21 bis unter 30	14569	?
30 bis unter 45	28962	?
45 bis unter 65	32881	?
65 bis unter 95	24897	?
insgesamt		100

Übernehmen Sie die Tabelle in Ihr Heft, ergänzen Sie diese und stellen Sie das Ergebnis als Histogramm mit unterschiedlichen Klassenbreiten dar. Dabei gilt: 10 Jahre ≙ 2 cm, 10.000 Mitglieder ≙ 10 cm^2.

3. **Anfangsgehälter für Akademiker**

Gehaltsklassen (T€ p.a.)	26–30	31–35	36–40	41–45	46–50	51–55	56–60	61–65	über 65
Anteil in %	36,8	26,4	11,0	3,2	1,9	1,3	0,7	1,9	16,8

Setzen Sie diese Tabelle in eine Grafik um. Unterstellen Sie dabei, dass die oberste Gehaltsklasse bei 80 T€ endet.
Histogramm mit einer Klassenbreite von 1,5 cm. Dabei gilt: 100 % ≙ 100 cm^2.

4. In einem Jahr wurden von je 100 niedergelassenen Zahnärzten je Praxisinhaber folgende Bruttoeinkünfte (vor Steuern) erzielt:

Jährliche Bruttoeinkünfte der Zahnärzte in Deutschland

Bruttoeinkünfte in €	Deutschland-West	Deutschland-Ost
mehr als 300 000 €	4	2
250 000–300 000 €	4	2
200 000–250 000 €	11	5
150 000–200 000 €	11	7
100 000–150 000 €	14	16
75 000–100 000 €	16	15
50 000–75 000 €	17	20
25 000–50 000 €	13	15
unter 25 000 €	10	18

Stellen Sie die Tabelle als Histogramm mit unterschiedlichen Klassenbreiten dar. Unterstellen Sie dabei, dass die oberste Einkunftsklasse bei 350 T€ endet. Es gilt: 50 T€ = 2,5 cm, 10 % = 10 cm².

6.3 Strukturdiagramme

Strukturdiagramme bieten sich an, wenn die Aufgliederung eines Gesamtwertes in seine Einzelwerte dargestellt werden soll. Ein **Strukturdiagramm** liegt vor, wenn eine rechteckige, quadratische oder kreisförmige Fläche in Abschnitte bzw. Sektoren unterteilt wird.

Neben einfachen Diagrammen (cm) können auch Flächendiagramme (cm²) strukturiert werden.

Bei kreisförmigen Strukturdiagrammen sollten die Gradzahlen auf ganze Zahlen gerundet werden.

Beispiel

1. Leistungsausgaben der gesetzlichen Krankenversicherung (Mrd. €):

Leistungen	Jahr 1	Jahr 2	Jahr 3	Jahr 4
Ärztliche Behandlung	19,1	21,5	22,4	27,63
Zahnärztliche Behandlung	6,7	7,7	8,1	8,47
Zahnersatz	7,6	3,6	3,5	3,18
Arznei-, Heil- und Hilfsmittel	16,6	29,5	32,2	43,74
Krankenhaus	35,1	44,5	46,1	59,95
Sonstige Ausgaben	22,9	19,1	30,5	22,93
Leistungsausgaben insgesamt	108,0	125,9	142,8	165,9

Aufgabe 1

Stellen Sie die Leistungsausgaben für das Jahr 3 als Strukturdiagramm dar:

a) rechteckig (Basis = 4 cm, 10 Mrd. € $\triangleq$ 1 cm),

b) kreisförmig (r = 3,5 cm).

Lösung

a)

b)

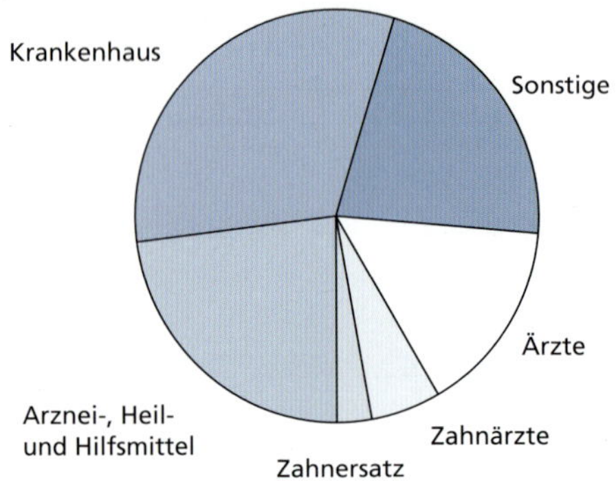

22,4 Mrd. € ≙	2,2 cm ≙	**55°**
8,1 Mrd. € ≙	0,8 cm ≙	**20°**
3,5 Mrd. € ≙	0,4 cm ≙	**10°**
32,2 Mrd. € ≙	3,2 cm ≙	**81°**
46,1 Mrd. € ≙	4,6 cm ≙	**116°**
30,5 Mrd. € ≙	3,1 cm ≙	**78°**
142,8 Mrd. € ≙	14,3 cm ≙	**360°**

Beispiel

Aufgabe 2

Stellen Sie die Leistungsausgaben für Jahr 01, Jahr 02 und Jahr 04 als Strukturdiagramme dar.

a) Verwenden Sie die Form eines Säulendiagrammes (strukturiert), wobei 100 Mrd. € ≙ 10 cm, Basis = 3,5 cm.

Lösung

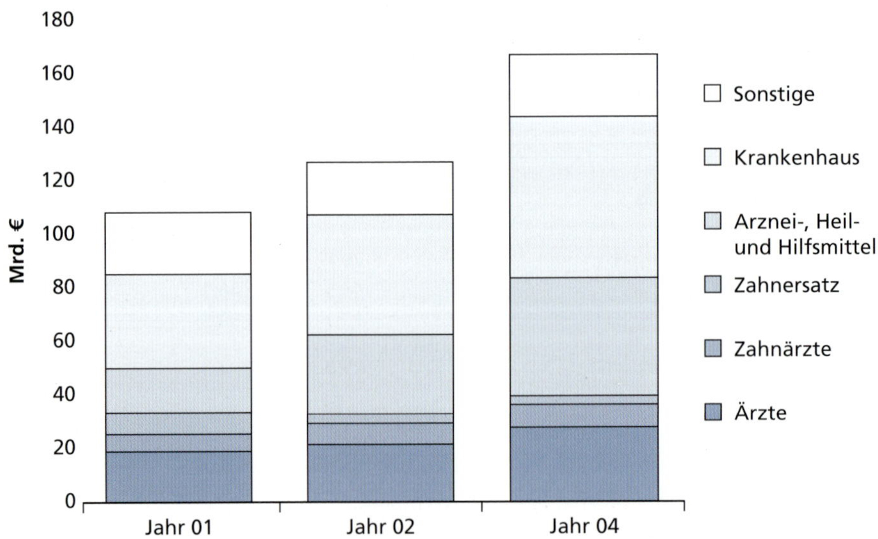

Beispiel

b) Verwenden Sie die Form eines rechteckigen Flächendiagrammes (strukturiert), 10 Mrd. € ≙ 3 cm². Die Höhe der drei Rechtecke soll jeweils 10 cm betragen (die jeweiligen Gesamtausgaben ≙ 100 %).

Lösung

Jahr 1: 108 Mrd. € ≙ 32,4 cm² ≅ 10 cm · 3,2

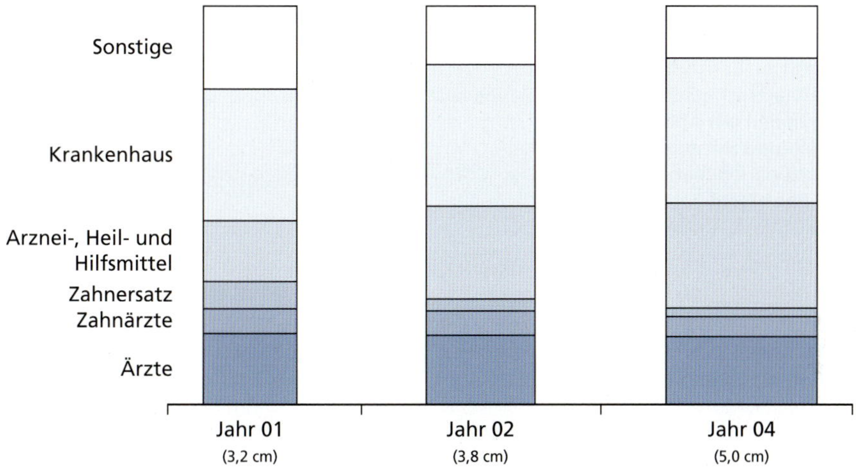

Beispiel

2. Eine Krankenkasse hatte in einem Jahr Aufwendungen in Höhe von 12,8 Mrd. €, davon 11,5 €. € für Versicherungsleistungen. Die Beiträge beliefen sich auf 12,3 Mrd. €. Stellen Sie diesen Sachverhalt in Form von zwei strukturierten Halbkreisdiagrammen dar, r = 2,5 cm.

Lösung

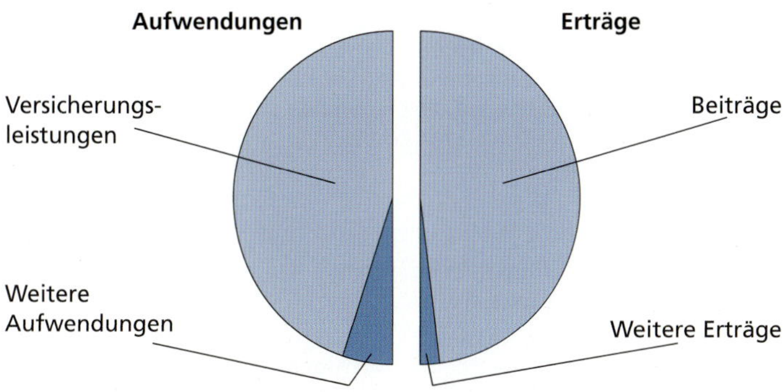

Berechnung der Halbkreisausschnitte:

12,8 Mrd. € ≙ 180°	12,8 Mrd. € ≙ 180°
11,5 Mrd. € ≙ x°	12,3 Mrd. € ≙ x°
$x = \frac{180 \cdot 11,5}{12,8}$	$x = \frac{180 \cdot 12,3}{12,8}$
$\mathbf{x = 161,7° \approx 162°}$	$\mathbf{x = 173,0°}$

Übungen

1. In einem Jahr gab es 12 Allgemeine Ortskrankenkassen, 121 Betriebskrankenkassen, 7 Innungskrankenkassen, 6 Ersatzkassen, 9 landwirtschaftliche Krankenkassen und eine Krankenkasse Knappschaft-Bahn-See.

   Stellen Sie die Kassenarten als
   a) strukturiertes Kreisdiagramm dar; r = 3 cm.
   b) strukturiertes Rechteckdiagramm dar; 100 Krankenkassen ≙ 5 cm, Basis: 5 cm.

2. Eine Ortskrankenkasse hatte in einem Jahr folgende Ausgabenstruktur:
   ärztliche Behandlung .... 15,6 %
   zahnärztliche Behandlung und Zahnersatz .... 10,1 %
   Arzneien aus Apotheken .... 15,0 %
   Heil- und Hilfsmittel .... 5,9 %
   stationäre Behandlung .... 34,0 %
   Krankengeld .... 6,4 %
   sonstige Ausgaben .... 13,0 %

   Stellen Sie den Sachverhalt als strukturiertes Kreisdiagramm dar, Durchmesser: 10 cm.

3. Sind wir auf dem Weg zur „Freizeitgesellschaft"? Von den 5860 „wachen Stunden" des Jahres (d. h. ohne die 2900 Stunden für Schlafen) waren bestimmt oder werden bestimmt sein für:

	1950	**1970**	**1990**	**2010**
Arbeit und Arbeitsweg	2700	2300	2000	1660
Grundbedürfnisse	1560	1600	1760	1900
Freizeit	?	?	?	?

   Setzen Sie die Tabelle in Strukturdiagramme (Rechtecke) um. Es gilt: 1.000 Stunden ≙ 2 cm, Breite der Rechtecke 2 cm, Zwischenraum jeweils 1 cm.

4. Ergebnisse (einer statistischen Erhebung in einer Region): 79 % der Bevölkerung sind im tertiären Bereich tätig. Vor 17 Jahren waren es erst 73,3 %. Der Anteil der von einer landwirtschaftlichen Tätigkeit Lebenden sank von 2,9 % auf 1,8 %, der im produzierenden Bereich Tätigen von 23,8 % auf 19,2 %. Stellen Sie diesen Sachverhalt als Strukturdiagramm (jeweils ein Rechteck für Erhebung 1 und Erhebung 2) dar. Dabei soll gelten: 10 % ≙ 1 cm, Basis = 4 cm.

5. In Deutschland lebten in einem Jahr 2,04 Mio. Pflegebedürftige.
   a) Stellen Sie die Tabelle als strukturiertes Kreisdiagramm dar: r ≙ 4 cm. Geben Sie auch die entsprechenden Prozentsätze an.

Pflegestufe	**Anzahl der Pflegebedürftigen**
1	979200
2	775200
3	285600

b) Stellen Sie die Tabelle als strukturiertes Rechteckdiagramm dar: 100 % ≙ 10 cm, Basis ist frei wählbar.

Alter der Pflegebedürftigen	Anteil in %
unter 15 Jahre	3
15 bis unter 60	12
60 bis unter 70	10
70 bis unter 80	23
80 bis unter 90	36
90 und älter	16

6. Stellen Sie folgende Tabelle der Durchschnittsbelastung (in %) der Arbeitnehmerverdienste mit Steuern (inkl. Kirchensteuer) und Sozialabgaben als strukturiertes Blockdiagramm dar.

	01	02	03	04	05
Durchschnittsbelastung	16,2	23,0	30,0	36,6	45,5
davon:					
Sozialabgaben	9,4	10,7	13,2	15,2	17,3
Steuern	6,8	12,3	16,8	21,4	28,2

Es gilt: 10 % ≙ 3 cm, Breite eines Blocks 2 cm.

7. Die Sonderuntersuchung einer Arbeitsagentur über die Struktur der Ende Mai 20.. erfassten Arbeitslosen ergab unter anderen folgende Daten:

Arbeitslose insgesamt		11 627
darunter:	Jugendliche unter 20 Jahren	1 042
	Schwerbehinderte	633
	59 Jahre alt und darüber	609
	Teilzeitarbeitslose	2 186
	Frauen	7 221

Zeichnen Sie ein kreisförmiges Strukturdiagramm mit einem Radius von 6 cm.

8. Die Tabelle informiert über den Rentenbestand am 01.01. eines Jahres in Deutschland.

Rentenart	Männer	Frauen	insgesamt
Renten wegen verminderter Erwerbsfähigkeit	890 998	741 433	1 632 431
Altersrente wegen Arbeitslosigkeit	2 131 907	181 902	2 313 809
Altersrente wegen Schwerbehinderung	948 420	336 915	1 285 335
Altersrente für langjährig Versicherte	1 092 243	177 159	1 269 402
Altersrente für Frauen		3 245 735	3 245 735
Regelaltersrente	3 317 040	5 660 518	8 977 558
Versichertenrenten insgesamt	**8 380 608**	**10 343 662**	**18 724 270**
kleine Witwer-/Witwenrenten	1 939	14 034	15 973
große Witwer-/Witwenrenten	484 862	4 977 724	5 462 586
Waisenrenten	212 912	192 635	405 547
Hinterbliebenenrenten insgesamt	**699 713**	**5 184 393**	**5 884 106**
Renten insgesamt	**9 080 321**	**15 528 055**	**24 608 376**

Stellen Sie in Form zweier rechteckiger Strukturdiagramme die Renten aus der Versicherung von Männern und Frauen gegenüber. Unterscheiden Sie dabei lediglich zwischen Versicherten- und Hinterbliebenenrenten.
Es gilt: 1 Mio. Renten ≙ 1 cm, Breite je Diagramm = 5 cm, Zwischenraum = 1 cm.

9. Stellen Sie die Erträge und Aufwendungen eines Rentenversicherungsträgers in Form von zwei
   a) kreisförmigen,
   b) halbkreisförmigen
   Strukturdiagrammen (Durchmesser 7 cm) gegenüber.

Erträge		Aufwendungen	
1. Beiträge	69,7 %	1. Renten	88,8 %
2. Bundeszuschuss	21,6 %	2. Krankenversicherung der Rentner	5,5 %
3. Liquiditätsausgleich	6,8 %	3. Rehabilitation	3,6 %
4. sonstige Erträge	1,6 %	4. Verwaltungskosten	1,7 %
5. Vermögenserträge	0,3 %	5. Sonstige Aufwendungen	0,4 %

10. Mitglieder in der gesetzlichen Krankenversicherung (Mio.):

Jahr	Insgesamt	Männer	Frauen
1990	37,230	19,671	17,558
2012	50,754	25,744	25,010

Stellen Sie die Mitgliederzahlen der gesetzlichen Krankenversicherung in den Jahren 1990 und 2012 als strukturiertes Rechteckdiagramm (geblockt) dar. Es gilt: 10 Mio. Mitglieder ≙ 3 cm. Die Basis ist frei wählbar.

11. Die Sozialleistungen betrugen in einem Jahr 657 Mrd. €. Sie wurden finanziert durch: Bund, Länder, Gemeinden: 261 Mrd. €, Unternehmen: 205 Mrd. €, private Haushalte: 186 Mrd. €, Sonstige: 5 Mrd. €. Stellen Sie dies durch ein strukturiertes Kreisdiagramm dar, wobei r = 5 cm ist.

12.

Deutsche Rentenversicherung

	Einnahmen	in Mio. €		Ausgaben	in Mio. €
1.	Beiträge	180 545	1.	Rentenausgaben	212 320
2.	Bundeszuschuss	61 370	2.	Leistungen zur Teilhabe	4 641
3.	Vermögenserträge	237	3.	Kindererziehungsleistungen	536
4.	Erstattungen	737	4.	Beitragserstattungen	117
5.	Sonstige Einnahmen	173	5.	Verwaltungskosten	3 689
			6.	KvdR	13 909
			7.	Sonstige Ausgaben	316
			8.	Überschuss Einnahmen	7 534
	Summe	**243 062**		**Summe**	**243 062**

Stellen Sie die Einnahmen und Ausgaben der Rentenversicherung in Form von zwei strukturierten kreisförmigen Flächendiagrammen dar. Dabei sind die Einnahmenpositionen 1 und 2 einzeln darzustellen, die übrigen als „Sonstige Einnahmen" zusammenzufassen. Bei den Ausgaben sind die Positionen 1, 2, 5, 6 und 8 einzeln darzustellen und der Rest als Position „Verwaltungsausgaben und sonstige Ausgaben" zusammenzufassen. Es gilt: 1 000 Mio. € ≙ 1 cm^2.

13. Die Leistungsausgaben der GKV (in Mrd. €) sollen für die Jahre 01 und 02 in Form von zwei Rechteckdiagrammen gegenübergestellt werden. Das Diagramm für das Jahr 02 ist zu strukturieren.

	Jahr 01	Jahr 02
Krankenhausbehandlung	39,2	59,95
ärztliche Behandlung	21,0	27,63
Arzneimittel	19,0	28,98
Krankengeld und übrige Leistungen	18,1	22,93
zahnärztliche Behandlung und Zahnersatz	13,7	11,65
Heil- und Hilfsmittel	7,9	14,76
zusammen	118,9	165,9

Es gilt: 100 Mrd. € ≙ 11 cm. Die Breite des Rechtecks beträgt 8 cm.

14. Versichertenbestand eines Rentenversicherungsträgers in einem Jahr:

	Männer	Frauen	insgesamt
Pflichtversicherte	7010837	10279958	17290793
freiwillig Versicherte	308.358	131480	439838
insgesamt	7319195	10411436	17730631

Stellen Sie die Situation von Männern und Frauen in Form von zwei strukturierten Flächendiagrammen (Kreisen) dar. 1 Mio. Versicherte ≙ 20 cm^2.

6.4 Räumliche Darstellungen und Bildstatistiken

Um statistische Darstellungen insbesondere für Nichtfachleute leichter verständlich zu machen, wird häufig die Form von Bildstatistiken und/oder räumlichen Darstellungen gewählt.

Statt einer rechteckigen oder kreisförmigen flächigen Darstellung kann auch ein Körper angedeutet werden. So wird z. B. aus dem Rechteck ein „Pfeiler" mit rechteckigem Grundriss oder eine „Säule" mit kreisförmigem Grundriss. Anstelle des Kreises kann die Darstellung in Form einer „Scheibe" erfolgen. Häufig werden die Körper noch in Einzelelemente unterteilt (strukturiert).

Auf den folgenden Seiten finden Sie einige Beispiele für Bildstatistiken und räumliche Darstellungen.

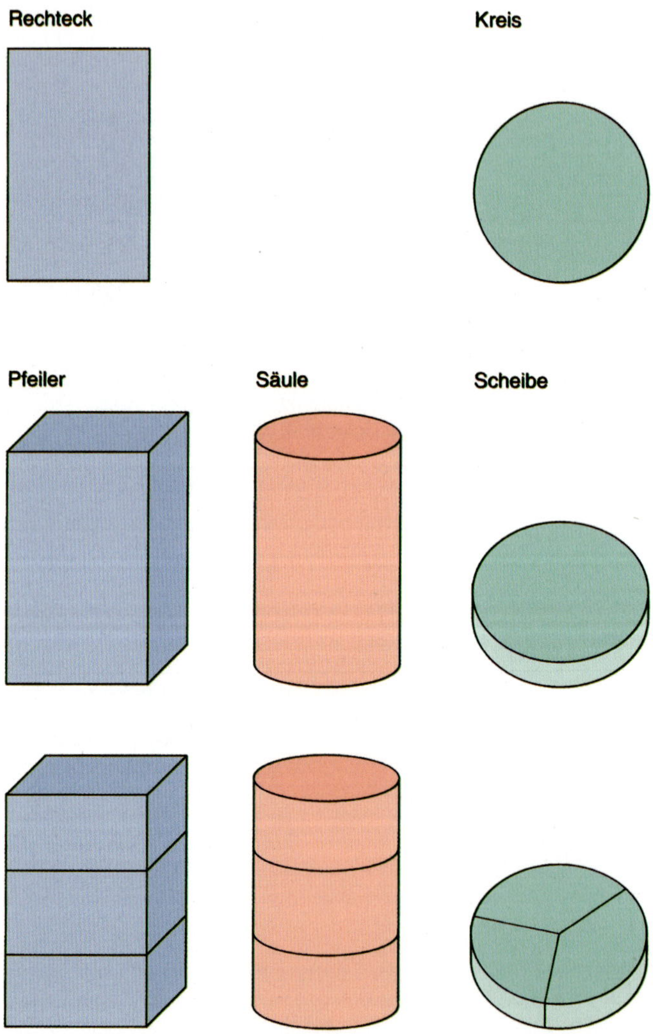

Übungen

Erläutern Sie die folgenden Grafiken:

1.

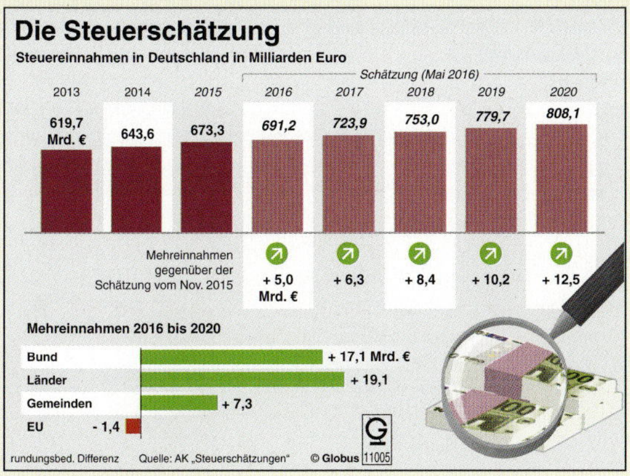

2.

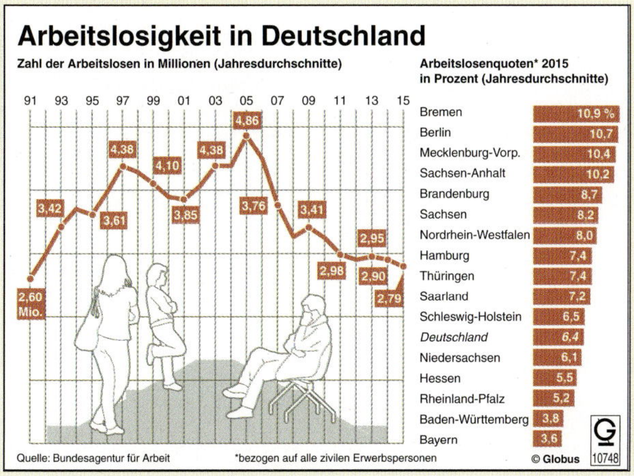

3.

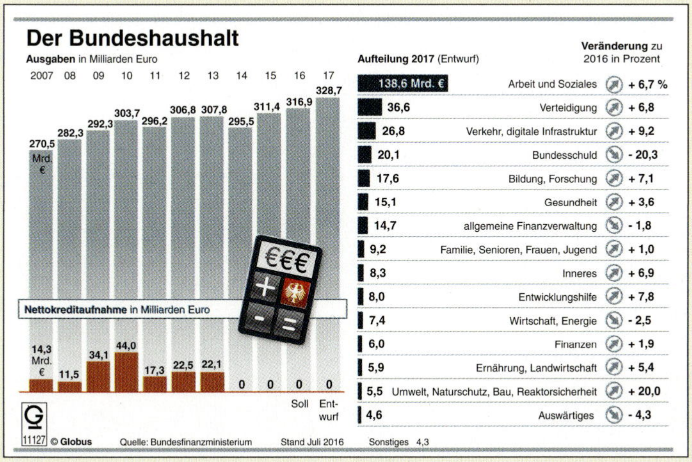

4.

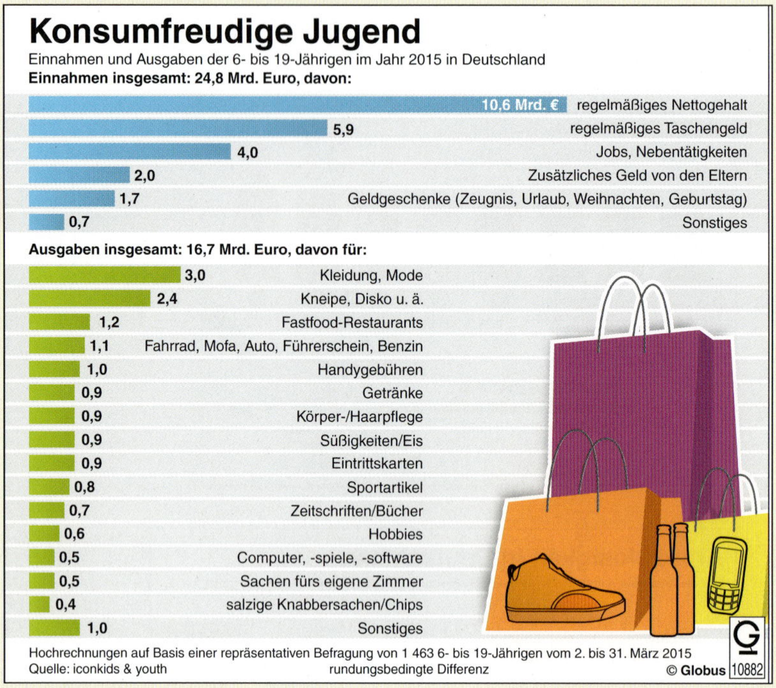

5. Ausgabenstruktur der AOK in einem Jahr:

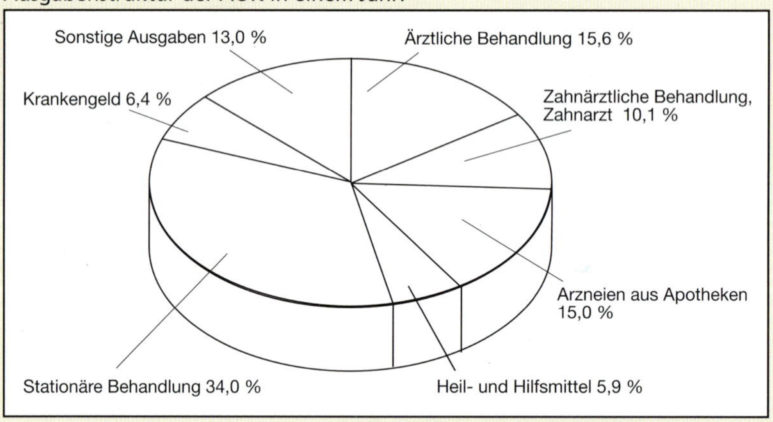

6.

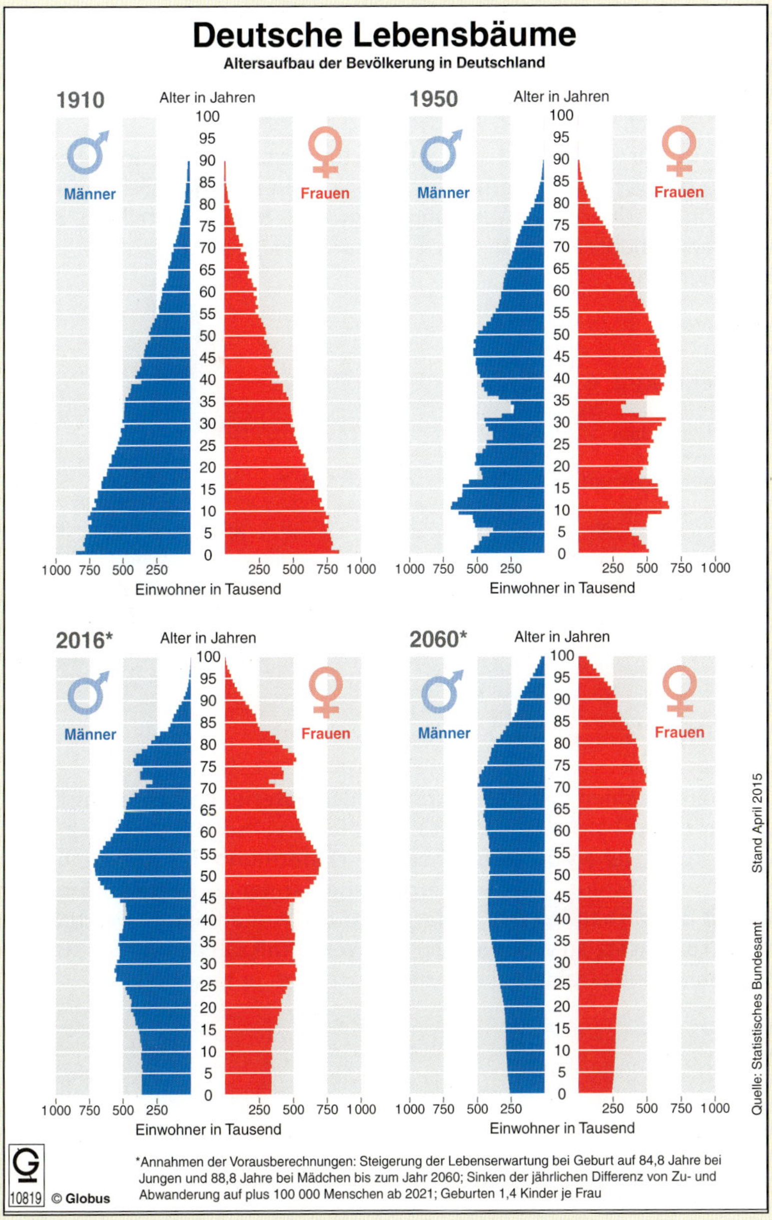
Deutsche Lebensbäume
Altersaufbau der Bevölkerung in Deutschland
1910
1950
2016*
2060*
Alter in Jahren
100 95 90 85 80 75 70 65 60 55 50 45 40 35 30 25 20 15 10 5 0
Männer
Frauen
1 000 750 500 250
250 500 750 1 000
Einwohner in Tausend
Stand April 2015
Quelle: Statistisches Bundesamt
*Annahmen der Vorausberechnungen: Steigerung der Lebenserwartung bei Geburt auf 84,8 Jahre bei Jungen und 88,8 Jahre bei Mädchen bis zum Jahr 2060; Sinken der jährlichen Differenz von Zu- und Abwanderung auf plus 100 000 Menschen ab 2021; Geburten 1,4 Kinder je Frau
10819
© Globus

7 Statistische Maßzahlen

7.1 Absolute Zahlen

Voraussetzung für eine statistische Auswertung ist die Erfassung absoluter Zahlen. Diese fallen bei Sozialversicherungsträgern, z. B. in Buchhaltung und Haushaltsrechnung, oder in verschiedenen Abteilungen, wie z. B. Beitragsabteilung, Leistungsabteilung und Personalabteilung, an. Auch die Bundesregierung veröffentlicht Zahlen aus dem Sozialbereich.

Beispiel

Sozialbudget in Mrd. €

Jahr	00	05	10	13	15	20
Sozialbudget insgesamt	**236,8**	**286,7**	**365,4**	**529,8**	**590,5**	**635,6**
Einkommensleistungen	162,7	192,9	241,7	338,7	369,6	400,1
Barerstattungen	17,5	19,8	25,3	44,5	55,4	69,2
Waren und Dienstleistungen	46,1	59,8	79,8	118,2	135,2	134,9
Allgemeine Dienste und Leistungen	10,5	14,2	18,6	28,4	30,3	31,4

7.2 Verhältniszahlen

Durch Verhältniszahlen soll statistisches Zahlenmaterial leichter erfassbar und besser vergleichbar gemacht werden, als dies mithilfe von absoluten Zahlen möglich ist. Verhältniszahlen entstehen durch rechnerische Umformung des statistischen Ursprungsmaterials: Zwei absolute Zahlen werden zueinander in Beziehung gesetzt. Dieser Quotient ist die Verhältniszahl. Vielfach wird die Verhältniszahl mit 100 multipliziert, um einen Prozentsatz zu erhalten. Bei den **Verhältniszahlen** werden Gliederungszahlen, Messzahlen, Indexzahlen und Beziehungszahlen unterschieden.

7.2.1 Gliederungszahlen

Gliederungszahlen drücken das Verhältnis eines Teils zum Ganzen in Prozent oder Promille aus. Dabei handelt es sich um gleichartige statistische Werte. Die Teilmasse ist in der Gesamtmasse enthalten.

$$\text{Gliederungszahl} = \frac{\text{Teilmasse}}{\text{Gesamtmasse}} \cdot 100$$

Beispiel

Die absoluten Zahlen des vorhergehenden Beispiels „Sozialbudget in Mrd. €" sollen nun in Prozent vom Sozialbudget insgesamt ausgedrückt werden.

Sozialbudget \ Jahr	Struktur in %					
	00	**05**	**10**	**13**	**15**	**20**
Sozialbudget insgesamt	100	100	100	100	100	100
Einkommensleistungen	68,7	67,3	66,1	63,9	62,6	62,9
Barerstattungen	7,4	6,9	6,9	8,4	9,4	10,9
Waren und Dienstleistungen	19,5	20,9	21,9	22,3	22,9	21,3
Allgemeine Dienste und Leistungen	4,4	4,9	5,1	5,4	5,1	4,9

Ermittlung der Gliederungszahl für die Einkommensleistungen in 00.

$$\frac{\text{Einkommensleistungen}}{\text{Sozialbudget}} = \frac{162{,}7 \text{ Mrd. €}}{236{,}8 \text{ Mrd. €}} = \mathbf{0{,}687}$$

0,687 · 100 = **68,7** % (Prozentsatz)

oder mit Dreisatz:

236.8 Mrd. € = 100 %
162,7 Mrd. € = x %

$$x = \frac{162{,}7 \cdot 100}{236{,}8} = \mathbf{68{,}7}\,\%$$

Übungen

1. Ermitteln Sie für die absoluten Zahlen der folgenden Tabelle (Seite 114) Gliederungszahlen (eine Dezimale). Beschränken Sie sich dabei auf die Werte der sieben Hauptkrankheitsgruppen. Setzen Sie die Anzahl der Fälle gleich 100.

2. Ermitteln Sie für die absoluten Zahlen „Anerkannte Berufskrankheiten nach Krankheitsgruppen insgesamt" (siehe Seite 114) Gliederungszahlen für die unten in der Tabelle stehende Anzahl der Todesfälle infolge der Berufskrankheit.

3. Errechnen Sie für folgende Antragsstatistik die Gliederungszahlen.

Berichtsjahr	Rentenanträge		
	zusammen	darunter	
		Rentenneuanträge	Umwandlungen
01	104248	91755	12493
02	97601	83233	14368
03	96190	72513	23677

Tabelle zu Aufgabe 1 und 2

Anerkannte Berufskrankheiten nach Krankheitsgruppen						
Bezeichnung	**1990**	**1995**	**2000**	**2005**	**2010**	**2014**
Chemische Einwirkungen	**415**	**561**	**342**	**381**	**465**	**554**
Metalle und Metalloide	60	66	68	38	27	31
Erstickungsgase	45	48	21	109	46	14
Lösungsmittel, Pestizide und sonst. chem. Stoffe	310	447	253	234	392	509
Physikalische Einwirkungen	**3722**	**9940**	**7342**	**6775**	**6514**	**7488**
Mechanische Einwirkungen	765	1368	938		803	987
Druckluft	21	11	7	3	1	–
Lärm	2941	8282	6197	5773	5606	6425
Strahlen	4	279	200	228	104	76
Infektionserreger, Parasiten, Tropenkrankheiten	**637**	**884**	**674**	**1095**	**917**	**1177**
Atemwege, Lungen, Rippenfell, Bauchfell	**2809**	**7768**	**6241**	**5902**	**6758**	**5580**
Anorganische Stäube	1395	6070	5118	5305	6245	4955
Organische Stäube	35	57	53	50	60	80
Obstruktive Atemwegserkrankungen	1379	1641	1070	547	453	545
Hautkrankheiten	**2156**	**2248**	**1467**	**895**	**584**	**646**
Augenzittern der Bergleute	**–**	**–**	**–**	**–**	**5**	**1**
Entschädigung nach § 9 Abs. 2 SGB VII[1]	**32**	**340**	**239**	**817**	**201**	**657**
Fälle gemäß DDR-BKVO	**–**	**1197**	**109**	**55**	**17**	**9**
Insgesamt	**9771**	**22938**	**16414**	**15920**	**15461**	**16112**
Todesfälle infolge der Berufskrankheit						
Insgesamt	**1391**	**1998**	**2357**	**2564**	**2486**	**2457**

Quelle: Geschäfts- und Rechnungsergebnisse 2014 des DGUV, Seiten 36 und 40

4. Folgende Tabelle stellt die Anzahl der Kurzarbeiter in einem Jahr in Deutschland nach der Höhe des Arbeitsausfalls in Prozent dar.

Kurzarbeit	
bis einschließlich 25 %	86004
über 25 % bis einschließlich 50 %	63064
über 50 % bis einschließlich 75 %	18985
über 75 % bis einschließlich 100 %	38714
Kurzarbeiter insgesamt	**206767**

a) Bereiten Sie den Zusammenhang mit Gliederungszahlen auf.
b) Formulieren Sie eine Kernaussage.

5. Ein Gemeindeunfallversicherungsverband meldet in der Schülerunfallversicherung folgende Unfallzahlen, gegliedert nach der Schulart:

1. Kindergärten	1452
2. Grundschulen und Schulkindergärten	26391
3. Hauptschulen	35203
4. Sonderschulen	4878
5. Realschulen	17962
6. Gymnasien	23358
7. Gesamtschulen	10182
8. Berufliche Schulen	7044
Summe	126470

a) Bereiten Sie den Sachverhalt auf, indem Sie Gliederungszahlen ermitteln.
b) Welche Aussage können Sie nunmehr über die beruflichen Schulen treffen?

6. Entwickeln Sie eine Tabelle, in der die absoluten Zahlen der schulischen Vorbildung der Auszubildenden in Prozent der Auszubildenden des jeweiligen Sozialversicherungszweiges ausgedrückt werden (Gliederungszahlen).

Schulische Vorbildung der Auszubildenden
Einstellungsjahrgänge 2010–2012

berufliche Vorbildung	Krankenversicherung	Unfallversicherung	Rentenversicherung	Knappschaftsversicherung	Landw. SV	insgesamt
Hauptschulabschluss	1	2	–	1	6	**10**
Realschul- oder gleichwertiger Abschluss	494	170	82	149	11	906
Hochschul- oder Fachhochschulreife	2257	205	148	220	8	2838

Quelle: Bundesversicherungsamt, zuständige Stelle nach dem Berufsbildungsgesetz

7. Die Mitgliedszahlen haben sich bei den gesetzlichen Krankenkassen in einem Bundesland wie folgt entwickelt:

	Jahr 01	Jahr 03	Jahr 05
DAK	180000	160000	164000
TK	220000	200000	240000
AOK	460000	480000	500000
IKK	110000	112000	114000
BKK	20000	18000	14000
Summe	990000	970000	1032000

Ermitteln Sie für die verschiedenen Kassenarten Gliederungszahlen (eine Dezimale) und stellen Sie das Ergebnis tabellarisch dar.

8. Entwicklung der Versichertenzahl eines Rentenversicherungsträgers (in Mio.):

	Jahr 04	Jahr 05	Jahr 06
Pflichtversicherte	3,80	4,00	4,10
versicherungspflichtige Handwerker	0,40	0,25	0,20
auf Antrag pflichtversicherte Selbstständige	0,10	0,30	0,35
freiwillig Versicherte	0,60	0,60	0,70
Rentner	2,30	2,50	2,90
Summe	7,20	7,65	8,25

a) Entwickeln Sie eine Tabelle, in der die absoluten Zahlen in Prozent vom jeweiligen Versichertenbestand ausgedrückt werden (Gliederungszahlen).
b) Formulieren Sie zwei wichtige Trends.

9. Entwurf des Bundeshaushalts für ein Jahr in Mrd. €:

a) Machen Sie die Struktur des Bundeshaushaltsentwurfs transparent, indem Sie Gliederungszahlen ermitteln.
b) Leiten Sie aus Ihrem Ergebnis zwei wichtige Aussagen ab.

Arbeit und Soziales	129,9
Verteidigung	34,3
Bundesschuld	25,2
Verkehr	24,6
Bildung, Forschung	16,4
Finanzverwaltung	14,9
Gesundheit	14,6
Familie, Jugend	9,1
Inneres	7,8
Wirtschaft, Energie	7,6
Entwicklungshilfe	7,4
Finanzen	5,9
Ernährung, Landwirtschaft	5,6
Auswärtiges	4,8
Umwelt, Bau	4,5
Sonstiges	4,3
Insgesamt	316,9

7.2.2 Messzahlen

Ebenso wie bei den Gliederungszahlen werden auch bei den Messzahlen gleichartige statistische Massen zueinander ins Verhältnis gesetzt.

Häufig lassen sich beide Massen zu einer übergeordneten Gesamtheit zusammenfassen, z. B. Arbeiter und Angestellte, Eigenkapital und Fremdkapital, Versicherten- und Hinterbliebenenrenten.

Messzahlen sind dann besonders geeignet, wenn eine zeitliche Entwicklung dargestellt werden soll (dynamische Messzahlen).

$$\textbf{Messzahl} = \frac{\textbf{Teilmasse 1}}{\textbf{Teilmasse 2}} \cdot \textbf{100}$$

Beispiel

1. $$\frac{\text{Anzahl der Angestellten}}{\text{Anzahl der Arbeiter}} \cdot 100 = \frac{328}{1\,237} = \mathbf{26{,}5\ \%}$$

Beide Teilmassen bilden die Gesamtmasse Arbeitnehmer. Bei der Bildung des Quotienten wird der Wert des Zählers am Wert des Nenners (= 100) gemessen. In diesem Beispiel wird die Zahl der Angestellten an der Zahl der Arbeiter gemessen. Die Messzahl 26,5 % besagt, dass auf 100 Arbeiter statistisch 26,5 Angestellte entfallen.

Messzahlen ergeben sich auch durch die Gegenüberstellung gleichartiger statistischer Gesamtmassen.

$$\textbf{Messzahl} = \frac{\textbf{Gesamtmasse 1}}{\textbf{Gesamtmasse 2}} \cdot \textbf{100}$$

Beispiel

2. $$\frac{\text{Anzahl der Mitglieder der Ersatzkassen}}{\text{Anzahl der Mitglieder der Ortskrankenkassen}} \cdot 100 = \frac{12{,}4\ \text{Mio.}}{16{,}1\ \text{Mio.}} = \mathbf{77{,}02\ \%}$$

Auf 100 Mitglieder der Ortskrankenkassen entfallen also statistisch etwa 77 Mitglieder der Ersatzkassen.

Häufig dienen Messzahlen zur Darstellung einer zeitlichen Entwicklung. Man spricht dann von **dynamischen Messzahlen**. Dabei entspricht immer der Wert des Basisjahres 100 %. Der Wert des Berichtsjahres ist zu ermitteln. Die Auswahl von Basis- und Berichtsjahr hängt von der Zielsetzung ab. Das Basisjahr sollte nicht zu weit in der Vergangenheit liegen und keinen Extremwert zeigen.

(dynamische) Messzahl

$$= \frac{\textbf{Wert einer bestimmten Masse im Berichtsjahr}}{\textbf{Wert derselben Masse im Basisjahr}} \cdot \textbf{100}$$

Eine **Messzahlenreihe** liegt vor, wenn sich mehrere Messzahlen auf das gleiche Basisjahr beziehen.

Beispiel

3. Das Basisjahr ist das Jahr 01:

$$\frac{\text{Maßnahmen der beruflichen Weiterbildung im Jahr 05}}{\text{Maßnahmen der beruflichen Weiterbildung im Jahr 01}} \cdot 100$$

$$= \frac{530}{265} \cdot 100 = \mathbf{200\,\%}$$

$$\frac{\text{Maßnahmen der beruflichen Weiterbildung im Jahr 06}}{\text{Maßnahmen der beruflichen Weiterbildung im Jahr 01}} \cdot 100$$

$$= \frac{545}{265} \cdot 100 = \mathbf{205{,}66\,\%}$$

Ein Vergleich der beiden Ergebnisse zeigt, dass die Anzahl der Maßnahmen zur beruflichen Weiterbildung im Jahr 05 gegenüber 01 um 100 % und im Jahr 06 gegenüber 01 um 105,66 % gestiegen ist.

Die dynamische Messzahl wird in der Literatur auch als einfacher ungewogener Index bezeichnet.

Übungen

1. In der Unfallversicherung für Schüler und Studenten sowie Kindern in Kindergärten ergaben sich folgende Unfallzahlen:

Jahr	01	02	03	04	05	06	07	08	09
tödliche Schulunfälle	43	34	40	33	24	38	19	30	25
tödliche Wegeunfälle	314	291	276	308	295	289	309	207	184

a) Errechnen Sie Messzahlen, indem Sie die Anzahl der tödlichen Schulunfälle an der Anzahl der tödlichen Wegeunfälle des gleichen Jahres messen.
b) Ermitteln Sie dynamische Messzahlen für die tödlichen Schulunfälle. Basisjahr: 01.

2. Der Mitgliederbestand einer Ersatzkasse setzt sich wie folgt zusammen:

Jahr	Versicherungspflichtige (einschließlich Rentner)	Versicherungsberechtigte
01	3536789	1019503
02	3603177	981526
03	3690738	960071
04	3756535	929815

Welche Messzahlen ergeben sich für die Jahre 01 bis 04, wenn Sie die Zahl der Versicherungsberechtigten an der Zahl der Versicherungspflichtigen messen?

3. Eine Ersatzkasse publizierte folgende Bewegung ihres Mitgliederbestandes:

		Jahr 04	Jahr 05
Gesamtzahl der Mitglieder		877254	912186
davon	Pflichtmitglieder	693777	724545
	freiwillige Mitglieder	183477	187641
	männliche Mitglieder	349084	358641
	weibliche Mitglieder	528170	553545

Errechnen Sie die Messzahlen, indem Sie die Mitgliederzahlen des Jahres 05 an den Mitgliederzahlen des Jahres 04 messen.

4. Die Leistungsausgaben eines Gemeindeunfallversicherungsverbandes haben sich wie folgt entwickelt:
Jahr 01: 231,8 Mio. €, Jahr 02: 228,5 Mio. €, Jahr 03: 235,3 Mio. €, Jahr 04: 247,2 Mio. €.
Charakterisieren Sie diese Entwicklung durch eine Reihe dynamischer Messzahlen (auf eine Dezimale genau). Das Basisjahr ist das Jahr 02. Die Lösung in Tabellenform ist erwünscht.

5. Das Bruttoinlandsprodukt (in Mrd. €) im Euro-Währungsgebiet hat sich wie folgt entwickelt:

Jahr	1	2	3	4
Bruttoinlandsprodukt nominal	5532,8	5646,2	5868,7	6116,4
Bruttoinlandsprodukt real	5382,4	5504,4	5654,1	5787,9

a) Machen Sie den Konjunkturverlauf transparent. Errechnen Sie die drei Wachstumsraten (= Veränderung des realen Bruttoinlandsproduktes gegenüber dem Vorjahr) auf eine Dezimale genau.
b) Um welche Art von Verhältniszahl handelt es sich? Begründen Sie Ihre Meinung.

6. Die Leistungsausgaben der gesetzlichen Krankenversicherung (in Mrd. €) haben sich wie folgt entwickelt:
Jahr 2001: 86, Jahr 2004: 96, Jahr 2007: 114, Jahr 2008: 128, Jahr 2009: 123, Jahr 2010: 134, Jahr 2011: 151, Jahr 2015: 202.
Ermitteln Sie für diese Reihe dynamische Messzahlen (zwei Dezimale), wobei das Basisjahr das Jahr 2004 ist.

7. Erwerbspersonen in Deutschland (gerundet auf volle 1000):

Erwerbspersonen	2001	2005	2010	2015
Männer	22683000	22709000	22350000	23174000
Frauen	17866000	18441000	19775000	20650000
insgesamt	40549000	41150000	42125000	43824000

a) Errechnen Sie Messzahlen, indem Sie die Frauen an der Anzahl der Männer im jeweiligen Jahr messen. Beschreiben Sie die Entwicklung in einem Satz.
b) Ermitteln Sie dynamische Messzahlen für die Erwerbspersonen. Basisjahr ist das Jahr 2001. Beschreiben Sie die Entwicklung in einem Satz.

8. a) Charakterisieren Sie die folgenden Entwicklungen durch dynamische Messzahlen (auf eine Dezimale), Basisjahr = Jahr 04.
Von 100 000 Einwohnern starben:

Todesursache	Jahr 03	Jahr 04	Jahr 05
1. Krankheiten des Kreislaufs	748	607	536
2. Krebserkrankungen			
a) der Atmungsorgane	41	44	49
b) des Verdauungssystems	118	107	96
3. Kfz-Unfälle	35	30	12

b) Charakterisieren Sie jede der vier Reihen von Messzahlen durch eine Aussage.

9. Bundeshaushalt in Mrd. €

Jahr	01	02	03	04	05
Etat	270,4	282,3	292,3	319,5	305,8
Nettokreditaufnahme	14,3	11,5	34,1	80,2	48,4

Verbessern Sie die Aussagefähigkeit des vorliegenden Zahlenmaterials:
a) Messen Sie für jedes Jahr die Nettokreditaufnahme am Etat.
b) Machen Sie die Entwicklung der Nettokreditaufnahme transparent (Basisjahr ist das Jahr 01).

7.2.3 Indexzahlen

Indexzahlen sind eng verwandt mit den dynamischen Messzahlen. In beiden Fällen wird eine zeitliche Entwicklung charakterisiert. Während es jedoch bei der dynamischen Messzahl um die zeitliche Entwicklung eines einzelnen Merkmalswertes geht, soll durch **Indexzahlen** die zeitliche Entwicklung einer Vielzahl von Merkmalswerten zum Ausdruck kommen.

So soll z. B. durch den **Verbraucherpreisindex** die Veränderung des allgemeinen Preisniveaus dargestellt werden, obgleich sich die Preise der einzelnen Güter des Warenkorbes sehr unterschiedlich entwickeln.

Mengenindizes (die Mengen ändern sich bei konstanten Preisen) und Wertindizes (Preise und Mengen ändern sich, z. B. Umsatz- oder Kostenentwicklungen) werden hier nicht weiter behandelt.

Das Statistische Bundesamt geht bei der Berechnung des Verbraucherpreisindexes für Deutschland von einem Warenkorb aus, der ca. 600 Güter und Dienstleistungen enthält, die mit unterschiedlichen Gewichten (Wägungsschema) eingehen. Beispielsweise ist die Miete ein Gut von 600 im Warenkorb. In einem weiteren Schritt muss festgelegt werden, welchen Anteil das Gut „Miete" an den gesamten Verbraucherausgaben (Wägungsschema) haben soll. Die Höhe und die Art der Ausgaben der privaten Haushalte werden vom Statistischen Bundesamt aufgrund einer Einkommens- und Verbrauchsstichprobe abgeleitet. Besonders ausgewählte Haushalte (Stichprobe) führen über ein Jahr Haushaltsbücher, in denen sämtliche Einnahmen und Ausgaben festgehalten werden. Um den Haushalten die Erfassung der Güterpreise zu vereinfachen, werden ihnen Scannergeräte zur Verfügung gestellt.

Der Warenkorb wird jedes Jahr mit den jeweiligen Preisen bewertet. Die auf diese Weise ermittelten absoluten Zahlen werden durch die Berechnung von Indexzahlen leicht vergleichbar und in ihrer zeitlichen Entwicklung überschaubar. Dazu werden die absoluten Zahlen des Basisjahres gleich 100 gesetzt und die entsprechenden Werte der Berichtsjahre ermittelt.

Der Verbraucherpreisindex gibt also an, was der Warenkorb der Basisperiode in der Beobachtungsperiode kostet.

Da sich die Verbrauchsgewohnheiten und das Güterangebot im Laufe der Zeit ändern, müssen auch der Warenkorb und das Wägungsschema von Zeit zu Zeit geändert werden (ca. alle 5 Jahre). So wurden in den zz. aktuellen Warenkorb (Basisjahr 2010) z. B. Kaffeekapseln und -pads aufgenommen. Berücksichtigt wurde auch die verstärkte Nutzung des Internets zum Einkaufen.

Die Grafik auf der folgenden Seite zeigt die Gewichtung der unterschiedlichen Verbrauchsgruppen. Die Tabelle auf der dann folgenden Seite veranschaulicht die Veränderung des Verbraucherpreisindexes insgesamt und für die einzelnen Verbrauchsgruppen. Das Statistische Bundesamt (www.destatis.de) berechnet und veröffentlicht eine Vielzahl von Indizes.

Ein weiteres Beispiel für Indexzahlen sind die Börsenindizes. Sie dienen der Darstellung der Entwicklung von Wertpapierkursen. Der Deutsche Aktienindex **(DAX)** basiert auf den Kursen der 30 größten und umsatzstärksten deutschen Standardwerte (Blue Chips), der **MDAX** besteht aus 50 Werten, die den DAX-Werten im Hinblick auf Umsatz und Größe folgen. Im MDAX können neben deutschen Unternehmen auch Gesellschaften mit Sitz im Ausland vertreten sein. Der **SDAX** enthält 50 Werte, die dem MDAX hinsichtlich Größe und Umsatz folgen. Der **HDAX** enthält die 30 DAX-Werte, die 50 MDAX-Werte und die 30 Tec-DAX-Werte und gilt als Nachfolger des DAX 100. Rechnerischer Ausgangspunkt für den DAX, MDAX, SDAX und HDAX ist der 31.12.1987. So startete der DAX mit 1000 Punkten und erreichte im März 1995 die 2000er-Marke, die 3000er wurde bereits im Januar 1997 überschritten und im Jahr 2013 wurden kurzfristig 8000 Punkte überschritten; zurzeit (2016) liegt der DAX bei etwa 10000 Punkten. Am 24.03.2003 löste der **TecDAX** den NeMAX 50 ab. Im TecDAX sind die 30 größten und liquidesten Technologiewerte unterhalb des DAX vertreten. Alle genannten Indizes sind Performance-Indizes, bei denen die Dividendenausschüttung und sonstige Erträge berücksichtigt werden. Sie werden regelmäßig hinsichtlich ihrer Zusammensetzung überprüft und während der Börsenzeit permanent neu berechnet.

Wichtige internationale Aktienindizes sind der Dow Jones und Nasdaq (USA), der Nikkei (Japan), der CSI 300 (China) und für die europäischen Märkte EURO STOXX 50.

Der **Deutsche Rentenindex** (REX) wird börsentäglich von den deutschen Börsen berechnet. Dem REX liegt ein Wertpapierbestand aus deutschen Staatsanleihen zugrunde, deren Kurse aus der Renditestruktur der börsennotierten Bundeswertpapiere ermittelt werden. Der **Performanceindex** (REXP) bezieht neben den Kursbewegungen auch die Zinszahlungen mit ein.

Übungen

Erläutern Sie die Grafik.

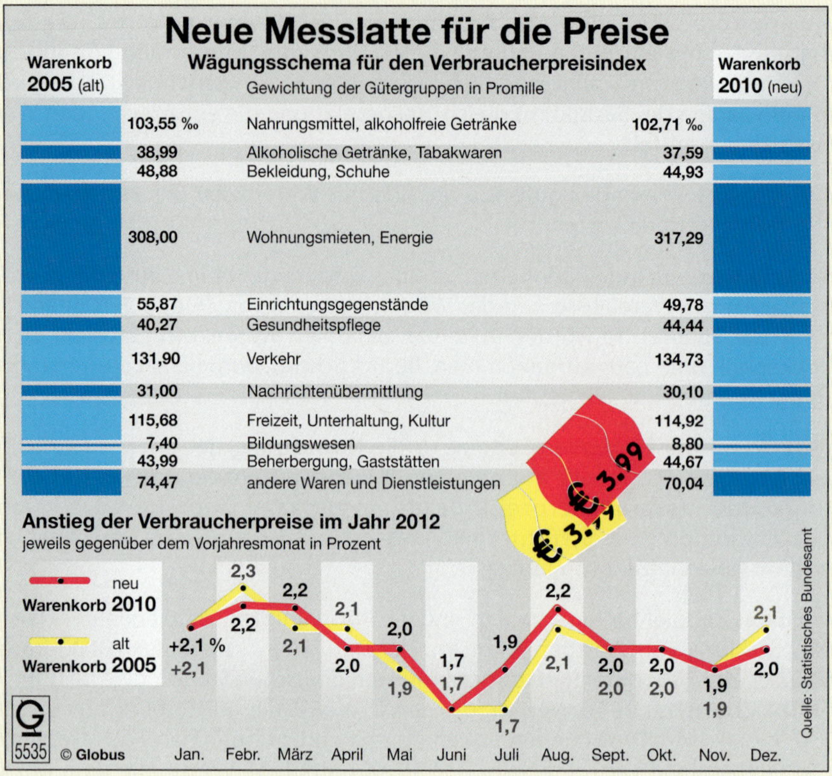

Verbraucherpreisindex für Deutschland (2010 = 100)

	Verbraucherpreisindex insgesamt	Nahrungsmittel und alkoholfreie Getränke	Alkoholische Getränke, Tabakwaren	Bekleidung und Schuhe	Wohnungsmiete, Wasser, Strom, Gas und andere Brennstoffe	Möbel, Leuchten, Geräte und anderes Haushaltszubehör	Gesundheitspflege	Verkehr	Nachrichtenübermittlung	Freizeit, Unterhaltung und Kultur	Bildungswesen	Beherbergungs- und Gaststättendienstleistungen	Andere Waren und Dienstleistungen
		1	2	3	4	5	6	7	8	9	10	11	12
Gewicht in ‰	1000	102,71	37,59	44,93	317,29	49,78	44,44	134,73	30,1	114,92	8,8	44,67	70,04
2018													
2017													
2016													
2015	106,9	112,3	113,4	106,3	108,8	103,2	103,4	105,5	91,2	105,0	98,2	111,0	107,2
2014	106,6	111,5	110,3	105,5	108,4	102,5	101,4	107,3	92,3	104,4	93,1	108,2	106,1
2013	105,1	110,4	107,0	104,4	107,5	102,1	99,4	107,5	93,4	103,1	95,1	106,0	104,3
2012	104,1	106,3	104,8	103,3	105,4	101,1	103,2	107,7	94,8	100,6	94	103,6	102,6
2011	102,1	102,8	101,8	101,2	103,1	100,4	100,7	104,5	96,5	99,7	99,6	101,5	101,6
2010	100	100	100	100	100	100	100	100	100	100	100	100	100
2009	98,9	98,8	98,4	99,3	99	99,9	99,2	96,7	102,3	100,3	99,7	98,9	98,7
2008	98,6	100,1	95,9	98	98,6	98,3	98,2	98,6	104,6	98,6	103,9	96,8	97,2
2007	96,1	94,4	94,1	97,3	95,4	96,8	96,6	95,5	108,2	98,6	95,7	94,6	95,4
2006	93,9	90,9	91,1	96,1	93,6	95,7	95,4	92	109,5	98,3	76,9	92,1	93,1
2005	92,5	89,1	88,5	96,6	90,9	95,9	95	89,3	114	98,8	75,6	91	91,8
2000	85,7	85	68,5	98,4	83	94,4	76,5	78,5	121,5	100,1	67,7	84,7	84,2

Quelle: www.destatis.de/DE/ZahlenFakten/GesamtwirtschaftUmwelt/Preise/Verbraucherpreisindizes/Tabellen_/VerbraucherpreiseKategorien, Zugriff am 18.06.2016

Beispiel

1. Ein Warenkorb (konstante Mengen) enthält nur drei Güter.

a) Ermitteln Sie für das Basisjahr und die beiden Berichtsjahre den Wert des Warenkorbes.

b) Errechnen Sie für die drei Jahre die Preisindizes.

Güter	(konstante) Mengen	Preise in € (je Einheit)		
		Basisjahr	Berichtsjahr 01	Berichtsjahr 02
Gut A	2 Stück	430,00	452,00	464,00
Gut B	5 Liter	6,20	6,35	6,52
Gut C	16 kg	2,14	2,22	2,36

Lösung

Der Wert des Warenkorbes ergibt sich durch Bewertung der Mengen mit den jeweiligen Preisen.

Güter	Jahre			
	Basisjahr		Berichtsjahr 01	Berichtsjahr 02
Gut A	(2 Stück · 430,00 €/Stück =)	860,00 €	904,00 €	928,00 €
Gut B	(5 Liter · 6,20 €/Liter =)	31,00 €	31,75 €	32,60 €
Gut C	(16 kg · 2,14 €/kg =)	34,24 €	35,52 €	37,76 €
Wert des Warenkorbes		925,24 €	971,27 €	998,36 €
Preisindizes		100	104,97	107,90

Errechnung der Preisindizes:

925,24 € ≙ 100
971,27 € ≙ x_1

$$x_1 = \frac{971{,}27 \cdot 100}{925{,}24} = \mathbf{104{,}97}$$

925,24 € ≙ 100
998,36 € ≙ x_2

$$x_2 = \frac{998{,}36 \cdot 100}{925{,}24} = \mathbf{107{,}90}$$

Der Preisindex ist im Berichtsjahr 01 um 4,97 % gestiegen. Im Berichtsjahr 02 war der Preisindex um 7,9 % höher als im Basisjahr.

Beispiel

2. Für die folgende Reihe von Preisindizes ist das Basisjahr von 03 in 05 zu ändern (Umbasierung):

	Jahr 03	Jahr 04	Jahr 05	Jahr 06
Preisindizes	100,00	102,62	104,97	107,90

Lösung

	Jahr 03	Jahr 04	Jahr 05	Jahr 06
Preisindizes (Basisjahr 03)	100,000	102,62	104,97	107,90
Preisindizes (Basisjahr 05)	95,27	97,76	100,00	102,79

Übungen

1. Ein Warenkorb enthält vier Güter.

Güter	(konstante) Mengen	Preise in € (je Einheit)			
		Basisjahr	Berichts-jahr 01	Berichts-jahr 02	Berichts-jahr 03
Gut A	23 Stück	5,78	5,75	5,86	5,91
Gut B	312 kg	0,66	0,69	0,76	0,78
Gut C	145 m	16,50	16,95	17,02	17,09
Gut D	27 Liter	1,48	1,52	1,45	1,28

a) Welche Werte ergeben sich für den Warenkorb (konstante Mengen) im Basisjahr und in den drei Berichtsjahren?
b) Wie lauten die Preisindizes (auf eine Dezimale genau)?

2. Das Vorstandsmitglied einer Krankenkasse hat folgendes Aktiendepot:

Depot	Stück	Jahr 02 €/Stück	Jahr 03 €/Stück	Jahr 04 €/Stück	Jahr 05 €/Stück
Hugo Boss	20	10,44	48,20	62,40	94,00
Telekom	50	26,75	30,05	46,10	39,10
Deutsche Bank	25	61,20	62,40	88,20	102,60
Lufthansa	10	17,10	22,30	24,10	27,50
Siemens	15	75,70	120,30	181,10	191,50
Pro 7 – SAT 1	10	36,00	83,70	120,00	171,50

a) Drücken Sie die Wertentwicklung des Depots durch Indizes (zwei Dezimale) aus, wobei das Jahr 03 Basisjahr sein soll.
b) Basieren Sie die Indizes auf das Basisjahr 04 um.

3. Der Warenkorb (konstante Mengen) enthält nur drei Güter:

Güter	(konstante) Mengen	Preise in € (je Einheit)		
		Basisjahr	Berichtsjahr 01	Berichtsjahr 02
Gut A	39 kg	46,00	48,00	53,00
Gut B	15,5 Liter	25,00	26,00	31,00
Gut C	12 Stück	6,80	7,10	7,50

a) Ermitteln Sie die Preisindizes (eine Dezimale) für das Basisjahr und die beiden Berichtsjahre.
b) Um wie viel Prozent (eine Dezimale) ist das Gut A im Berichtsjahr 01 gegenüber dem Basisjahr gestiegen?
c) Um wie viel Prozent (eine Dezimale) ist das Gut B im Berichtsjahr 02 gegenüber dem Basisjahr gestiegen?
d) Um wie viel Prozent (eine Dezimale) ist das Gut C im Berichtsjahr 02 gegenüber dem Berichtsjahr 01 gestiegen?

4. Das Familieneinkommen eines Sozialversicherungsfachangestellten ist gegenüber dem Basisjahr um 800,00 € auf 3 700,00 € im Berichtsjahr gestiegen. Der Verbraucherpreisindex stieg im gleichen Zeitraum auf 145 %.
   Berechnen Sie bitte für diesen Haushalt
   a) die Steigerungsrate des Nominaleinkommens (in %) – auf zwei Dezimale,
   b) das Realeinkommen im Berichtsjahr,
   c) die Veränderung des Realeinkommens (in %) – auf eine Dezimale,
   d) die Änderung der Kaufkraft des Geldes allgemein – auf zwei Dezimale.

5. Untersuchen Sie das folgende Aktiendepot.

Depot	Stück	Jahr 02	Jahr 03	Jahr 04	Jahr 05
		€/Stück	€/Stück	€/Stück	€/Stück
Adidas	20	49,00	78,40	103,50	122,50
BASF	65	46,20	58,25	62,15	89,20
Boss	10	109,00	148,70	186,20	283,90
Telekom	150	31,00	67,20	103,00	76,20

   a) Drücken Sie die Wertentwicklung (jeweils zum 31. Dezember) des Depots durch Indizes (eine Dezimale) aus, wobei das Jahr 02 Basisjahr sein soll.
   b) Basieren Sie die Indizes auf das Jahr 04 um.
   c) Um wie viel Prozent hat sich der Wert des Depots (= Gesamtheit der Wertpapiere) im Jahr 05 gegenüber dem Jahr 02 verändert?

6. Sehen Sie sich die Bildstatistik „Das Geldvermögen" an.

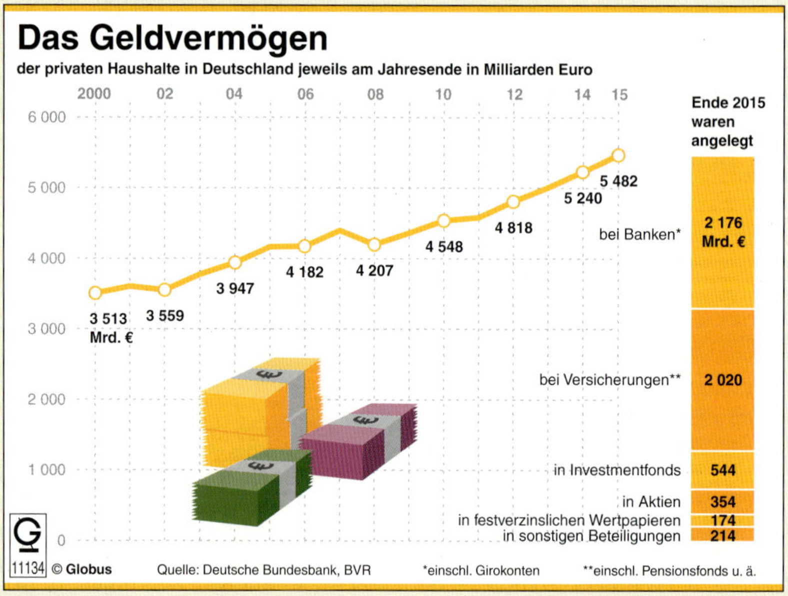

   a) Errechnen Sie die prozentualen Anteile der sechs Sparformen am Geldvermögen im Jahr 2015.
   b) Welche Art von Verhältniszahl haben Sie in a) errechnet?

7.2.4 Beziehungszahlen

Beziehungszahlen drücken das Verhältnis zweier nicht gleichartiger statistischer Massen aus, zwischen denen eine sinnvolle sachliche Beziehung besteht. Sie werden sowohl als Quotienten als auch als Prozentsätze angegeben.

$$\textbf{Beziehungszahl} = \frac{\textbf{statistische Masse A}}{\textbf{statistische Masse B}}$$

oder

$$\textbf{Beziehungszahl} = \frac{\textbf{statistische Masse A}}{\textbf{statistische Masse B}} \cdot \textbf{100}$$

Beispiel

1. Sozialleistungsziffer im Jahr 01 $= \frac{\text{Sozialbudget (Jahr 01)}}{\text{Einwohnerzahl (Jahr 01)}}$

$$= \frac{\text{710 Mrd. €}}{\text{79,1 Mio. Einwohner}} = \textbf{8 976,00 €}$$

Die **Sozialleistungsziffer** gibt an, wie viel Sozialleistungen in Euro pro Kopf der Bevölkerung anfallen.

2. In einem Jahr kamen auf 23 Mio. Beitragszahler in der Rentenversicherung 11 Mio. Rentner. Wie viele Rentner kamen auf je 100 Beitragszahler?

$$\frac{\text{11 Mio. Rentner}}{\text{23 Mio. Beitragszahler}} \cdot 100 = 47{,}8 \approx \textbf{48 Rentner}$$

3. Aus dem Jahresbericht einer Ersatzkasse:

$$= \frac{\text{Leistungsausgaben 14 315 456 003,00 €}}{\text{Beitragseinnahmen 15 134 129 366,00 €}} \cdot 100 = \textbf{94,59 \%}$$

Die Leistungsausgaben betrugen 94,59 % der Beitragseinnahmen.

Übungen

1. Wie viele Rentner entfallen in den einzelnen Jahren auf je 100 Beitragszahler?

Jahre	1987	1994	2000	2010	2020	2030	2040
Beitragszahler in Mio.	23	22	21	20	17	14	12
Rentner in Mio.	11	12	13	14	15	16	15

(ab 2010 Prognose)

2. Das Bundesgesundheitsministerium (BGM) veröffentlichte folgende Zahlen:

	Jahr 01	Jahr 02
Anzahl der gesetzlich versicherten Personen in Mio.	56,10	71,26
Ausgaben für Leistungen in Mrd. €	88,74	142,20

Wie hoch waren in beiden Jahren die Leistungsausgaben je versicherte Person?

3. Ermitteln Sie die Zahl der angezeigten Arbeitsunfälle je 1 000 Vollarbeiter.

	Jahr 01	Jahr 02
Vollarbeiter in 1 000	25 071,9	25 615,7
angezeigte Arbeitsunfälle	1 517 008	1 536 090

4. In Deutschland (ca. 82 Mio. Einwohner) waren in einem Jahr 53,2 Mio. Kraftfahrzeuge zugelassen, davon zählten 44,2 Mio. zur Gruppe der Pkws. Errechnen Sie die Kfz-Dichte und die Pkw-Dichte (ganze Zahlen) und interpretieren Sie die Ergebnisse mit je einem Satz. Begründen Sie, warum es sich bei den gesuchten Größen um Beziehungszahlen handelt.

5. Ausgewählte Länder der EU:

Land	B	D	IRL	NL	P	SF
Fläche in km²	31 000	357 000	70 000	42 000	92 000	338 000
Einwohner in Mio.	10,2	82,2	3,8	15,9	10,0	5,2

   a) Wie viele Einwohner je km² gab es in den ausgewählten EU-Ländern jeweils?
   b) Um welche Art Verhältniszahl handelt es sich? Begründen Sie Ihre Entscheidung.
   c) Formulieren Sie zwei wesentliche Aussagen der Ergebnisse.

6. Die Steuereinnahmen in Deutschland setzten sich in einem Jahr wie folgt zusammen:

Einnahmen aus:	in Mio. €
Gemeinschaftssteuern	347 170
Bundessteuern	79 277
Landessteuern	19 628
Zöllen	3 191
Gemeindesteuern	34 399
insgesamt	**483 665**

   a) Errechnen Sie die Steuerquote (Anteil der Steuern am Bruttoinlandsprodukt), wenn das Bruttoinlandsprodukt im gleichen Jahr 2 055,8 Mrd. € betrug.
   b) Errechnen Sie den Anteil der jeweiligen Steuer am Gesamtaufkommen. Formulieren Sie zwei wesentliche Aussagen.
   c) Errechnen Sie die Pro-Kopf-Steuerbelastung. Runden Sie auf volle Euro-Beträge. Annahme: Bevölkerung = 82 Mio.
   d) Um welche Art von Verhältniszahlen handelt es sich bei a–c? Begründen Sie Ihre Lösung.

7. Sehen Sie sich nochmals die Bildgrafik „Das Geldvermögen" auf Seite 126 an.
   a) Errechnen Sie das durchschnittliche Geldvermögen je
      - Haushalt (Annahme: 38,79 Mio. Haushalte),
      - Einwohner (Annahme: 82 Mio. Einwohner)

      für das Jahr 2015. Runden Sie auf volle Euro-Beträge.
   b) Errechnen Sie, wie viel Geld ein Haushalt im Durchschnitt
      - in Form von festverzinslichen Wertpapieren,
      - bei Banken

      anlegte.

7.3 Mittelwerte

Ein Mittelwert soll eine statistische Reihe durch eine einzige Zahl (Durchschnitt) charakterisieren.

7.3.1 Einfaches arithmetisches Mittel

Der am häufigsten berechnete Mittelwert ist das ungewogene arithmetische Mittel (einfacher Durchschnitt). Es wird wie folgt errechnet:

Einfaches arithmetisches Mittel $= \dfrac{\textbf{Summe der Merkmalsausprägungen}}{\textbf{Anzahl der Merkmalsausprägungen}}$

eAM $= \dfrac{M_1 + M_2 + M_3 + \ldots + M_n}{n}$

Das arithmetische Mittel ist nur dann aussagekräftig, wenn die Reihe der Einzelwerte keine Extremwerte enthält.

Beispiel

Die Geschäftsstelle einer BEK hatte im zweiten Quartal eines Jahres folgende Zugänge an Neumitgliedern: April: 85, Mai: 56, Juni: 62. Ermitteln Sie den durchschnittlichen Neuzugang im zweiten Quartal.

Lösung

Einfacher Durchschnitt $= \dfrac{85 + 56 + 62}{3} = 67{,}7 \approx \mathbf{68}$

Im zweiten Quartal wurden monatlich fast 68 Neumitglieder aufgenommen.

7.3.2 Gewogenes arithmetisches Mittel

Treten innerhalb einer Zahlenreihe die Merkmalswerte mit unterschiedlichen Häufigkeiten auf, ist das einfache arithmetische Mittel weniger hilfreich. Um einen aussagefähigeren Mittelwert zu erhalten, werden beim gewogenen arithmetischen Mittel die Einzelwerte mit ihrer jeweiligen Häufigkeit gewichtet (gewogen).

Gewogenes arithmetisches Mittel

$= \dfrac{\textbf{gewogene Summe der Merkmalsausprägungen}}{\textbf{Summe der Häufigkeiten}}$

gAM $= \dfrac{(M_1 \cdot H_1) + (M_2 \cdot H_2) + (M_3 \cdot H_3) + \ldots + (M_n \cdot H_n)}{H_1 + H_2 + H_3 + \ldots + H_n}$

n = Anzahl der Merkmalsausprägungen

Beispiel

1. Eine Abteilung im BMG besteht aus 24 Personen. Der Abteilungsleiter verdient monatlich 6 000,00 €. Seine drei Abschnittsleiter verdienen jeweils 4 500,00 € und die 20 Sachbearbeiter erhalten jeweils 3 000,00 €. Errechnen Sie a) den einfachen Durchschnitt, b) den gewogenen Durchschnitt.

Lösung

a) einfacher Durchschnitt $= \frac{6000 + 4500 + 3000}{3}$

eAM $=$ **4 500,00 €**

b) gewogener Durchschnitt $= \frac{(6000 \cdot 1) + (4500 \cdot 3) + (3000 \cdot 20)}{24}$

gAM $= \frac{79500}{24} =$ **3 312,50 €**

Liegen **klassifizierte Merkmalsausprägungen** vor, wird hilfsweise jeweils die Klassenmitte zur Berechnung des arithmetischen Mittels herangezogen. Dabei wird unterstellt, dass die Merkmalswerte um die Klassenmitte gleich verteilt sind.

Beispiel

2. In einer Gemeinde ergibt sich für die Empfänger von Wohngeld folgendes Bild:

Lösung

Wohngeld € von ... bis unter	**Häufigkeit** H	**Klassenmitte** $KM = \frac{KO + KU}{2}$ €	**H · KM**
0–50	2	25	50
50–100	11	75	825
100–150	9	125	1 125
150–200	14	175	2 450
200–250	27	225	6 075
250–300	33	275	9 075
300–350	23	325	7 475
350–400	28	375	10 500
	147		37 575

gewogenes arithmetisches Mittel (gAM) $= \frac{37575}{147} =$ **255,61 €**

$$\mathbf{gAM} = \frac{(H_1 \cdot KM_1) + (H_2 \cdot KM_2) + \ldots + (H_n \cdot KM_n)}{H_1 + H_2 + \ldots + H_n}$$

KO = Klassenobergrenze
KU = Klassenuntergrenze
n = Anzahl der Merkmalsklassen

arithmetisches Mittel bei klassifizierten Merkmalsausprägungen $=$ $\frac{\textbf{Summe der Produkte aus den Klassenmitten und den jeweiligen Häufigkeiten}}{\textbf{Summe der Häufigkeiten}}$

7.3.3 Geometrisches Mittel

Das geometrische Mittel wird benutzt, um Entwicklungen zu charakterisieren, bei denen die Merkmalswerte in einer geometrischen Progression wachsen bzw. abnehmen. Das geometrische Mittel (GM) von n Werten ist die n-te Wurzel aus dem Produkt der n Werte.

$$\mathbf{GM = \sqrt[n]{x_1 \cdot x_2 \cdot x_3 \cdot \ldots \cdot x_n}}$$

Im Gegensatz zum arithmetischen Mittel können hier auch zeitliche Entwicklungen als mittlere Zuwachsraten zum Ausdruck gebracht werden.

Unter der **mittleren Zuwachsrate** versteht man die durchschnittliche prozentuale Entwicklung, d. h., um wie viel Prozent (Zuwachsrate) sich die untersuchte Reihe von Zeitraum zu Zeitraum im Durchschnitt verändert.

Beispiel

Die Arbeitslosenzahlen sind in einem Arbeitsamtsbezirk gegenüber dem Vorjahr wie folgt gestiegen:

Jahr 02	3 %	Jahr 04	7 %
Jahr 03	5 %	Jahr 05	6 %

Wie hoch waren das durchschnittliche jährliche Wachstumstempo und die durchschnittliche Zuwachsrate?

Lösung

Der Wert für das Jahr 01 entspricht 100 % = 1,00, der für das Jahr 02 103 % = 1,03 usw. Durch Anwendung der Formel ergibt sich:

$$GM = \sqrt[4]{1{,}03 \cdot 1{,}05 \cdot 1{,}07 \cdot 1{,}06} = 1{,}05239 \approx \mathbf{1{,}052}$$

Das durchschnittliche Wachstumstempo beträgt 1,052; die durchschnittliche Wachstumsrate beträgt 5,20 %.

7.3.4 Median (Zentralwert)

Der Median ist derjenige Merkmalswert, der in der Mitte einer der Größe nach geordneten Reihe liegt. Genau die Hälfte aller Merkmalswerte ist größer bzw. kleiner als der Median. Es handelt sich um ein Lagemaß, welches nicht berechnet, sondern bestimmt wird.

Beispiel

1. In einem Jahr ergaben sich im internationalen Vergleich folgende Arbeitslosenquoten (Jahresdurchschnitt in %): Belgien: 12,6; Dänemark: 7,6; Bundesrepublik Deutschland: 7,9; Frankreich: 10,8; Großbritannien: 12,1; Italien: 13,8; Japan: 2,8; Kanada: 9,6; Niederlande: 12,4; Schweden: 2,7; USA: 6,9. Ermitteln Sie den Median.

Lösung

geordnete Reihe: 2,7; 2,8; 6,9; 7,6; 7,9; **9,6**; 10,8; 12,1; 12,4; 12,6; 13,8

Besteht die Reihe aus einer ungeraden Anzahl von Werten, so ist der Median der mittlere Reihenwert.

Allgemein gilt: **Position des Medians** $\mathbf{= \frac{n+1}{2}}$

n = Anzahl der Reihenwerte

Beispiel

2. Die Gesundheitsausgaben in einigen Mitgliedstaaten der EU (pro Kopf der Bevölkerung in €) betrugen in einem Jahr:
Griechenland: 475, Spanien: 824, Großbritannien: 1 089, Irland: 1 111, Italien: 1 216, Dänemark: 1 294, Belgien: 1 406, Niederlande: 1 711, Bundesrepublik Deutschland: 1 901, Frankreich: 2 054, Portugal: keine Angabe. Ermitteln Sie den Median.

Lösung

Bei 10 Reihenwerten ist die Positionsnummer des Medians: $\frac{10+1}{2} = 5{,}5$.

arithmetisches Mittel: $\frac{1216+1294}{2} = \mathbf{1255}$ = Median.

Besteht die Reihe aus einer geraden Anzahl von Werten, so ist der Median das arithmetische Mittel der beiden mittleren Reihenwerte.

Beispiel

3. Die 16 Schüler einer Arbeitsamtsklasse haben folgende Körpergrößen:

cm	Häufigkeit	kumulierte Häufigkeit
163	1	1
165	2	3
166	3	6
169	2	8
171	4	12
175	2	14
179	1	15
183	1	16

Lösung

Positionsnummer des Medians: $\frac{16+1}{2} = 8{,}5$

arithmetisches Mittel: $\frac{169+171}{2} = \mathbf{170}$ = Median

7.3.5 Modus (häufigster Wert)

Der Modus ist derjenige Wert, der in einer Reihe am häufigsten vorkommt. Es handelt sich um ein Lagemaß, das nicht berechnet, sondern bestimmt wird.

Beispiel

Ermitteln Sie den Modus für eine Klassenarbeit, die wie folgt ausgefallen ist:

Note	Häufigkeit
1	2
2	5
3	11
4	7
5	3
6	1

Die Note 3 kommt am häufigsten vor, nämlich 11-mal. Deshalb ist 3 der Modus dieser Verteilung. Der Modus ist ohne Berechnungen sofort zu erkennen.

Median und Modus haben den Vorteil, dass sie von Extremwerten, die die Verteilung verzerren, nicht beeinflusst werden.

Der Modus ist nur aussagekräftig, wenn sich die Häufigkeiten auf einen Merkmalswert konzentrieren. Kommt der größte Häufigkeitswert mehrfach vor oder weisen die Merkmalswerte eine etwa gleiche Häufigkeitsverteilung auf, eignen sich andere Maßzahlen besser zur Charakterisierung der Verteilung.

Übungen

1. Der folgenden Tabelle können Sie die Wachstumsraten (%) für einen 5-Jahres-Zeitraum entnehmen:

Jahr	1	2	3	4	5
Wachstum %	1,8	2,0	2,9	0,6	0,2

   a) Wie hoch war das durchschnittliche Wachstum in dem 5-Jahres-Zeitraum (arithmetisches Mittel)?
   b) Wie hoch war die durchschnittliche Steigerungsrate des Wirtschaftswachstums in dem 5-Jahres-Zeitraum (geometrisches Mittel)?

2. Die Leistungen der Sozialhilfe entwickelten sich in Mrd. € wie folgt: Jahr 01: 15,0, Jahr 02: 16,6, Jahr 03: 18,2, Jahr 04: 19,4, Jahr 05: 20,7, Jahr 06: 22,2, Jahr 07: 23,1, Jahr 08: 25,2, Jahr 09: 27,0, Jahr 10: 28,8.
   Welcher Betrag wurde in den Jahren 01 bis 10 im Durchschnitt gewährt?

3. Der Hauptrefinanzierungssatz (%) der EZB hat sich in 5 Jahren wie folgt entwickelt:

Zeit	1.1.	1.7.	1.1.	1.7.	1.1.	1.7.	1.1.	1.7.	1.1.	1.7.
%	3,0	2,5	3,25	4,25	4,75	3,25	2,75	2,5	2,5	2,0

   Wie hoch war der durchschnittliche Zinssatz (arithmetisches Mittel)?

4. In einer Klinik des Müttergenesungswerkes stehen für die Mutter-und-Kind-Kuren verschiedene Zimmer zur Verfügung:

Zimmertyp	**Kosten in € je Tag**	**Anzahl der Zimmer**
Mutter und Baby	183	5
Mutter und ein Kind	212	45
Mutter und zwei Kinder	238	35
Mutter und drei Kinder	295	3

   Ermitteln Sie den einfachen und den gewogenen Durchschnitt.

5. Für die Bezieher von ... Sozialhilfe ergibt sich in einer Gemeinde folgendes Bild:

Sozialhilfe € von ... bis unter	Häufigkeit
0–100	5
100–200	12
200–300	47
300–400	38
400–500	55
500–600	103
600–700	67

Errechnen Sie das gewogene arithmetische Mittel der Sozialhilfe.

6. Die Renten der gesetzlichen Rentenversicherung werden jeweils zum 1. Juli eines Jahres angepasst. Die jährlichen Steigerungsraten betrugen im Jahr 01: 5,59 %, Jahr 02: 3,4 %, Jahr 03: 3,0 %, Jahr 04: 2,9 %, Jahr 05: 3,8 %, Jahr 06: 3,0 %, Jahr 07: 3,1 %, Jahr 08: 2,61 %.
   a) Wie hoch war die durchschnittliche Steigerungsrate der Renten (geometrisches Mittel)?
   b) Ermitteln Sie zum Vergleich das arithmetische Mittel.

7. Die Preise für Arzneimittel hatten in bestimmten EU-Staaten folgendes Niveau: Belgien: 106, Dänemark: 159, Deutschland: 169, Frankreich: 78, Griechenland: 75, Großbritannien: 103, Italien: 59, Irland: 118, Niederlande: 149.
   a) Ermitteln Sie den Median für diese Länder.
   b) Ermitteln Sie den Median für diese Länder unter Berücksichtigung des EU-Durchschnitts von 100.

8. Die Schüler einer Sozialversicherungsfachklasse haben in einer Fachkundearbeit folgende Noten erreicht: Note 1: 2; Note 2: 8; Note 3: 9; Note 4: 6; Note 5: 4; Note 6: 2.
   a) Bestimmen Sie den Median der Noten.
   b) Ermitteln Sie den Modus.

9. Der Mitgliederstand einer neuen Ersatzkassen-Zweigstelle entwickelte sich wie folgt:

Jahr	Mitglieder am 31. Dez.	Zuwachs gegenüber dem Vorjahr	
		absolut	in Prozent
01	20000	?	?
02	32000	?	?
03	41600	?	?
04	44387	?	?
05	48826	?	?

   a) Übertragen Sie die Tabelle in Ihr Heft, ergänzen Sie diese und bilden Sie das arithmetische Mittel der Zuwachsraten.
   b) Nehmen Sie an, die obige Tabelle weise in der Spalte 2 nur den Anfangsbestand von 20000 Mitgliedern aus. Schreiben Sie diesen Anfangsbestand fort bis zum Jahr 05. Verwenden Sie dazu den unter a) ermittelten Wert als „Zuwachsrate in %". Welcher Mitgliederbestand ergibt sich für das Jahr 05?
   c) Ermitteln Sie die „durchschnittliche Zuwachsrate" mithilfe des geometrischen Mittels. Welcher Mitgliederbestand ergibt sich jetzt für das Jahr 05?
   d) Wie erklären Sie die Abweichung gegenüber dem Ausgangsbeispiel?

10. Die EU hat in einem Jahr Einnahmen in Höhe von 83,5 Mrd. €. Wie viel Euro entfallen davon im Schnitt (arithmetisches Mittel) auf jeden der 376,4 Mio. EU-Bürger?

11. Krankenhausbetten:
Nach einer Zeitungsmeldung gab es in einem Jahr in Deutschland 2380 Krankenhäuser mit 647000 Betten. Bezogen auf je 10000 Einwohner hatten nach der gleichen Quelle die Bundesländer folgende Bettenzahlen:

Berlin: 110, Bremen: 107, Nordrhein-Westfalen: 91, Hamburg: 91, Saarland: 86, Thüringen: 86, Sachsen-Anhalt: 85, Brandenburg: 83, Mecklenburg-Vorpommern: 80, Sachsen: 75, Bayern: 75, Rheinland-Pfalz 75, Niedersachsen: 74, Hessen: 74, Baden-Württemberg: 68, Schleswig-Holstein: 65.

a) Wie viel Krankenhausbetten entfielen in Deutschland durchschnittlich auf 10000 Einwohner? (Annahme: 80 Mio. Einwohner)
b) Ermitteln Sie für die Zahlen der Bundesländer den Zentralwert.
c) Interpretieren Sie die Ergebnisse.

12. Die EU im internationalen Vergleich:

	EU	**Euro-Zone**[1]	**USA**	**Japan**
Bevölkerung in Mio.	376,4	292,1	276,2	126,5
BIP in Mrd. €	8346	6466	8230	3777

a) Wie viel Euro beträgt jeweils das Bruttoinlandsprodukt (BIP) je Einwohner?
b) Erläutern Sie die Ergebnisse.

13. Ein Händler hat in einem Geschäftsjahr unterschiedliche Mengen eines bestimmten Gutes zu unterschiedlichen Preisen bezogen:

am 23. Januar	2681 kg	18,00 €/kg
am 10. Juni	3600 kg	17,20 €/kg
am 8. November	4800 kg	19,30 €/kg

Errechnen Sie das einfache und das gewogene arithmetische Mittel des Bezugspreises auf zwei Dezimale.

14. Folgende EU-Staaten hatten am Ende eines Jahres die nachstehenden Einwohnerzahlen (in Mio.):
Großbritannien: 59,6; Irland: 3,5; Portugal: 10,0; Spanien: 39,4; Italien: 57,7; Luxemburg: 0,4; Frankreich: 59,2; Deutschland: 82,2; Belgien: 10,2; Griechenland: 10,5; Dänemark: 5,3; Niederlande: 15,9.
Ermitteln Sie den Median.

15. Bevölkerungswachstum in der Bundesrepublik Deutschland in %:

Jahre	1961–1970	1971–1980	1981–1990	1991–2000	2001–2010
Zu-Abnahme in %	1,12	0,18	0,4	2,8	– 0,6

a) Errechnen Sie das durchschnittliche Bevölkerungswachstum im Zeitraum 1961 bis 2010 als arithmetisches Mittel.
b) Errechnen Sie das durchschnittliche Bevölkerungswachstum im Zeitraum 1961 bis 2010 als geometrisches Mittel (vier Dezimale).
c) Interpretieren Sie die Ergebnisse.

1 alle am Euro-Währungsgebiet beteiligten Länder

7.4 Streuungsmaße

Mittelwerte kennzeichnen das Zentrum einer Häufigkeitsverteilung. Die Gesamtheit einer Reihe wird dadurch aber nur unvollständig charakterisiert.

Beispiel

Eine Krankenkasse untersucht die Altersstruktur der Mitarbeiter von zwei Geschäftsstellen:

	Alter der 7 Mitarbeiter						
Geschäftsstelle A	18	19	22	30	31	55	64
Geschäftsstelle B	19	25	27	30	37	45	56

Lösung

		A	B
a) arithmetisches Mittel (eAM)	$= \frac{M_1 + \ldots + M_7}{7}$	$\frac{239}{7} = \mathbf{34{,}1}$	$\frac{239}{7} = \mathbf{34{,}1}$
b) Positionsnummer des Medians	$= \frac{n+1}{2}$	$\frac{7+1}{2} = 4$	$\frac{7+1}{2} = 4$
Median (Zentralwert)	=	**30**	**30**

Sowohl das arithmetische Mittel als auch der Median sind für beide Reihen gleich. Dennoch ist offensichtlich die Altersstruktur der beiden Geschäftsstellen unterschiedlich. Es ist deshalb zu fragen, wie weit das Alter der einzelnen Mitarbeiter um den Mittelwert streut. Diese Frage beantworten Streuungsmaße.

Streuungsmaße zeigen an, wie weit die Merkmalswerte einer Reihe um Mittelwerte streuen. Liegen die einzelnen Werte dicht beieinander, ist die Streuung gering; liegen sie weit auseinander, ist sie groß. Streuungsmaße können nur für quantitative Merkmale errechnet werden.

7.4.1 Spannweite

Das am einfachsten zu berechnende Streuungsmaß ist die Spannweite.
Die Spannweite ist die Differenz zwischen dem größten und dem kleinsten Merkmalswert einer Reihe.

Allgemein gilt:

➔ **Spannweite = $M^{max} - M^{min}$**

Beispiel

Für das obige Beispiel folgt daraus:

	A	B
größter vorkommender Merkmalswert	64	56
– kleinster vorkommender Merkmalswert	18	19
= Spannweite	**46**	**37**

Die Spannweite und damit die Streuung ist bei der Geschäftsstelle A größer. Da die Spannweite nur die beiden äußeren Werte einer Verteilung berücksichtigt, wird die Aussagekraft einer Spannweite durch Extremwerte stark eingeschränkt. Sie bietet aber einen schnellen Überblick beim Vergleich zweier Verteilungen.

7.4.2 Mittlere (durchschnittliche) Abweichung

Die mittlere Abweichung ist ein Streuungsmaß, das angibt, wie die einzelnen Werte um einen Mittelwert verteilt sind. Dabei wird jeder Wert der Zahlenreihe berücksichtigt.

Die **mittlere Abweichung** ist die durchschnittliche Abweichung aller Merkmalswerte von einem beliebigen Mittelwert (z. B. arithmetisches Mittel oder Median).

Allgemein gilt:

$$\textbf{mittlere Abweichung (d)} = \frac{(M_1 - MW) + (M_2 - MW) + \ldots + (M_n - MW)}{n}$$

$$d = \frac{\text{Summe der Abweichungen vom Mittelwert}}{\text{Anzahl der Merkmalsausprägungen}}$$

M = Merkmalsausprägung
MW = Mittelwert
n = Anzahl der Merkmalsausprägungen

Bei der Abweichung vom Mittelwert wird das **Vorzeichen** nicht berücksichtigt.

Beispiel

1. Für das obige Beispiel (Seite 136) folgt daraus:

Geschäftsstelle A

Alter (M)	Abweichung vom Mittelwert	
	M – arithm. Mittel (eAM) (M – 34,1)	M – Median (M – 30)
18	16,1	12
19	15,1	11
22	12,1	8
30	4,1	0
31	3,1	1
55	20,9	25
64	29,9	34
Summe der Abweichungen	101,3	91
mittlere Abweichung (d)	$\frac{101,3}{7} = \textbf{14,5}$	$\frac{91}{7} = \textbf{13}$

Geschäftsstelle B

Alter (M)	Abweichung vom Mittelwert	
	M – arithm. Mittel (eAM) (M – 34,1)	M – Median (M – 30)
19	15,1	11
25	9,1	5
27	7,1	3
30	4,1	0
37	2,9	7
45	10,9	15
56	21,9	26
Summe der Abweichungen	71,1	67
mittlere Abweichung (d)	$\frac{71{,}7}{7} = \mathbf{10{,}2}$	$\frac{67}{7} = \mathbf{9{,}6}$

Wird als Mittelwert das arithmetische Mittel gewählt, so ergibt sich für die Geschäftsstelle A eine mittlere Abweichung von 14,5 Jahren, für die Geschäftsstelle B eine mittlere Abweichung von 10,2 Jahren.

Wird als Mittelwert der Median gewählt, so ergibt sich für die Geschäftsstelle A eine mittlere Abweichung von 13 Jahren und für die Geschäftsstelle B eine mittlere Abweichung von 9,6 Jahren.

Unabhängig vom gewählten Mittelwert ist die Streuungsbreite bei der Geschäftsstelle A wesentlich größer als bei der Geschäftsstelle B.

Beispiel

2. In einer Gemeinde ergibt sich für die Empfänger von Wohngeld folgendes Bild:

Wohngeld € von ... bis unter	Häufigkeit H
0–50	2
50–100	11
100–150	9
150–200	14
200–250	27
250–300	33
300–350	23
350–400	28
	147

Errechnet werden soll die mittlere durchschnittliche Abweichung, wobei als Mittelwert das gewogene arithmetische Mittel anzuwenden ist. Dieses wurde bereits in Kapitel 7.3.2 ermittelt und beträgt 255,61 €.

Lösung

Liegen klassifizierte Merkmalsausprägungen vor, wird hilfsweise jeweils die Klassenmitte zur Berechnung der Abweichung vom Mittelwert herangezogen. Dabei wird unterstellt, dass die Merkmalswerte um die Klassenmitte gleich verteilt sind.

Wohngeld € von ... bis unter	Häufigkeit H	Klassenmitte KM	Abweichung A = KM − gAM	A · H
0–50	2	25	230,61	461,22
50–100	11	75	180,61	1 986,71
100–150	9	125	130,61	1 175,49
150–200	14	175	80,61	1 128,54
200–250	27	225	30,61	826,47
250–300	33	275	19,39	639,87
300–350	23	325	69,39	1 595,97
350–400	28	375	119,39	3 342,92
	147			11 157,19

mittlere Abweichung (d) = $\frac{11\,157{,}19}{147}$ = **75,90 €**

Das Wohngeld der Empfänger weicht somit im Durchschnitt um 75,90 € vom arithmetischen Mittelwert ab.

mittlere Abweichung (d)

$$= \frac{(KM_1 - gAM) \cdot H_1 + (KM_2 - gAM) \cdot H_2 + \ldots + (KM_n - gAM) \cdot H_n}{H_1 + H_2 + \ldots + H_n}$$

mittlere Abweichung bei klassifizierten Merkmalsausprägungen = **Summe der Produkte aus den Abweichungen der jeweiligen Klassenmitte vom Mittelwert und der jeweiligen Häufigkeit / Summe der Häufigkeiten**

7.4.3 Varianz (mittlere quadratische Abweichung)

Auch bei der Varianz geht es um die Ermittlung der durchschnittlichen Abweichung der Merkmalsausprägungen von einem beliebigen Mittelwert. Im Gegensatz zur mittleren durchschnittlichen Abweichung werden hier die Abweichungen quadriert. Dies führt zu einer stärkeren Betonung der Extremwerte und damit zu einer besseren Charakterisierung der zu untersuchenden Reihe der Merkmalsausprägungen.

Beispiel

1. Zu untersuchen ist wieder die Altersstruktur der Geschäftsstellen A und B (vgl. Kapitel 7.4.2). Ermitteln Sie jeweils die Varianz, indem Sie als Mittelwert (MW) das einfache arithmetische Mittel (eAM = 34,1) verwenden.

Geschäftsstelle A

Alter (M)	Abweichung vom arithmetischen Mittelwert (eAM) (M – 34,1)	Quadrat der Abweichungen vom arithmetischen Mittel $(M - 34{,}1)^2$
18	16,1	259,21
19	15,1	228,01
22	12,1	146,41
30	4,1	16,81
31	3,1	9,61
55	20,9	436,81
64	29,9	894,01
Summe		1 990,87
Varianz (s^2)		$\frac{1\,990{,}87}{7} = \mathbf{284{,}41}$

Geschäftsstelle B

Alter (M)	Abweichung vom arithmetischen Mittelwert (eAM) (M – 34,1)	Quadrat der Abweichungen vom arithmetischen Mittel $(M - 34{,}1)^2$
19	15,1	228,01
25	9,1	82,81
27	7,1	50,41
30	4,1	16,81
37	2,9	8,41
45	10,9	118,81
56	21,9	479,61
Summe		984,87
Varianz (s^2)		$\frac{984{,}87}{7} = \mathbf{140{,}70}$

Vergleich der Streuungsmaße

	mittlere Abweichung (d)	Varianz (s^2)
Geschäftsstelle A	14,5	284,41
Geschäftsstelle B	10,2	140,70

In beiden Fällen ist die Streuungsbreite bei der Geschäftsstelle A größer als bei der Geschäftsstelle B. Während aber die mittlere Abweichung nur etwa um die Hälfte größer ist, ist die Varianz etwa doppelt so groß.

$$\text{Varianz } (s^2) = \frac{(M_1 - MW)^2 + (M_2 - MW)^2 + \ldots + (M_n - MW)^2}{n}$$

$$s^2 = \frac{\text{Summe der Quadrate der Abweichungen vom Mittelwert}}{\text{Anzahl der Elemente (Merkmalsausprägungen)}}$$

Liegen **klassifizierte Merkmalsausprägungen** vor, so wird auch bei der Berechnung der Varianz jeweils die Klassenmitte zur Berechnung der Abweichung vom Mittelwert herangezogen. Dabei wird ebenso unterstellt, dass die Merkmalswerte um die Klassenmitte gleich verteilt sind.

Beispiel

2. Ermitteln Sie die mittlere quadratische Abweichung (Varianz) für das Beispiel 2 „Wohngeld" in Abschnitt 7.4.2. Dort wurden bereits die Abweichungen der Klassenmitten vom gewogenen arithmetischen Mittel festgestellt.

Wohngeld € von ... bis unter	Häufigkeit H	Abweichung A = KM – gAM	A^2	$A^2 \cdot H$
0–50	2	230,61	53 180,97	106 361,94
50–100	11	180,61	32 619,97	358 819,69
100–150	9	130,61	17 058,97	153 530,74
150–200	14	80,61	6 497,97	90 971,61
200–250	27	30,61	936,97	25 298,25
250–300	33	19,39	375,97	12 407,08
300–350	23	69,39	4 814,97	110 744,35
350–400	28	119,39	14 253,97	399 111,21
	147			1 257 244,87

$$\text{Varianz } (s^2) = \frac{1\,257\,244{,}87}{147} = \mathbf{8\,552{,}69\ €}$$

Eine Interpretation dieses Ergebnisses ist erst dann sinnvoll möglich, wenn entsprechende Berechnungen der Varianz für andere Verteilungen von Wohngeld (z. B. mehrerer Gemeinden) vorliegen.

Varianz (s^2)

$$= \frac{(KM_1 - gAM)^2 \cdot H_1 + (KM_2 - gAM)^2 \cdot H_2 + \ldots + (KM_n - gAM)^2 \cdot H_n}{H_1 + H_2 + \ldots + H_n}$$

$$\text{Varianz bei klassifizierten Merkmalsausprägungen} = \frac{\text{Summe der Produkte aus den Quadraten der Abweichungen der Klassenmitte vom Mittelwert und der jeweiligen Häufigkeit}}{\text{Summe der Häufigkeiten}}$$

7.4.4 Standardabweichung

Die Varianz hat Bedeutung in der theoretischen Statistik. Um Interpretationsprobleme zu umgehen, wird in der betrieblichen Statistik die Standardabweichung ermittelt.

Standardabweichung (s) = Quadratwurzel aus der Varianz

$$s = \sqrt{s^2}$$

$$s = \sqrt{\frac{(M_1 - MW)^2 + (M_2 - MW)^2 + \ldots + (M_n - MW)^2}{n}}$$

Beispiel

1. Ermitteln Sie die Standardabweichung für die Geschäftsstellen A und B. In Kapitel 7.4.3 wurde die Varianz (s^2) bereits ermittelt.

	mittlere Abweichung (d)	Varianz (s^2)	Standard-abweichung (s)
Geschäftsstelle A	14,5	284,41	16,86
Geschäftsstelle B	10,2	140,70	11,86

Zur Berechnung der Varianz und der Standardabweichungen kann anstelle des arithmetischen Mittels auch der Zentralwert (Median) herangezogen werden.

Standardabweichung bei klassifizierten Merkmalsausprägungen

$$s = \sqrt{\frac{(KM_1 - gAM)^2 \cdot H_1 + (KM_2 - gAM)^2 \cdot H_2 + \ldots + (KM_n - gAM)^2 \cdot H_n}{H_1 + H_2 + \ldots + H_n}}$$

Beispiel

2. Ermitteln Sie die Standardabweichung für das Beispiel „Wohngeld“ in Kapitel 7.4.3. Dort wurde bisher die Varianz (s^2) ermittelt.

Lösung

$s^2 = 8\,552{,}69$ €

$s = \sqrt{s^2} =$ **92,48 €**

7.4.5 Variationskoeffizient (relative Streuung)

Die Standardabweichung ist ein absolutes Streuungsmaß, das sich zum Vergleich unterschiedlicher statistischer Reihen nicht gut eignet. Deshalb wird die relative Streuung berechnet:

$$\text{relative Streuung} = \frac{\text{absolute Streuung}}{\text{Durchschnittswert}} \cdot 100$$

Wird als Maß für die absolute Streuung die Standardabweichung gewählt und für den Durchschnittswert das arithmetische Mittel eingesetzt, so ergibt sich als Maß für die relative Streuung der Variationskoeffizient.

$$V = \frac{s}{MW} \cdot 100$$

$$\text{Variationskoeffizient (V)} = \frac{\text{Standardabweichung}}{\text{arithmetisches Mittel}} \cdot 100$$

Der Variationskoeffizient drückt also die Standardabweichung in Prozent des Mittelwertes aus.

Beispiel

Altersstrukturen der Geschäftsstellen A, B und C:

	Alter der Mitarbeiter						
Geschäftsstelle A	18	19	22	30	31	55	64
Geschäftsstelle B	19	25	27	30	37	45	56
Geschäftsstelle C	18	25	30	45	49	52	64

Ermitteln Sie für die drei Geschäftsstellen jeweils Standardabweichungen und Variationskoeffizienten und interpretieren Sie die Ergebnisse.

Lösung

Für die Geschäftsstellen A und B wurde das einfache arithmetische Mittel bereits in Kapitel 7.4 und die Standardabweichung in Kapitel 7.4.4 ermittelt. Für die Geschäftsstelle C ist entsprechend zu verfahren.

	Arithmetisches Mittel (eAM)	**Standardabweichung (s)**	**Variationskoeffizient ($V = \frac{s}{eAM} \cdot 100$)**
A	34,10	16,86	49,44
B	34,10	11,86	34,78
C	40,42	15,28	37,80

Ein Vergleich der Streuungsmaße für die Geschäftsstellen A und B zeigt, dass sowohl die Standardabweichung als auch der Variationskoeffizient die gleiche Aussage haben: Das Streuungsmaß ist für A etwa um die Hälfte höher als für B. Der Variationskoeffizient konnte hier auch zu keinem anderen Ergebnis führen als die Standardabweichung, da er lediglich die Standardabweichung in Prozent vom für beide Geschäftsstellen gleich hohen Mittelwert ausdrückt.

Die Standardabweichung zeigt für A und C ein ähnlich hohes Streuungsmaß. Daraus kann jedoch nicht ohne Weiteres geschlossen werden, dass die Altersstrukturen von A und C ähnliche Streuungen aufweisen, da der Mittelwert bei C wesentlich höher ist als bei A.

Auch der Variationskoeffizient lässt die Aussage zu, dass A die größte und B die kleinste Streuung aufweist. Er zeigt jedoch auch, dass die Streuungsbreite von B und C wesentlich ähnlicher ist als die von A und B.

Der Unterschied in der Charakterisierung der Streuung bei den drei Geschäftsstellen kommt dadurch zustande, dass der Variationskoeffizient die unterschiedlichen Mittelwerte berücksichtigt.

Übungen

1. Die monatlichen Altersruhegelder entwickelten sich für zwei Rentner wie folgt:

Jahr	Monatliche Rente in €	
	Rentner A	Rentner B
01	1 008,10	1 134,10
02	1 053,40	1 185,10
03	1 095,60	1 232,50
04	1 139,40	1 281,80
05	1 205,00	1 355,60
06	1 272,30	1 431,30
07	1 315,50	1 480,00
08	1 355,00	1 524,40
09	1 394,30	1 568,60
10	1 447,30	1 628,20
11	1 490,70	1 677,10

Errechnen Sie für beide Reihen
a) die Spannweite,
b) die mittlere durchschnittliche Abweichung vom arithmetischen Mittel,
c) die mittlere durchschnittliche Abweichung vom Median,
d) die Varianz, indem Sie als Mittelwert das einfache arithmetische Mittel verwenden,
e) die Varianz, indem Sie als Mittelwert den Median verwenden,
f) die Standardabweichung,
g) den Variationskoeffizienten.

2. Rentenschichtung nach dem monatlichen Zahlbetrag am 31. Dezember eines Jahres für Versichertenrenten nach Männern und Frauen:

Rentenzahlbetrag von … bis unter … €/Monat	Männer Anteil in %	Frauen Anteil in %
unter … 150,00	5,3	18,0
150,00–300,00	5,2	24,1
300,00–450,00	5,5	14,3
450,00–600,00	6,7	16,2
600,00–750,00	9,1	14,4
750,00–900,00	11,6	6,8
900,00–1 050,00	15,3	3,2
1 050,00–1 200,00	15,9	1,8
1 200,00–1 350,00	11,8	0,9
1 350,00–1 500,00	7,9	0,3
1 500,00 und höher	5,6	0,1
insgesamt	100,0	100,0

Errechnen Sie für beide Reihen:

a) die mittlere durchschnittliche Abweichung vom gewogenen arithmetischen Mittel,

b) die Varianz, indem Sie als Mittelwert das gewogene arithmetische Mittel verwenden

c) die Standardabweichung,

d) den Variationskoeffizienten, indem Sie als Mittelwert das gewogene arithmetische Mittel verwenden.

3. Die Schülerinnen und Schüler einer Bezirksfachklasse für Sozialversicherungsfachangestellte müssen z. T. erhebliche Wege (Entfernungskilometer) bis zu ihrem Schulort zurücklegen.

Untersuchen Sie die Situation der beiden Klassen.

Klasse 1 (23 Schüler/Schülerinnen)
A 28 km, B 3, C 24, D 1, E 5, F 12, G 14, H 23, I 32, J 10, K 12, L 68, M 65, N 10, O 48, P 16, Q 22, R 12, S 9, T 53, U 41, V 12, W 25.

Klasse 2 (21 Schüler/Schülerinnen)
A 16 km, B 4, C 27, D 78, E 12, F 3, G 42, H 24, I 14, J 6, K 23, L 38, M 27, N 49, O 17, P 24, Q 4, R 62, S 59, T 7.

(1) Ermitteln Sie zunächst für beide Berufsschulklassen die folgenden Mittelwerte (auf eine Dezimale):
   a) das einfache arithmetische Mittel
   b) den Median
   c) den Modus

(2) Ermitteln Sie nun für beide Berufsschulklassen verschiedene Streuungsmaße (auf eine Dezimale):
   a) die Spannweite
   b) die mittlere (durchschnittliche) Abweichung vom
      ba) einfachen arithmetischen Mittel
      bb) Median
      bc) Modus
   c) die Varianz (mittlere quadratische Abweichung) vom
      ca) einfachen arithmetischen Mittel
      cb) Median
      cc) Modus
   d) die Standardabweichung vom
      da) einfachen arithmetischen Mittel
      db) Median
      dc) Modus
   e) den Variationskoeffizienten, wobei als Maß für die absolute Streuung die Standardabweichung und für den Durchschnittswert das arithmetische Mittel eingesetzt wird.

(3) Stellen Sie zunächst für beide Berufsschulklassen Tabellen auf, die die Entfernungen in Klassen von jeweils 10 km angeben: 0 bis unter 10 km, unter 20 km usw.
   a) Ermitteln Sie für beide Tabellen das gewogene arithmetische Mittel (auf eine Dezimale).
   b) Vergleichen Sie diese Ergebnisse mit den Ergebnissen für die einfachen arithmetischen Mittel (vgl. 1a).

4. Eine Arbeitsagentur gab für ein Jahr folgende Arbeitsmarktdaten bekannt:

im Laufe des Monats	Zugang Arbeitslose	Zugang offene Stellen
Januar	2863	750
Februar	1791	901
März	1813	886
April	2147	838
Mai	1718	856
Juni	1997	798
Juli	3842	810
August	2113	634
September	1930	848
Oktober	2391	721
November	1933	663
Dezember	2398	610

Ermitteln Sie für beide Zahlenkolonnen
a) die Positionsnummer des Medians,
b) den Median,
c) die Spannweite,
d) das arithmetische Mittel,
e) die mittlere Abweichung vo arithmetischen Mittel.

5. Die folgende Tabelle zeigt die Gesamtsteuerlast in Prozent des steuerpflichtigen Gewinns einer Kapitalgesellschaft in verschiedenen Ländern (Gesamtsteuerlast: Steuern vom Ertrag und Vermögen insgesamt im Verhältnis zum Gewinn vor Steuern).

	D	F	I	GB	S	USA	J
chemische Industrie	63,4	55,0	63,1	42,4	45,7	59,3	68,0
Maschinenbau	63,8	63,6	62,6	39,2	43,5	57,3	64,9
Straßenfahrzeugbau	61,3	53,2	58,9	41,0	39,0	54,6	61,7
Büromaschinen, EDV	68,6	71,8	66,0	46,9	39,5	56,9	59,6
Bekleidungsgewerbe	74,8	77,5	74,4	50,6	47,1	62,0	70,1

a) Ermitteln Sie für jeden der sieben Staaten die
   aa) durchschnittliche Steuerbelastung (arithmetisches, Mittel) der Branchen,
   ab) mittlere Abweichung (vom arithmetischen Mittel)
   ac) Varianz.

b) Ermitteln Sie für jede der fünf Branchen die
   ba) durchschnittliche Steuerbelastung (arithmetisches Mittel) der Staaten,
   bb) mittlere Abweichung (vom arithmetischen Mittel),
   bc) Varianz.

III Haushaltsrecht und Rechnungswesen sowie Vermögensanlage der Krankenkassen

1 Haushalts- und Rechnungswesen

1.1 Inhalte und Ziele des Haushalts- und Rechnungswesens

Die gesetzlichen Krankenkassen sind ermächtigt, eigenverantwortlich die überwiegend im Sozialgesetzbuch festgelegten Aufgaben durchzuführen und die dafür notwendigen finanziellen Mittel bereitzustellen.

Hierfür benötigt der Vorstand ein Informationssystem, das die abgelaufene, die aktuelle und zukünftige Geschäftstätigkeit der Krankenkasse sinnvoll erfasst und darstellt. Diese Anforderungen erfüllt das Haushalts- und Rechnungswesen.

Im Bereich des **Haushaltswesens** werden für einen bestimmten Zeitraum (= Finanzperiode) die *zu erwartenden Einnahmen und Ausgaben* ermittelt und im Haushaltsplan gegenübergestellt. So können Finanzierungslücken/Überschüsse rechtzeitig erkannt und durch geeignete Maßnahmen geschlossen bzw. abgebaut werden.

Das **Rechnungswesen** bildet in Form von Zahlen die *laufenden Geschäftstätigkeiten* einer Krankenkasse ab, um z. B. die Verwendung der Haushaltsmittel analysieren oder kontrollieren zu können.

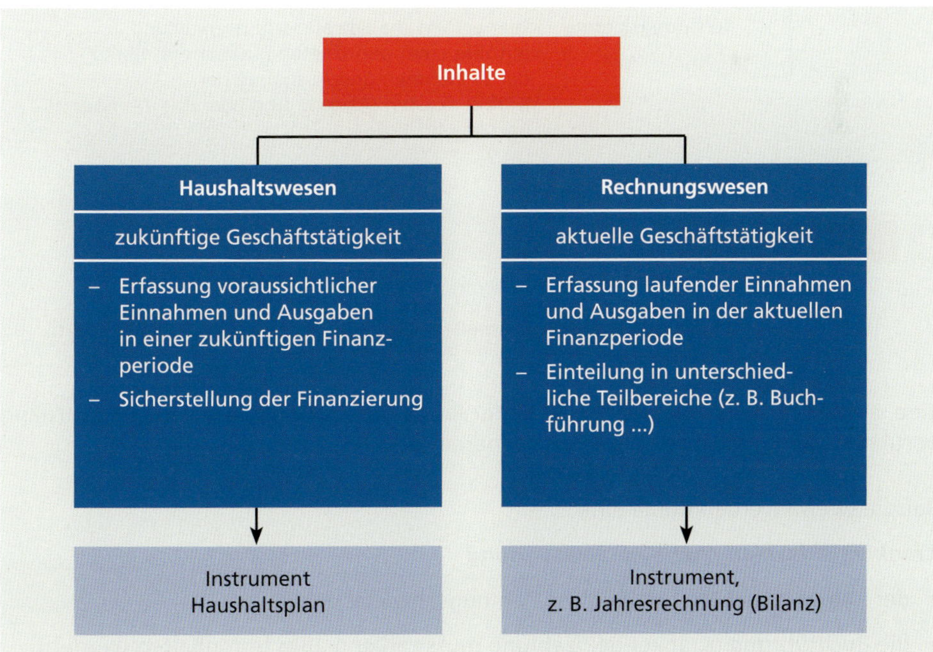

Das Haushalts- und Rechnungswesen gliedert sich in folgende Teilbereiche:

Haushaltswesen

Haushaltsplan	Er umfasst alle Tätigkeiten zur Aufstellung, Feststellung und Ausführung des Haushaltsplans.
Rechnungsprüfung	Die interne Rechnungsprüfung umfasst die Kontrolle der Jahresrechnung auch in Bezug auf die korrekte Umsetzung des Haushaltsplans.

Rechnungswesen

Zahlungsverkehr	Dahinter verbirgt sich im Wesentlichen die bare und bargeldlose Zahlungsabwicklung.
Rechnungsbelege	Dieser Teil regelt die Handhabung von Rechnungs- bzw. Buchungsbelegen (Grundsatz: Keine Buchung ohne Beleg).
Buchführung	Nach bestimmten Regeln werden Geschäftsvorgänge zahlenmäßig festgehalten.
Rechnungslegung	Hier erfolgt die Jahresabschlusserstellung mithilfe einer geordneten Zusammenstellung der Einnahmen und Ausgaben der Krankenkassen (Abrechnung über das Vermögen und den Erfolg).

Statistik

Es werden Zahlen gesammelt, aufbereitet, analysiert und interpretiert.

Eine strikte Trennung der Gebiete ist in der Praxis nicht möglich. Ein Geschäftsvorgang berührt in der Regel immer mehrere Teilbereiche.

Beispielsweise werden durch eine

Krankengeldzahlung per Banküberweisung

- der **Zahlungsverkehr** (bargeldlose Zahlungsabwicklung),
- die **Buchführung** (Krankengeldzahlung muss zahlenmäßig festgehalten werden),

- die **Rechnungsbelege** (der entsprechende Beleg muss z. B. abgelegt werden) und die
- **Statistik** (z. B. alle Krankengeldzahlungen werden addiert und die Veränderungen gegenüber anderen Zeiträumen festgestellt)

berührt.

Mit dem Haushalts- und Rechnungswesen verfolgen die Krankenkassenvorstände grundsätzlich zwei Hauptzielrichtungen:

- **Externe Zielsetzung**

Ziel ist ein detaillierter Nachweis über die Herkunft und Verwendung von Finanzmitteln gegenüber Kontrollgremien, wie z. B. der Aufsichtsbehörde und dem Verwaltungsrat[1].

Die Krankenkassenvorstände wollen wissen, ob
- die geplanten Einnahmen/Ausgaben auch den tatsächlichen Einnahmen/Ausgaben entsprechen (formale Kontrolle) und
- die tatsächlichen Einnahmen zur Deckung der tatsächlichen Ausgaben ausreichen (materielle Kontrolle).

Dies war in der Vergangenheit die Hauptaufgabe.

- **Interne Zielsetzung**

Planung und Kontrolle: Hierbei handelt es sich z. B. um eine Hilfe für anstehende Entscheidungen und die anschließende Kontrolle, ob die gesetzten Ziele erreicht wurden, vor allem im Hinblick auf die Wirtschaftlichkeit. Die steigende Abgabenlast und die vom Gesetzgeber geschaffene Wettbewerbssituation im Bereich der gesetzlichen Krankenkassen führen zu einem ausgeprägten Kosten- und Wirtschaftlichkeitsdenken, sodass die interne Zielsetzung immer mehr an Bedeutung gewinnt.

Wirtschaftlichkeit und Sparsamkeit ist außerdem eine Grundregel für jede Verwaltungstätigkeit mit Verfassungsrang.

Art. 114 GG Rechnungslegung; Bundesrechnungshof

...

(2) Der Rechnungshof ... prüft die Rechnung sowie die Wirtschaftlichkeit und Ordnungsmäßigkeit der Haushalts- und Wirtschaftsführung.

Auch im Sozialgesetzbuch gibt es eine Vielzahl von Bestimmungen, die Wirtschaftlichkeit und Sparsamkeit von den Krankenkassen bei ihrer Aufgabenerfüllung fordern. So fordert z. B. § 69 SGB IV die Berücksichtigung der Grundsätze der Wirtschaftlichkeit und Sparsamkeit für alle Zweige der Sozialversicherung. Dies setzt sich u. a. in § 12 SGB V für die Krankenversicherung fort (s. Anhang).

1 Bei anderen Sozialversicherungsträgern (z. B. der gesetzlichen Rentenversicherung) ist es die Vertreterversammlung.

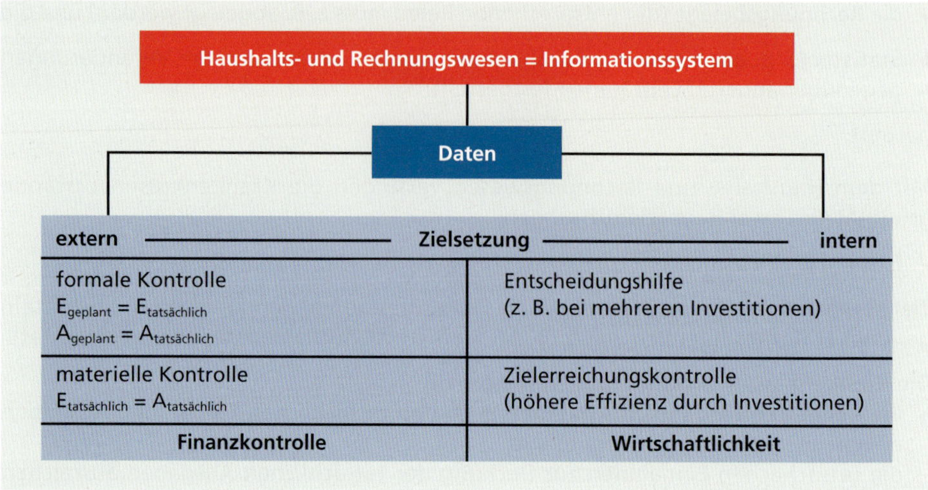

Beispiel

Beispielhaft soll die Finanzkontrolle (vereinfacht) mithilfe folgender Zahlen rechnerisch durchgeführt werden.

	Haushaltsplan	Rechnungswesen (Jahresrechnung)
Einnahmen	4 972 500,00 €	4 745 000,00 €
Ausgaben	4 972 500,00 €	4 912 500,00 €

Lösung

Finanzkontrolle	Berechnung	Abweichung
formale Kontrolle		
$E_{geplant} - E_{tatsächlich}$	4 972 500,00 € – 4 745 000,00 €	= 227 500,00 €
$A_{geplant} - A_{tatsächlich}$	4 972 500,00 € – 4 912 500,00 €	= 60 000,00 €
materielle Kontrolle		
$E_{tatsächlich} - A_{tatsächlich}$	4 745 000,00 € – 4 912 500,00 €	= –167 500,00 €

Interpretation der Ergebnisse:

Formale Kontrolle: Die tatsächlichen Einnahmen bleiben um 227 500,00 € unter den geplanten Einnahmen (eher negativ zu bewerten), allerdings sind auch die tatsächlichen Ausgaben niedriger als die geplanten Ausgaben (dies ist positiv zu bewerten).

Materielle Kontrolle: Die tatsächlichen Einnahmen sind um 167 500,00 € geringer als die tatsächlichen Ausgaben. Der Fehlbetrag wird durch Auflösung von Reserven (= Rücklagen) der Krankenkasse ausgeglichen. Der Vorstand muss sich für das kommende Haushaltsjahr Einsparungsmöglichkeiten überlegen (Wirtschaftlichkeit) oder Änderungen auf der Einnahmenseite vornehmen.

Übungen

1. Wodurch unterscheiden sich Haushalts- und Rechnungswesen im Hinblick auf den zeitlichen Aspekt?
2. Entwickeln Sie ein Schaubild, das alle Gebiete des Haushalts- und Rechnungswesens und deren „Abhängigkeiten" (Über- und Unterordnungsverhältnis) darstellt.
3. a) Ordnen Sie die folgenden Teilgebiete den Bereichen Haushaltswesen, Rechnungswesen und Statistik zu:
   Buchführung, Finanzdaten, Zahlungsverkehr, Rechnungsbelege, Rechnungsprüfung, Personaldaten, Rechnungslegung, Haushaltsplan, Versichertendaten.

   b) Ordnen Sie folgende Handlungen/Geschäftsvorgänge dem entsprechenden Teilbereich des Haushalts- und Rechnungswesens und der Statistik zu:
   (1) Die Krankenkasse stellt Zahlen über die Entwicklung der Krankengeldzahlungen über mehrere Zeiträume zusammen.
   (2) Die entsprechenden Mitarbeiter einer Krankenkasse ermitteln den Geldbedarf für das kommende Geschäftsjahr.
   (3) Es wird aufgrund einer Zahlungsanordnung die Rechnung für eine Zahnwurzelbehandlung beglichen.
   (4) In der Buchhaltung einer Krankenkasse heftet die Buchhalterin Buchungsbelege ordnungsgemäß ab.
   (5) Am Ende des Geschäftsjahres wird die Jahresrechnung mit dem Haushaltsplan von der Vertreterversammlung/Verwaltungsrat verglichen.
   (6) Es werden die Geschäftsfälle einer Krankenkasse im Sachbuch (auf Konten) erfasst.
   (7) Erbrachte Krankenkassenleistungen werden zahlenmäßig festgehalten.
   (8) Eine Krankenkasse erhebt Daten über die Mitgliederstruktur u.a. getrennt nach Alter und Geschlecht.
   (9) Damit eine Zahlungsanordnung nicht noch einmal gebucht wird, wird diese durch eine Krankenkassenmitarbeiterin nummeriert.
4. Nennen Sie drei gesetzliche Grundlagen des SGB IV und V, in denen die Sozialversicherungsträger zur Wirtschaftlichkeit und/oder Sparsamkeit bei ihrer Aufgabenerfüllung aufgefordert werden.
5. Das im Haushalts- und Rechnungswesen geforderte Wirtschaftlichkeitsprinzip wird häufig auch als ökonomisches Prinzip bezeichnet.
   a) Beschreiben Sie die beiden Ausprägungen des ökonomischen Prinzips.
   b) Begründen Sie, welche Ausprägung bei § 12 Abs. 1 SGB V vorliegt (s. Anhang).
   c) Zeigen Sie an einem Beispiel aus Ihrem betrieblichen Aufgabenbereich, dass zwischen Wirtschaftlichkeit und Sparsamkeit unter Umständen ein Widerspruch besteht.
6. Worin besteht der wesentliche Unterschied zwischen formaler und materieller Kontrolle?
7. Führen Sie rechnerisch die formale und materielle Kontrolle mit den folgenden Zahlen durch und interpretieren Sie die Ergebnisse:
   a)

Soll-Größen (Haushaltsplan):	Einnahmen	1 989 000,00 €
	Ausgaben	1 989 000,00 €
Ist-Größen (Jahresrechnung):	Einnahmen	1 898 000,00 €
	Ausgaben	1 965 000,00 €

   b) Die Einnahmen im Haushaltsplan in Höhe von 6 914 500,00 € übersteigen um 14 500,00 € die Ist-Zahlen; die Soll-Werte für die Ausgaben ergeben rechnerisch den Ausgleich im Haushaltsplan. Bei der materiellen Kontrolle ergibt sich ein Überschuss von 147 000,00 €.
8. Begründen Sie, weshalb der Verwaltungsrat zunächst wahrscheinlich die Finanzkontrolle durchführt und danach die Wirtschaftlichkeit prüft.

1.2 Rechtliche Bestimmungen zum Haushalts- und Rechnungswesen

Damit die Sozialversicherungsträger die ihnen vom Staat übertragenen Aufgaben ordnungsgemäß ausführen, werden sie durch Aufsichtsbehörden kontrolliert (Finanzkontrolle). Diese Aufgabe wird erleichtert, wenn einheitliche und nachvollziehbare Verfahren durch gesetzliche Vorschriften festgelegt sind.

Staatliche Vorschriften sind häufig Gesetze. Weil diese jedoch für alle Sozialversicherungszweige Gültigkeit haben, sind die Aussagen meistens sehr allgemein gehalten. In solchen Fällen erfolgen genauere Erklärungen und Anweisungen in den dazugehörigen Verordnungen, die sich aber nur im Rahmen der übergeordneten Gesetze bewegen dürfen.

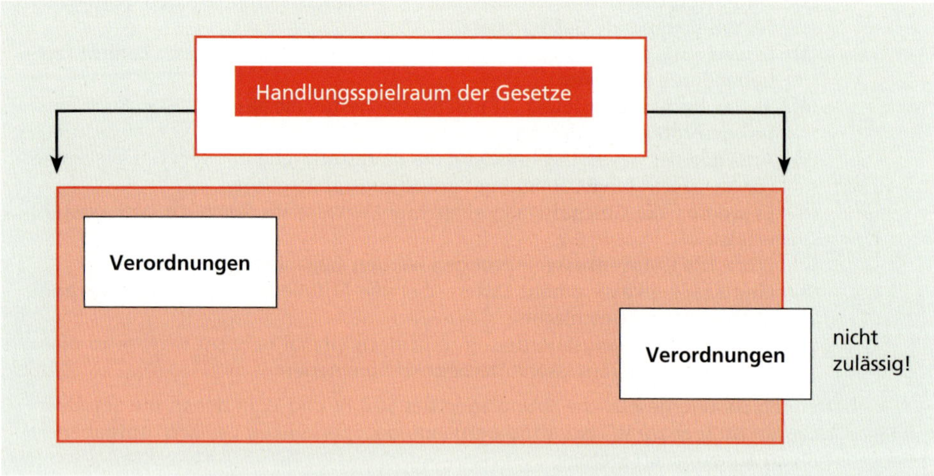

Noch spezieller sind die Verwaltungsvorschriften. Sie berücksichtigen auch die Größe und die Organisation des einzelnen Sozialversicherungsträgers. Es handelt sich z. B. also um speziell auf eine Betriebskrankenkasse zugeschnittene „Handlungsanweisungen". Ein solches Über- und Unterordnungsverhältnis bei Gesetzen, Verordnungen usw. folgt dem **Subsidiaritätsprinzip**[1].

1 Nach dem Subsidiaritätsprinzip soll eine (staatliche) Aufgabe soweit wie möglich von der unteren Ebene bzw. kleineren Einheit wahrgenommen werden (www.bpb.de/wissen/3H53IP). Untergeordnete Rechtsbestimmungen dürfen nur dann angewendet werden, wenn das übergeordnete Recht keine konkreten, abschließenden Aussagen zu einem Sachverhalt macht.

Konkretisierungsgrad	Bestimmungen	„Erlassende Instanzen"
allgemeingültige Bestimmungen für alle Sozialversicherungszweige ↓	**Gesetze** z. B. § 67 SGB IV Die Versicherungsträger stellen für jedes Kalenderjahr einen Haushaltsplan auf, der alle im Haushalt voraussichtlich zu leistenden Ausgaben und voraussichtlich benötigten Verpflichtungsermächtigungen[1] sowie alle im Haushaltsjahr zu erwartenden Einnahmen enthält.	**Legislative** z. B. Bundestag
konkrete Grundsätze, tlw. auch Detailregelungen unter Berücksichtigung des Versicherungszweiges ↓	**Verordnungen** z. B. § 2 SVHV[2] Die Einnahmen und Ausgaben sind für das Haushaltsjahr zu veranschlagen, für das sie nach den für die einzelnen Versicherungsträger jeweils geltenden Verordnungen oder allgemeinen Verwaltungsvorschriften über das Rechnungswesen zu buchen sind.	**Bundesregierung** mit Zustimmung des Bundesrates (§ 78 SGB IV)
spezielle Handlungsanweisungen für den einzelnen SV-Träger im Hinblick auf Organisation und Größe	**Verwaltungsvorschriften** z. B. Kassenordnung Die Bücher und Belege sind so aufzubewahren, dass sie Unbefugten nicht zugänglich sind.	**Vorstand** des SV-Trägers mit Unterrichtung der Aufsichtsbehörde

Die Grundlage für ein einheitliches Haushalts- und Rechnungswesen für fast alle Sozialversicherungsträger ist das SGB IV[3]. Es trat am 1. Juli 1977 in Kraft und ermächtigte die Bundesregierung (mit Zustimmung des Bundesrates), Verordnungen zum Haushalts- und Rechnungswesen zu erlassen.

> § 78 SGB IV
> Die Bundesregierung wird ermächtigt, durch Rechtsverordnung mit Zustimmung des Bundesrates für die Sozialversicherungsträger mit Ausnahme der BA Grundsätze über die Aufstellung des Haushaltsplanes, seine Ausführung, die Rechnungsprüfung und die Entlastung sowie die Zahlung, die Buchführung und die Rechnungslegung zu regeln. Die Regelung ist nach den Grundsätzen des für den Bund und die Länder geltenden Haushaltsrechts vorzunehmen; sie hat die Besonderheiten der Sozialversicherung und der einzelnen Versicherungszweige zu berücksichtigen.

Diesen gesetzlichen Handlungsspielraum nutzte die Bundesregierung und erließ eine Reihe von Verordnungen. Dabei ist zwischen Bereichen zu unterscheiden, für die nur Grundsätze aufgestellt wurden, und solchen, bei denen Detailregelungen erforderlich waren.

1 *bezeichnet die Möglichkeit, bindende Verpflichtungen für ein späteres Haushaltsjahr einzugehen. So kann z. B. der Vorstand Verträge für mehrere Jahre eingehen.*
2 *Verordnung über das Haushaltswesen in der Sozialversicherung*
3 *Für folgende Träger haben die Vorschriften Gültigkeit: Krankenkassen, Berufsgenossenschaften, Rentenversicherungsträger einschließlich der Altershilfe für Landwirte, Pflegekassen.*

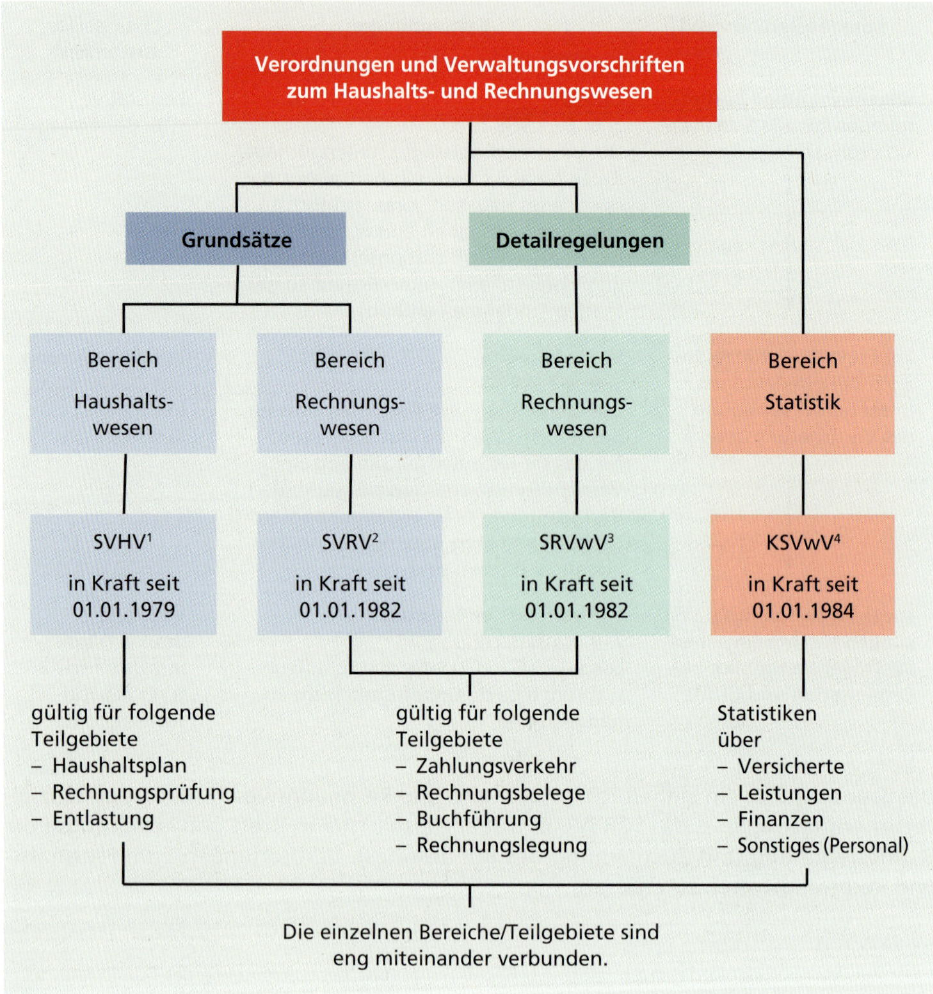

Übungen

1. Wodurch unterscheiden sich im Wesentlichen Verordnungen von Verwaltungsvorschriften? Beschreiben Sie kurz zwei Punkte.
2. a) Erklären Sie das Subsidiaritätsprinzip im Bereich des Haushalts- und Rechnungswesens.
   b) Stellen Sie das Subsidiaritätsprinzip als aussagekräftiges Schaubild dar. (Das Schaubild soll das Über- und Unterordnungsverhältnis und den Konkretisierungsgrad deutlich machen. Es sind nur erklärende Begriffe einzufügen.)

1 SVHV = Verordnung über das Haushaltswesen in der Sozialversicherung
2 SVRV = Verordnung über den Zahlungsverkehr, die Buchführung und die Rechnungslegung; neu seit 15.07.1999
3 SRVwV = Allgemeine Verwaltungsvorschrift über das Rechnungswesen in der Sozialversicherung; neu seit 15.07.1999
4 KSVwV = Allgemeine Verwaltungsvorschrift über die Statistik in der gesetzlichen Krankenversicherung

3. Von wem wurden die Verordnungen erlassen und welche Rechtsgrundlage ermöglicht dieses Vorgehen?
4. Begründen Sie kurz, weshalb diese Verordnungen erlassen wurden.
5. Notieren Sie die Buchstaben der richtigen Aussagen.
   a) Verwaltungsvorschriften dürfen Verordnungen widersprechen.
   b) Verordnungen werden vom Bundesrat erlassen.
   c) Verordnungen „erklären" allgemeine Aussagen in Gesetzen.
   d) Verordnungen müssen lt. § 78 SGB IV erlassen werden.
   e) Die für das Haushaltsrecht und Rechnungswesen erlassenen Verordnungen berücksichtigen meistens nicht die Besonderheiten der einzelnen Sozialversicherungsträger.
   f) Verwaltungsvorschriften müssen mit den gesetzlichen Bestimmungen übereinstimmen.
   g) Die Kassenordnung ist eine Verordnung.
   h) Es wurden nur Verordnungen erlassen, die ausschließlich Details regeln.
   i) Grundsätze und Detailregelungen zum Haushalts- und Rechnungswesen werden von mehreren Verordnungen geregelt.
   j) Verwaltungsvorschriften sind meistens inhaltlich auf die Gesetze abgestimmt.

1.3 Haushaltsgrundsätze

Das Haushaltswesen der Sozialversicherungsträger soll Außenstehenden einen Einblick in die finanziellen Planungen und Vorgänge gewähren. Damit dies gelingt, hat der Gesetzgeber eine Reihe von Regeln erlassen, die sogenannten Haushaltsgrundsätze. Sie bilden den Rahmen bei der Planung, Aufstellung und Kontrolle z. B. des Haushaltsplanes. Gesetzliche Regelungen zu den Haushaltsgrundsätzen finden sich bereits im Grundgesetz (vgl. Art.110 f. GG), im Haushaltsgrundsätzegesetz des Bundes (HGrG) sowie in der Bundeshaushaltsordnung (BHO) und in den einzelnen Landeshaushaltsordungen (LHO). So haben sie auch in die entsprechenden Regelungen im SGB IV Eingang gefunden.

Bei den Haushaltsgrundsätzen lässt sich u. a. folgende Einteilung vornehmen:

Haushaltsgrundsätze

formale Grundsätze	**materielle Grundsätze**
z. B. Klarheit, Übersichtlichkeit ...	z. B. Vollständigkeit, Richtigkeit ...
Sie verbessern die Information für Interessierte und erhöhen die Vergleichbarkeit, z. B. mit früheren Abschlüssen. Die Verletzung der Grundsätze hat keine Auswirkung auf die Höhe des ausgewiesenen Vermögens.	Die Vernachlässigung dieser Grundsätze hat zur Folge, dass die tatsächlichen Verhältnisse im Jahresabschluss nicht richtig dargestellt werden.

Einen Überblick über die verschiedenen Haushaltsgrundsätze, die bei der Aufstellung und bei der Ausführung des Haushaltsplanes zu beachten sind, gibt folgende Aufstellung:

Haushaltsgrundsätze	Gesetzestext	Erläuterungen
Einheit und Vollständigkeit	Die Versicherungsträger stellen für jedes Kalenderjahr (Haushaltsjahr) **einen** Haushaltsplan auf, der alle im Haushaltsjahr voraussichtlich zu leistenden Ausgaben und ... zu erwartenden Einnahmen enthält (§ 67 Abs. 1 SGB IV).	Es sind stets alle Einnahmen, Ausgaben und Verpflichtungsermächtigungen in einem Haushaltsplan einzustellen. Es darf keine zwei Haushalte und keine Auslassungen geben.
Jährlichkeit	Die Versicherungsträger stellen für jedes Kalenderjahr (Haushaltsjahr) einen Haushaltsplan auf (§ 67 Abs. 1 SGB IV). Die Einnahmen und Ausgaben sind für das Haushaltsjahr zu veranschlagen, für das sie ... zu buchen sind (§ 2 SVHV).	Es wird klargestellt, dass der Planungszeitraum ein Kalenderjahr beträgt.
Vorherigkeit	Die Träger der Krankenversicherung ... haben den vom Vorstand aufgestellten Haushaltsplan spätestens am 1.11. vor Beginn des Kalenderjahres, für das er gelten soll, der Aufsichtsbehörde vorzulegen, ... (§ 70 Abs. 5 SGB IV)	Grundsätzlich muss vor Beginn des neuen Kalenderjahres der Haushaltsplan erstellt worden sein.
Einzelveranschlagung	Im Haushaltsplan sind die Einnahmen nach dem Entstehungsgrund, die Ausgaben und die Verpflichtungsermächtigungen nach Zwecken getrennt zu veranschlagen. Für jede Einnahmeart und für jeden Einzelzweck ist eine besondere Haushaltsstelle vorzusehen (§ 1 Abs. 1 SVHV).	Entstehungsgründe von Einnahmen können z. B. die Pflicht zur Beitragszahlung, ein Anspruch auf Zuschüsse oder Vermögenserträge sein. Die Ausgabezwecke entsprechen z. B. den einzelnen Leistungen oder festgelegten Verwaltungskostenkategorien.
Bruttoprinzip	Die Einnahmen und Ausgaben sind in voller Höhe und getrennt voneinander zu veranschlagen (§ 5 Abs. 1 SVHV).	Bei der Veranschlagung dürfen grundsätzlich Einnahmen und Ausgaben nicht gegeneinander aufgerechnet werden, d. h., einzelne geplante Ausgabeposten dürfen nicht um Einnahmen verringert werden (Soll-Zinsen dürfen nicht mit Habenzinsen verrechnet werden).
Gesamtdeckung	Alle Einnahmen dienen als Deckungsmittel für alle Ausgaben (§ 3 SVHV).	Grundsätzlich ist es verboten, einzelne Einnahmen nur für bestimmte Ausgaben zu verwenden. Alle Ausgaben sind gleich wichtig und erhalten deshalb auch die gleiche Finanzierungschance. Ausnahmen sind durch Gesetze festgelegt (z. B. § 8 Abs. 1 AAG für die Umlage U1 zum Ausgleich der Arbeitgeberaufwendungen für Entgeltfortzahlung).

Haushaltsgrundsätze	Gesetzestext	Erläuterungen
Haushaltsausgleich	Der Haushalt ist in Einnahme und Ausgabe auszugleichen (§ 69 Abs. 1 SGB IV).	Die Summe der bei der Aufstellung veranschlagten Ausgaben muss der Summe der zu erwartenden Einnahmen entsprechen. Bei einem Ungleichgewicht können die überwiegend gesetzlich vorgeschriebenen Ausgaben nicht beliebig gekürzt werden können und eine Erhöhung der Einnahmen nur begrenzt möglich ist. Kreditaufnahmen sind für Krankenkassen i. d. R. nicht zulässig (§ 220 Abs. 1 SGB V). Daher bleibt nur eine Erhöhung des kassenindividuellen einkommensabhängigen Zusatzbeitrags.
Wirtschaftlichkeit und Sparsamkeit; Fälligkeit	Bei Aufstellung und Ausführung des Haushaltsplanes hat der Versicherungsträger sicherzustellen, dass er die ihm obliegenden Aufgaben unter Berücksichtigung der Grundsätze der Wirtschaftlichkeit und Sparsamkeit erfüllen kann (§ 69 Abs. 2 SGB IV).	Wirtschaftlichkeit entspricht dem ökonomischen Prinzip (Maximal-, Minimalprinzip). Es verlangt, bei allen Maßnahmen die günstigste Zweck-Mittel-Relation zu wählen. Die Wirtschaftlichkeit eines Vorhabens ist vor dessen Beginn zu belegen, z. B. durch Wirtschaftlichkeitsuntersuchungen oder den Einsatz von Methoden der Kosten- und Leistungsrechnung. Der Grundsatz der Fälligkeit folgt aus dem Wirtschaftkeitsgrundsatz: So sind unnötige Zinsverluste sowie Mahngebühren zu vermeiden.
zeitliche Bindung	Die Ausgaben und Verpflichtungsermächtigungen dürfen nur zur dem im Haushaltsplan genannten Zweck, soweit und **solange** er fortdauert, und nur bis zum Ende des Haushaltsjahres geleistet oder in Anspruch genommen werden; ... (§ 18 SVHV).	Die Ermächtigung gilt nur für das betreffende Haushaltsjahr. Ist das Haushaltsjahr abgelaufen, dürfen die Mittel nicht mehr ausgegeben werden.
sachliche Bindung	Im Haushaltsplan sind die Einnahmen nach dem Entstehungsgrund, die Ausgaben und die Verpflichtungsermächtigungen nach Zwecken getrennt zu veranschlagen. Für jede Einnahmeart und für jeden Einzelzweck ist eine besondere Haushaltsstelle vorzusehen (§1 Abs.1 SVHV). Die Ausgaben und Verpflichtungsermächtigungen dürfen nur zu dem im Haushalt bezeichneten Zweck ... und damit nur bis zum Ende des Haushaltsjahres geleistet oder in Anspruch genommen werden; ... (§ 18 Abs. 1 S. 1 1. Halbsatz SVHV)	Der Haushaltsplan ist nach dem Kontenrahmen aufgebaut. Für jede Buchungsstelle ist ein Euro-Betrag einzuplanen, an den die Verwaltung (im Geschäftsjahr) grundsätzlich gebunden ist. Ist das Ausgabezweck entfallen oder die Ausgabe nicht mehr notwendig, dürfen die Mittel nicht ausgegeben werden. Über- und außerplanmäßige Ausgaben bedürfen der Einwilligung des Vorstands.

Da die absolute Einhaltung aller Haushaltsgrundsätze nicht immer möglich und sinnvoll ist, hat der Gesetzgeber eine Reihe von Ausnahmen formuliert, die es ermöglichen, von der grundsätzlichen Vorgehensweise bei der Aufstellung und Ausführung eines Haushaltsplanes abzuweichen. Dies erscheint sinnvoll um z. B. die Flexibilität der Planung und die Handhabbarkeit des Haushaltsplans zu erhöhen:

Haushaltsgrundsätze	Gesetzestext	Erläuterungen
Verpflichtungsermächtigungen	Maßnahmen, die den Versicherungsträger zur Leistung von Ausgaben in künftigen Haushaltsjahren verpflichten können ... sind nur zulässig, wenn der Haushaltsplan dazu ermächtigt (§ 75 Abs. 1 SGB IV).	Als Ausnahme vom Grundsatz der Jährlichkeit kann es erforderlich sein, Verträge einzugehen, die erst in zukünftigen Haushaltsjahren zu Ausgaben führen, ist eine „Ermächtigung" im laufenden Haushaltsplan zu vermerken (z. B. bei Bauvorhaben).
Übertragbarkeit	... Ausgaben können im Haushaltplan für übertragbar erklärt werden, wenn dies ihre wirtschaftliche und sparsame Verwendung fördert (§ 8 SVHV).	Ausgaben, die mit einem Übertragbarkeitsvermerk versehen sind, können (als Ausnahme der zeitlichen Bindung) auch noch im nächsten Jahr getätigt werden.
Deckungsfähigkeit	... können im Haushaltsplan Ausgaben und Verpflichtungsermächtigungen jeweils für gegenseitig oder einseitig deckungsfähig erklärt werden, wenn ein verwaltungsmäßiger oder sachlicher Zusammenhang besteht oder eine wirtschaftliche und sparsame Verwendung gefördert wird (§ 9 SVHV).	Als Ausnahme zum Grundsatz der sachlichen Bindung werden regelmäßig z. B. verschiedene Personalkostenstellen für gegenseitig deckungsfähig erklärt. Sinnvoll ist dies auch in Bereich der (gesetzlich vorgeschriebenen) Leistungen.
Nachtragshaushalt	Willigt der Vorstand ... in überplanmäßige oder außerplanmäßige Ausgaben ... nicht ein, ist für Nachträge ein Nachtragshaushaltsplan festzustellen (§ 74 SGB IV).	Ergeben sich im laufenden Jahr unvorhergesehene und unabweisbare Ausgaben von erheblicher wirtschaftlicher Bedeutung, so muss für die betroffenen Ausgabezwecke eine Erhöhung der bisherigen Ansätze beschlossen werden.

Übungen

1. Weshalb hat der Gesetzgeber Haushaltsgrundsätze erlassen (Begründung)?
2. Erläutern Sie den Unterschied zwischen formalen und materiellen Haushaltsgrundsätzen.
3. Erklären Sie, weshalb das „Bruttoprinzip" ein formaler Haushaltsgrundsatz ist.
4. Es fällt Ende November eine Ausgabe von 250,00 € für Werbeprospekte an. Zu diesem Zeitpunkt liegen folgende Zahlen des Haushaltsplanes und der Haushaltsrechnung vor:

Konto-Nr.	Bezeichnung	Haushaltsplan (Soll-Zahlen)	Haushaltsrechnung (Ist-Zahlen)
7108	Werbemaßnahmen	40 000,00 €	39 800,00 €
7109	Sonstige Sachkosten der Verwaltung	4 000,00 €	3 000,00 €

a) In der Buchhaltung werden folgende Möglichkeiten der buchungstechnischen Erfassung diskutiert. Notieren Sie die richtige Lösung.
   a1) Die Ausgabe wird in voller Höhe über das Konto 7109 abgerechnet.
   a2) Die Ausgabe wird (entsprechend den noch verfügbaren Restbeträgen) auf beide Konten verteilt.
   a3) Die Ausgabe wird in voller Höhe den Werbemaßnahmen zugerechnet, obwohl die zur Verfügung stehenden Restbeträge nicht ausreichen.
   a4) Die Ausgabe wird neben den Konten 7108 und 7109 auf weitere sinnvolle Konten verteilt.

b) Nennen und beschreiben Sie den Haushaltsgrundsatz, der hier beachtet werden muss.

5. Beschreiben Sie kurz den Haushaltsgrundsatz des „Haushaltsausgleiches" und erklären Sie, warum dies ein materieller Grundsatz ist.

2 Haushaltsplan

2.1 Bedeutung und Aufgaben des Haushaltsplanes

Wie schon erwähnt, ermitteln die Sozialversicherungsträger im Bereich **„Haushaltswesen"** für das zukünftige Kalenderjahr (= Haushaltsjahr) ihre voraussichtlichen Einnahmen und Ausgaben. Diese Daten werden in einem **Haushaltsplan**, unter Beachtung der Haushaltsgrundsätze, wie z. B. Haushaltsausgleich, Wirtschaftlichkeit und Sparsamkeit zusammengestellt.

Verantwortlich für den Haushaltsplan ist der Vorstand, die Genehmigung erteilt der Verwaltungsrat[1] (§ 70 SGB IV). Erst dann erlangt der Haushaltsplan Rechtsverbindlichkeit.

§ 70 SGB IV Haushaltsplan
(1) Der Haushaltsplan wird vom Vorstand aufgestellt. Die Vertreterversammlung stellt ihn fest.

Für die vorausgehenden umfangreichen Arbeiten kann der Vorstand zu seiner Unterstützung einen „Beauftragten für den Haushalt" bestimmen (§ 33 SVHV). Seine Aufgaben sind u. a.:

- von allen „geldausgebenden" Stellen die zukünftig benötigten Geldmittel zu erfragen;
- die jeweils angeforderten Geldbeträge daraufhin zu überprüfen, ob die Ausgabe überhaupt notwendig, die Höhe gerechtfertigt und der Zeitpunkt wirtschaftlich vertretbar ist;
- die vielen unterschiedlichen Geldmittelanforderungen zu ordnen und in einem verständlichen Haushaltsentwurf zusammenzufassen;
- Vorschläge, z. B. zum Abbau eines Defizits, zu unterbreiten, wenn sich die Einnahmen und Ausgaben nicht ausgleichen.

Im Rahmen der Ausführung des Haushaltsplanes ist der Haushaltsbeauftragte i. d. R. dafür zuständig:

- die Bewirtschaftung der Haushaltsmittel ggf. zu delegieren;

1 *Bei anderen Versicherungsträgern (z. B. der Deutschen Rentenversicherung Bund) ist dies die Vertreterversammlung.*

- die Einhaltung der Haushaltsvorschriften zu Überwachen und
- bei der Jahresrechnung mitzuwirken.

Für die Aufstellung des Haushaltsplanes zukünftige Ausgaben und Einnahmen genau vorauszuberechnen ist sehr schwierig. Ausgangspunkt für die genauest mögliche Schätzung sind amtliche Statistiken und die Zahlen des abgelaufenen Geschäftsjahres, die im Bereich „Rechnungswesen" zu finden sind.

Eventuelle Besonderheiten, wie z. B. sehr hohe Ausgaben durch Grippeepidemien, müssen auf der Ausgabenseite berücksichtigt werden. Auch zukünftige „Entwicklungen", die den Finanzbedarf beeinflussen, sind in die Planungen einzubeziehen. Dazu zählen u. a.:

- geplante gesetzliche Änderungen,
- Lohn- und Gehaltszuwächse (aufgrund anstehender Tarifverhandlungen),
- Entwicklung der Beitragsbemessungsgrenzen (BBG),
- Veränderungen des Mitgliederbestandes (z. B. Zahl der Versicherten, Mitgliederzusammensetzung wie Arbeitslose, Rentner, Familienversicherte, versicherungspflichtige Arbeitnehmer).

Es handelt sich dabei um „Faktoren", die nur schwer abzuschätzen sind.

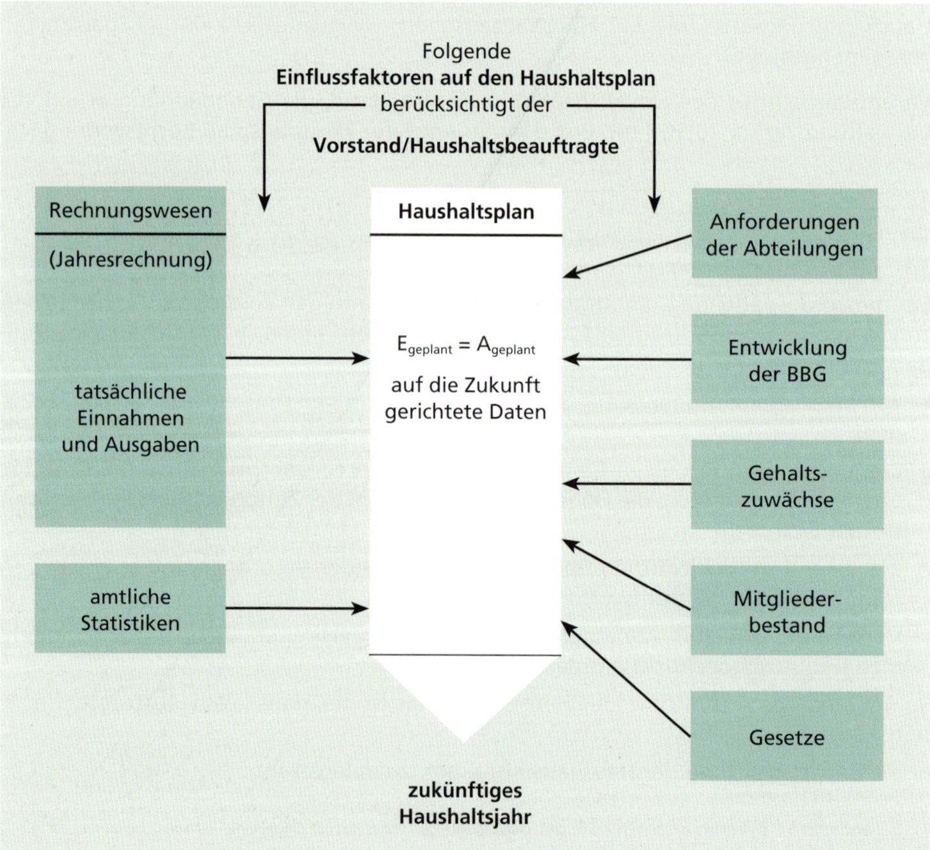

Der Haushaltsplan erfüllt im Wesentlichen folgende Aufgaben:

- Er ist **Planungsinstrument**.
  Die zukünftigen Einnahmen und Ausgaben werden möglichst genau ermittelt, um für einen ausgeglichenen Haushalt zu sorgen. Dabei werden außergewöhnliche Entwicklungen berücksichtigt.
- Er ist **Orientierungsgrundlage**
  für die Haushalts- und Wirtschaftsführung, d. h., der Vorstand einer Krankenkasse kann schon während der laufenden Geschäftsführung erkennen, ob die Planvorgaben mit den tatsächlichen Einnahmen und Ausgaben übereinstimmen. Nur in Ausnahmefällen darf von den Planzahlen abgewichen werden (§ 73 SGB IV). Auch bei Vertragsverhandlungen zwischen den Krankenkassen bzw. ihren Verbänden mit Krankenhäusern oder anderen Leistungserbringern spielen die Daten des Haushaltsplanes als Orientierungshilfe eine wichtige Rolle.
- Er übernimmt eine **Sicherstellungsfunktion**.
  Für die gesetzlich und satzungsmäßig vorgesehenen Ausgaben wird gewährleistet, dass die erforderlichen Geldmittel rechtzeitig bereitgestellt sind.
- Er ist ein **Kontrollinstrument**.
  Beispielsweise können nach Ablauf des Geschäftsjahres der Verwaltungsrat und die Aufsichtsbehörde[1] durch Vergleich der Daten des Rechnungswesens (Ist-Zahlen) und des Haushaltsplanes (Soll-Zahlen) erkennen, ob Beschlüsse und Planungsvorgaben vom Vorstand beachtet wurden.

Die Bedeutung und Wirkung des Haushaltsplanes sind vom Gesetzgeber wie folgt beschrieben:

> § 68 SGB IV **Bedeutung und Wirkung des Haushaltsplanes**
> (1) Der Haushaltsplan dient der Feststellung der Mittel, die zur Erfüllung der Aufgaben des Versicherungsträgers im Haushaltsjahr voraussichtlich erforderlich sind. Er ist die Grundlage für die Haushalts- und Wirtschaftsführung und stellt sicher, dass insbesondere die gesetzlich vorgeschriebenen Aufgaben rechtzeitig geleistet werden können.
> (2) Durch den Haushaltsplan werden Ansprüche oder Verbindlichkeiten weder begründet noch aufgehoben.

§ 68 Absatz 2 SGB IV macht deutlich, dass der Haushaltsplan nur für die Verwaltung, den Vorstand und den Verwaltungsrat „verbindlich" ist, d. h., seine Wirkung entfaltet der Haushaltsplan nur kassenintern.

Der weitere Ablauf während eines Kalenderjahres sieht wie folgt aus:

1 *Zuständige Aufsichtsbehörde für die bundesunmittelbaren Krankenkassen ist das Bundesversicherungsamt. Für die landesunmittelbaren Träger der Krankenversicherung sind die Landesaufsichtsbehörden zuständig (§ 90 SGB IV).*

„Haushaltskreislauf" in der Krankenversicherung

Aufstellung des Haushaltsplanes durch den Vorstand, Vorlage bei der Aufsichtsbehörde und Feststellung durch den Verwaltungsrat	*1. Schritt* Beginn der Vorarbeiten im August/September; Vorlagetermin 1.11.; Beanstandungsfrist für die Aufsichtsbehörde ein Monat. Feststellung vor dem 31.12.
Ausführung des Haushaltsplanes	*2. Schritt* Mit Beginn des Geschäftsjahres Umsetzung des Haushaltsplanes durch die Verwaltung (Haushaltsbeauftragter).
Rechnungslegung/Jahresrechnung durch den Vorstand	*3. Schritt* Abschluss der Bücher bis etwa Ende März des Folgejahres. Nachweis der ordnungsgemäßen Buchführung und Vorbereitung einer übersichtlichen Darstellung.
Rechnungsprüfung, Entlastung des Vorstandes durch den Verwaltungsrat	*4. Schritt* Nach der Prüfung der Jahresrechnung durch externe Wirtschaftsprüfer (oder vereidigte Buchprüfer) erfolgt die Entlassung des Vorstands aus der Verantwortung für das Haushaltsjahr i. d. R. erst im Herbst des Folgejahres.

Übungen

1. Weshalb wird sich die Anhebung der Beitragsbemessungsgrenze bei den verschiedenen Sozialversicherungsträgern auf der Einnahmenseite unterschiedlich auswirken?
2. In der Zeitung lesen Sie folgende Überschrift: „Ver.di geht mit Gehaltsforderungen von 5 % für Angestellte in die kommenden Tarifverhandlungen."
   Erläutern Sie kurz, welcher Zusammenhang evtl. zwischen diesen Gewerkschaftsforderungen und den Haushaltsplanungen einiger Krankenkassen besteht.
3. Für welchen Zeitraum gilt der Haushaltsplan und welches Selbstverwaltungsorgan „genehmigt" ihn bei der Renten- und bei der Krankenversicherung?
4. Zählen Sie einige wichtige Vorarbeiten auf, die für die Haushaltsplanaufstellung notwendig sind. Wer gibt dem zuständigen Selbstverwaltungsorgan Hilfestellung (nur nennen)?
5. Begründen Sie kurz, weshalb der Ausgangspunkt für die Haushaltsplanung die Daten des abgelaufenen Geschäftsjahres sind.
6. Notieren Sie bitte die Buchstaben der richtigen Aussagen.
   Im Haushaltsplan
   (a) sind tatsächliche Einnahmen und Ausgaben auszugleichen.
   (b) sind voraussichtliche Einnahmen und Ausgaben auszugleichen.
   (c) dienen alle tatsächlichen Einnahmen zur Deckung aller tatsächlichen Ausgaben.
   (d) dienen für die Einnahmen bzw. Ausgaben die in der Vergangenheit ermittelten Werte als Berechnungsgrundlage.
   (e) werden die Mittel zur Aufgabenerfüllung des Sozialversicherungsträgers festgestellt.

(f) werden die zu erwartenden Mittel zur Aufgabenerfüllung des Sozialversicherungsträgers festgestellt.
(g) sind die Einnahmen nach dem Entstehungsgrund zu veranschlagen.
(h) sind die Einnahmen unabhängig vom Entstehungsgrund zu veranschlagen.
(i) wird die Grundlage für die Haushaltsführung geschaffen.

7. Beschreiben Sie kurz drei wesentliche Aufgaben des Haushaltsplanes.

8. Sie – als Haushaltsbeauftragter – sollen prüfen, ob die Geldmittelanforderungen der Ausbildungsabteilung gerechtfertigt sind. Als Rahmenbedingungen sind vom Vorstand folgende Daten vorgegeben worden:
   - Anstieg der Einnahmen 3,5 %
   - Anstieg der Leistungsausgaben 3,0 %
   - allgemeine Verwaltungskostensteigerungen 0,5 %
   - In allen Abteilungen dürfen die Ausgaben nur entsprechend der allgemeinen Verwaltungskostensteigerung zunehmen.

   a) Prüfen Sie, ob sich die Ausbildungsabteilung im Rahmen der Vorgaben bewegt (insgesamt und bei den einzelnen Positionen).
   b) Überlegen Sie sich eventuelle Einsparmöglichkeiten bei einzelnen Positionen.

Anforderungen der Ausbildungsabteilung

Verwaltungskosten der Ausbildungsabteilung	Verbrauch abgelaufenes Jahr = Ist-Zahlen in T€	Anforderungen kommendes Jahr = Soll-Zahlen in T€
Gehälter	189,00	190,00
Sozialversicherungsbeiträge	38,65	38,85
Geschäftsbedarf[1]	13,50	15,00
Bücher, Zeitschriften, ...	9,80	12,00
Telefongebühren	8,50	10,00
Berufliche Bildung[2]	14,00	18,00
Reisekosten	4,00	3,00

9. Ersetzen Sie die in Klammern gesetzten Buchstaben im folgenden Text sinnvoll mithilfe der gesetzlichen Grundlagen § 67 ff. SGB IV.
   Sozialversicherungsträger sind laut § **(a)** SGB IV **(b)** für jede Abrechnungsperiode einen **(c)** aufzustellen. Die Abrechnungsperiode entspricht einem **(d)** (= Haushaltsjahr). Für diesen Zeitraum werden alle **(e)** zu leistenden **(f)** und zu erwartenden **(g)** im Haushaltsplan erfasst. Dabei ist darauf zu achten, dass sich Einnahmen und Ausgaben nicht nur **(h)**, sondern auch die Grundsätze der **(i)** und **(j)** berücksichtigt werden (§ 69 Abs. 2 SGB IV). Ziel ist die Sicherstellung der **(k)** und **(l)**, insbesondere dass die gesetzlich vorgeschriebenen **(m)** rechtzeitig geleistet werden können.
   Verantwortlich für die **(n)** des Haushaltsplanes ist der **(o)**, die **(p)** erfolgt durch den **(q)** bzw. die Vertreterversammlung.
   Je nach **(r)** ist der späteste Zeitpunkt der Vorlage des Haushaltsplanes bei der zuständigen **(s)** unterschiedlich:
   - Unfallkassen **(t)** vor Beginn des Kalenderjahres
   - Regionalträger RV **(u)** vor Beginn des Kalenderjahres
   - Dt. RV Bund **(v)** vor Beginn des Kalenderjahres
   - Krankenversicherungsträger **(w)** vor Beginn des Kalenderjahres

1 z. B. Kopier- und Materialkosten
2 z. B. Kosten für externe Trainer und Referenten

2.2 Aufbau des Haushaltsplanes

Für die Erstellung des Haushaltsplanes wird von allen Krankenkassen ein **einheitlicher Vordruck** verwendet; darauf haben sich die Spitzenverbände der Krankenversicherungsträger geeinigt. Zusätzlich werden **Hinweise für die Handhabung** herausgegeben, damit ein **einheitliches Vorgehen** gewährleistet ist.

Betriebs-(Kassen-)Nummer
1 2 3 4 5 6 7 8

Haushaltsplan für die gesetzliche Krankenversicherung

für das Haushaltsjahr ________

Krankenkasse (Name und Anschrift)

Aufgestellt von dem Vorstand am ______________________________

Festgestellt von dem Verwaltungsrat/
der Vertreterversammlung am ______________________________

Anlagen zum Haushaltsplan:

________________ ________________

Ort, Datum Unterschrift des Vorstands

Grundsätzlich ist der Haushaltsplan wie folgt aufgebaut:

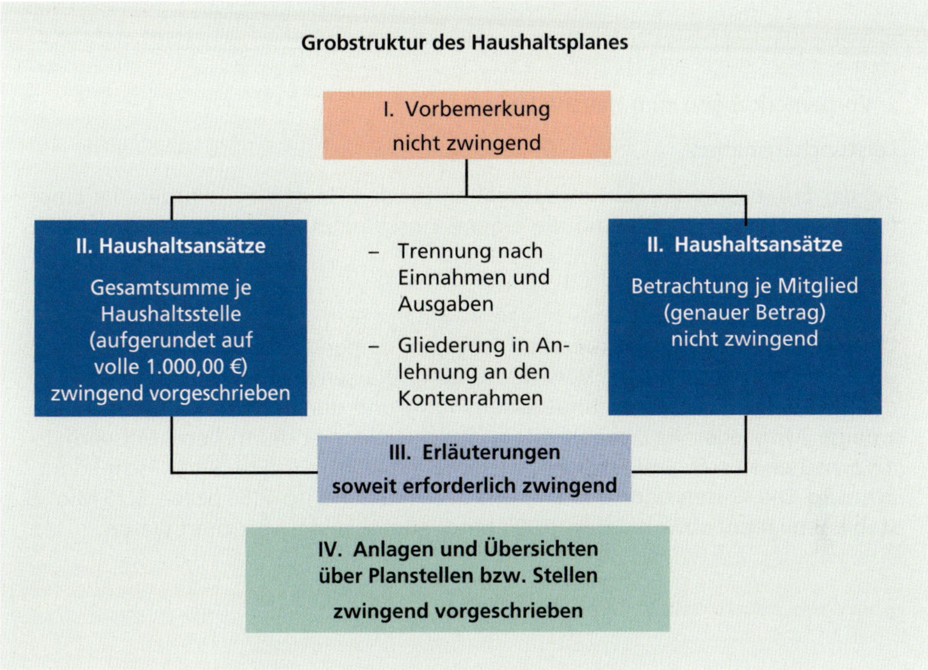

Erläuterungen:

Zu I. Vorbemerkungen (§ 4 Abs. 1 SVHV)

In diesem Teil besteht für den Vorstand die Möglichkeit, einen verständlichen Überblick zu dem meist sehr umfangreichen Zahlenwerk zu liefern. Die Verbände der Gesetzlichen Krankenkassen und das BVA haben in ihren „Gemeinsamen Hinweisen zum Vordruck für den Haushaltsplan 2011" wichtige Punkte aufgelistet, z. B.:

- *Mitgliederstruktur und ihre Veränderungen*
- *Höhe der Zusatzbeiträge sowie geplante Änderungen*
- *finanzielle Auswirkungen von gesetzlichen, vertraglichen oder satzungsmäßigen Neuregelungen usw.*
- größere Baumaßnahmen oder Beschaffungen
- *wesentliche organisatorische Veränderungen (z. B. Fusion)*

Die Vorbemerkungen erleichtern „Nichtfachleuten" der Selbstverwaltungsorgane (im Bereich Haushaltswesen) das Verstehen bestimmter Planzahlen im Haushalt. Obwohl die Verständlichkeit und Durchschaubarkeit des Haushaltsplanes erhöht werden, sind Vorbemerkungen nicht zwingend vorgeschrieben.

Beispiel

Betriebs-(Kassen-)Nummer							

I. Vorbemerkungen zum Haushaltsplan

Leistungsausgaben

Bei der Ermittlung der Leistungsausgaben für den Haushalt ... wurden die Empfehlungen der Verbände und die eigene Einschätzung der Fachbereiche der ... herangezogen.

...

Die Mitgliederabgänge in ... und im Folgejahr belegen, dass überwiegend junge und insbesondere gesunde Versicherte einen Kassenwechsel durchführten und die ... verlassen haben. Da andererseits aufgrund der Höhe des Zusatzbeitrags wenige Mitglieder die ... wählten, ergibt sich ein immer deutlicheres Missverhältnis zwischen Kosten und Erträgen, wie am Beispiel der Dialyse (Blutwäsche) deutlich wird. Die Kosten sind im Jahr ... und ... auf dem Konto 4480 bei ca. 3,25 Mio. € stabil geblieben, obwohl über 10 000 Mitglieder weniger versichert waren.

...

Zu II. Haushaltsansätze

Die ermittelten Zahlen werden in den Vordruck (Seite 167) eingetragen. Bei den Haushaltsstellen, z. B. 3771 Zuweisungen aus dem Gesundheitsfonds nach § 270 Abs. 1 a SGB V, rundet man die Beträge auf volle 1 000 auf; außerdem wird die Gesamtsumme je Haushaltsstelle ausgewiesen.

Häufig ist es für eine Krankenkasse wichtig, die Ausgaben und Einnahmen je Mitglied zu kennen. Dadurch wird u. a. ein Vergleich mit Durchschnittswerten aus amtlichen Statistiken möglich. Laut § 69 Abs. 5 SGB IV fordert der Gesetzgeber u. a. von den Krankenkassen in geeigneten Bereichen, ein Benchmarking durchzuführen, d. h, wenn es sinnvoll und möglich ist, dann soll ein systematischer und kontinuierlicher Vergleich mit anderen Krankenkassen – die „Spitzenleistungen" erzielen – durchgeführt werden. Bei der Einzelmitgliedbetrachtung errechnet man die genauen Beträge.

Bei jeder Haushaltsstelle sind zu Vergleichszwecken die Daten des Vorjahres und die tatsächlichen Einnahmen und Ausgaben (Rechnungsergebnis) des letzten Haushaltsjahres anzugeben (§ 1 Abs. 3 SVHV). Da der Haushaltsplan noch im Laufe des letzten Kalenderjahres erstellt wird, liegen noch keine endgültigen Ergebnisse vor, d. h., bei den Daten des Vorjahres handelt es sich teilweise um Planzahlen.

II. Haushaltsansätze

Teil I. Erfolgswirksame Einnahmen und Ausgaben – in T€ (Auszug) –

Betriebs-(Kassen-)Nummer
1 2 3 4 5 6 7 8

Schl.-Nr.	Zweckbestimmung	Kontenklasse, Gruppe, Art, Konto	Haushaltsplan 2017	Voraussichtliches Rechnungsergebnis 2016	Haushaltsplan 2016	Rechnungsergebnis 2015
1	2	3	4	5	6	7
	Gewinne durch Wertsteigerungen der Aktiva und Wertminderungen der Passiva					
3600	Gewinne der Aktiva	360				
3650	Gewinne der Passiva	365				
	insgesamt	36				
	Einnahmen aus Finanzausgleichen, Zuweisungen aus dem Gesundheitsfonds, Einnahmen aus Umlagen für Haftungsfälle					
3700	Einnahmen aus dem Finanzausgleich, aufwendige Leistungsfälle nach § 265 SGB V/ § 54 KVLG 1989	370				
	Einnahmen aus finanziellen Hilfen, Einnahmen aus Umlagen für Haftungsfälle					
3720	Einnahmen aus finanziellen Hilfen in besonderen Notlagen	3720				
3723	Einnahmen aus finanziellen Hilfen nach § 265 a SGB V	3723				
3724	Einnahmen aus finanziellen Hilfen nach § 265 b SGB V	3724				
3725	Einnahmen aus Umlagen für Haftungsfälle nach § 155 Abs. 4 SGB V	3725				
	zusammen	372				
3743	Einnahmen aus dem Risikostrukturausgleich - Korrekturbedarf nach § 266 SGB V	374				
3763	Einnahmen aus dem Risikopool-Ausgleich - Korrekturbedarf nach § 269 SGB V	376				
	Zuweisungen aus dem Gesundheitsfonds - Abschlagsverfahren -					
3770	Zuweisungen aus dem Gesundheitsfonds nach § 266 Abs. 6 Satz 2 SGB V - Abschlagsverfahren -	3770				

Schl.-Nr.	Zweckbestimmung	Konten-klasse, Gruppe, Art, Konto	Haushalts-plan 2017	Voraussichtliches Rechnungsergebnis 2016	Haushalts-plan 2016	Rechnungs-ergebnis 2015
1	2	3	4	5	6	7
3771	Zuweisungen aus dem Gesundheitsfonds nach § 270 Abs. 1 Buchstabe a SGB V - Abschlagsverfahren -	3771				
3772	Zuweisungen aus dem Gesundheitsfonds nach § 270 Abs. 1 Buchstabe b SGB V - Abschlagsverfahren -	3772				
3773	Zuweisungen aus dem Gesundheitsfonds nach § 270 Abs.1 Buchstabe c SGB V - Abschlagsverfahren -	3773				
3774	Zuweisungen aus dem Gesundheitsfonds nach § 272 SGB V - Abschlagsverfahren -	3774				
3775	Zuweisungen aus dem Gesundheitsfonds nach § 40 RSAV - Abschlagsverfahren -	3775				
	zusammen	377				

Teil I. Erfolgswirksame Einnahmen und Ausgaben – je Mitglied/je Versicherten in € –

Konten-klasse, Gruppe, Art, Konto	Haushaltsplan 2017		Voraussichtliches Rechnungsergebnis 2016		Haushaltsplan 2016		Rechnungsergebnis 2015	
	je Mitglied	je Versicherten	je Mitglied	je Versicherten	je Mitglied	je Versicherten	je Mitglied	je Versicherten
3	8	9	10	11	12	13	14	15
360								
365								
36								
370								
3720								
3723								

Konten-klasse, Gruppe, Art, Konto	Haushaltsplan 2017		Voraussichtliches Rechnungsergebnis 2016		Haushaltsplan 2016		Rechnungsergebnis 2015	
	je Mitglied	je Versi-cherten	je Mitglied	je Versi-cherten	je Mitglied	je Versi-cherten	je Mitglied	je Versi-cherten
3	8	9	10	11	12	13	14	15
3724								
3725								
372								
374								
376								
3770								
3771								
3772								
3773								
3774								
3775 2015								
377								

Betriebs-(Kassen-)Nummer
12345678

Teil I. Erfolgswirksame Einnahmen und Ausgaben – in T€ –

Schl. -Nr.	Zweckbestimmung	Konten-klasse, Gruppe, Art, Konto	Haushaltsplan 2017			Voraus-sichtli-ches Rech-nungser-gebnis 2016	Haus-halts-plan 2016	Rech-nungser-gebnis 2015
			insge-samt	davon				
				AKV	KVdR/ Alten-teiler			
1	2	3	4	4a	4b	5	6	7
	Leistungsaufwand der Krankenversicherung							
	Ärztliche Behandlung							
4000	Ärztliche Behandlung	400						
4010	Ambulantes Operieren (ohne 462)	401						
4020	Dialyse-Sachkosten	402						
4030	Ambulante Behandlung im Krankenhaus	403						

Schl. -Nr.	Zweckbestimmung	Konten-klasse, Gruppe, Art, Konto	Haushaltsplan 2017			Voraus-sichtliches Rech-nungsergebnis 2016	Haus-haltsplan 2016	Rech-nungser-gebnis 2015
			insgesamt	davon AKV	davon KVdR/Altenteiler			
1	2	3	4	4a	4b	5	6	7
	Ärztliche Leistungsausgaben im Rahmen strukturierter Behandlungsprogramme							
4040	Ärztliche Leistungsausgaben im Rahmen strukturierter Behandlungsprogramme (ohne 4043 bis 4045)	4040–4042						
4043	Ambulante ärztliche Behandlung gemäß § 137f Abs. 7 SGB V	4043–4045				xxx	xxx	xxx
	zusammen	404						
4050	Soziotherapie nach § 37a SGB V	405						
4060	Spezialisierte ambulante Palliativversorgung	406						
4070	Förderung der Weiterbildung in der Allgemeinmedizin nach Art. 8 GKV-SolG (ohne 467)	407						
4080	Leistungen nach § 73b SGB V	408						
4090	Leistungen nach § 73c SGB V	409						
	insgesamt	40						
	Zahnärztliche Behandlung (ohne Zahnersatz)							
4100	Konservierend-chirurgische Behandlung	410						
4120	KfO-Behandlung - Honorar	412						
4130	KfO-Behandlung - Material- und Laborkosten von praxiseigenen Labors	413						
4140	KfO-Behandlung - Material- und Laborkosten von gewerblichen Labors	414						
4150	Kinder-Früherkennungsuntersuchungen (FU 1 bis FU 3)	415						
4160	Individualprophylaxe (6 bis unter 18 Jahre)	416						
4170	Fissurenversiegelung	417						
4180	Parodontose-Behandlung	418						
4190	Sonstige zahnärztliche Leistungen	419						
	insgesamt	41						

Teil I. Erfolgswirksame Einnahmen und Ausgaben – je Mitglied/je Versicherten in € –

Kontenklasse, Gruppe, Art, Konto	Haushaltsplan 2017		Voraussichtliches Rechnungsergebnis 2016		Haushaltsplan 2016		Rechnungsergebnis 2015	
	je Mitglied	je Versicherten	je Mitglied	je Versicherten	je Mitglied	je Versicherten	je Mitglied	je Versicherten
3	8	9	10	11	12	13	14	15
400								
401								
402								
403								
4040–4042								
4043–4045			xxx	xxx	xxx	xxx	xxx	xxx
404								
405								
406								
407								
408								
409								
40								
410								
412								
413								
414								
415								
416								
417								
418								
419								
41								

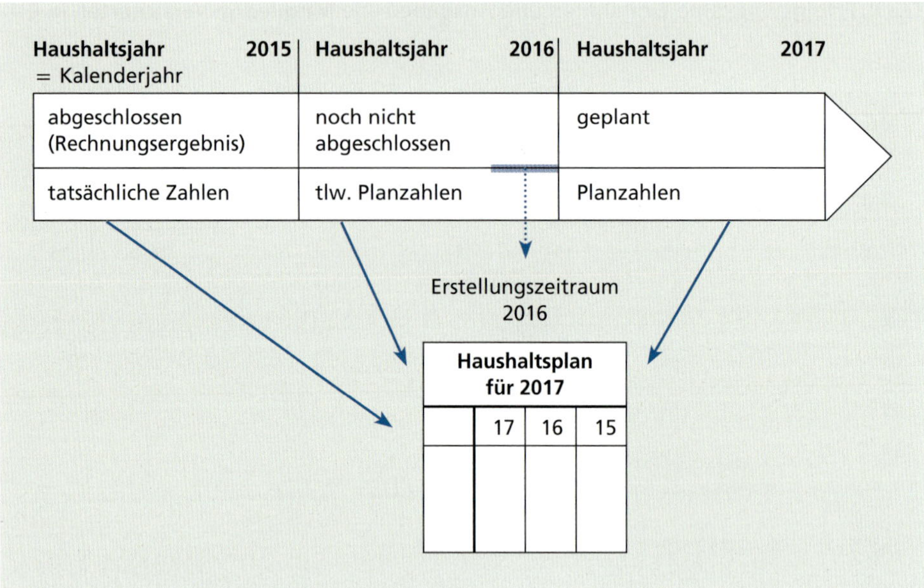

Die Spalte „voraussichtliches Rechnungsergebnis“ erfasst die aktuellen Daten des noch nicht abgeschlossenen Haushaltsjahres (in dem obigen Schaubild Haushaltsjahr 2016). Hierdurch versucht man, die neuesten Zahlen zu berücksichtigen, die für die Ermittlung und Beurteilung der zukünftigen Haushaltsansätze besonders aussagefähig sind. Das Ausfüllen dieser Spalte im Haushaltsplan ist nicht zwingend vorgeschrieben.

Die Gliederung der Haushaltsstellen ist nicht willkürlich gewählt, sondern richtet sich nach dem Ordnungsschema des Kontenrahmenplanes.

Zu III. Erläuterungen (§ 7 Abs. 1 S. 1 SVHV)

Sie sind immer dann besonders interessant, wenn z. B. bei einigen Haushaltsstellen die geplanten Beträge von den bisherigen Zahlen erheblich abweichen. Die Erläuterungen erhöhen für „Außenstehende“ die Verständlichkeit der Haushaltsansätze; sie sind – wenn erforderlich – vorgeschrieben.

Exemplarisch ist ein Ausschnitt aus dem „Bereich Erläuterungen“ dargestellt. Dies ist jedoch nur sinnvoll, wenn die dazugehörigen Daten des Haushaltsplanes herangezogen werden. Nur im Zusammenhang wird die Aussagekraft des III. Teils „Erläuterungen“ erkennbar.

Auszugsweise Darstellung: ***Haushaltsplan und Erläuterungen***

Teil II. Haushaltsansätze

Erfolgswirksame Einnahmen und Ausgaben – in T€ –

Schl. Nr. Konto	Zweckbestimmung	Haushaltsplan Jahr 17	Voraussichtliches Rechnungsergebnis Jahr 16	Haushaltsplan Jahr 16	Rechnungsergebnis Jahr 15
7000	Dienstbezüge Beamte und DO-Angestellte[1]	2792	2737	2799	2787
7001	Vergütungen der Angestellten	9887	9599	9007	9001
7002	Löhne der Arbeiter	112	190	236	228
7003	Beschäftigungsentgelte	53	53	5	51
700	Dienstbezüge	12844	12579	12047	12067
7010	Nachversicherungsbeiträge	70	5	0	96
⋮	⋮	⋮	⋮	⋮	⋮

Teil III. Erläuterungen zum Haushaltsplan

Konten-Klassen, Gruppen, Arten, Konten	Erläuterungen		
7000	Dienstbezüge, Gehälter und Löhne Dienstbezüge der Beamten und DO-Angestellten . . .		
	3. Hochrechnung für das Jahr 16		Diff. zum Vorjahr
	je Mitglied	37,48 €	+ 1,08 %
	Gesamt	2736292,08 €	
	4. Haushaltsansatz für das Jahr 16		
	je Mitglied	38,74 €	+ 3,36 %
	Gesamt	2791017,92 €	+ 2,00 %
7000	**Zu 3. Hochrechnung für das Jahr 16** Das zu erwartende Ergebnis für das Jahr 2016 wurde ermittelt aus dem Stand des Sachbuches am 31. Juli (beinhaltet bereits die Bezüge für August) zuzüglich des zu erwartenden Restaufwands für das Jahr 2016.		
	Danach zu erwartendes Ergebnis:		
	Jahr 2016: je Mitglied	37,48 €	
	Jahr 2016: Gesamt.	2736292,08 €	
	Zu 4. Haushaltsansatz für das Jahr 17 Ab 1. Januar 2017 wirkt sich die bereits festgelegte Besoldungserhöhung von 2,00 % aus. Eine weitere lineare Erhöhung im Jahr 2017 ist nicht zu erwarten.		

1 DO-Angestellte: Dienstordnungsangestellte

Zu IV. Anlagen und Übersichten (§ 67 Abs. 2 SGB IV i.V.m. § 4 Abs. 2 SVHV und § 7 Abs. 3 SVHV)

Zwingend vorgeschrieben sind Übersichten über Planstellen (z. B. Beamte, DO-Angestellte) und Stellen für die übrigen Beschäftigten (Ausnahme: bestimmte Betriebskrankenkassen , bei denen der Arbeitgeber die Personalkosten trägt, § 35 SVHV). Diese Aufstellungen lassen u. a. Rückschlüsse auf das zahlenmäßige Verhältnis von „Führungskräften" und „Sachbearbeitern" zu oder sie verdeutlichen in Verbindung mit einem Plan über den organisatorischen Aufbau des Sozialversicherungsträgers (= Organigramm) Aufgabenverteilung und Besoldung. Die Beurteilungsmöglichkeiten der Aufsichtsorgane im Hinblick auf den Personalhaushalt werden dadurch verbessert.

***Übersicht** über die Planstellen der DO-Angestellten und die Stellen der Arbeitnehmer:*

Besoldungsgruppe	Anzahl Stellen	Stellen-Ist	Vergütungsgruppe	besetzte Stellen
B2	1	1	13	1
A16	1	1	12	
A15	1	1	11	3
A14	4	3	10	5
A13 höh.	3	1	9	19
A13 geh.	1	2	8	20
A12	8	7	7	37
A11	16	12	6	55
A10	17	3	5	33
A9 geh.	9	1	4	11
A9 mitt. m. Zulage	1	1	3	1
A9 mitt.	3	3	Gesamt TVöD	185
A8	9	9	Arbeitnehmer in Teilzeitbeschäftigung	15
Gesamt DO	74	45	Auszubildende	6

Im TVöD-Bereich entspricht das Stellen-Ist dem Stellen-Soll, da es dort keinen Stellenplan im dienstrechtlichen Sinne gibt.
Im Jahr ... ist mit der Einstellung von sieben weiteren Auszubildenden zu rechnen.
Infolge der Beendigung der Ausbildung kommt es zur Übernahme von Auszubildenden im Bereich TVöD - Arbeitnehmer.

Übungen

1. Beschreiben Sie den Zusammenhang zwischen dem Haushaltsgrundsatz der „sachlichen Bindung" und der Gliederung des Haushaltsplanes.
2. Lesen Sie sich die folgenden Aussagen durch und notieren Sie sich die richtigen Lösungsbuchstaben.
   Im/dem Haushaltsplan
   a) sind Haushaltsansätze je Mitglied vorgeschrieben,
   b) werden Haushaltsansätze je Haushaltsstelle auf volle 1 000,00 € aufgerundet,
   c) werden Haushaltsansätze je Haushaltsstelle auf volle 1 000,00 € abgerundet,
   d) müssen Vorbemerkungen vom Vorstand gemacht werden,
   e) ist immer z. B. der Stellenplan beizufügen,

f) erfolgt keine Trennung von Einnahmen und Ausgaben,
g) gemachte Erläuterungen sind zwingend vorgeschrieben,
h) wird bei der Einzelmitgliedbetrachtung der Betrag genau berechnet,
i) werden die Haushaltsstellen nur nach den Bedürfnissen der jeweiligen Krankenkasse zusammengestellt,
j) sind keine Formvorschriften zu beachten.

3. Bringen Sie die folgenden Aussagen im Hinblick auf die Erstellung des Haushaltsplanes in die richtige zeitliche Reihenfolge.
   a) Bewertung (evtl. Beanstandung) durch den Vorstand,
   b) Tätigkeit des Haushaltsbeauftragten,
   c) Feststellung durch den Verwaltungsrat,
   d) Zustandekommen des Haushaltsplanes,
   e) bei Bedarf, evtl. Vorlage bei der Aufsichtsbehörde,
   f) Aufstellung durch den Vorstand.

3 Jahresrechnung

3.1 Struktur der Jahresrechnung

Der Jahresabschluss einer Krankenkasse ist die Jahresrechnung. Sie setzt sich aus mehreren Teilen zusammen, die in ähnlicher Form auch bei Abschlüssen von Gesellschaften in der Privatwirtschaft anzutreffen sind (siehe § 242 HGB).

Grobstruktur der Jahresrechnung

Jahresrechnung
(§ 27 SVHV)
(Aufbewahrungsfrist mindestens 10 Jahre)

I. Vermögensrechnung bzw. Bilanz
(§ 29 Abs. 2 S. 1 SVHV)

II. Haushaltsrechnung
(§ 28 SVHV)
II.a Erfolgsrechnung
II.b Investitionsrechnung
II.c Erläuterungen
(§ 28 Abs. 2 SVHV)

III. Übersichten

Zu I. Vermögensrechnung/Bilanz (§ 29 SVHV)

§ 29 Abs. 1 SVHV
„In der Vermögensrechnung sind der Bestand des Vermögens und der Schulden zu Beginn des Haushaltsjahres, die wesentlichen Veränderungen während des Haushaltsjahres und der Bestand zum Ende des Haushaltsjahres nachzuweisen. ...“

Die Bestandsaufnahme zu Beginn und am Ende des Kalenderjahres ist lt. Gesetzgeber unbedingt erforderlich, die Veränderungen während des Haushaltsjahres müssen nicht nachgewiesen werden, wenn dies zu erheblichen Mehrarbeiten führt.

Der Sozialversicherungsträger kann statt der Vermögensrechnung auch eine Bilanz aufstellen (§ 29 Abs. 2 SVHV).

Vermögensrechnung

Belegart		X	Jahr		X	X	Betriebs-(Kassen-)Nummer							
1 – 2		3	4 – 5		6 – 7		8 – 15							
2	1	X			X	X								

A. Vermögensrechnung: Kontenklasse 0 – Aktiva

Schl. Nr.	Bestand am Ende (31. Dezember) des Geschäftsjahres: € 1	Bestand am Anfang (1. Januar) des Geschäftsjahres: € 2	Bestandsveränderung im Geschäftsjahr Zunahme (+) Abnahme (–) € 3	Kontengruppe, -art, Konto	Bezeichnung
0260				026	Forderung aus dem Beitragseinzug für andere Versicherungszweige
				029	Sonstige Forderungen
0290				0290	Forderungen aus dem Verwaltungssektor
0291				0291	Forderungen an den Bund aus Zuschüssen nach § 37 Abs. 3 in Verb. mit § 4 Abs. 3 und § 49 Abs. 3 KVLG 1989
0292				0292	Forderungen aus dem Risikostrukturausgleich (§ 266 SGB V)
0299				0299	Übrige Forderungen
				029	zusammen
				02	insgesamt
				04	Andere Geldanlagen (ohne 07 und 08)
				040	Termin- und Spareinlagen mit einer Kündigungsfrist bzw. einer festgelegten Laufzeit von über einem Jahr
0400				0400	Termineinlagen
0401				0401	Spareinlagen
				040	zusammen
				041	Darlehen (ohne 042)
0410				0410	Darlehen an Gebietskörperschaften
0411				0411	Darlehen an Träger der Sozialversicherung und ihre Verbände
0412				0412	Darlehen an sonstige öffentlich-rechtliche Körperschaften
0413				0413	Darlehen an öffentliche Unternehmen
0419				0419	Darlehen an Sonstige
				041	zusammen

Zu II. Haushaltsrechnung

Schwerpunkt der Haushaltsrechnung ist die Gegenüberstellung der tatsächlichen Einnahmen und Ausgaben zu den Ansätzen des Haushaltsplanes (Soll-Ist-Vergleich). Ein Teil der Haushaltsrechnung ist die **Erfolgsrechnung**. Sie umfasst die Einnahmen aus Zuweisungen aus dem Gesundheitsfonds und Vermögenserträgen sowie die Ausgaben, bedingt durch die gesetzlichen oder satzungsmäßigen Leistungen und die Verwaltungskosten.

Im Bereich der **Investitionsrechnung** werden Veränderungen z. B. durch Kauf oder Verkauf von „langlebigen Wirtschaftsgütern" festgehalten.

Für die Haushaltsrechnung ist von den Spitzenverbänden der Krankenversicherung ein Vordruck (in Abstimmung mit dem Bundesversicherungsamt) entwickelt worden.

Erfolgsrechnung

Belegart		X	Jahr		X	X	Betriebs-(Kassen-)Nummer							
1 – 2		3	4 – 5		6 – 7		8 – 15							
2	1	X			X	X								

B. Erfolgsrechnung: Kontenklasse 4/5 – Leistungsaufwand der Krankenversicherung

Schl. Nr.	Mitglieder (ohne Rentner) €	Familienangehöirge der Mitglieder (ohne Rentner) €	Rentner und ihre familienangehörigen €	insgesamt (Spalte 1 bis 3) €
	1	2	3	4
4000				
4010				
4020				
4030				
4050				
4070				
4100				
4120				
4130				
4140				
4150				
4160				
4170				
4180				
4190				

Treten in der Haushaltsrechnung erhebliche Abweichungen von den Planzahlen auf (z. B. durch Mehrausgaben oder Mindereinnahmen), so verlangt der Gesetzgeber vom Vorstand, dass der Sachverhalt **erläutert** wird.

Was erheblich ist, richtet sich zum einen danach, ob die Krankenkasse finanziell gesehen einen großen Haushalt hat oder nicht, und zum anderen danach, wie hoch die Abweichung bei der einzelnen Haushaltsstelle, beispielsweise Krankengeldzahlungen, ist.

Zu III. Übersichten

Sinn etwaiger Übersichten ist, den Verwaltungsrat über wichtige Vorgänge zu unterrichten. Dies kann für die Entlastung des Vorstandes wichtig sein, wenn z. B. überplanmäßige oder außerplanmäßige Ausgaben getätigt wurden.

3.2 Bedeutung der Jahresrechnung

Jahresrechnung und Haushaltsplan sind Unterlagen, die zur Kontrolle herangezogen werden. Die Jahresrechnung muss von Fachleuten geprüft werden. Diese Aufgabe muss von externen Wirtschaftsprüfern oder vereidigten Buchprüfern erledigt werden. Damit die Unabhängigkeit der Prüfer gewährleistet bleibt, muss spätestens alle fünf Jahre ein anderer Wirtschaftsprüfer oder vereidigter Buchprüfer beauftragt werden.

Zudem gelten für alle Krankenkassen einheitliche Prüfstandards (§ 77 SGB IV i. V. m. § 31 SVHV). Der jeweils beauftragte Wirtschaftsprüfer (oder vereidigte Buchprüfer) erstellt einen Prüfbericht, der zusammen mit der geprüften Jahresrechnung vom Vorstand dem Verwaltungsrat vorgelegt wird. Diese Unterlagen dienen zur Entlastung des Vorstandes. Die Krankenkassen müssen die wesentlichen Ergebnisse der Jahresrechnung, insbesondere über Höhe und Struktur der Einnahmen und Ausgaben und über das Vermögen der Krankenkasse im elektronischen Bundesanzeiger (www.bundesanzeiger.de) und auf der eigenen Internetpräsenz veröffentlichen. Die Satzung hat weitere Möglichkeiten der Veröffentlichung zu regeln (§ 305b SGB V).

Obwohl nicht ausdrücklich vom Gesetzgeber vorgeschrieben, ist ein Vergleich von Haushaltsplan und Jahresrechnung hilfreich, um Abweichungen, Entwicklungen usw. zu erkennen. Es können dann Vorkehrungen getroffen werden, um entdeckte „Missstände" in Zukunft zu vermeiden. Ein Soll-Ist-Vergleich ist relativ leicht durchzuführen, weil Haushaltsplan und Jahresrechnung das gleiche Gliederungsschema des Kontenrahmenplanes haben.

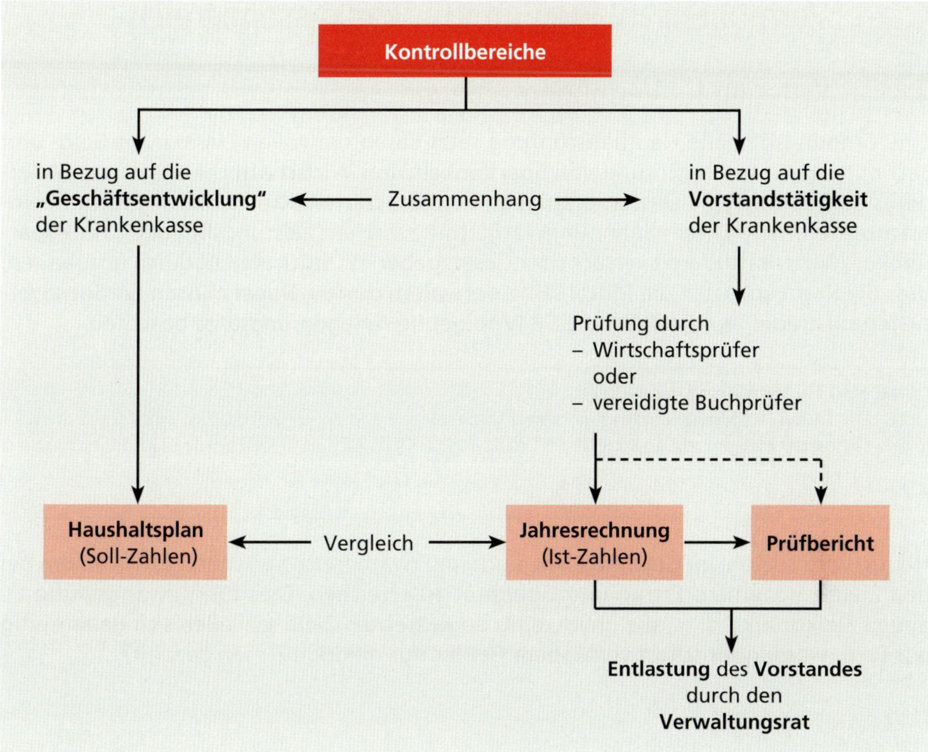

Übungen

1. Stellen Sie die folgenden Begriffe in Form einer Gleichung dar:
   a) Jahresrechnung,
   b) Haushaltsrechnung.

2. a) Begründen Sie kurz, weshalb ein direkter Vergleich einzelner Positionen des Haushaltsplanes mit denen der Haushaltsrechnung schnell möglich ist.
   b) Erklären Sie kurz, warum ein solcher Vergleich evtl. sinnvoll ist.

3. Prüfen Sie die folgenden Aussagen auf ihre Richtigkeit und notieren Sie sich die entsprechenden Buchstaben.
   a) Die Investitionsrechnung ist ein spezielles Kontrollinstrument im Bereich der öffentlichen Verwaltung.
   b) Die Vermögensrechnung erfasst u.a. die Schulden nur am Ende des Haushaltsjahres.
   c) Zahlenmäßig ist die Jahresrechnung = Vermögensrechnung + Erfolgsrechnung + Investitionsrechnung.
   d) Jede Krankenkasse muss neben einer Vermögensrechnung auch eine Bilanz erstellen.
   e) Die Gliederungsschemata von Haushaltsplan und Jahresrechnung sind sehr unterschiedlich.
   f) Sowohl für den Haushaltsplan als auch für die Jahresrechnung gibt es spezielle Formulare.

4 Vermögensanlagen im Krankenkassenbereich

4.1 Kriterien für Vermögensanlagen

Eine ordnungsgemäße Haushaltsführung setzt einen sinnvollen Einsatz von Geld- und Sachmitteln (unter Beachtung von Sparsamkeit und Wirtschaftlichkeit) voraus. Allerdings darf dadurch die Leistungsfähigkeit der gesetzlichen Krankenkassen nicht beeinträchtigt werden. Dieses Spannungsverhältnis zwischen Leistungsfähigkeit und Sparsamkeit/Wirtschaftlichkeit versucht der Gesetzgeber ein Stück weit dadurch abzubauen, dass die Krankenkassen die Mittel selbst verwalten dürfen. Dabei müssen die Sozialversicherungsträger laut § 80 Abs. 1 SGB IV folgende Anlagegrundsätze beachten:

§ 80 SGB IV Verwaltung der Mittel

(1) Die Mittel des Versicherungsträgers sind so anzulegen und zu verwalten, dass ein Verlust ausgeschlossen erscheint, ein angemessener Ertrag erzielt wird und eine ausreichende Liquidität gewährleistet ist.

...

Häufig wird sowohl im Geschäfts- wie auch im Privatbereich versucht, ein Maximum bei den Zielen Sicherheit, Ertrag und Liquidität zu erreichen. Dies führt zwangsläufig zu einem Zielkonflikt, d. h., die gleichzeitig angestrebten Ziele schließen sich gegenseitig aus (z. B. werden für sofort verfügbare Gelder nur niedrige Zinsen gezahlt).

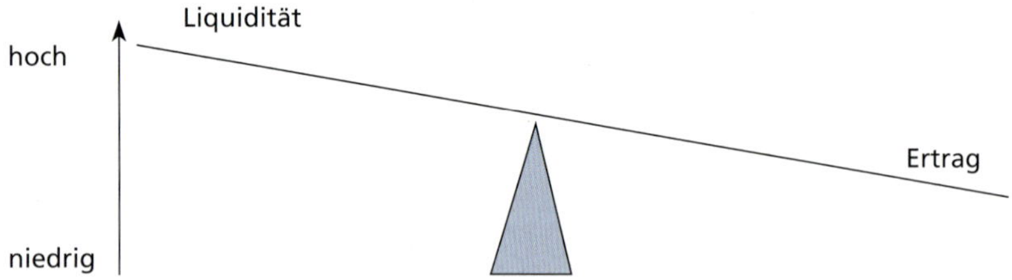

Der Gesetzgeber hat das Problem erkannt und durch entsprechende Formulierungen im Gesetzestext wie folgt behandelt:

- **Sicherheit:** Bei der Anlage von Geldmitteln soll darauf geachtet werden, dass das Verlustrisiko so gering wie möglich ist. In dem Punkt wird eine Maximalforderung aufgestellt, auch vor dem Hintergrund, dass diese Geldanlagen üblicherweise einen „niedrigen" Ertrag erwirtschaften (z. B. geringer Zins).
- **Ertrag:** Das Gesetz fordert nur einen angemessenen Ertrag, weil nur durch „risikoreichere" Anlageformen beispielsweise eine „hohe" Rendite zu erzielen ist. Dies würde aber dem Anlagegrundsatz „Verlustausschluss" widersprechen.
- **Liquidität:** Je nach Art der anzulegenden Mittel muss ein Tausch in Barmittel bei Bedarf in notwendiger Höhe und ohne erhebliche Verluste möglich sein. Die Beurteilung, ob eine ausreichende Liquidität vorhanden ist, muss im Rahmen einer Gesamtbetrachtung aller Anlagen vorgenommen werden. Langfristige Geldanlagen wären dann auch zulässig, wenn sie in Ergänzung zu einer ausreichenden Absicherung mit

kurz- und mittelfristigen Anlagen oder in zeitlich abgestufter Folge vorgenommen werden. Grundsätzlich wirkt sich eine hohe Liquidität nicht positiv auf den Ertrag der Anlageform aus.

4.2 Vermögensanlagearten

> **§ 259 SGB V Mittel der Krankenkasse**
> Die Mittel der Krankenkasse umfassen die Betriebsmittel, die Rücklage und das Verwaltungsvermögen.

Die abschließende Aufzählung des o. a. Paragrafen schließt nicht nur den Einsatz anderer Mittel aus, sondern es sind teilweise vom Gesetzgeber auch die Obergrenzen sowie die Anlageformen vorgeschrieben. Damit soll die Ansammlung von „Gewinnen" verhindert werden.

4.2.1 Betriebsmittel (§ 260 SGB V i.V.m. § 81 SGB IV)

Betriebsmittel dienen zur Finanzierung der laufenden Ausgaben sowie zum Ausgleich von Einnahme- und Ausgabenschwankungen. Sie haben also eine **doppelte Aufgabe** (BSG vom 13. Mai 1982, USK 82191):

- Es werden alle **laufenden Ausgaben bezahlt** (hauptsächlich stehen hierfür Beitragseinnahmen zur Verfügung).

  Die Ausgabenbereiche hat der Gesetzgeber in groben Zügen wie folgt festgelegt:

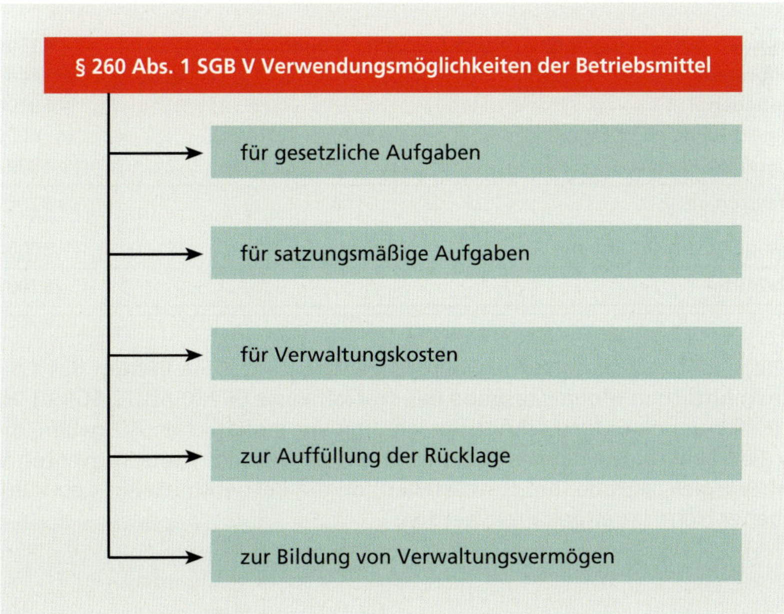

- Sie dienen als **„Reservemittelbestand"** für den Fall, dass die Ausgaben kurzfristig höher sind als die Einnahmen.

  Der Anlagegrundsatz des angemessenen Ertrages spielt eine untergeordnete Rolle. Ziel ist die **Sicherstellung der Zahlungsfähigkeit** der Krankenkasse, d. h., bei Bedarf müssen Gelder kurzfristig in ausreichender Höhe zur Verfügung stehen.

> **§ 260 SGB V Betriebsmittel**
> (3) Die Betriebsmittel sind im erforderlichen Umfang bereitzuhalten und im Übrigen so anzulegen, dass sie für die im Absatz 1 genannten Zwecke verfügbar sind.

Die Geldanlagemöglichkeiten sind durch die Forderung nach ausreichender Liquidität begrenzt. Hauptsächlich zählen Barmittel und Giroguthaben bei Kreditinstituten, kurzfristige Geldanlagen (z. B. Termingeld für 30 Tage) und fällige Forderungen dazu. Davon abgezogen werden anstehende Zahlungsverpflichtungen (= kurzfristig zu bezahlende Schulden), die die zur Verfügung stehenden Mittel verringern. Die vereinfachte Formel zur Berechnung der Betriebsmittel sieht dann folgendermaßen aus:

	Summe des kurzfristig zur Verfügung stehenden Geldmittelbestandes
+	**„fällige" Forderungen**
–	**kurzfristig anfallende Zahlungsverpflichtungen (= Schulden)**
=	**Betriebsmittel**

Beispiel

Berechnung der Betriebsmittel

		€
	Zuweisungen aus dem Gesundheitsfonds (aktueller Monat)	4 350 000,00
+	Bargeldbestand	+ 840 000,00
+	Giroguthaben	+ 1 910 000,00
+	Termingeld (fällig in 30 Tagen)	+ 400 000,00
+	fällige Forderungen	+ 1 200 400,00
=	*Zwischensumme*	*+8 700 400,00*
–	kurzfristige Verpflichtungen	– 2 000 000,00
=	**Betriebsmittel**	**+6 700 400,00**

Der Gesetzgeber hat eine zulässige **Obergrenze** vorgesehen. Sie beträgt das **1,5-Fache** der **durchschnittlichen Monatsausgabe** der Krankenkasse (§ 260 Abs. 2 SGB V). Hierbei handelt es sich um eine Durchschnittsberechnung der monatlichen Ausgaben, die mithilfe der Soll-Zahlen des Haushaltsplanes ermittelt werden. Die errechneten Werte dienen als Vergleichsgröße, um festzustellen, ob die Betriebsmittel in gesetzlich vorgeschriebener Höhe bereitgehalten werden.

Betrachten Sie noch einmal das **vorherige Beispiel**.
Wenn die Krankenkasse in ihrem Haushaltsplan durchschnittliche monatliche Ausgaben von 4500000,00 € ermittelt hat, dann liegt die **Betriebsmittelobergrenze** bei:

4500000,00 € · 1,5 = **6750000,00 €**

6700400,00 € liegen unter dem Betriebsmittelmaximum, mit anderen Worten, die vom Gesetzgeber vorgegebene Höchstgrenze wurde nicht überschritten.

Es kommt während eines Haushaltsjahres durchaus zu Abweichungen, weil die tatsächlichen Ausgaben mit den geplanten Beträgen nicht übereinstimmen. Führen die Über- bzw. Unterschreitungen des gesetzlichen Rahmens nicht zu nachhaltigen, unangemessenen Kapitalansammlungen bzw. zu Liquiditätsproblemen, so wird dies keine haushaltsrechtlichen Konsequenzen haben (z. B. Erhebung von Zusatzbeiträgen).

4.2.2 Rücklage (§ 261 SGB V i.V.m. § 82 SGB IV)

4.2.2.1 Ziele und Höhe der Rücklage

Die Krankenkassen müssen zur Sicherstellung ihrer Leistungsfähigkeit Rücklagen bilden; es handelt sich um Geldreserven, durch die zwei Ziele erreicht werden sollen:

- **Garantie dauernder Zahlungsfähigkeit** der Krankenkassen. Sollte das Ungleichgewicht zwischen Einnahmen und Ausgaben mithilfe der Betriebsmittel nicht mehr ausgeglichen werden können, dann wird die Rücklage herangezogen. Da dies innerhalb eines Haushaltsjahres geschieht, ist auch der vom Gesetzgeber geforderte Ausgleich des Haushalts sichergestellt.
- **Gewährleistung von Beitragsstabilität**
  Wenn die Ausgaben über den Einnahmen liegen, dann muss kein Zusatzbeitrag erhoben werden, weil ein Ausgleich durch die Rücklage möglich ist. Allerdings darf dieses Ungleichgewicht zwischen Ausgaben und Einnahmen nicht von Dauer sein.

Die Festsetzung der **Rücklagenhöhe** liegt bei der Selbstverwaltung. Dabei verfügt sie über einen Finanzierungsspielraum, der **mindestens** zwischen $^1/_4$ und **höchstens** dem **1-Fachen** der **erwarteten durchschnittlichen Monatsausgabe** liegt. Damit besteht die Möglichkeit, die individuellen Verhältnisse der Krankenkasse bei der Festlegung der Rücklagenhöhe zu berücksichtigen.

Durch die Vergabe einer Obergrenze soll eine unnötige Kapitalansammlung vermieden werden. Berechnungsgrundlage sind auch hier die geplanten durchschnittlichen Monatsausgaben, d. h., es kommt evtl. zu Über- bzw. Unterschreitungen des Verfügungsrahmens, ähnlich wie bei den Betriebsmitteln.

4.2.2.2 Auswirkungen bei Abweichungen von den Soll-Werten

Die „Auswirkungen" der Soll-Ist-Abweichungen bei den Betriebsmitteln und der Rücklage sind gesetzlich wie folgt festgelegt:

Mittel der Krankenkassen	Art der Abweichung	Gesetzliche Grundlage	Auswirkungen
Betriebsmittel	**Soll < Ist** (auf Dauer)	§ 242 Abs. 1 S. 1 SGB V Soweit der Finanzbedarf einer Krankenkasse durch die Zuweisungen aus dem Gesundheitsfonds nicht gedeckt ist, hat sie in ihrer Satzung zu bestimmen, dass von ihren Mitgliedern ein einkommensabhängiger Zusatzbeitrag erhoben wird.	**Senkung/Aufhebung** des **Zusatzbeitragssatzes**
	Soll > Ist (auf Dauer)	§ 261 Abs. 3 SGB V Die Krankenkasse kann Mittel aus der Rücklage den Betriebsmitteln zuführen, wenn Einnahme- und Ausgabeschwankungen innerhalb eines Haushaltsjahres nicht durch die Betriebsmittel ausgeglichen werden können. In diesem Fall soll die Rücklage in Anspruch genommen werden, wenn dadurch Erhöhungen des Zusatzbeitrags ... während des Haushaltsjahres vermieden werden. **oder** § 242 Abs. 2 S. 1 SGB V Ergibt sich während des Haushaltsjahres, dass die Betriebsmittel der Krankenkasse einschließlich der Zuführung aus der Rücklage ... nicht ausreichen, ist der Zusatzbeitrag ... zu erhöhen.	**Zusatzbeitragssatz** bleibt **stabil.** (Vermeidung der Erhebung von Zusatzbeiträgen) **oder** **Einführung** bzw. **Erhöhung** des **Zusatzbeitragssatzes**
Rücklage	**Soll < Ist**	§ 261 Abs. 5 SGB V Übersteigt die Rücklage das Rücklagesoll, ist der übersteigende Betrag den Betriebsmitteln zuzuführen.	**Übersteigender Betrag** der Rücklage wird den **Betriebsmitteln zugeführt.**
	Soll > Ist	§ 261 Abs. 4 SGB V Ergibt sich bei der Aufstellung des Haushaltsplanes, dass die Rücklage geringer ist als das Rücklagesoll, ist bis zur Erreichung des Rücklagesolls die Auffüllung der Rücklage im Regelfall mit einem Betrag in Höhe von mindestens 1/4 des Rücklagesolls im Haushaltsplan vorzusehen.	Aus den Betriebsmitteln wird die Rücklage aufgefüllt. (min. 1/4 des Rücklagesolls, max. das vorgesehene Rücklagesoll)

4.2.2.3 Anlageformen der Rücklage

Die Gelder der Rücklage müssen getrennt von den übrigen Mitteln verwaltet werden (§ 261 Abs. 6 S. 1 SGB V); dadurch ist eine relativ einfache und schnelle Kontrolle der Zusammensetzung möglich. Da die Rücklage den über die Betriebsmittel hinausgehenden Geldbedarf decken soll, können die Anlageformen auch über die Laufzeit von einem Jahr hinausgehen, d. h. mittel- und langfristig sein.

§ 83 Abs. 1 SGB IV schreibt den Krankenkassen grundsätzlich die Anlageformen vor. Gemeinsam ist allen Anlageformen die hohe Anforderung im Hinblick auf das Kriterium „Sicherheit". Exemplarisch sollen drei Möglichkeiten der Geldanlage kurz beschrieben werden:

1. Schuldverschreibungen

Es handelt sich um verzinsliche Wertpapiere, die ein Leistungsversprechen für den jeweiligen Inhaber verbriefen.

Wenn die Krankenkasse ein solches Papier kauft, nimmt der Schuldner bei ihr Geld auf und verpflichtet sich zur Rückzahlung nach einer bestimmten, vorher festgelegten Laufzeit. Als Gegenleistung für die „Überlassung" des Kapitals zahlt der Schuldner während der Laufzeit die vereinbarten Zinsen.

An die Schuldner solcher Wertpapiere stellt der Gesetzgeber bestimmte Qualitätsanforderungen, z. B. muss der Aussteller seinen Sitz in einem EU-Mitgliedstaat haben, oder die Rückzahlung muss durch eine öffentlich-rechtliche Gewährleistung oder eine Sicherungseinrichtung der Kreditwirtschaft abgesichert sein.

In der heutigen Praxis sind die Schuldner gewöhnlich Staaten, Banken und Industrieunternehmen.

2. Grundstücke und grundstücksgleiche Rechte

„Grundstücksgleiche Rechte" ist ein juristischer Fachbegriff. Wenn die Krankenkasse beispielsweise einige Eigentumswohnungen kauft, dann erwirbt sie statt eines Grundstücks ein grundstücksgleiches Recht, das ein „Alleineigentum" (Sondereigentum) an den Räumen, verbunden mit einem Bruchteilseigentum an einem Grundstück und seinen wesentlichen Bestandteilen, darstellt. Grundstücke wie auch die grundstücksgleichen Rechte müssen im Inland liegen.

3. Grundpfandrechtlich gesicherte Forderungen

Am bekanntesten ist hierfür die Hypothek, bei der als Sicherheit ein Grundstück und/oder ein Gebäude vorhanden ist. Als sicher gilt eine derartige Forderung, wenn die Beleihung die ersten zwei Drittel, z. B. des Grundstückswertes, nicht übersteigt (§ 84 SGB IV). Zu dieser Forderungsart zählen auch die Grund- und die Rentenschuld.

Neben diesen grundsätzlichen Anlagemöglichkeiten kann eine Krankenkasse sich z. B. mit Genehmigung der Aufsichtsbehörde an gemeinnützigen Einrichtungen beteiligen bzw. Darlehen für diese Zwecke gewähren. Das Gesetz sieht je nach Anlageart folgende Abstufung im Hinblick auf die „Mitbestimmung" der Aufsichtsbehörde vor:

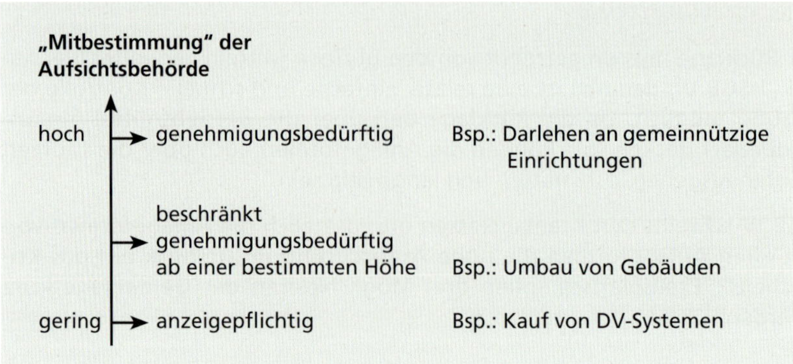

Exkurs: Gesamtrücklage (§ 262 SGB V)

Die Satzungen der Landesverbände der Krankenkassen können bestimmen, dass die von den Mitgliedskassen zu bildenden Rücklagen bis zu einem Drittel des Rücklagesolls vom jeweiligen Landesverband als Sondervermögen (Gesamtrücklage) verwaltet werden.

Ziel ist die Bildung einer überregionalen Liquiditätsreserve (= Darlehensfonds), um ebenfalls Beitragsstabilität einzelner Kassen zu gewährleisten, wenn diese durch besondere Umstände vorübergehend in finanzielle Schwierigkeiten geraten sind.

An dieses Geld kommt eine Krankenkasse allerdings nur, wenn die kasseninterne Rücklage verbraucht ist.

4.2.3 Verwaltungsvermögen (§ 263 SGB V)

Das Verwaltungsvermögen besteht hauptsächlich aus Grundstücken, Gebäuden und Einrichtungsgegenständen für die Verwaltung sowie deren Eigenbetriebe (z. B. Krankenhäuser, Rehabilitationskliniken)[1]. Hinzu kommen evtl. auch Geldmittel, die zur Anschaffung und Erneuerung der o. a. Vermögensteile erforderlich sind.

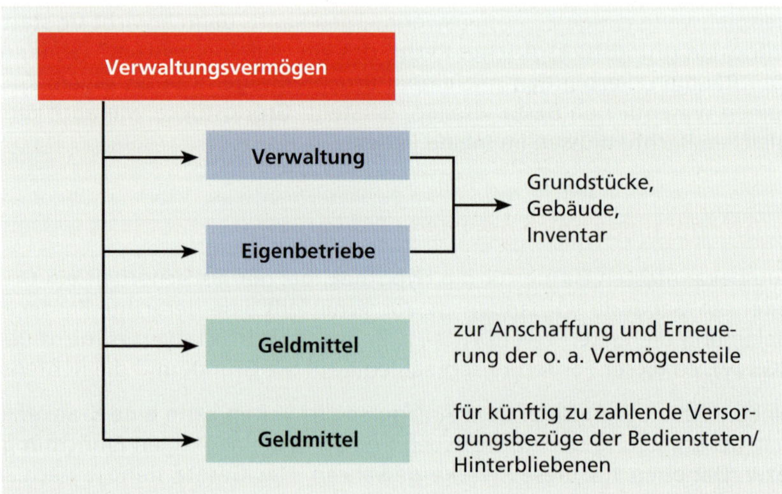

1 s. § 140 SGB V

Im Gegensatz zu den Betriebsmitteln und der Rücklage gibt es für das Verwaltungsvermögen keine vom Gesetzgeber festgelegte Höchstgrenze. Die Krankenkassen dürfen Verwaltungsvermögen jedoch nur insoweit bilden, als dies für die Erledigung der Aufgaben erforderlich ist. Hierbei sind die Grundsätze der Wirtschaftlichkeit und Sparsamkeit zu erfüllen. Da sich die Grundsätze teilweise widersprechen, ist darauf zu achten, dass sie in einem ausgewogenen Verhältnis zueinander stehen. In diesem Zusammenhang ist noch einmal auf die Genehmigungsbedürftigkeit durch die Aufsichtsbehörde, z. B. für die Errichtung, den Umbau oder die Erweiterung von Gebäuden nach § 85 SGB IV, hinzuweisen, sofern die Höhe der Investitionen bestimmte Grenzen überschreitet. Dadurch müssen die Krankenkassen die Notwendigkeit, z. B. einer Baumaßnahme, darstellen und die Aufsichtsbehörde hat die Möglichkeit, die vorher erwähnten Grundsätze der Wirtschaftlichkeit und Sparsamkeit zu überprüfen.

Übungen

1. Welche finanziellen Mittel sind den Krankenkassen erlaubt und in welchem Paragrafen ist das geregelt (nur nennen)?

2. Ersetzen Sie die Buchstaben (a) bis (e) durch die Begriffe **„hoch"** und **„gering"**. Gehen Sie davon aus, dass üblicherweise zwischen den Anlagekriterien ein Zielkonflikt besteht.
   - Risiko hoch / Ertrag **(a)**
   - Liquidität **(b)** / Ertrag gering
   - Ertrag hoch / Liquidität **(c)**
   - Sicherheit hoch / Ertrag **(d)**
   - Sicherheit **(e)** / Liquidität hoch

3. Wie hat der Gesetzgeber das Problem der sich widersprechenden Anlagekriterien gelöst (kurze Erläuterung)?

4. Ordnen Sie die folgenden Positionen den Betriebsmitteln, der Rücklage oder dem Verwaltungsvermögen zu.
   Fahrzeuge für Eigenbetriebe, Forderungen an die Dt. Rentenversicherung Bund, Pfandbriefe (Laufzeit 4 Jahre), Spareinlagen mit einer Kündigungsfrist von drei Monaten, barer Kassenbestand, Büroeinrichtung für die Verwaltung, Grundstücke und Gebäude für die Verwaltung, Termingeld (Laufzeit 30 Tage), Termingeld (Laufzeit 2 Jahre), Darlehen an Gebietskörperschaften (Laufzeit über 1 Jahr).

5. Erläutern Sie, warum der Gesetzgeber bei den Mindest- bzw. Höchst-/Obergrenzen der Krankenkassenmittel keine absoluten Werte vorgegeben hat.

6. a) In welchem Zusammenhang wird die Betriebsmittelobergrenze rechnerisch ermittelt?
   b) Weshalb kann es zu Abweichungen zwischen den rechnerischen und tatsächlichen Beträgen der Betriebsmittel kommen?

7. Ermitteln Sie den gesetzlich vorgeschriebenen Mindest- und Höchstbetrag für die
   a) Rücklage,
   b) Betriebsmittel,
   wenn die durchschnittliche Monatsausgabe der Krankenkasse 3 576 000,00 € beträgt.

8. Die Betriebsmittelobergrenze beträgt für das laufende Haushaltsjahr 11 730 000,00 €.

Eine Zusammenstellung zum Ende des 1. Quartals weist folgende Beträge aus:

	€
Barmittelbestand	1 210 000,00
Giroguthaben	3 190 000,00
Termingeld (Laufzeit 6 Monate)	620 000,00
Zuweisungen des Gesundheitsfonds (aktueller Monat)	7 680 000,00
Forderungen	3 000 000,00
(davon zu Beginn des nächsten Haushaltsjahres fällig: 1 000 000,00 €)	
Verpflichtungen an Krankenhäuser und sonstige Institutionen aus den Vormonaten, die jetzt zur Zahlung anstehen	3 480 000,00

Ermitteln Sie aus den vorhandenen Daten die Betriebsmittel und die Abweichung zur Betriebsmittelobergrenze und beurteilen Sie, ob die Betriebsmittelobergrenze zum Quartalsende eingehalten wird.

9. Im Haushaltsplan einer Krankenkasse wurden die Einnahmen mit 36 000 000,00 € jährlich veranschlagt.

Hinweis: Überlegen Sie, welcher Haushaltsgrundsatz für die Lösung dieser Aufgabe von Bedeutung ist.

Ermitteln Sie die Mindest- und Höchstgrenzen des Haushaltsplanes für die

a) Rücklage und
b) Betriebsmittel.
   In der Satzung wurden die gesetzlichen Regelungen übernommen (s. §§ 260, 261 SGB V).
c) Prüfen Sie, ob die in b) ermittelten Grenzen von der Krankenkasse im Geschäftsbetrieb zum Ende des Jahres eingehalten wurden. Die Zahlen der Jahresrechnung sehen aus wie folgt:

	€
Termingeld (Laufzeit noch 18 Monate)	1 200 000,00
Forderungen	2 800 000,00
(davon sind im nächsten Haushaltsjahr 800 000,00 € fällig)	
Bankguthaben (Giroguthaben)	1 400 000,00
Zuweisungen aus dem Gesundheitsfonds (aktueller Monat)	3 490 000,00
Verpflichtungen (Laufzeit 180 Tage)	2 300 000,00
Bargeldbestand	600 000,00
Schulden (Laufzeit noch drei Jahre)	8 900 000,00

10. Lesen Sie den § 263 Abs. 1 SGB V und erklären Sie, welche Begrenzung der Gesetzgeber den Krankenkassen „auferlegt" hat und um welche Ausprägung des ökonomischen Prinzips es sich hierbei handelt.

IV Buchführung der Sozialversicherung am Beispiel der Krankenversicherung

1 Bedeutung und Grundsätze der Buchführung

Fast jeder Geschäftsvorgang (= Geschäftsfall) in einer Krankenkasse hat finanzielle Auswirkungen, die erfasst, geordnet und nachgewiesen werden müssen. Diese Aufgabe übernimmt die Buchführung.

Es gibt unterschiedliche – vom Gesetzgeber auch zulässige – Buchführungssysteme wie z. B. die Kameralistik für den öffentlichen Bereich, die einfache oder die doppelte **Buchführung (Doppik)**. Letztere wird von den Krankenkassen und ihren Verbänden angewandt und deshalb wird auch nur dieses Buchführungssystem behandelt.

Die Buchführung erfasst die Höhe und die Veränderung der Vermögensteile der Krankenkasse sowie alle Arten von Aufwendungen (= Werteverbrauch) und Erträgen (= Wertezufluss). Neben der **Erfassung aller wirtschaftlichen Vorgänge** soll die Buchführung z. B. auch **aktuelle Monats- oder Quartalsergebnisse** liefern, die zur Kontrolle oder Planung benötigt werden. Außerdem stellt die Buchführung **Zahlen für den Geschäftsjahresabschluss** (= Jahresrechnung) bereit. Dabei sind die **Grundsätze der ordnungsmäßigen Buchführung (= GoB)** zu beachten. Aus diesen Grundsätzen geht hervor, wie die Buchführung nach Form und Inhalt gestaltet sein muss, um außenstehenden Fachleuten (z. B. Verwaltungsrat, Aufsichtsbehörde) die Möglichkeit zu eröffnen, sich in angemessener Zeit einen Einblick in die wirtschaftliche Situation der Krankenkasse zu verschaffen. Für die weitere Arbeit spielen u. a. folgende drei Grundsätze eine wichtige Rolle:

Grundsätze ordnungsmäßiger Buchführung (GoB)

→ **Ordnungsmäßigkeit (§ 10 Abs. 1 SVRV)**
Die Aufzeichnungen sollen
- vollständig (Anzahl),
- richtig (Betrag und Buchungsstelle),
- zeitgerecht (richtiger Buchungstag),
- geordnet (richtige zeitl. Reihenfolge und sachl. Ordnung) und
- nachprüfbar (Vorhandensein entsprechender Belege) sein.

→ **Bruttoprinzip (§ 10 Abs. 3 SVRV)**
Es werden alle Einnahmen und Ausgaben in voller Höhe (= brutto) erfasst, d. h., Erstattungen werden nicht gegengerechnet (abgezogen). Ausnahmen stellen nur Rabatte, z. B. von Apotheken, oder Skonti dar. Dieses Prinzip dient der Klarheit und damit der Nachprüfbarkeit.

→ **Zeitliche und sachliche Ordnung (§ 10 Abs. 2 SVRV)**
Zunächst werden alle Geschäftsfälle in zeitlicher Reihenfolge – also chronologisch – im sogenannten Zeitbuch erfasst.
Dieselben Geschäftsfälle sind außerdem nach sachlichen Gesichtspunkten festzuhalten (= Sachbuch).

Jeder Geschäftsfall wird in zwei Büchern festgehalten. Die Eintragung in das Zeitbuch erfolgt chronologisch mit fortlaufender Nummerierung (Belegnummer). Zusätzlich wird festgehalten, welche Konten durch den Geschäftsfall angesprochen werden (z. B. das Girokonto verringert sich durch die Zahlung von Krankengeld). Im Sachbuch werden alle Geschäftsfälle nach der im Zeitbuch genannten Kontierung eingetragen. Hier stehen dann „in sachlicher Ordnung" alle Zahlungen von Krankengeld in einer Liste, alle Veränderungen des Girokontos in einer anderen Liste. Da zu jedem Eintrag im Sachbuch auch die Belegnummer vermerkt wird, kann jederzeit nachvollzogen werden, welcher Eintrag im Zeitbuch zu einem Eintrag im Sachbuch gehört.

Die zu diesem Geschäftsfall gehörenden Belege (z. B. Quittungen, Rechnungen, Kontoauszüge usw.) erhalten ebenfalls die Belegnummer und müssen ordnungsgemäß aufbewahrt werden.

Aufbau der verwendeten Bücher innerhalb der Krankenkassen

Zeitbuch								
Tag der Buchung	**Beleg Nr.**	**Vorgang**	**Soll**		**Haben**		**Hinweis auf das Sachbuch**	
			im Einzelnen	**am Tagesabschluss**	**im Einzelnen**	**am Tagesabschluss**	**Soll**	**Haben**

Sachbuch				
Kontobezeichnung (z. B. 0101 Spareinlagen)				
Tag der Buchung	**Belegnummer**	**Gegenkonto**	**Soll/€**	**Haben/€**

In **beiden Büchern** sind folgende **Mindesteintragungen** vorzunehmen (§ 23 f. SRVwV):

- Buchungstag,
- Belegnummer,
- Betrag.

Werden die Bücher per EDV geführt, so brauchen die Eintragungen nur einmal vorgenommen zu werden. Es muss jedoch immer gewährleistet sein, dass die Buchungen sowohl in zeitlicher Reihenfolge als auch in sachlicher Ordnung dargestellt werden können.

In der weiteren Unterrichtsarbeit werden die gesetzlichen Anforderungen wie folgt behandelt:

Zeitbuch	rechtl. Grundlagen	Sachbuch
Zeitliche Reihenfolge	Einteilungskriterien § 10 Abs. 2 SVRV	Sachliche Zuordnung
1. Vorgang, Betrag, Buchungsstellen 2. 3.	Mindestinhalte § 23 Abs. 1 SRVwV | § 24 Abs. 1 SRVwV	S H S H S H S H
	Abstimmung, z. B. monatlich § 15 Abs. 2 SVRV	

Übungen

1. Beschreiben Sie zwei wichtige Aufgaben der Buchführung aus betrieblicher Sicht.
2. Erläutern Sie die folgenden Begriffe:
   - Geschäftsfall
   - Doppik
   - Buchungsstelle
3. Nennen Sie vier wichtige Interessengruppen/betriebliche Abteilungen – mit jeweils einem Grund –, die ein Interesse an einer ordnungsgemäßen Buchführung haben.
4. Nennen Sie zwei Verordnungen, in denen wesentliche Fragen der Buchführung geregelt sind.
5. Erläutern Sie kurz ein wesentliches Ziel der Grundsätze ordnungsmäßiger Buchführung (GoB).

2 Bedeutung und Aufbau des Kontenrahmens

Die gesetzlichen Krankenkassen – aber auch die anderen Sozialversicherungsträger – sind nach § 25 Abs. 2 SRVwV verpflichtet, den Kontenrahmen als Grundlage für die sachliche Gliederung (= Sachbuch) zu verwenden.

> **§ 25 Abs. 2 SRVwV Gliederung des Sachbuches (Kontenrahmen)**
> (2) Für die Buchungen im Sachbuch ist zugrunde zu legen von
> 1. den Krankenkassen und dem Gesundheitsfonds der „Kontenrahmen für die Träger der gesetzlichen Krankenversicherung und für den Gesundheitsfonds“ ...

Unter „Grundlage“ ist in diesem Fall der maximale gesetzliche Handlungsspielraum zu verstehen, in dem sich die Krankenkassen bei der Einrichtung ihrer tatsächlich verwendeten Buchungsstellen (Konten) bewegen dürfen.

Alle kassenintern notwendigen Konten sind in einem Kontenverzeichnis(-plan) aufzuführen.

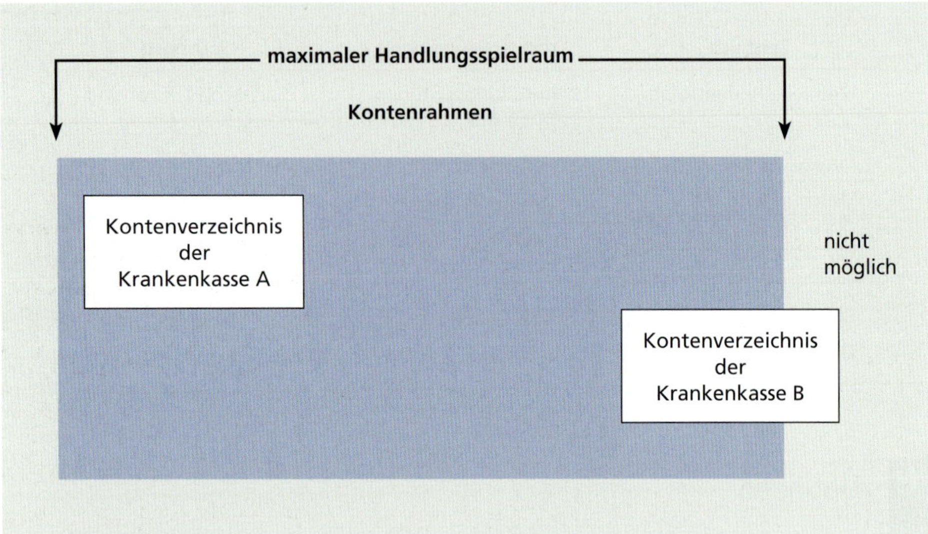

Der **Kontenrahmen** bildet für alle Träger der gesetzlichen Krankenversicherung die einheitliche **Grundlage** zur Schaffung **kassenindividueller Kontenpläne**.

Die **Bedeutung** des Kontenrahmens liegt darin, dass

- alle Konten sinnvoll geordnet werden und dadurch der Einblick in die finanzielle Situation der Krankenkasse verbessert wird;
- für die Statistik, das Haushaltswesen sowie evtl. Planungsrechnungen gegliedertes Zahlenmaterial zur Verfügung gestellt werden kann und
- einheitliche Kontenbezeichnungen und ein einheitlicher Konteninhalt bei allen Krankenkassen gewährleistet werden.

Der **Aufbau des Kontenrahmens** hat sich seit der Einführung im Jahre 1957 den Entwicklungen des Sozialversicherungsrechts und den zunehmenden Informationsanforderungen angepasst. Ziel ist es, ein umfassendes Bild über die Vermögenslage und die versicherungsrechtliche Tätigkeit der Krankenkasse zu ermöglichen.

Der Kontenrahmen umfasst die folgenden zehn Kontenklassen:

Kontenklasse	Bezeichnung	Sammelbegriffe	
0	Aktiva	Bestände	**Vermögensrechnung**
1	Passiva		
2	Beiträge für die KV[1]	Erträge	**Erfolgsrechnung**
3	Zuweisungen aus dem Gesundheitsfonds, Mittel aus dem Einkommensausgleich, Vermögenserträge und sonstige Einnahmen		
4	Leistungsaufwand der KV	Aufwand/Kosten	
5	Leistungsaufwand der KV		

1 In Kontenklasse 2 bucht der Gesundheitsfonds die bei ihm eingegangenen Beiträge (einschließlich Zusatzbeiträge).

Kontenklasse	Bezeichnung	Sammelbegriffe
6	Zuweisungen aus dem Gesundheitsfonds, Zahlungen aus dem Einkommensausgleich, Vermögensaufwendungen und sonstige Aufwendungen der KV	
7	Verwaltungs- und Verfahrenskosten	
8	Auftragsgeschäfte	**Verrechnungs- und Abschlusskonten**
9	Investitionshaushalt, Nebenrechnungen und Abschlusskonten	

Der technische **Aufbau** erfolgt nach dem **Dezimalsystem**. Die Systematik des Kontenrahmens lässt sich wie folgt darstellen:

▶ Klassen	=	einstellig	Position der Systematik
▶ Gruppen	=	zweistellig	
▶ Arten	=	dreistellig	
▶ **Konto**	**=**	**vierstellig**	**Buchungsstelle**
▶ Unterkonto	=	fünfstellig	weitere Differenzierungsmöglichkeiten bei Bedarf
▶ Hilfskonto	=	sechsstellig	

Die Kontenklassen, -gruppen und -arten sind für die eigentliche Buchführung fast ohne Bedeutung. Sie treten erst bei der Aufstellung des Haushaltsplanes und bei der Rechnungslegung in Erscheinung. Hier dienen sie dazu, Einzelergebnisse nach einheitlichen Gesichtspunkten zusammenzufassen.

Die Gliederung nach dem Dezimalsystem hat zwei wesentliche **Vorzüge:**

- Bei Bedarf lässt sich der Kontenrahmen leicht erweitern, denn in allen Klassen sind noch Stellen frei **(vertikale Erweiterung)**. Die vertikale Erweiterung ist für die Krankenkassen nur möglich, wo der Kontenrahmen dies ausdrücklich zulässt. Eine feinere Aufgliederung in Unter- und Hilfskonten (fünf-, sechsstellig) kann die Krankenkasse jederzeit durchführen und in den kassenindividuellen Kontenplan aufnehmen **(horizontale Erweiterung)**.
- Statt einer ausführlichen Benennung der Buchungsstellen, wie z. B. Fahrzeuge für die Verwaltung, werden die Konten mithilfe von Kennziffern geführt. Diese sind so aufgebaut, dass Hinweise auf ihren Inhalt deutlich werden.

Beispiel

0 7 1 0

Kontoklasse	(0	=	Aktiva)
Kontogruppe	(07	=	Bestände des Verwaltungsvermögens)
Kontenart	(071	=	Gegenstände der beweglichen Einrichtung für die Verwaltung)
Konto (Buchungsstelle)	**(0710**	**=**	**Fahrzeuge)**

Die weiteren Ausführungen beziehen sich ausschließlich auf das Konto als Buchungsstelle.

Um mit dem Kontenrahmen arbeiten zu können, bedarf es einiger Übung. Die folgenden Aufgaben sollen die Vorgehensweise aufzeigen und damit die Handhabung erleichtern. Außerdem wird auf einige Besonderheiten aufmerksam gemacht.

Übungen

1. Bestimmen Sie mithilfe des Kontenrahmens die Kontenklassen:
Abschlusskonten, Zusatzbeiträge, Vermögen, Verpflichtungen, Bußgelder, Investitionshaushalt, Verluste der Aktiva, Verfahrenskosten, Kuren, Zahnersatz, Einzug der Gesamtsozialversicherungsbeiträge, aufgenommene Kredite.

2. Ersetzen Sie die Buchstaben in der folgenden Tabelle sinnvoll.

Bezeichnung	Anzahl der Dezimalstellen
Kontenklasse	**(a)**
(b)	5
(c)	2
Konto	**(d)**
Kontenarten	**(e)**
(f)	6

3. Suchen Sie zu folgenden Positionen die richtigen Kontierungen (Kontonummern) heraus:
   a) Forderungen an den Bund (§ 19 BVG[1])
   b) Sonstige Verwahrungen (Konto für Geldeingänge mit unbekanntem Verwendungszweck)
   c) Aufgenommene Darlehen mit einer Laufzeit von fünf Jahren
   d) Zinserträge aus Geldanlagen
   e) Schuldzinsen (= Zinsaufwand)
   f) Ärztliche Behandlung für Mitglieder, Familienangehörige, Rentner
   g) Krankengeld für Mitglieder
   h) Maßnahmen zur Früherkennung von Krebserkrankungen bei Frauen (Mitglieder)
   i) Vergütung für Arbeitnehmer
   j) Reisekostenvergütungen für Krankenkassenangestellte
   k) Verpflichtungen aus dem Verwaltungssektor (= unbezahlte Rechnungen aus Lieferungen und Leitungen)

4. Beschreiben Sie den wesentlichen Unterschied zwischen den folgenden Kontierungen.

a)	0100	Termineinlagen	0400
b)	0711	Maschinen	0731
c)	1100	Kredite von Banken und Sparkassen	1400
d)	0420	Grundpfandrechte	1700
e)	4600	Krankenhausbehandlung	5310

5. Erläutern Sie den Unterschied zwischen Kontenrahmen und Kontenplan.

1 *Bundesversorgungsgesetz*

3 Vermögensrechnung

Die **Vermögensrechnung** erfasst das gesamte **Vermögen** und die **Schulden** zu **Beginn**, deren Veränderungen **während** und den Bestand am **Ende** eines **Haushaltsjahres** (§ 29 Abs. 1 SVHV). Die einzelnen Vermögensteile und Schulden sind den Positionen des Kontenrahmens der Kontenklassen 0 und 1 zuzuordnen. Dieses Gliederungsschema entspricht exakt einem Bilanzaufbau. Aus diesem Grund können die **Sozialversicherungsträger** statt einer Vermögensrechnung auch eine **Bilanz erstellen** (§ 29 Abs. 2 SVHV).

3.1 Bilanzaufbau/Gliederungskriterien

Eine Bilanz ist eine Aufstellung des Vermögens und der Schulden eines Unternehmens in Kontenform. Jede Bilanz ist grundsätzlich nach dem gleichen Schema aufgebaut.

Die **Aktivseite** gibt Auskunft über die **Zusammensetzung des Vermögens**. Das Vermögen einer Krankenkasse lässt sich unterscheiden in Anlage- und Umlaufvermögen.

Dem **Anlagevermögen** werden die Vermögensgegenstände zugeordnet, die in der Regel dauerhaft im Unternehmen bleiben, wie z. B. Verwaltungsgebäude oder Kopierer.

Zum **Umlaufvermögen** zählen z. B. Girokonto und kurzfristige Geldanlagen. Diese Vermögensgegenstände befinden sich nur kurzfristig im Unternehmen, d. h., sie befinden sich im Umlauf.
Die Reihenfolge der Bilanzpositionen ist grundsätzlich nach dem Grad der Liquidität (Geldnähe) festgelegt. So sind Barmittel sofort verfügbar und stehen deshalb an erster Stelle.

Die **Passivseite** zeigt die **Herkunft des Geldes** auf, d.h., es wird die Aufteilung in Fremd- und Eigenkapital deutlich **(= Finanzierungsquellen)**. Gliederungsgesichtspunkt beim Fremdkapital ist die Rückzahlungsdauer/Vertragslaufzeit der Schulden. Weil beispielsweise Zahlungsmittelkredite in sehr kurzer Zeit zurückgezahlt werden müssen, stehen sie auf der Passivseite an erster Stelle.

Obwohl die Krankenkassen Kredite nur in besonders geregelten Fällen, wie z. B. „Darlehen im Rahmen des Finanzausgleichs für besonders aufwendige Leistungsfälle nach § 265 SGB V", aufnehmen dürfen, wird aus Vereinfachungsgründen im Folgenden von einer einfach möglichen Aufnahme langfristigen Fremdkapitals ausgegangen. Bei jeder Bilanz sind die Summen der Beträge auf beiden Seiten gleich.

Bilanzschema:

	Aktiva	Bilanz Passiva	
Vermögens-zusammen-setzung	Umlaufvermögen	Schulden/Fremdkapital	Finan-zierungs-quellen
	Anlagevermögen	Eigenkapital	
	↑ Gliederungskriterium **Liquidität** (Geldnähe)	↑ Gliederungskriterium **Fälligkeit** (Rückzahlungszeitpunkt)	

Bei den Krankenkassen sieht eine Bilanz (dargestellt in Kontengruppen) wie folgt aus:

Aktiva	Eröffnungsbilanz (9900) Passiva
00 Barmittel und Giroguthaben	10 Zahlungsmittelkredite
01 Kurzfristige Geldanlagen	11 Kurzfristige Kredite
02 Forderungen	12 Kurzfristige Verpflichtungen
03 Forderungen aus Wahltarifen	13 Verpflichtungen aus Wahltarifen
04 Andere Geldanlagen	14 Andere Verpflichtungen
05 Zeitliche Rechnungsabgrenzung	15 Zeitliche Rechnungsabgrenzung
06 Sonstige Aktiva	16 Sonstige Passiva
07 Bestände des Verwaltungsvermögens	17 Dem Verwaltungsvermögen zuzuordnende Verpflichtungen
08 Sondervermögen	18 Dem Sondervermögen zuzuordnende Verpflichtungen
09 Überschuss der Passiva	19 Überschuss der Aktiva

Übungen

1. a) Auf welche Frage gibt die Aktiv- bzw. Passivseite der Bilanz Auskunft?
   b) Welche Gliederungsgesichtspunkte gelten für die beiden Bilanzseiten?
   c) Begründen Sie, weshalb die Summen der beiden Bilanzseiten gleich groß sein müssen.

2. Nennen Sie zu den folgenden Begriffen das jeweilige Pendant.
   Aktiva; Eigenkapital; Forderungen; Gliederung der Aktivseite nach Liquidität; kurzfristige Geldanlagen (unter 1 Jahr); Umlaufvermögen.

3. Silbenrätsel:
   Aus den folgenden Silben sind 15 Wörter nachstehender Bedeutung zu bilden, deren erste Buchstaben von oben nach unten einen weiteren Begriff aus der Buchführung ergeben.
   AK – DE – DEN – DUNG – EI – ENT – ER – ER – FOL – FOLGS – GA – GE – GE – GE – GEN – GI – HEN – KA – KON – KON – LUST – MÄSS – MEH – MIN – NE – NUNG – NUNGS – ORD – PI – RECH – REI – RO – RUNG – RUNG – SCHEI – SCHUL – SET – T – TAL – TI – TIV – TO – TO – TRAG – VA – VER – ZE
   a) andere Bezeichnung für ein Gehaltskonto
   b) nicht fremd finanzierte Vermögenswerte
   c) Begriff für Fremdkapital
   d) Bezeichnung für die Vermögensverwendungsseite
   e) Zunahme der Bilanzseite
   f) Bezeichnung für die Position einer Bilanz nach deren Auflösung
   g) negativer Erfolg
   h) Wertezuwachs
   i) chronologische Gliederung im Zeitbuch
   j) Werteverbrauch/Aufwand
   k) den Regeln entsprechend
   l) endgültiger Beschluss
   m) rechtliche Vorschriften
   n) Sammelbegriff für die Kontenklassen 2 bis 7
   o) Gegenteil von positiv

4. Ordnen Sie folgende Positionen den Begriffen Anlagevermögen, Umlaufvermögen, Fremdkapital und Eigenkapital zu:
   a) Termingeld
   b) Laptop eines Versichertenberaters im Außendienst
   c) Aufsitzrasenmäher
   d) Betriebsmittel
   e) Dienstwagen des Vorstands
   f) Vorräte an Hilfsmitteln
   g) Rücklage
   h) zu Unrecht erhaltene Beiträge
   i) Verwaltungsvermögen
   j) Softwarepaket für den Leistungsbereich
   k) Postwertzeichen
   l) Kredit von einer Sparkasse
   m) gewährter Gehaltsvorschuss
   n) noch offene Rechnungen von Ärzten

3.2 Ermittlung des Eigenkapitals (Reinvermögen)

Betrachten Sie noch einmal die schematische Bilanzdarstellung und setzen Sie folgende Werte ein:

Summe des Anlagevermögens	=	800 000,00 €
Summe des Umlaufvermögens	=	200 000,00 €
Summe des Fremdkapitals	=	300 000,00 €

Das Eigenkapital (= Reinvermögen) lässt sich nach folgender vereinfachter Formel ermitteln:

1 000 000,00 €	–	300 000,00 €	=	700 000,00 €
Vermögen	–	**Schulden**	=	**Eigenkapital**

So einfach ist es bei den Krankenkassen leider nicht, denn das Eigenkapital setzt sich aus

- den **Betriebsmitteln** (= 1901),
- der **Rücklage** (= 1902) und
- dem **Verwaltungsvermögen** (= 1903) zusammen.

Es muss also die Gesamtsumme des Eigenkapitals auf die o. a. drei Positionen[1] aufgeteilt werden. Da die Rücklage sowieso getrennt von den übrigen Mitteln anzulegen ist und sich Betriebsmittel und Verwaltungsvermögen durch ihren Zweck erheblich unterscheiden, lässt sich die Höhe der drei Vermögensteile eindeutig bestimmen, indem jedem Konto in der Bilanz ein Anlagezweck zugeordnet wird.

Betriebsmittel:
Betriebsmittel sind kurzfristig verfügbare Mittel, die zur Sicherstellung der Zahlungsfähigkeit der Krankenkassen dienen. Dies spiegelt sich auch in dem Berechnungsschema wider:

1 *Weitere Konten wie Geldmittel zur Anschaffung und Erneuerung von Verwaltungsvermögen werden hier nicht berücksichtigt.*

Berechnungsschema für das Konto 1901

Kontogruppe	00..	
	+ 01..	
	+ 02..	
	+ 03..	
	(+ 05..	→ wird im weiteren Verlauf)
	(+ 06..	nicht berücksichtigt)
	Summe	
	– 10..	
	– 11..	
	– 12	
	– 13..	
	– 14..[1]	
	(– 15..	→ wird im weiteren Verlauf)
	(– 16..	nicht berücksichtigt)
	= **1901**	**Betriebsmittel**

Rücklagen:
Rücklagen sind „Geldreserven", die getrennt von den übrigen Mitteln anzulegen sind. Für den Anteil der Eigenkapitalsumme, der auf die Rücklage entfällt, bedeutet dies, dass in der Regel nur Geldanlageformen der Kontogruppe 04.. berücksichtigt werden. Anlageformen der Kontogruppe 01.. (mit einer Laufzeit unter einem Jahr) werden nur dann der Rücklage zugerechnet, wenn sie als Unter- oder Hilfskonto ausdrücklich als Rücklageposition gekennzeichnet sind.

Berechnungsschema für das Konto 1902

Kontogruppe	01..	→ wird nur in Ausnahmefällen berücksichtigt
	+ 04..	
	Summe	
	– 14..	→ wird nur in Ausnahmefällen berücksichtigt
	= **1902**	**Rücklage**

Verwaltungsvermögen:
Verwaltungsvermögen umfasst hauptsächlich Sachvermögen wie Grundstücke, Gebäude usw. Daraus ergibt sich für die Berechnung folgende Vorgehensweise:

Berechnungsschema für das Konto 1903

Kontogruppe	07..	
	– 17..	
	= **1903**	**Verwaltungsvermögen**

1 *Die Kontogruppe 14.. wird in der Regel hier bei den Betriebsmitteln berücksichtigt. Nur in Ausnahmefällen wird diese Kontogruppe bei den Rücklagen (= 1902) abgezogen.*

Beispiel

Erstellung einer Bilanz
Die AOK Tornesch hat folgende Anfangsbestände:

		€
0002	Bank	375 000,00
0231	Forderungen an die Dt. RV Nord	8 500,00
0100	Termineinlagen (Laufzeit 60 Tage)	30 000,00
0700	Gebäude für die Verwaltung	1 500 000,00
1700	Hypothekendarlehen	250 000,00
0400	Termineinlagen (Laufzeit 2 Jahre)	100 000,00
1270	Verpflichtungen für die Behandlung durch Ärzte	65 000,00
1100	Kredite (Laufzeit 6 Monate)	10 000,00
0710	Fahrzeuge für die Verwaltung	100 000,00
1289	Sonstige Verwahrungen	1 200,00
0712	Büroeinrichtung für die Verwaltung	270 000,00
0713	EDV-Hardware für die Verwaltung	300 000,00
1400	Bankkredite (Laufzeit 3 Jahre)	25 000,00
0000	Kasse	50 000,00

Aktiva		9900	Passiva
0000	50 000,00	1100	10 000,00
0002	375 000,00	1270	65 000,00
0100	30 000,00	1289	1 200,00
0231	8 500,00	1400	25 000,00
0400	100 000,00	1700	250 000,00
0700	1 500 000,00	1901	362 300,00
0710	100 000,00	1902	100 000,00
0712	270 000,00	1903	1 920 000,00
0713	300 000,00		
	2 733 500,00		2 733 500,00

Berechnung der Eigenkapitalkonten 1901 bis 1903:

1901

	0000	50 000,00
+	0002	375 000,00
+	0100	30 000,00
+	0231	8 500,00
		463 500,00
–	1100	10 000,00
–	1270	65 000,00
–	1289	1 200,00
–	1400	25 000,00
		362 300,00

1902

0400	100 000,00

1903

	0700	1 500 000,00
+	0710	100 000,00
+	0712	270 000,00
+	0713	300 000,00
		2 170 000,00
–	1700	250 000,00
		1 920 000,00

Übungen

1. **Bestände**

	€
Bankguthaben	320 000,00
Büroeinrichtung für die Verwaltung	80 000,00
Guthaben beim Landesverband (§ 262 SGB V)	300 000,00
Forderungen an die Dt. RV Nord	15 000,00
Grundstücke und Gebäude für die Verwaltung	450 000,00
Verpflichtungen aus Beitragseinzug für andere Versicherungszweige.	8 450,00
Kasse	20 000,00
Forderungen an die Dt. RV Bund	3 000,00
Kredite von Banken und Sparkassen (Laufzeit über 1 Jahr)	90 000,00
Verpflichtungen an Anstalten und Heime	9 300,00

a) Suchen Sie für die Positionen die richtigen Kontierungen aus dem Kontenrahmenplan.
b) Tragen Sie die Kontierungen formgerecht in das Bilanzschema ein.
c) Ermitteln Sie die Eigenkapitalpositionen und schließen Sie die Bilanz formgerecht ab.

2. **Bestände**

	€
Hypothek (Passive Grundpfandrechte)	4 500 000,00
Forderungen gegen Dritte	8 800,00
Grundstücke und Gebäude für die Verwaltung	6 000 000,00
Termineinlagen (Geldanlage für 90 Tage)	120 000,00
Termineinlagen (Dauer 14 Monate)	250 000,00
Verpflichtungen für die Behandlung durch Ärzte	124 600,00
Bankguthaben	640 000,00
Büroeinrichtung für die Verwaltung	580 000,00
Fahrzeuge für die Verwaltung	75 000,00
Darlehen für aufwendige Leistungsfälle, Restlaufzeit 2 Jahre	70 000,00
Bestand an Barmitteln (Kassenbestand)	15 000,00
EDV-Hardware für die Verwaltung	450 000,00

a) Suchen Sie für die Positionen die richtigen Kontierungen aus dem Kontenrahmenplan.
b) Tragen Sie die Kontierungen formgerecht in das Bilanzschema ein.
c) Ermitteln Sie die Eigenkapitalpositionen und schließen Sie die Bilanz formgerecht ab.

3. Bestimmen Sie die Kontierung mithilfe des Kontenrahmenplanes und errechnen Sie die Betriebsmittel und das Verwaltungsvermögen (sowie die Höhe der passiven Grundpfandrechte). Das Verhältnis Betriebsmittel zu Verwaltungsvermögen beträgt 1 : 4.

Bestände	€
Sonstige bewegliche Sachen für die Verwaltung	79 460,00
Forderungen aus Beitragseinzug für andere Versicherungszweige	3 710,00
Sonstige kurzfristige Geldanlagen	55 000,00
Bank	15 330,00
Kasse	4 800,00
Verpflichtungen aus Beitragseinzug für andere Versicherungszweige	1 960,00
Anleihen der Länder	74 000,00
Kredite von Banken (Laufzeit 3 Jahre)	25 000,00
Büroeinrichtung für die Verwaltung	104 310,00
Passive Grundpfandrechte	?
Grundstücke und Gebäude für die Verwaltung	680 000,00

4 Buchungen in der Vermögensrechnung

4.1 Geschäftsfälle verändern die Bilanz

Schon am ersten Tag nach der Bilanzerstellung ändern sich durch eine Vielzahl von Geschäftsfällen viele der Beträge in der Bilanz. Nun ist es eine der wichtigsten Aufgaben der Buchführung, die einzelnen Positionen auf dem aktuellen Stand zu halten, ohne jeweils eine neue Bilanz erstellen zu müssen. Zunächst ist also zu klären, wie sich verschiedene Geschäftsfälle auf die Bilanz auswirken können. Die Beispiele zeigen typische Bilanzveränderungen.

Beispiel

Folgende Geschäftsfälle sollen korrekt gebucht werden.

1. Die Krankenkasse zahlt 600,00 € Bargeld auf ihr Bankkonto ein.
2. Die Krankenkasse bezahlt eine noch offene Rechnung (Verpflichtung) an ein Krankenhaus per Banküberweisung, 2280,00 €.
3. Die Krankenkasse begleicht eine Verpflichtung aus dem Verwaltungssektor in Höhe von 10000,00 € durch Aufnahme eines kurzfristigen Kredits.
4. Die Krankenkasse nimmt einen kurzfristigen Kredit über 5000,00 € auf. Die Auszahlung erfolgt auf das Girokonto.

Für jeden Geschäftsfall sind folgende Fragen zu klären:

Welche Konten werden angesprochen? (Kto.-Bezeichnung)	Um welche Kontenart handelt es sich? (Aktiv/Passiv)	Wie lautet die Kontierung? (Kto.-Nr.)	Wie verändern sich die Konten? (Mehrung/Minderung)	Betrag in €
① Giroguthaben	Aktiv	0002	Mehrung	600,00
Barer Kassenbestand	Aktiv	0000	Minderung	600,00
② Verpflichtungen aus Leistungen von Anstalten und Heimen	Passiv	1274	Minderung	2280,00
Giroguthaben	Aktiv	0002	Minderung	2280,00
③ Verpflichtungen aus dem Verwaltungssektor	Passiv	1290	Minderung	10000,00
Kurzfristige Kredite	Passiv	1100	Mehrung	10000,00
④ Giroguthaben	Aktiv	0002	Mehrung	5000,00
Kurzfristige Kredite	Passiv	1100	Mehrung	5000,00

Diese vier Beispiele machen deutlich, dass jeder Geschäftsfall (mindestens) zwei Konten verändert.

Daraus ergeben sich vier Möglichkeiten der **Bilanzveränderungen:**

- Werden, wie bei ① zwei Aktivkonten angesprochen, dann wird eines gemehrt und das andere gemindert (**Aktivtausch**).
- Werden je ein Aktivkonto und ein Passivkonto angesprochen, so können beide Konten gemindert ② = (**Aktiv-Passiv-Minderung**) oder gemehrt ④ = (**Aktiv-Passiv-Mehrung**) werden.
- Werden, wie bei ③ zwei Passivkonten angesprochen, dann wird eines gemehrt und das andere gemindert (**Passivtausch**).

Bei allen vier Möglichkeiten bleibt die Gleichheit der Bilanzseiten erhalten: Beim Aktiv- und Passivtausch ändert sich die Bilanzsumme nicht. Bei der Aktiv-Passiv-Minderung verringern sich beide Bilanzseiten um denselben Betrag, bei der Aktiv-Passiv-Mehrung erhöhen sie sich.

> Merke: Bei jedem Geschäftsfall sind folgende Fragen zu klären:
> 1. Welche Posten der Bilanz verändern sich?
> 2. Handelt es sich um Aktiv- oder Passivkonten?
> 3: Wie verändern sich die Konten?
> 4. Um welche Art der Bilanzveränderung handelt es sich?

4.2 Auflösung der Bilanz in Konten

Bei einer direkten Buchung aller Geschäftsfälle (und der damit verbundenen Veränderungen) der Bilanz würde aufgrund der großen Anzahl von Geschäftsvorgängen u. a. die Übersichtlichkeit und Klarheit verloren gehen. Es müsste mit hohem Arbeitsaufwand ständig eine neue Bilanz erstellt werden.

Um auch einfacher einen Überblick über Art, Ursache und Höhe der Veränderungen bei den Aktiv- und Passivposten zu haben, müssen diese einzeln „abgerechnet" werden.

Deshalb wird die Bilanz am Jahresanfang in einzelne Konten aufgelöst. Jede Bilanzposition (Vermögen, Schulden und Eigenkapital) erhält ein eigenes Konto (T-Konto) im Sachbuch. Da auf diesen Konten die Bestände laufend fortgeführt werden, heißen sie Bestandskonten.

Beispiel

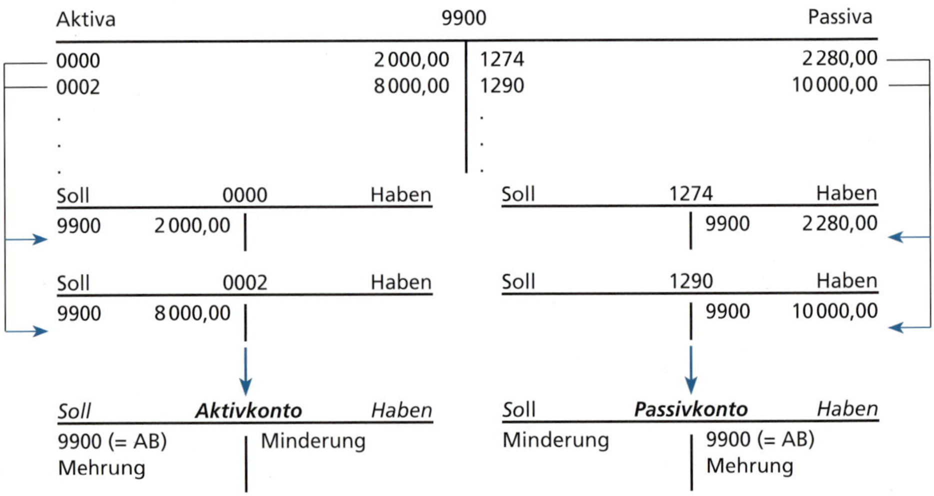

Dieses Beispiel macht Folgendes deutlich:

- Die Kontonummern der Bilanzposten werden als Kontobezeichnungen beibehalten (z. B. 0002).
- Die Konten haben die Seitenbezeichnungen Soll (linke Seite) und Haben (rechte Seite).
- Die Anfangsbestände werden seitengleich aus der Bilanz in die Bestandskonten übernommen, d. h., bei den Aktivkonten steht der Anfangsbestand (= AB) auf der Soll- und bei den Passivkonten auf der Haben-Seite.
- Eine Zunahme (= Mehrung) eines Kontos wird immer auf der Seite erfasst, auf der der Anfangsbestand steht; die Abnahme (= Minderung) wird auf der anderen Seite gebucht. Hier wird auch der ermittelte Schlussbestand (Saldo) festgehalten.

Die Veränderungen aus Kapitel 4.1 lassen sich jetzt so in die Konten eintragen, dass die Mehrungen der Aktivkonten auf der Soll-Seite des Kontos eingetragen werden, die Minderung eines Aktivkontos auf der Haben-Seite vorgenommen werden. Bei Passivkonten wird umgekehrt verfahren: Die Minderungen werden im Soll vorgenommen, die Mehrungen im Haben. Um die Eintragungen auf den T-Konten **(= Sachbuch)** besser nachvollziehen zu können und um bei einer evtl. späteren Fehlersuche schneller zum Erfolg zu kommen, sollten außer den Beträgen der Änderungen auch die laufenden Nummern der Geschäftsfälle sowie die Gegenkonten aufgeführt werden. Es ergibt sich folgendes Kontenbild:

Darstellung auf Konten (= Sachbuch):

Soll	0000		Haben
9900	2000,00	① 0002	600,00

Soll	1100		Haben
		③ 1290	10000,00
		④ 0002	5000,00

Soll	0002		Haben
9900	8000,00	② 1274	2.280,00
① 0000	600,00		
④ 1100	5000,00		

Soll	1274		Haben
② 0002	2280,00	9900	2280,00

Soll	1290		Haben
③ 1100	10000,00	9900	10000,00

Bitte beachten: Es wird deutlich, dass jeder Geschäftsfall einmal im Soll eines Kontos und einmal im Haben eines anderen Kontos einzutragen ist. Diese Besonderheit kann zur Kontrolle der eigenen Arbeit und zur Formulierung von Buchungssätzen (Kapitel 4.4) genutzt werden.

4.3 Abschluss der Bestandskonten

Neben dem Erfassen aller Geschäftsfälle bis zum Ende des Geschäftsjahres ist es für die Krankenkassen z. B. von Bedeutung, ermitteln zu können, wie hoch die Bestände auf den einzelnen Konten sind oder welche Gesamtsumme das Vermögen aufweist. Antworten auf diese Fragen sind nur möglich, wenn die Schlussbestände (= Salden) der einzelnen Konten ermittelt und auf einem Extrakonto zusammengefasst werden. Zu diesem Zweck wird das Schlussbilanzkonto (= 9902) eingerichtet. Dieses entspricht der Schlussbilanz.

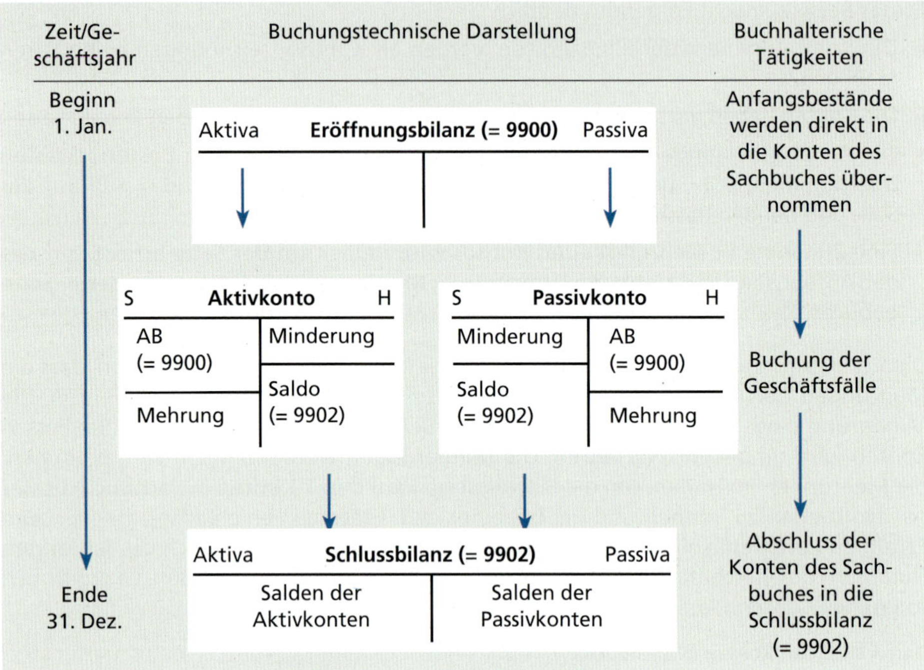

Die Schlussbestände (Salden) werden wie folgt ermittelt:

Anfangsbestand (= 9900) + Mehrungen – Minderungen
= Schlussbestand/Saldo (= 9902)

Exemplarisch sollen folgende Konten mit angenommenen Werten abgeschlossen werden:

Soll	0002		Haben
9900	12 000,00	② 1274	7 000,00
① 0000	400,00	*9902*	*5 400,00*
	12 400,00		12 400,00

Berechnung des Saldos

9900 (= AB)	12 000,00
0000	+ 400,00
(Summe	= 12 400,00)
1274	– 7 000,00
9902 (Saldo)	*5 400,00*

Soll	1270		Haben
② 0002	7 000,00	9900	7 000,00

Berechnung des Saldos

9900 (= AB)	7 000,00
(Summe	= 7 000,00)
0002	– 7 000,00
9902 (Saldo)	0,00

Diese Beispiele machen drei Dinge deutlich:

1. Der Saldo wird immer auf der Seite des Kontos mit den kleineren Beträgen eingetragen (z. B. bei dem Konto 0002 auf der Haben-Seite). Deshalb weisen beide Seiten beim Abschluss zwangsläufig die gleiche Summe auf.
2. In der Schlussbilanz (= 9902) wird der Saldo auf der entsprechenden (Gegen-)Seite erfasst.
3. Bei Konten, die sich in den Beträgen ausgleichen (z. B. Kto. 1274), ist der Saldo 0, d. h., in solchen Fällen taucht das Konto nicht mehr in der Schlussbilanz auf.

4. Die Schlussbilanz (= 9902) des Geschäftsjahres ist zugleich die Eröffnungsbilanz (= 9900) des folgenden Jahres.

4.4 Buchungssatz

Zusätzlich zu den Eintragungen auf den Konten (= Sachbuch) sind die Geschäftsfälle eines Jahres auch in zeitlicher Reihenfolge darzustellen. Diese Darstellung erfolgt im Zeitbuch in Form von Buchungssätzen.

Buchungssätze sind eine Kurzform der Überlegungen, die auch schon zu den Eintragungen auf den T-Konten geführt haben:

- Welche Konten werden verändert?
- Handelt es sich um Aktiv- oder Passivkonten?
- Wie verändern sich die Konten?
- Auf welcher Seite des Kontos ist die Eintragung vorzunehmen?

Es werden alle durch den Geschäftsfall angesprochenen Konten und die dazugehörigen Beträge aufgeführt. Dabei gilt folgende Regel:

Zuerst wird das Konto genannt, bei dem auf der **Soll-Seite** gebucht wird, **danach** das Konto, bei dem die **Haben-Seite** angesprochen wird.

→ **Soll an Haben**

Beispiel

Um eine ausreichende Barliquidität zu gewährleisten erfolgt der Transfer von 1.000,00 € vom Girokonto in den baren Kassenbestand.

Lösung

Es handelt sich um einen Aktivtausch. Es mehrt sich der bare Kassenbestand (= 0000) um 1 000,00 €. Das wäre auf der Soll-Seite des T-Kontos einzutragen. Das Giroguthaben (= 0002) mindert sich sich um 1 000,00 €. Dies ist auf der Haben- Seite des T-Kontos einzutragen.

Der Buchungssatz lautet daher:

0000 1 000,00 € an 0002 1 000,00 €

Für die Geschäftsfälle aus Kapitel 4.1 lauten die Buchungssätze folgendermaßen:

①	0002	600,00 €	an	0000	600,00 €
②	1274	2 280,00 €	an	0002	2 280,00 €
③	1290	10 000,00 €	an	1100	10 000,00 €
④	0002	5 000,00 €	an	1100	5 000,00 €

Wenn pro Buchungssatz nur **zwei Konten** berührt werden, dann spricht man vom **„einfachen Buchungssatz"**; sind **mehr als zwei Konten** betroffen, handelt es sich um einen **„zusammengesetzten Buchungssatz"**.

Beispiel

Beispiel für einen zusammengesetzten Buchungssatz:

Die Krankenkasse zahlt einen kurzfristigen Kredit (Laufzeit 6 Monate) per Banküberweisung (17 000,00 €) und bar (4 000,00 €) zurück.

Es werden drei Konten angesprochen: kurzfristige Kredite = 1100, Bank = 0002 und barer Kassenbestand = 0000.

Der **zusammengesetzte Buchungssatz** lautet:

1100	21 000,00 €	an	0000	4 000,00 €
		an	0002	17 000,00 €

Soll	0000		Haben
9900	9 000,00	1100	4 000,00

Soll	0002		Haben
9900	48 000,00	1100	17 000,00

Soll	1100		Haben
0000/ 0002	21 000,00	9900	21 000,00

Die Buchungssätze werden fortlaufend nummeriert in chronologischer Reihenfolge im **Zeitbuch** der Krankenkasse festgehalten.

Buchungssatz
= Kurzform der buchungstechnischen Anweisung
(Soll an Haben)

einfacher Buchungssatz
Es sind nur zwei Konten angesprochen.

zusammengesetzter Buchungssatz
Es sind mehr als zwei Konten angesprochen.

Übungen

1. Wie lauten die Buchungssätze für die folgenden Geschäftsfälle?
   1. Wir begleichen unsere Verpflichtung gegenüber einer Apotheke für die Lieferung von Medikamenten an unsere Versicherten, 3 258,00 €.
   2. Wir begleichen eine noch nicht bezahlte Rechnung aus dem Verwaltungsbereich durch Überweisung von 7 500,00 € und Barzahlung 1 750,00 €.
   3. Die Unfallversicherung begleicht unsere Forderung auf Kostenersatz über 8 137,00 € durch Überweisung.
   4. Ein kurzfristiges Darlehen über 15 000,00 € wird zu gleichen Teilen bar ausgezahlt und dem Girokonto gut geschrieben.
   5. Forderungen gegen einen Versicherten wegen zu Unrecht gewährter Leistungen gehen auf dem Bankkonto ein, 785,00 €.
   6. Eröffnung eines weiteren Bankkontos durch Bareinzahlung in Höhe von 250,00 €.

2. Buchen Sie formgerecht von 9900 bis 9902.
   Anfangsbestände der AOK Klausdorf:
   Bank: 113 000,00 €, Darlehen an Gebietskörperschaften: 30 000,00 €, Fahrzeuge: 22 000,00 €, Büroeinrichtung: 41 000,00 €, Verpflichtungen für die Behandlung durch Zahnärzte: 18 900,00 €, Sozialversicherungsbeiträge und Steuern: 38 400,00 €.
   Geschäftsfälle:
   1. Die Krankenkasse überweist vom Bankkonto die noch abzuführenden Sozialversicherungsbeiträge und Steuern ihrer Mitarbeiter, 38 400,00 €.
   2. Die Krankenkasse kauft Schatzwechsel per Banküberweisung, 40 000,00 €.
   3. Durch Aufnahme eines Zahlungsmittelkredites wird eine noch offene Rechnung für zahnärztliche Behandlung beglichen, 18 900,00 €.
   4. Ein aufgenommener Sparkassenkredit (Laufzeit 30 Tage) wird auf das Bankkonto überwiesen, 35 000,00 €.
3. Buchen Sie formgerecht von 9900 bis 9902.
   Anfangsbestände der AOK Altenholz:
   Bank: 63 000,00 €, Kasse: 1 500,00 €, kurzfr. Kredit: 20 000,00 €, Verpflichtungen aus Wahltarifen nach § 53 Abs. 1 SGB V 3 460,00 €, Forderungen an die Dt. RV Bund: 4 270,00 €, Darlehen an Gebietskörperschaften: 50 000,00 €, Verpflichtungen aus der Lieferung von Arzneimitteln: 12 280,00 €, Gebäude: 180 000,00 €.
   Geschäftsfälle:
   1. Die Krankenkasse nimmt eine Bareinzahlung in Höhe von 1 000,00 € auf das Bankkonto vor.
   2. Der kurzfristige Kredit wird zum Teil zurückgezahlt per Banküberweisung, 9 500,00 €.
   3. Die noch nicht überwiesenen Verpflichtungen aus Wahltarifen nach § 54 Abs. 1 SGB V werden per Banküberweisung ausgezahlt, 3 460,00 €.
   4. Die Dt. RV Bund begleicht ihre Verbindlichkeit durch Überweisung auf das Bankkonto, 4 270,00 €.
   5. Nicht benötigtes Geld auf dem Bankkonto wird als Termingeld (Laufzeit 60 Tage) angelegt, 20 000,00 €.
   6. Noch nicht bezahlte Arzneimittel bezahlt die Krankenkasse per Banküberweisung, 6 140,00 €.
4. Buchen Sie formgerecht von 9900 bis 9902.
   Anfangsbestände der AOK Helgoland:
   Bank: 105 000,00 €, Kasse: 1 000,00 €, Verpflichtungen gegenüber Ärzten: 12 200,00 €, Spareinlagen mit kurzer Kündigungsfrist: 15 200,00 €, Anleihen des Bundes: 73 000,00 €, Passive Grundpfandrechte: 380 000,00 €, Gebäude: 520 000,00 €, EDV-Hardware: 3 250,00 €, Büroeinrichtung: 2 500,00 €.
   Geschäftsfälle:
   1. Die Krankenkasse nimmt eine Barabhebung in Höhe von 5 000,00 € vom Bankkonto vor.
   2. Zur „Kassenverstärkung" des Girokontos wird ein kurzfristiger Kredit in Höhe von 40 000,00 € aufgenommen.
   3. Wir begleichen unsere Verpflichtungen gegenüber Ärzten vollständig durch Banküberweisung.
   4. Die Anleihen des Bundes werden wegen besserer Renditen in Pfandbriefe (40 000,00 €) und Kommunalobligationen (33 000,00 €) getauscht.
   5. Bisher als Spareinlage angelegtes Geld wird als Termingeld (Laufzeit 60 Tage) angelegt, 15 200,00 €.

4.5 Investitionshaushalt (IHH)

Der Haushaltsplan und auch die buchhalterische Erfassung der Geschäftsfälle gehen grundsätzlich von einem Zeitraum eines Kalenderjahres aus. Es gibt jedoch auch Vorgänge, deren Wirkungen über ein Haushaltsjahr hinausgehen (z. B. Kreditaufnahme mit einer Laufzeit von drei Jahren oder die Anschaffung von Maschinen, die mehrere Jahre genutzt werden). Meistens haben diese Geschäftsfälle größere Geldbewegungen zur Folge. Der Gesetzgeber verlangt von den Krankenkassen, dass dieses Verwaltungshandeln gesondert erfasst wird, damit eine effektive Kontrolle nach den Grundsätzen der „Wirtschaftlichkeit und Sparsamkeit" möglich ist.

Betroffen sind grundsätzlich nur erfolgsunwirksame Einnahmen und Ausgaben (§ 5 Abs. 2 SVHV). Erfolgsunwirksam sind Vorgänge, die – wie alle bisher behandelten – nicht das Eigenkapital verändern. Es erfolgt weder ein Wertezufluss (z. B. durch Zinseinnahmen) noch ein Werteabfluss (z. B. durch Zahlung von Krankengeld), sondern lediglich eine Vermögensumschichtung. Im weiteren Verlauf werden ausschließlich die zwei häufigsten Geschäftsfelder behandelt.

(1) **Kauf/Verkauf von Wirtschaftsgütern des Anlagevermögens**

Zu den Wirtschaftsgütern des Anlagevermögens zählen z. B. Grundstücke, Gebäude, Maschinen, Einrichtungsgegenstände usw. Der Investitionshaushalt (IHH) ist immer dann betroffen, wenn das Anlagegut zu aktivieren ist. Zu aktivieren, also in die Aktivseite der Bilanz aufzunehmen, sind Grundstücke, Gebäude, technische Anlagen usw., sofern sie nicht nur geringwertige Wirtschaftsgüter sind.

Geringwertige Wirtschaftsgüter

Geringwertige Wirtschaftsgüter sind solche Güter, die zwar dem Grunde nach dem Verwaltungsvermögen zuzurechnen sind, deren Anschaffungs- oder Herstellkosten jedoch so gering sind, dass eine Aufnahme in die Bilanz der Krankenkasse zu aufwendig ist. Diese **beweglichen** Güter sind **selbstständig bewertbar und nutzbar** und ihre Lebensdauer muss mindestens drei Jahre betragen.

Für die Ermittlung der Grenze der Anschaffungs- und Herstellkosten, bis zu der ein Wirtschaftsgut noch als „geringwertig" gilt, gibt es ein Wahlrecht zwischen zwei Verfahren:

a) Der **Einzelwert** (ohne Mehrwertsteuer) darf **410,00 € nicht überschreiten.** Geringwertige Wirtschaftsgüter können in voller Höhe im Jahr der Anschaffung abgeschrieben werden. Sie werden buchhalterisch als Aufwand in Kontenklasse 7 erfasst, d. h., man tut so, als ob diese Gegenstände innerhalb eines Haushaltsjahres verbraucht worden seien. Der Investitionshaushalt (IHH) wird nicht berührt.

b) Liegen die Anschaffungs- und Herstellkosten (ohne Mehrwertsteuer) **zwischen 150,00 € und 1 000,00 €** kann ein jährlicher Sammelposten (0718) gebildet werden. Der Sammelposten ist im Jahr der Bildung und in den folgenden vier Jahren mit jeweils 20 % abzuschreiben (vgl. Kap. 5.1, Seite 221), unabhängig davon, wie lange die Wirtschaftsgüter tatsächlich genutzt werden.
Wählt die Krankenkasse dieses Verfahren, ist es für alle in dem Geschäftsjahr angeschafften Gegenstände einheitlich anzuwenden. Ein einmal gewähltes Verfahren muss in den folgenden Geschäftsjahren beibehalten werden[1].

Der IHH wird je nach gewähltem Verfahren bis 410,00 € bzw. 150,00 € nicht angesprochen.

1 *Eine Änderung bedarf der Genehmigung der Aufsichtsbehörde, vgl. § 11 Abs. 1a SVRV.*

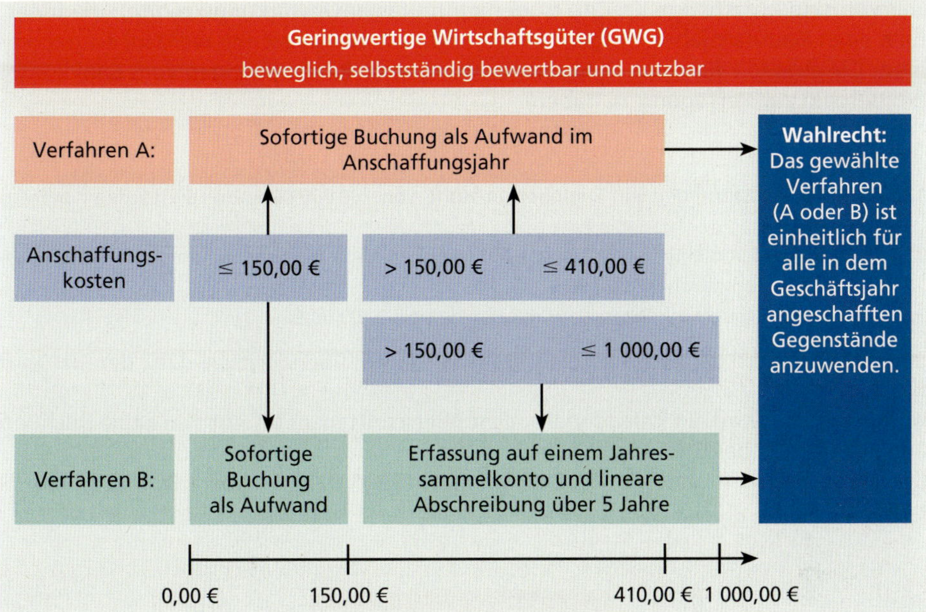

Beispiel

1. Barkauf eines Regals, 1 290,00 €.
2. Barkauf eines Regals, 145,00 €.
3. Barkauf eines Regals, 395,00 €.

Im *ersten Barkauf* handelt es sich um eine **veränderte Zusammensetzung** der Vermögenswerte auf der **Aktivseite** (der Wert der Büroeinrichtung nimmt zu und das Bargeld nimmt in gleicher Höhe ab → Aktivtausch), d. h., es handelt sich um einen **erfolgsunwirksamen Vorgang**, der das Eigenkapital nicht berührt. Das Regal kostet (ohne Mehrwertsteuer) mehr als 1 000,00 €, die Lebensdauer überschreitet drei Jahre, es ist selbstständig bewertbar und nutzbar. Daher wird der IHH durch diesen Kauf angesprochen.

Bei dem *zweiten Barkauf* liegt der **Einzelpreis unter 150,01 €** und deshalb kann dieses Regal im ersten Jahr in voller Höhe abgeschrieben werden. Buchungstechnisch wird der Betrag als **Aufwand** (über Kontenklasse 7...) in das „Gewinn- und Verlustkonto" (= 9800) übernommen und mindert somit das Eigenkapital (= 1901 Betriebsmittel). Es liegt ein **erfolgswirksamer Geschäftsfall** vor. Der IHH wird nicht angesprochen.

Bei dem *dritten Barkauf* liegt der Einzelpreis **zwischen 150,00 und 1 000,00 €**, daher ist zu prüfen, ob die Krankenkasse das Sammelpostenverfahren anwendet. Wenn dies der Fall ist, dann handelt es sich um einen **erfolgsunwirksamen Vorgang** (der Wert des Sammelpostens 0718 nimmt zu und das Bargeld nimmt in gleicher Höhe ab), d. h., der IHH wird angesprochen.

Ist dies nicht der Fall, gilt die Grenze von 410,00 €. Hier liegt der **Einzelpreis unter 410,01 €**, sodass ein **erfolgswirksamer Vorgang** vorliegt. Der IHH wird nicht angesprochen.

(2) **Aufnahme/Rückzahlung von Fremdkapital**

Nimmt eine Krankenkasse Fremdkapital (z. B. Kredite, Darlehen, Hypotheken) auf, das in seiner Laufzeit das Haushaltsjahr überschreitet, so sind diese Einnahmen auch über die Konten des IHH zu erfassen. Gleiches gilt für die Ausgaben (Rückzahlungen) zur Schuldentilgung.

Hiervon sind kurzfristige Kredite (sogenannte Kassenverstärkungskredite), die innerhalb eines Haushaltsjahres aufgenommen und auch zurückgezahlt werden, ausgenommen. Gleiches gilt für reine Geldumschichtungen (z. B. Abhebungen vom Bankkonto, um Bargeld zur Verfügung zu haben).

Beispiel

1. Die Krankenkasse nimmt ein Darlehen in Höhe von 100 000,00 € auf, die Laufzeit beträgt 15 Monate.
2. Ein Kredit wird von einer Krankenkasse bei Fälligkeit nach 10 Monaten innerhalb eines Haushaltsjahres zurückgezahlt, 5 000,00 €.
3. Bareinzahlung der Krankenkasse auf das Bankkonto, 2 000,00 €.

Im *ersten Fall* wird der Zeitraum eines Haushaltsjahres überschritten, d. h., der IHH wird berührt.
Im zweiten Fall wird ein Kalenderjahr nicht überschritten; es erfolgt also keine Buchung auf den Konten des IHH.
Der *dritte* Fall stellt eine reine „Geldumschichtung" dar, die keine Buchung im IHH benötigt.

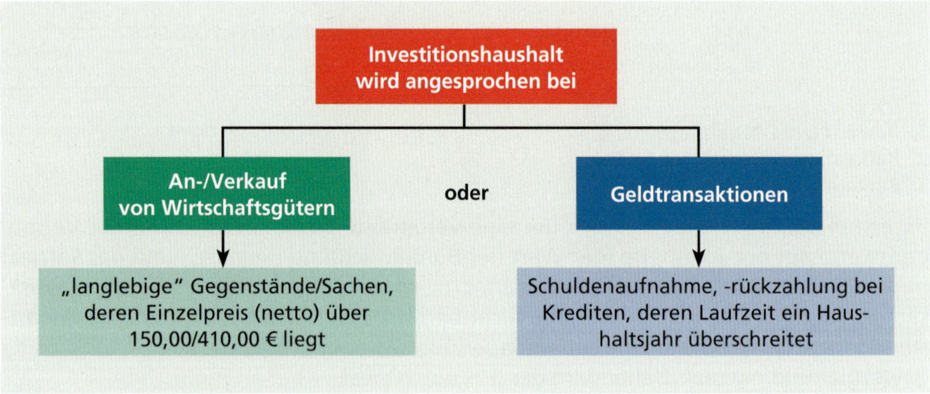

Übungen

1. Ersetzen Sie die in Klammern gesetzten Buchstaben im folgenden Text sinnvoll. Notieren Sie dazu hinter dem jeweiligen Buchstaben den betreffenden Begriff in Ihr Heft.

   Die Konten des IHH sind in der Kontenklasse **(a)** aufgeführt. Erfasst werden grundsätzlich nur **(b)** Einnahmen und **(c)**. Dies ist u. a. dann gegeben, wenn es sich um **(d)** Güter/Sachen handelt, deren Einzelwert **(e)** € übersteigt. Eigenständig bewert- und nutzbare **(f)** bis **(g)** € (sogenannte **(h)** Wirtschaftsgüter) können in zwei Gruppen unterschieden werden. Entweder es gilt die Grenze von **(i)** €, dann ist jedes Gut, dessen Einzelwert darüberliegt, in die **(j)** aufzunehmen. Oder es gilt die Grenze von **(k)** €, dann sind alle Güter, deren Einzelwert zwischen **(l)** liegt, in einem jährlichen **(m)** zu erfassen und danach fünf Jahre linear abzuschreiben. Die Krankenkasse entscheidet, welches Verfahren sie anwendet. GWG bis 150,00 € bzw. 410,00 € werden buchhalterisch als Aufwand in Kontenklasse **(n)** erfasst, es liegt also kein **(o)** Geschäftsfall vor, bei dem der **(p)** angesprochen werden muss.

2. Lesen Sie sich die folgenden Aussagen durch und entscheiden Sie, ob der IHH angesprochen wird:
   a) Bargeld in Höhe von 500,00 € wird auf das Bankkonto eingezahlt.
   b) Verkauf eines nicht mehr benötigten Fernsehgerätes für 50,00 €. Der Anschaffungswert betrug 625,00 € inkl. MwSt.
   c) Kauf von 20 gleichartigen Bürostühlen für einen Gesamtpreis von 2000,00 €
   d) Kauf eines PCs für 4750,00 €
   e) Kauf eines Schreibtisches, Preis 410,00 € zzgl. MwSt.
   f) Kauf von 50 Großpackungen Büroklammern
   g) Reparatur eines Fahrstuhls im Verwaltungsgebäude für 1798,00 €
   h) Aufnahme einer Hypothek von 100000,00 € zur Finanzierung des Kaufs eines Verwaltungsgebäudes
   i) Rechnung für 10 SGB-Ersatzblattlieferungen, 345,60 €

4.6 Buchungstechnische Behandlung des Investitionshaushalts

Die erfolgsunwirksamen Einnahmen und Ausgaben werden zusätzlich auf Konten des Investitionshaushalts erfasst, d. h., es wird buchungstechnisch ein „Umweg" beschritten.

Beispiel

Geschäftsfall (1) **Kauf**
Die Krankenkasse kauft einen Pkw per Bankscheck, 20000,00 €.
Betroffen sind die Konten **Fahrzeuge**, **Bank** und der **IHH**.

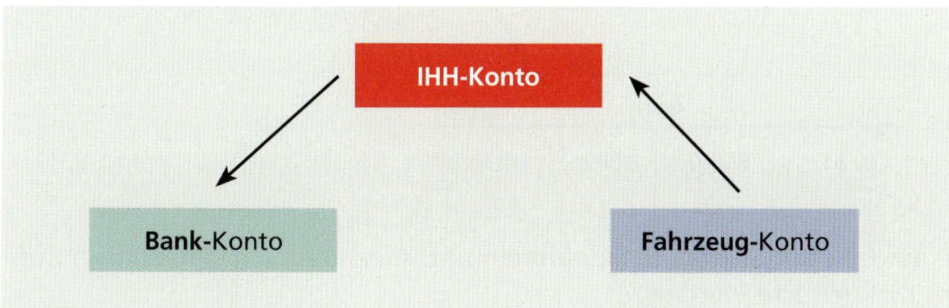

Buchungssätze:

Fahrzeuge	20000,00 €	an	IHH	20000,00 €
0710	**20000,00 €**	**an**	**9110**	**20000,00 €**
IHH	20000,00 €	an	Bank	20000,00 €
9110	**20000,00 €**	**an**	**0002**	**20000,00 €**

Darstellung auf Konten:

Soll	0002		Haben
9900	35000,00	**9110**	**20000,00**

Soll	0710		Haben
9110	**20000,00**		

Soll	9110		Haben
0002	**20000,00**	**0710**	**20000,00**

Beispiel

Geschäftsfall (2) **Verkauf**

Die Krankenkasse verkauft einen Papierreißwolf für 850,00 € gegen Bankscheck.
Betroffen sind die Konten **Bank, IHH** und **Maschinen**.

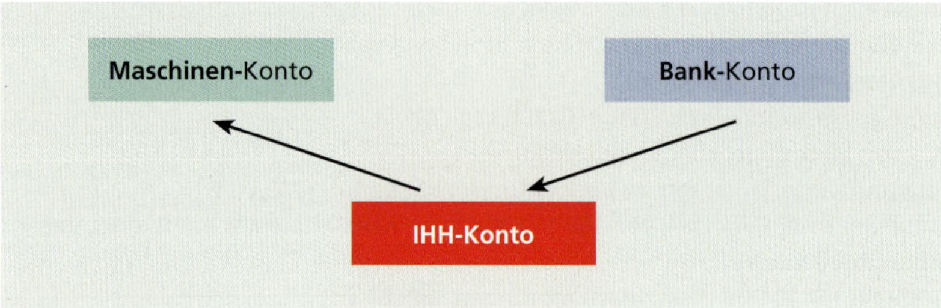

Buchungssätze:

Bank	850,00 €	an	IHH	850,00 €
0002	**850,00 €**	**an**	**9010**	**850,00 €**
IHH	850,00 €	an	Maschinen	850,00 €
9010	**850,00 €**	**an**	**0711**	**850,00 €**

Darstellung auf Konten:

Soll	0711		Haben
9900	90 000,00	**9010**	**850,00**

Soll	0002		Haben
9900	45 000,00		
9010	**850,00**		

Soll	9010		Haben
0711	850,00	0002	850,00

Diese Beispiele machen deutlich, dass Einnahmen und Ausgaben auf getrennten Kontengruppen des IHH gebucht werden.

Merke: → **Einnahmen** (z. B. durch Verkauf) – Kontengruppe **90..**
→ **Ausgaben** (z. B. durch Kauf) – Kontengruppe **91..**

Hinweis: Für die Übertragungen aus dem IHH in die Sachmittelkonten (Bestandskonten) wird auf die Führung von Übertragungskonten (9080/9180) bewusst verzichtet.

Anpassungsbuchungen (Aktualisierung):

Durch den **Kauf bzw. Verkauf** von Wirtschaftsgütern **verändert** sich die Zusammensetzung des Eigenkapitals, d. h., auch die **Beträge** der Konten **Betriebsmittel** (= 1901) und **Verwaltungsvermögen** (= 1903) weichen von der ursprünglichen Berechnung ab. Damit die Krankenkasse immer über den aktuellen Stand der Betriebsmittel und des

Verwaltungsvermögens informiert ist, ist bei jeder Buchung im IHH auch eine Aktualisierungsbuchung für die Konten 1901 und 1903 erforderlich.

Beim **Kauf eines Wirtschaftsgutes des Anlagevermögens nehmen die Geldmittel ab** (also werden die Betriebsmittel (1901) weniger) und das **Verwaltungsvermögen nimmt zu** (1903 wird mehr), bei einem Verkauf ist es umgekehrt. Da diese Veränderungen nur auf den entsprechenden Sachmittelkonten (wie z. B. Bank, Fahrzeuge oder Maschinen) erfasst werden, muss auf den o. a. Eigenkapitalkonten eine **Anpassung (Aktualisierung)** vorgenommen werden.

Für die beiden vorher behandelten Beispiele ergeben sich dann folgende Umbuchungen:

Zu **Geschäftsfall (1)**
Kauf 1901 20000,00 € an 1903 20000,00 €

Zu **Geschäftsfall (2)**
Verkauf 1903 850,00 € an 1901 850,00 €

Darstellung auf Konten:

Soll		1901	Haben
① 1903	20000,00	9900	50000,00
		② 1903	850,00

Soll		1903	Haben
② 1901	850,00	9900	80000,00
		① 1901	20000,00

Die Eintragungen in den Konten machen deutlich, dass durch den Kauf des Pkw (1) die Betriebsmittel weniger geworden sind, das Verwaltungsvermögen jedoch gestiegen ist.

Durch den Verkauf des Papierreißwolfs sind die Betriebsmittel gestiegen (2) und das Verwaltungsvermögen hat sich verringert.

Nach der Aktualisierung zeigen die Konten 1901 und 1903 die korrekten Werte an.

Sobald der IHH z. B. durch Kauf/Verkauf von Wirtschaftsgütern angesprochen wird, muss aktualisiert werden.

Die Buchungssätze lauten immer beim
Kauf 1901 an 1903
Verkauf 1903 an 1901

Übungen

1. Ihnen stehen die unten angegebenen Konten zur Verfügung. Interpretieren Sie (mithilfe des Kontenrahmenplanes) die Geschäftsfälle der Krankenkasse.

Soll		9010	Haben
0711	10010,00	0002	10010,00
0712	900,00	0000	900,000
	10910,00		10910,00

Soll		9118	Haben
0002	1800,00	0718	1800,00

Soll		9110	Haben
0002	28600,00	0710	28600,00

Soll		9112	Haben
0000	2900,00	0712	2900,00

2. Die AOK Etz hat folgende **Anfangsbestände:**

	€
Verpflichtungen an Anstalten und Heime	26 000,00
Barer Kassenbestand	40 000,00
Fahrzeuge für die Verwaltung	70 000,00
Aufgenommene Darlehen (Laufzeit über 1 Jahr)	60 000,00
Büroeinrichtung für die Verwaltung	120 000,00
Giroguthaben bei Kreditinstituten	170 000,00
Kurzfristige Kredite von Banken (Laufzeit unter 1 Jahr)	20 000,00
EDV-Hardware für die Verwaltung	80 000,00
Forderungen an den UV-Träger	6 000,00
Anleihen der Länder	50 000,00

Geschäftsfälle:

Beleg-Nr.	Vorgang	Zahlungsweg	€
1	Pkw-Kauf für die Verwaltung	Bank	17 800,00
2	Teilrückzahlung eines kurzfristigen Kredits	Kasse	900,00
3	Verkauf von vier gebrauchten Servern (EDV-Hardware)	Kasse	2 980,00
4	Kassenverstärkung v. Bankkonto	–	3 000,00
5	Ein Teil der Verpflichtungen an Anstalten und Heime wird beglichen	Bank	10 000,00
6	Kauf von 20 Desktop-Computern zum Stückpreis von 625,00 €	Bank	12 500,00
7	Verkauf eines Regalsystems	Kasse	1 480,00

a) Bilden Sie zu den Geschäftsfällen Buchungssätze.
b) Suchen Sie für die Anfangsbestände die richtigen Kontierungen aus dem Kontenrahmenplan.
c) Ermitteln Sie die Eigenkapitalpositionen.
d) Buchen Sie formgerecht von der Eröffnungsbilanz bis zum Schlussbilanzkonto.

3. Die AOK Prisdorf hat folgende **Anfangsbestände:**

	€
Büroeinrichtung für die Verwaltung	19 500,00
Kredite v. Banken und Sparkassen (Laufzeit 2 Jahre)	35 000,00
Kassenbestand	10 800,00
Verpflichtungen für die Behandlung durch Zahnärzte	3 700,00
Forderungen an den Unfallversicherungsträger	4 850,00
Giroguthaben bei Kreditinstituten	28 600,00
Spareinlagen (Laufzeit unter 1 Jahr)	17 900,00
Kurzfristige Kredite von Banken (Laufzeit unter 1 Jahr)	4 450,00
Fahrzeuge für die Verwaltung	45 000,00
Darlehen an Gebietskörperschaften	69 000,00

Geschäftsfälle:

Beleg-Nr.	Vorgang	Zahlungsweg	€
1	Ausgleich der Verpflichtungen an Zahnärzte	Bank	3 700,00
2	Verkauf eines Aktenschrankes	Kasse	1 100,00
3	Kauf einer Hängeregistratur	Kasse	2 900,00
4	Teilrückzahlung eines Kredits bei der Bank (Laufzeit 2 Jahre)	Bank	2 150,00
5	Ausgleich der Forderung durch den Unfallversicherungsträger	Bank	4 850,00
6	Verkauf eines Pkw	Kasse	4 300,00
7	Bargeld wird für 60 Tage als Termingeld bei der Bank angelegt	Kasse	5 000,00

a) Bilden Sie zu den Geschäftsfällen Buchungssätze.
b) Suchen Sie für die Anfangsbestände die richtigen Kontierungen aus dem Kontenrahmenplan.
c) Ermitteln Sie die Eigenkapitalpositionen.
d) Buchen Sie formgerecht von der Eröffnungsbilanz bis zum Schlussbilanzkonto.

4. Aufgaben:
a) Bilden Sie zu den unten angegebenen Geschäftsfällen Buchungssätze.
b) Nehmen Sie entsprechende Eintragungen auf den angesprochenen Konten vor und schließen Sie diese formgerecht auf dem teilweise vorgegebenen Konto 9902 ab.
c) Vervollständigen Sie das Konto 9902 und ermitteln Sie dann die Anfangsbestände für die Konten 1901 bis 1903.

Geschäftsfälle:
1. Verkauf eines Kopiergerätes für 1 200,00 € gegen Bankscheck.
2. Die Krankenkasse löst einen kurzfristigen Kredit (Laufzeit 3 Monate) durch eine Überweisung vom Bankkonto ab, 60 800,00 €.
3. Kauf von zwei Lieferwagen per Bankscheck, 48 500,00 €.

Anfangsbestände der Konten:
Bank: 170 700,00 €, Fahrzeuge: 37 500,00 €, Maschinen: 118 800,00 €, kurz-fristiger Kredit von Banken: 60 800,00 €

Soll	9902		Haben
0000	30 000,00	1000	15 000,00
0231	11 700,00	1260	28 400,00
0435	120 000,00	1700	600 000,00
0700	1 200 000,00		
0712	90 000,00		

5. Die AOK Mehlby hat folgende **Anfangsbestände:**

	€
Forderungen an die Dt. RV Bund	15 900,00
Sonstige Verwahrungen	2 281,00
Guthaben beim Landesverband	45 800,00
Hypotheken	1 900 000,00
Büroeinrichtung für die Verwaltung	137 800,00
Kassenbestand	9 860,00
Bankkredite (Laufzeit 6 Monate)	30 000,00
Darlehen (aufgenommen)	47 110,00
Bank	143 470,00
Verwaltungsgebäude mit Grundstück	2 500 000,00
EDV-Hardware für die Verwaltung	380 000,00
Verpflichtungen an Ärzte	23 901,00

Geschäftsfälle:

Beleg-Nr.	Vorgang	Zahlungsweg	€
1	Ein Teil des Bankguthabens wird als Termingeld für 3 Monate festgelegt.	Bank	30 000,00
2	Zur Erhöhung der Liquidität wird die Hypothek erhöht.	Bank	100 000,00
3	Der ungeklärte Zahlungseingang war eine Überweisung der Dt. RV Bund zur Begleichung von Forderungen.	–	2 281,00
4	Verkauf eines alten Regalsystems	Kasse	1 790,00
5	Zahlung ausstehender Arztbehandlungskosten	Bank	23 901,00
6	Kassenverstärkung vom Bankkonto	–	20 000,00
7	Kauf eines Kopiergerätes für das Vorstandbüro	Bank	658,00
8	Das fällige Termingeld (Beleg Nr. 1) wird zunächst dem Bankkonto gutgeschrieben; anschließend wird der kurzfristige Kredit per Bank beglichen.	Bank	30 000,00

a) Bilden Sie zu den Geschäftsfällen Buchungssätze.
b) Suchen Sie für die Anfangsbestände die richtigen Kontierungen aus dem Kontenrahmenplan.
c) Ermitteln Sie die Eigenkapitalpositionen.
d) Buchen Sie formgerecht von der Eröffnungsbilanz bis zum Schlussbilanzkonto.

5 Buchungen in der Erfolgsrechnung

Alle bisherigen Geschäftsfälle veränderten nicht die Eigenkapitalkonten (mit Ausnahme der Aktualisierungen). Es gibt jedoch Vorgänge, die zu einer **Vermehrung** oder einer **Minderung** des **Eigenkapitals** führen. Es handelt sich dabei um sogenannte **Erfolgsvorgänge**.

- Das **Eigenkapital** wird **durch Erträge erhöht** (Mehrung).
  Erträge sind alle Wertzuflüsse, die die Krankenkasse erfährt. Beispielsweise erhält die Krankenkasse durch die Bank Zinsen gutgeschrieben. In diesem Fall nehmen das Bankkonto und das Eigenkapital (Betriebsmittelkonto) zu. Gleiche Wirkungen in Bezug auf das Eigenkapitalkonto haben z. B. die Zuweisungen aus dem Gesundheitsfonds.
- **Aufwendungen verringern das Eigenkapital** (Minderung).
  Aufwendungen sind der gesamte Werteverzehr an Gütern und Vermögenspositionen, die im Rahmen der Tätigkeit der Krankenkasse anfallen. Hierunter fallen vor allem die Leistungsausgaben der Krankenkassen wie Krankengeldzahlungen usw. Die Überweisung von Mitgliederkrankengeld mindert sowohl das Zahlungsmittelkonto (Bank) als auch das Eigenkapitalkonto (Betriebsmittel).
  Auch geringwertige Wirtschaftsgüter mit einem Anschaffungswert von bis zu 410,00 € bzw. 150,00 € (ohne MwSt.) werden aus Vereinfachungsgründen als Aufwand gebucht.

Eine unmittelbare Buchung der Erfolgsvorgänge auf dem Betriebsmittelkonto wäre möglich, bei der Vielzahl der Erfolgsvorgänge würde jedoch die Übersicht und damit die Kontrolle einzelner Aufwands- und Ertragsarten erschwert. Deshalb führen die Krankenkassen „Unterkonten" zum Betriebsmittelkonto, die Konten der Erfolgsrechnung.

Erträge werden in der **Kontenklasse 3** (Zuweisungen aus dem Gesundheitsfonds, Mittel aus dem Einkommensausgleich, Vermögenserträge und sonstige Einnahmen[1]),

Aufwendungen in den **Kontenklassen 4/5** (Leistungsaufwand), **6** (....Vermögensaufwendungen ...) und **7** (Verwaltungs- und Verfahrenskosten) gebucht.

Der **Abschluss der Aufwands- und Ertragskonten** erfolgt über das „Gewinn- und Verlustkonto" **9800** (= Abschluss der Erfolgsrechnung). Der auf dem Konto 9800 ermittelte Saldo wird in die Kontengruppe 19 übernommen.

Da im Krankenkassenbereich Erträge und Aufwendungen größtenteils mit Geldbewegungen verbunden sind, wird von den drei Eigenkapitalkonten das Betriebsmittelkonto (= 1901) für den Abschluss gewählt.

1 *Die Kontenklasse 2 wird nur vom Gesundheitsfonds genutzt. Die Zuweisungen aus dem Gesundheitsfonds bucht die Krankenkasse in der Kontenart 377.., vgl. Kapitel 6.2.2.*

Bei Erfolgsvorgängen wird grundsätzlich wie folgt gebucht:

- **Aufwand** → Soll-Seite des Aufwandskontos
- **Ertrag** → Haben-Seite des Ertragskontos
- **Abschluss** → **9800** (Gewinn- und Verlustkonto)

Der **Saldo kann** im **Konto 9800 sowohl** auf der **Soll-Seite** (Erträge > Aufwand) **als auch** auf der **Haben-Seite** (Aufwand > Erträge) **stehen**. Im ersten Fall handelt es sich um einen Überschuss (Gewinn), der die Betriebsmittel mehrt (es wird der Betrag bei 1901 im Haben gebucht), im zweiten Fall liegt ein Verlust vor (die Soll-Seite von 1901 wird angesprochen).

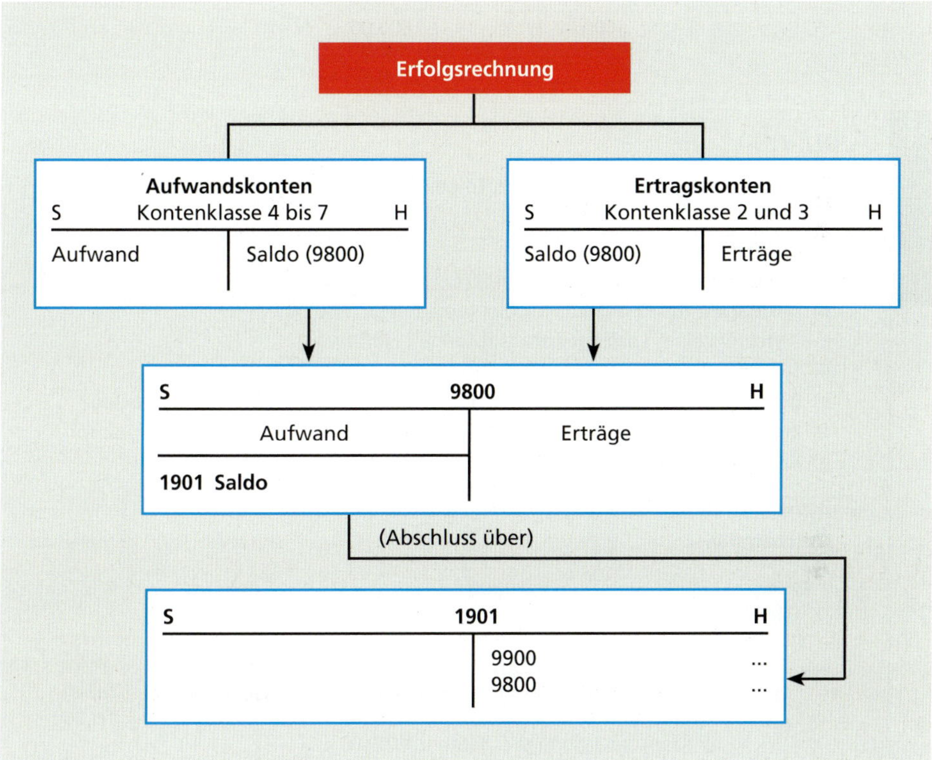

Die Buchungen in der Erfolgsrechnung sind recht einfach; weder ist eine Aktualisierung dem Grunde nach erforderlich, noch wird der IHH angesprochen.

Beispiel

Geschäftsfälle:

1. *Mitgliederkrankengeld wird per Bank überwiesen, 600,00 €.*
2. *Zinsgutschrift der Bank, 160,00 €.*

Buchungssätze:

1. 4700 600,00 € an 0002 600,00 €
2. 0002 160,00 € an 3010 160,00 €

Darstellung auf Konten:

S	4700		H
① 0002	600,00	9800	600,00

S	3010		H
9800	160,00	② 0002	160,00

S	9800		H
4700	600,00	3010	160,00
		1901	440,00
	600,00		600,00

Übungen

1. Entscheiden Sie, ob es sich bei den folgenden Geschäftsfällen um Erfolgsvorgänge handelt.

   Geschäftsfälle:

   a) Überweisung der Miete für unser Verwaltungsgebäude, 2000,00 €
   b) Montage eines Ersatzteils für die Klimaanlage, 500,00 €
   c) Abschluss eines Leasingvertrags für einen Lieferwagen
   d) Sofortige Bezahlung einer Rechnung unseres Stromlieferanten
   e) Begleichen einer Stromrechnung aus dem letzten Jahr durch Überweisung
   f) Eingang der Zuweisung aus dem Gesundheitsfonds auf unserem Bankkonto
   g) Kauf eines Mobiltelefons für einen Außendienstmitarbeiter, 250,00 €

2. Bilden Sie mit den richtigen Kontierungen Buchungssätze.

   Geschäftsfälle:

Beleg-Nr.	Vorgang	Zahlungsweg	€
1	Zinslastschrift	Bank	30,00
2	Kostenerstattung für eine Dienstreise	Kasse	290,00
3	Begleichung einer Krankenhausrechnung a) Krankenhauspflege f. Rentner 1 100,00 € b) stationäre Entbindung für Versicherte	Bank	2 000,00
4	Erstattung der Kosten für eine gestellte Haushaltshilfe (Mitglied)	Kasse	640,00
5	a) Kreditaufnahme (Laufzeit 24 Monate)	Bank	20 100,00
	b) Von diesem Geld wird ein Pkw für die Verwaltung gekauft.	Bank	20 100,00
6	Ablösung der Verpflichtung an ein Krankenhaus	Bank	3 800,00
7	Zahlung von Mitgliederkrankengeld	Kasse	910,00
8	Eingang einer Zahlung mit unbekanntem Zweck (sonst. Verwahrungen)	Bank	205,00
9	Kauf eines Servers	Kasse	2 100,00

Beleg-Nr.	Vorgang	Zahlungsweg	€
10	Nr. 8 war eine Einnahme aufgrund einer Leistungsbeschränkung wegen Selbstverschulden (§ 52 SGB V)	–	–
11	Die Krankenkasse nimmt einen kurzfristigen Kredit bei der Bank auf (Laufzeit 60 Tage).	Bank	15 000,00
12	Zahlung von Mitgliedermutterschaftsgeld	Bank	700,00
13	Der Kredit wird getilgt (siehe Nr. 5).	Bank	20 100,00
14	Die Krankenkasse legt Geld vom Bankkonto als Termingeld für 90 Tage fest.	Bank	25 000,00

3. Die AOK Tornesch hat folgende **Anfangsbestände:**

	€
Barmittel	27 500,00
Bank	54 100,00
Verpflichtungen aus der Lieferung von Hilfsmitteln durch sonstige Heilpersonen	1 760,00
Guthaben beim Landesverband	30 000,00
Verpflichtungen an Apotheken für gelieferte Medikamente	14 200,00
Forderungen an den Gesundheitsfonds	29 600,00
Geldanlage in Kommunalobligationen	40 000,00
Kredit (Laufzeit 6 Monate)	30 000,00
Büroeinrichtung	68 000,00
Maschinen	40 000,00
Forderung an die Dt. RV Nord	3 400,00
EDV-Anlage	71 900,00

a) Bilden Sie zu den Geschäftsfällen Buchungssätze.

b) Suchen Sie für die Anfangsbestände die richtigen Kontierungen aus dem Kontenrahmenplan.

c) Ermitteln Sie die Eigenkapitalpositionen.

d) Buchen Sie formgerecht von der Eröffnungsbilanz bis zum Schlussbilanzkonto.

Geschäftsfälle:

Beleg-Nr.	Vorgang	Zahlungsweg	€
1	Die Verpflichtungen aus der Lieferung von Hilfsmitteln durch sonstige Heilpersonen werden beglichen.	Bank	1 760,00
2	Fahrkostenerstattung für ein Taxi für die Ehefrau eines Pflichtversicherten	Kasse	58,60
3	Verkauf eines Tageslichtprojektors der Ausbildungsabteilung	Kasse	850,00
4	Teilrückzahlung des kurzfristigen Kredits; in der Summe sind 600,00 € Zinsen enthalten.	Bank	10 600,00
5	Ein Teil der Verpflichtungen an Apotheken wird beglichen.	Bank	9 100,00
6	Zinsgutschrift	Bank	5 620,00

Beleg-Nr.	Vorgang	Zahlungsweg	€
7	Es wird Termingeld für 60 Tage angelegt.	Kasse	10 000,00
8	Es werden die Kosten von mehreren Krebsfrüherkennungsuntersuchungen für weibliche Mitglieder überwiesen.	Bank	1 650,00
9	Erhalt einer Zuweisung aus dem Gesundheitsfonds, die bereits als Forderung gebucht war.	Bank	3 620,00

4. Ersetzen Sie die Buchstaben im folgenden Text sinnvoll.

Erfolgsvorgänge sind Geschäftsfälle, durch die das Eigenkapital **(a)** oder **(b)** wird. Beispielsweise führt eine Zinsgutschrift (Konto-Nr. **(c)**) zu einer **(d)** des Eigenkapitals. Es handelt sich hierbei um einen **(e)**.

Jede Art von Leistungsausgaben (= Aufwendungen) wie z. B. **(f)** (Konto-Nr. 4700) bewirken eine **(g)** des Eigenkapitals.

Erträge werden in den Konten der Klasse **(h)** auf der **(i)** seite erfasst, Aufwendungen in den Kontenklassen **(j)** bis **(k)** auf der **(l)**seite. Abgeschlossen werden die Erfolgskonten über das Gewinn- und Verlustkonto **(m)**, d. h., die Kontenklassen **(n)** bis **(o)** tauchen nicht im **(p)** auf. Ist der ermittelte Saldo des Kontos 9800 positiv, dann steht er auf der **(q)**seite, ist er negativ, dann auf der **(r)**seite.

Erfolgsvorgänge sind größtenteils Geldbewegungen, sodass der Saldo des Gewinn- und Verlustkontos **(s)** in das **(t)**konto (Konto-Nr. 1901) übernommen wird. Da es sich um ein **(u)**konto handelt, wird ein positiver Saldo der Erfolgsrechnung auf der **(v)**seite, ein negativer Saldo auf der **(w)**seite gebucht.

5. Die AOK Holtsee hat folgende **Anfangsbestände:**

	€
Kasse	70 000,00
Termineinlagen (Laufzeit 30 Tage)	25 000,00
Termineinlagen (Laufzeit 2 Jahre)	150 000,00
Bank	860 000,00
Fahrzeuge für die Verwaltung	60 000,00
Forderungen (§ 19 BVG)	10 000,00
Aufgenommene Darlehen	90 000,00
Maschinen	110 000,00
Verpflichtungen an Anstalten und Heime	54 000,00
Büroeinrichtung für die Verwaltung	180 000,00
Sonstige Verwahrungen	1 000,00
EDV-Anlage	100 000,00

Geschäftsfälle:

Beleg-Nr.	Vorgang	Zahlungsweg	€
1	Eingang einer Zuweisung aus dem Gesundheitsfonds nach § 270 Abs. 1 Buchstabe c SGB V	Bank	4 650,00
2	Kauf von zehn Metaplanwänden	Bank	1 280.00
3	Zinsgutschrift	Bank	1 600,00
4	Kauf zweier Kraftfahrzeuge	Bank	35 000,00
5	Bezahlung von physikalischer Therapie für Mitglieder	Bank	6 400,00
6	Bußgeldeinnahmen	Kasse	240,00

Beleg-Nr.	Vorgang	Zahlungsweg	€
7	Verkauf eines Kopiergerätes	Kasse	2 100,00
8	Ein Teil der unter Beleg-Nr. 5 gebuchten Leistungen waren Leistungen von Logopäden	–	2 400,00
9	Zinsen für Geldleistungen nach § 44 SGB I	Bank	150,00
10	Kauf von zwei Aktenwagen	Kasse	780,00

a) Bilden Sie zu den obigen Geschäftsfällen Buchungssätze.
b) Suchen Sie für die Anfangsbestände die richtigen Kontierungen aus dem Kontenrahmenplan.
c) Ermitteln Sie die Eigenkapitalpositionen.
d) Buchen Sie formgerecht von der Eröffnungsbilanz bis zum Schlussbilanzkonto.

5.1 Abschreibungen

5.1.1 Begriff und wirtschaftliche Bedeutung der Abschreibungen

Anlagegüter wie Fahrzeuge oder Büroeinrichtungen geben ihre „Nutzungen" nicht in einem Jahr, sondern über mehrere Jahre ab, d. h., die Gegenstände verlieren im Laufe der Zeit immer mehr an Wert. Der Wertverlust muss buchungstechnisch berücksichtigt werden, weil sonst die tatsächlichen Werte mit den buchhalterischen Beträgen nicht mehr übereinstimmen. Die Erfassung der Wertminderung im Zeitablauf erfolgt durch die Abschreibungen.

Mögliche Ursachen für Wertminderungen lassen sich z. B. wie folgt einteilen:

Ursachen für Wertminderungen

verbrauchsbedingt

z. B. techn. Verschleiß (durch Verbrauch)

natürlicher Verschleiß (Rost, Verwittern)

Katastrophenverschleiß (Brand, Explosion)

wirtschaftlich bedingt

z. B. techn. Fortschritt (neue Maschinen)

wirtschaftl. Entwertung (Eine Maschine wird aufgrund betrieblicher Änderungen nicht mehr benötigt.)

zeitabhängig

z. B. Ablauf von Patenten

Der Grundgedanke von Abschreibungen ist die Substanzerhaltung des Betriebes (in diesem Fall der Krankenkasse). Am Ende des Nutzungszeitraumes eines Anlagegutes sollen so viel Geldmittel angesammelt worden sein, dass eine Neubeschaffung eines funktionsgleichen Gebrauchsgegenstandes möglich ist (Ersatzinvestition).

Die Ansammlung entsprechender Mittel erfolgt hauptsächlich über die Zuweisungen aus dem Gesundheitsfonds und evtl. Zusatzbeiträge. Abschreibungen sind Aufwendungen, die bei der „Kalkulation" der zu erwartenden Zuweisungen aus dem Gesundheitsfonds und evtl. nötiger Zusatzbeiträge berücksichtigt werden und somit über die Einnahmen wieder der Krankenkasse zufließen.

Die Buchungsvorschriften der Krankenkassen sehen vor, die Abschreibungsbeträge als Aufwand im „Abschlusskonto der Erfolgsrechnung" (= 9800) zu erfassen. Dadurch mindert sich der Jahreserfolg (Überschuss).

5.1.2 Abschreibungsmethode

Die Abschreibungshöhe bemisst sich nach der geschätzten Nutzungsdauer. Als Anhaltspunkte dienen die Abschreibungstabellen der Finanzverwaltungen, die, je nach Art des Anlagegutes, Mindestnutzungszeiten ausweisen. Es findet also in der Regel eine planmäßige Wertminderung der Anlagegüter durch die Abschreibungen statt.

In begründeten Fällen (Brand, Blitzschlag usw.) kann eine zusätzliche Korrektur durch außerplanmäßige Abschreibungen hinzutreten.

	Planmäßige Abschreibungen	**Außerplanmäßige Abschreibungen**
Voraussetzungen	Bei zeitlich begrenzter Nutzungsdauer nach einer den Grundsätzen ordnungsmäßiger Buchführung entsprechenden Abschreibungsmethode	Ohne Rücksicht auf die zeitliche Begrenzung der Nutzungsdauer, bei voraussichtlich dauernder Wertminderung
Methode	Regelabschreibung der durchschnittlichen Wertminderung am Ende des Geschäftsjahrs	Einmalige Sonderabschreibung bei Eintritt einer nicht vorhersehbaren Wertminderung (z. B. Katastrophenschaden)

Für Gebäude wird eine Nutzungsdauer zwischen 50 und 100 Jahren angesetzt, d. h., die Abschreibungssätze betragen 1 %, maximal 2 %.

Bei der beweglichen Einrichtung (z. B. Einrichtungsgegenstände im Büro) sind Abschreibungssätze (je nach Nutzungsdauer) von 10 % bis $33\,^1/_3$ % vorgesehen; ein abweichender Abschreibungssatz ist nur in Ausnahmefällen zulässig. Der ermittelte Abschreibungssatz wird über die gesamte Nutzungsdauer des Anlagegutes beibehalten, selbst wenn z. B. die tatsächliche Nutzungsdauer abweicht.

Für den „Sammelposten geringwertige Wirtschaftsgüter" gilt, unabhängig davon, welche Güter tatsächlich in dem Sammelposten enthalten sind, eine Abschreibungsdauer von fünf Jahren. Hier gilt eine weitere Besonderheit: Außerplanmäßige Abschreibungen sind nicht zulässig, selbst wenn die betroffenen Güter zerstört oder verkauft worden sind.

Der jährliche Abschreibungssatz wird wie folgt berechnet:

Jährlicher Abschreibungssatz in (%)

$$= \frac{\mathbf{100}}{\textbf{betriebsgewöhnliche Nutzungsdauer}}$$

Die Verteilung der Anschaffungs-/Herstellungskosten ist abhängig von der Abschreibungsmethode.

Im Bereich der **Krankenversicherung** sind die Abschreibungsbestimmungen bewusst unkompliziert gefasst, um die Verwaltungsarbeit zu vereinfachen.

Deshalb wird üblicherweise die **lineare direkte Abschreibungsmethode** durchgeführt. Bei dieser Methode werden die Anschaffungs-/Herstellkosten gleichmäßig auf die Nutzungsdauer verteilt. In jedem Jahr wird mit demselben Euro-Betrag abgeschrieben. Dieser Abschreibungsbetrag ergibt sich aus den Anschaffungs-/Herstellkosten und dem Abschreibungssatz.

Beginnt die Nutzung der Sache in den ersten sechs Kalendermonaten des Jahres, dann ist der volle Abschreibungsbetrag anzusetzen; beginnt die Nutzung erst in der zweiten Jahreshälfte, so ist der halbe Abschreibungsbetrag zu berücksichtigen. Wird das Anlagegut verkauft, gilt entsprechend: Bei Verkauf im ersten Kalenderhalbjahr ist der halbe und bei Veräußerung im zweiten Kalenderhalbjahr der volle Abschreibungsbetrag anzusetzen[1].

Beispiel

Ein Lieferwagen wird am 1. April .. für 24 500,00 € gekauft. Für die Überführung und Zulassung fallen weitere 500,00 € an. Die Nutzungsdauer beträgt fünf Jahre, d. h., der Abschreibungssatz hat die Höhe von 20 % (100 : 5 Jahre). Im vierten Jahr wird das Fahrzeug am 31. März verkauft.

	Anschaffung am 1. April .., Anschaffungswert	25 000,00 €
–	Abschreibungsbetrag	5 000,00 €
	Buchwert am Ende des 1. Kalenderjahres	**20 000,00 €**
–	Abschreibungsbetrag	5 000,00 €
	Buchwert am Ende des 2. Kalenderjahres	**15 000,00 €**
–	Abschreibungsbetrag	5 000,00 €
	Buchwert am Ende des 3. Kalenderjahres	**10 000,00 €**
	(Fahrzeugverkauf am 31. März ..)	
(–	Abschreibungsbetrag für das halbe Kalenderjahr	2 500,00 €)

Das Beispiel macht deutlich, dass

- die Anschaffungs-/Herstellkosten auch die Beschaffungsnebenkosten umfassen,
- bei linearen Abschreibungen der Abschreibungsbetrag für die gesamte Nutzungsdauer die gleiche Höhe hat (im o. a. Beispiel 5 000,00 €)
- bei einen Anlagegut, dass während des Geschäftsjahres verkauft wird, noch eine Abschreibung durchgeführt werden muss, um den Buchwert zum Verkaufszeitpunkt zu ermitteln[2] und
- der Restwert nach Ablauf der Nutzungsdauer 0,00 € beträgt.

Es kommt verhältnismäßig häufig vor, dass Wirtschaftsgüter über die betriebsgewöhnliche Nutzungsdauer hinaus im Betrieb verbleiben. In solchen Fällen wird das Wirtschaftsgut bis auf einen Erinnerungswert von 1,00 € abgeschrieben. Dadurch wird der Gegenstand weiterhin in den Büchern geführt, bis er endgültig ausscheidet. Erst dann schreibt der Betrieb den Erinnerungswert endgültig auf 0,00 € ab.

1 *Eine monatsgenaue Abschreibung, wie sie für privatwirtschaftliche Unternehmen vorgeschrieben ist (§ 7 Abs. 1 S. 4 EStG), ist für den Bereich der Sozialversicherung nur für Gebäude vorgesehen. Für den Sammelposten für geringwertige Wirtschaftsgüter ist immer vom ganzen Jahr auszugehen.*

2 *Quelle: Schmolke/Deitermann, „Industrielles Rechnungswesen IKR", 41. Aufl. 2012, S. 227*

5.1.3 Buchungstechnische Erfassung der Abschreibungen

Besonderes Augenmerk ist bei den Abschreibungen auf die Aktualisierung der Eigenkapitalkonten zu legen.

Aufgrund der Buchungstechnik mindern die Abschreibungsbeträge (als Aufwand über das Konto 9800) die Betriebsmittel, obwohl korrekterweise das Verwaltungsvermögen betroffen ist. Deshalb muss eine entsprechende Umbuchung vorgenommen werden.

Beispiel

Abschreibungen auf Fahrzeuge 20 % vom Anschaffungswert 25 000,00 €.

Buchungssätze:

Abschreibungen	5 000,00 €	an	Fahrzeuge	5 000,00 €
7121	**5 000,00 €**	**an**	**0710**	**5 000,00 €**
Verwaltungsvermögen	5 000,00 €	an	Betriebsmittel	5 000,00 €
1903	**5 000,00 €**	**an**	**1901**	**5 000,00 €**

Darstellung auf Konten:

Soll	0710		Haben
9900	25 000,00	7121	5 000,00

Soll	7121		Haben
0710	5 000,00	9800	5 000,00

Soll	9800		Haben
7121	5 000,00	1901	5 000,00

Soll	1903		Haben
1901	5 000,00	9900	700 000,00

Soll	1901		Haben
9800	5 000,00	9900	120 000,00
		1903	5 000,00

Übungen

1. Ersetzen Sie die Buchstaben im Text sinnvoll.
   Bei dem direkten linearen Abschreibungsverfahren wird der Abschreibungsbetrag von dem betreffenden Anlagekonto gebucht, d. h., es handelt sich um **(a)**konten (Kontenklasse **(b)**), die auf der **(c)**seite angesprochen werden. Die Abschreibungen erfassen die **(d)**, z. B. für die Büroeinrichtung, auf dem Konto **(e)** oder für Gebäude auf dem Konto **(f)**. Abgeschlossen werden die **(g)**konten über das Gewinn- und Verlustkonto **(h)**.
   Abschreibungen **(i)** das Eigenkapitalkonto **(j)** (= Konto Nr. **(k)**), weil hierüber das Gewinn- und Verlustkonto abgeschlossen wird. Von den Abschreibungen ist aber eigentlich das Eigenkapitalkonto **(l)** (= Konto Nr. **(m)**) betroffen. Es muss also eine Berichtigung (= **(n)**) zwischen den Konten 1901 und 1903 erfolgen. Der Buchungssatz lautet: **(o)** an **(p)**.

2. a) Buchen Sie die Abschreibungen im 6. Jahr für ein Gebäude (Anschaffung in 1. Halbjahr), dessen Nutzungsdauer mit 50 Jahren angesetzt ist; der Buchwert beträgt 4 500 000,00 €.
   Führen Sie die Konten Gebäude, Abschreibungen auf Gebäude, das Gewinn- und Verlustkonto, die Konten Betriebsmittel (Anfangsbestand 678 900,00 €), Verwaltungsvermögen (Anfangsbestand 6 640 000,00 €) und schließen Sie die Konten formgerecht ab.
   b) Folgende Gegenstände sollen verkauft werden. Ermitteln Sie den Abschreibungsbetrag und den verbleibenden Restwert (=Buchwert). Bilden Sie Buchungssätze für Abschreibung und Verkauf zum Buchwert.
      1) Eine 5 Jahre alte Schnee- und Straßenkehrmaschine aus dem Bestand der Betriebshandwerker (Konto Sonstige bewegliche Sachen). Diese Maschine wurde im 1. Halbjahr gekauft, der Verkauf findet im 2. Halbjahr – bar – statt. Der 12,5 %-Abschreibungssatz entspricht 850,00 €.
      2) Ein 4 Jahre alter Pkw soll per Bankscheck im 1. Halbjahr verkauft werden. Er wurde im Dezember gekauft. Der Neupreis betrug 28 000,00 €, die Nutzungsdauer wurde mit 5 Jahren angesetzt.
      3) Eine vor 8 Jahren zum 1. Februar für 8 400,00 € beschaffte Siebdruckmaschine, die eine Lebensdauer von 12 Jahren hat, jedoch nicht mehr benötigt wird. Jetzt hat sich ein Abnehmer zum 1. März gefunden, der bei Abholung bar bezahlt.

3. Die AOK Satrup hat folgende **Anfangsbestände:**

	€
Hypothek	450 000,00
Verwaltungsgebäude	998 500,00
1 Pkw	40 000,00
Sonstige Verwahrungen	6 100,00
Büroeinrichtung	81 000,00
Forderungen an den Gesundheitsfonds	17 800,00
Fünfprozentige Anleihen des Bundes	60 000,00
Maschinen (Anschaffung im 1. Hj., Wert zu Beginn des zweiten Jahres)	80 000,00
Abgezinste (= unverzinste) Schatzanweisungen mit einer Laufzeit von 6 Monaten	30 000,00
Bank	101 400,00

Geschäftsfälle:

Beleg-Nr.	Vorgang	Zahlungsweg	€
1	Begleichung von Gutachterkosten im Zusammenhang mit der Leistungsgewährung	Bank	1 705,00
2	Eingang der Abschlagszahlung für die Zuweisung aus dem Gesundheitsfonds (§ 266 Abs. 6 SGB V)	Bank	1 737,00
3	Der Betrag auf dem Konto Sonst. Verwahrungen ist eine Abschlagszahlung zur Begleichung der Forderungen an den Gesundheitsfonds.	–	
4	Am 15.03. Verkauf des 2 Jahre alten Pkw zum Restwert (jährl. Abschreibungsbetrag 5 000,00 €)	Bank	?
5	Als Teil der Gebäudeunterhaltung erfolgt die Zahlung der vierteljährlich fälligen Hypothekenzinsen (Zinssatz 5,5 % p. a.)	Bank	?
6	Überweisung der Post- und Fernmeldegebühren	Bank	3 320,00
7	In der Zuweisung aus dem Gesundheitsfonds (Beleg Nr. 2) ist irrtümlich der vierteljährliche Zinsanteil für die Anleihen des Bundes erfasst worden.	–	?
Am Ende des Geschäftsjahres werden die jährlichen Abschreibungen gebucht:			
8	Abschreibungen auf Maschinen, Nutzungsdauer 5 Jahre	–	?
9	Abschreibungen auf Büroeinrichtung, der Anschaffungswert beträgt 90.000,00 €, die Nutzungsdauer 10 Jahre.	–	?
10	Abschreibungen auf auf das im 2. Halbjahr des laufenden Jahres fertiggestellte Gebäude, der Abschreibungssatz beträgt 2 %; Buchwert und Anschaffungswert (= Herstellkosten) stimmen überein.	–	?

a) Bilden Sie Buchungssätze.
b) Buchen Sie formgerecht von der Eröffnungsbilanz bis zum Schlussbilanzkonto.

4. Die AOK Hüllerup hat folgende **Anfangsbestände:**

	€
Barer Kassenbestand	70 000,00
Bank	740 000,00
Kurzfristige Termineinlagen (Laufzeit 3 Monate)	25 000,00
Forderungen nach § 19 BVG	10 000,00
Termineinlagen (Laufzeit 2 Jahre)	150 000,00
Fahrzeuge für die Verwaltung	60 000,00
EDV-Anlage für die Verwaltung	210 000,00
Büroeinrichtung	180 000,00
Verpflichtungen an Anstalten und Heime	45 000,00
Sonstige Verwahrungen	1 000,00
Aufgenommene Darlehen	80 000,00

Geschäftsfälle:

Beleg-Nr.	Vorgang	Zahlungsweg	€
1	Zuweisung aus dem Gesundheitsfonds nach § 270 Abs. 1 Buchst. a SGB V	Bank	800,00
2	Verkauf eines Dienstfahrzeuges zum Buchwert (Die Abschreibung ist in Beleg 11 enthalten)	Kasse	5 000,00
3	Kauf eines Videogerätes für die Schulung der Auszubildenden	Bank	395,00
4	250,00 € der unter 1289 gebuchten Beträge sind Zinsen	–	250,00
5	Mitgliederkrankengeld	Kasse	1 050,00
6	Ablösung einer Verpflichtung an ein Krankenhaus	Bank	15 000,00
7	Kauf von 2 gleichartigen Kopiergeräten	Bank	12 000,00
8	Eingang von Bußgeldern (§ 307 SGB V)	Bank	260,00
9	Ein Teil des unter Beleg-Nr. 5 gebuchten Krankengeldes war Krankengeld bei Erkrankung eines Kindes.	–	300,00
10	Aufwendungen für Krankentransporte (Rentner)	Bank	2 600,00
	Am Ende des Geschäftsjahres werden die jährlichen Abschreibungen gebucht:		
11	Abschreibungen Fahrzeuge 20 % vom Anschaffungswert 100 000,00 €		
12	Abschreibungen der am 07.10. diesen Jahres gelieferten EDV-Anlage, der Abschreibungssatz beträgt 33 1/3 %, der Anschaffungswert 210 000,00 €		
13	Abschreibungen Büroeinrichtung 10 % vom Anschaffungswert 200 000,00 €		

a) Bilden Sie Buchungssätze.

b) Buchen Sie formgerecht von der Eröffnungsbilanz bis zum Schlussbilanzkonto.

5. Die AOK Hornsbüll hat folgende **Anfangsbestände:**

	€
Bank	375 000,00
Forderungen an die Dt. RV Nord	8 500,00
Termineinlagen (Laufzeit 60 Tage)	30 000,00
Gebäude für die Verwaltung	1 500 000,00
Hypothekenschulden	250 000,00
Termineinlagen (Laufzeit 2 Jahre)	100 000,00
Verpflichtungen für die Behandlung durch Ärzte	65 000,00
Kredite (Laufzeit 6 Monate)	10 000,00
Fahrzeuge für die Verwaltung	100 000,00
Sonstige Verwahrungen	1 200,00
Büroeinrichtung für die Verwaltung	270 000,00
EDV-Anlage für die Verwaltung	200 000,00
Bankkredite (Laufzeit 3 Jahre)	25 000,00
Kasse	50 000,00

Geschäftsfälle:

Beleg-Nr.	Vorgang	Zahlungsweg	€
1	Die Bank schreibt Zinsen gut.	Bank	300,00
2	Eingang der Abschlagszahlung der Zuweisung aus dem Gesundheitsfonds (§ 270 Abs. 1a SGB V)	Bank Bank	210 850,00 35 000,00
3	Überweisung an die Kassenärztliche Vereinigung für die Behandlung durch Ärzte	Bank	80 000,00
4	Grundstückskauf	Bank	1 600,00
5	Kauf von 40 Exemplaren SGB für Schulungszwecke	Bank	600,00
6	Zahlung von Mitgliedermutterschaftsgeld	Bank	5 000,00
7	Teilablösung eines Kredits (Laufzeit 180 Tage)	Bank	?
8	Zahlung der vierteljährlich fälligen Hypothekenzinsen (6 % p. a.)	Kasse	4 820,00
9	Mitgliederkrankengeldzahlung	–	300,00
10	300,00 € der unter 1289 gebuchten Beträge sind Bußgelder.	Bank	9 800,00
11	Ausbildungsvergütungen	–	370,00
12	Ein Teil des unter Beleg-Nr. 9 gebuchten Krankengeldes waren Leistungen von Masseuren für Familienangehörige.		
13	Eingang einer Zuweisung aus dem Gesundheitsfonds gem. § 270 Abs. 1 Buchst. b SGB V	Bank	750,00
14	Kauf von Bürostühlen	Kasse	790,00
15	Kauf von 10 kleinen Kopiergeräten	Bank	8 500,00
Am Ende des Geschäftsjahres werden die jährlichen Abschreibungen gebucht:			
16	Gebäude 2 % vom Anschaffungswert 2 000 000,00 €		
17	Fahrzeuge 20 % von 120 000,00 €		
18	EDV-Anlage 33 ⅓ % von 300 000,00 €		
19	Büroeinrichtung 10 % von 300 000,00 €		

a) Bilden Sie Buchungssätze.
b) Buchen Sie formgerecht von der Eröffnungsbilanz bis zum Schlussbilanzkonto.

5.2 Buchungstechnische Erfassung von Gewinnen/Verlusten der Aktiva

Es ist denkbar, dass die Krankenkasse einen Gegenstand des Anlagevermögens verkauft und einen höheren/niedrigeren Verkaufspreis erzielt als den in den Büchern stehenden Wert (Buchwert). Es entspricht dabei dem Gebot von Wirtschaftlichkeit und Sparsamkeit, wenn die Krankenkasse versucht, einen möglichst hohen Preis zu erzielen.

Geschäftsfälle dieser Art berühren sowohl Konten der Vermögens- und Erfolgsrechnung als auch Konten des IHH. Außerdem müssen die Kapitalkonten „Betriebsmittel" und „Verwaltungsvermögen" aktualisiert werden.

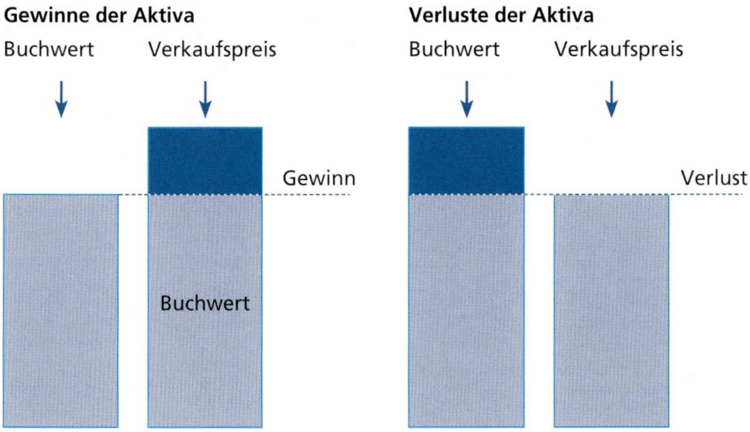

Beispiel

Gewinne der Aktiva

Geschäftsfall:

Die Krankenkasse verkauft einen Pkw gegen Bankscheck für 3 800,00 €, der Buchwert beträgt 3 500,00 €.

Buchungssätze:

Bank	3 800,00 €	an	IHH	3 800,00 €
0002	**3 800,00 €**	**an**	**9010**	**3 800,00 €**
IHH	3 800,00 €	an	Fahrzeuge	3 500,00 €
		an	Gewinne der Aktiva	300,00 €
9010	**3 800,00 €**	**an**	**0710**	**3 500,00 €**
		an	**3600**	**300,00 €**

Aktualisierung:

Verw.vermögen	3 500,00 €	an	Betriebsmittel	3 500,00 €
1903	**3 500,00 €**	**an**	**1901**	**3 500,00 €**

Darstellung auf Konten:

Soll 9010 Haben

Soll		Haben	
0710/3600	3 800,00	0002	3 800,00

Soll 0710 Haben

Soll		Haben	
9900	3 500,00	9010	3 500,00

Soll 9800 Haben

Soll		Haben	
1901	300,00	3600	300,00

Soll 3600 Haben

Soll		Haben	
9800	300,00	9010	300,00

Soll 1903 Haben

Soll		Haben	
1901	3 500,00	9900	90 000,00

Soll 1901 Haben

Soll		Haben	
		9900	40 000,00
		9800	300,00
		1903	3 500,00

Beispiel

Verluste der Aktiva

Geschäftsfall:

Die Krankenkasse verkauft einen PC gegen Bankscheck für 900,00 €, der Buchwert beträgt 1 100,00 €.

Buchungssätze:

Bank	900,00 €	an	IHH	900,00 €
0002	**900,00 €**	**an**	**9010**	**900,00 €**
IHH	900,00 €			
Verluste d. Aktiva	200,00 €	an	Hard- und Software	1 100,00 €
9010	**900,00 €**			
6600	**200,00 €**	**an**	**0713**	**1 100,00 €**
Aktualisierung:				
Verw.vermögen	1 100,00 €	an	Betriebsmittel	1 100,00 €
1903	**1 100,00 €**	**an**	**1901**	**1 100,00 €**

Darstellung auf Konten:

Soll	9010		Haben
0713	900,00	0002	900,00

Soll	0713		Haben
9900	1 100,00	9010/ 6600	1 100,00

Soll	6600		Haben
0713	200,00	9800	200,00

Soll	9800		Haben
6600	200,00	1901	200,00

Soll	1903		Haben
1901	1 100,00	9900	90 000,00

Soll	1901		Haben
9800	200,00	9900	40 000,00
		1903	1 100,00

Den dargestellten Beispielen sind zwei wichtige Dinge zu entnehmen:

- Bei diesen Geschäftsfällen ist es sinnvoll, mit dem Buchungssatz „Zahlungsmittelkonto an IHH" zu beginnen. Da das IHH-Konto in jedem Fall ausgeglichen sein muss, ergibt sich aufgrund des Fehlbetrages bei dem zweiten Buchungssatz zwangsläufig die Seite für den Gewinn bzw. Verlust.
- Die Aktualisierung muss immer in Höhe des Buchwertes vorgenommen werden. Gewinne/Verluste verändern über das Konto 9800 die Betriebsmittel entsprechend.

Erlöse auf dem Verkauf nicht aktivierter Werte (z. B. Verbrauchsmaterialien, Bücher, geringwertige Wirtschaftsgüter) werden dem Konto gutgeschrieben, das vorher mit den Anschaffungskosten belastet wurde.[1]

1 *Quelle: Knoblich, „Kontenrahmen für die Träger der gesetzlichen Krankenversicherung", 5. Aufl., zu Konto 3600, S. 18*

Übungen

1. Die AOK Wallsbüll weist folgende **Anfangsbestände** auf:

	€
Kasse	18 000,00
Bank	104 000,00
Termineinlagen (Laufzeit 60 Tage)	30 000,00
Fahrzeuge für die Verwaltung	30 000,00
Büroeinrichtung für die Verwaltung	15 000,00
Forderungen an den Bund (§ 19 BVG)	12 000,00
Verwaltungsgebäude mit Grundstück	5 000 000,00
EDV-Hardware für die Verwaltung	40 000,00
Aufgenommene Kredite (Laufzeit 90 Tage)	15 000,00
Darlehen an Gebietskörperschaften	80 000,00
Passive Grundpfandrechte	100 000,00

Geschäftsfälle:

Beleg-Nr.	Vorgang	Zahlungsweg	€
1	Grundstücksverkauf (Anschaffungskosten 34 000,00 €)	Bank	42 800,00
2	Bund begleicht seine Schulden (§ 19 BVG).	Bank	4 000,00
3	Mitgliederkrankengeldzahlung	Kasse	400,00
4	Verkauf eines Fahrzeuges am 30.06. des Jahres (Buchwert am 01.01. des Jahres 8 900,00 €, Abschreibungsbetrag 2 200,00 €/Jahr)	Bank	8 000,00
5	Zinsgutschrift	Bank	2 000,00
6	Teilrückzahlung des Hypothekendarlehens	Bank	3 450,00
7	Verkauf einer EDV-Anlage am 01.07. des Jahres (Buchwert am 01.01. des Jahres 15 000,00 €, Abschreibungsbetrag 5 000,00 €/Jahr)	Bank	7 000,00
8	Kassenverstärkung	Bank	2 000,00
9	Kauf von 90 Taschenrechnern für die Angestellten	Kasse	1 208,00
10	Ein Teil des unter Beleg-Nr. 3 ausgezahlten Krankengeldes war die Zahlung für eine selbst beschaffte Haushaltshilfe (Regelleistung).	–	180,00
11	Verkauf von 5 nicht mehr benötigten SGB-KV	–	25,00

a) Bilden Sie zu den o. a. Geschäftsfällen Buchungssätze.

b) Suchen Sie für die Anfangsbestände die richtigen Kontierungen aus dem Kontenrahmenplan.

c) Ermitteln Sie die Eigenkapitalpositionen.

d) Buchen Sie formgerecht von der Eröffnungsbilanz bis zum Schlussbilanzkonto.

2. Die AOK Klanxbüll hat folgende **Anfangsbestände:**

	€
Hypotheken	180 000,00
Kasse	15 000,00
Forderungen an die Dt. RV Bund	10 000,00
Termineinlagen über ein Jahr	70 000,00
Gebäude für die Verwaltung	780 000,00
Bank	98 000,00
Guthaben beim Landesverband (§ 262 SGB V)	120 000,00
Maschinen für die Verwaltung	10 000,00
Büroeinrichtung für die Verwaltung	58 000,00
EDV-Anlage	40 000,00

Geschäftsfälle:

Beleg-Nr.	Vorgang	Zahlungsweg	€
1	Zinslastschrift	Bank	140,00
2	Tilgung eines Teils der Hypothekenschuld	Bank	3 000,00
3	Verkauf eines unbebauten Grundstücks (Buchwert 80 000,00 €)	Bank	85 000,00
4	Kauf eines Aktenregalsystems	Bank	1 800,00
5	Zahlung von Dialysekosten	Bank	12 000,00
6	Krankenhausbehandlung (Rentner)	Bank	1 780,00
7	Stationäre Entbindung für Familienangehörige	Bank	2 790,00
8	Zahlungseingang für Zusatzbeiträge einer Abschlagszahlung vom Gesundheitsfonds (§ 270 Abs. 1 c SGB V)	Bank	140,00
9	Verkauf einer Druckmaschine (Buchwert 1,00 €)	Kasse	850,00
10	Zahlung von Zinsen für geschuldete Geldleistungen (§ 44 SGB I)	Bank	182,00
11	Krankengeldzahlung für Mitglieder	Bank	1 035,00

a) Bilden Sie Buchungssätze.

b) Buchen Sie formgerecht von der Eröffnungsbilanz bis zum Schlussbilanzkonto.

3. Die AOK Niebüll hat folgende **Anfangsbestände:**

	€
Kasse	4 500,00
Forderungen an den Unfallversicherungsträger	10 000,00
Gebäude und Grundstücke für die Verwaltung	600 000,00
Guthaben beim Landesverband (§ 262 SGB VI)	150 000,00
Termineinlagen über ein Jahr	50 000,00
Maschinen für die Verwaltung	35 900,00
Bank	55 200,00
Büroeinrichtung für die Verwaltung	65 000,00

Geschäftsfälle:

Beleg-Nr.	Vorgang	Zahlungsweg	€
1	Zahlung von Mitgliedermutterschaftsgeld	Kasse	400,00
2	Zinslastschrift	Bank	130,00
3	Zahlungseingang mit unbekanntem Verwendungszweck	Bank	380,00
4	Reisekostenerstattung für einen Angestellten	Kasse	290,00
5	Kassenverstärkung	Bank	1 000,00
6	Aufwandzahlung an eine Apotheke für Arzneien	Bank	185,00
7	Ein Teil des unter Nr.1 gebuchten Mitgliedermutterschaftsgeldes war Mitgliederkrankengeld.	–	250,00
8	Zuweisung aus dem Gesundheitsfonds nach § 266 Abs. 6 S. 2 SGB V	Bank	200,00
9	Mitgliederkrankengeldzahlung	Kasse	390,00
10	Verkauf eines Kopiergerätes (Buchwert 1 400,00 €, Abschreibungen in Beleg 13 enthalten)	Kasse	1 600,00
11	Kostenerstattung für eine selbst beschaffte Haushaltshilfe für ein Mitglied	Bank	740,00
12	Verkauf eines Aktenschrankes (Buchwert 1 010,00 €, Abschreibungen in Beleg 14 enthalten)	Bank	870,00
13	Abschreibung auf Maschinen: Anschaffungswert 71 800,00 €, Nutzungsdauer 4 Jahre	–	–
14	Abschreibung auf Büroeinrichtung, 10 % vom Anschaffungswert 162 500,00 €	–	–

a) Bilden Sie Buchungssätze.

b) Buchen Sie formgerecht von der Eröffnungsbilanz bis zum Schlussbilanzkonto.

6 Forderungen und Auftragsgeschäfte ohne Verwaltungskosten

6.1 Forderungen im Zusammenhang mit der Leistungserbringung

Forderungen sind „Ersatzansprüche" der Krankenkasse an „andere" für bereits erbrachte Leistungen. Die Anspruchsgrundlagen für die Forderungen auf Ersatz sind vielfältig. Nicht nur die Zahl der Paragrafen, sondern auch die unterschiedlichen Gesetze (z. B. SGB V und X, Bundesversorgungsgesetz, BGB) machen die Materie schwierig. Hinzu kommt, dass nicht in jedem Fall die erbrachte Leistung in voller Höhe erstattet wird. In Gesetzen, Vereinbarungen und Teilungsabkommen werden Fallpauschalen und/oder Quoten vereinbart, sodass allein die Feststellung der Höhe des Erstattungsanspruchs unter Umständen recht kompliziert ist.

Im weiteren Verlauf liegt der Schwerpunkt bei der buchungstechnischen Behandlung von Forderungen. Dennoch soll die angeschnittene Problematik exemplarisch dargestellt werden.

Betrachtet man das Gebiet „Forderungen" von der buchungstechnischen Seite, so wird eine Einteilung in zwei „Forderungstypen" deutlich.

Typ I

Die Krankenkassen müssen aufgrund des SGBV oder aufgrund ihrer Satzung Leistungen an Versicherte gewähren. In bestimmten Fällen besteht für die Krankenkassen jedoch die Möglichkeit, die entstandenen finanziellen Aufwendungen von „anderen" zurückzufordern. Dies ist durch gesetzliche Regelungen abgesichert. **Bestimmbar** ist Forderungstyp I, z. B. durch die **gesetzlichen Anspruchsgrundlagen § 116 SGB X, § 39 Abs. 2 SGB V, §§ 49 Abs. 1 Nr. 3, 50 und 52 SGB V und § 19 BVG.**[1]

Nach §50 SGBV hat die Rentenversicherung der Krankenversicherung bei rückwirkender Rentenzahlung zu viel gezahltes Krankengeld einschließlich der darauf entfallenden Beiträge zu erstatten. Dasselbe gilt bei rückwirkend zu leistendem Übergangsgeld.

Nach §52 SGBV kann die Krankenkasse Versicherte bei Selbstverschulden an den Kosten der Leistungen beteiligen, Krankengeld zurückfordern oder versagen, wenn die Krankheit vorsätzlich (oder bei einem Verbrechen oder vorsätzlichen Vergehen) verursacht wurde. Sie muss sogar dies tun, sofern die Krankheit z. B. durch eine nicht medizinisch notwendige Schönheitsoperation, eine Tätowierung oder ein Piercing entstanden ist.

Auch wenn Versicherte ohne zwingenden Grund ein anderes Krankenhaus wählen, als ärztlich verordnete wurde, können ihnen die entstanden Mehrkosten in Rechnung gestellt werden (§39 Abs.2 SGB V).

Generell regelt §116 SGB X, dass der Anspruch eines Geschädigten Versicherten auf die Krankenkasse über geht, soweit die Krankenkasse aufgrund eines Schadensereignisses Leistungen zu erbringen hat, die der Behebung von Gesundheitsschädigung dienen und sich auf den gleichen Zeitraum wie der Schadensersatz beziehen.

Typ II

Die Krankenkasse kann einmal gewährte Leistungen auch in anderen Fällen zurückfordern: Stellt sich nachträglich heraus, dass die Leistung zu Unrecht gewährt wurde, muss der Zahlungsempfänger die Leistung erstatten. Hierunter fällt z. B., wenn zu viel gezahltes Krankengeld vom Versicherten zurückverlangt wird. Dieser Forderungstyp umfasst nur die „Sphäre der Krankenversicherung".

Beispiel

Der Radfahrer A verletzt fahrlässig den Fußgänger B so schwer, dass ein Krankenhausaufenthalt notwendig wird (Kosten 2 400,00 €). Außerdem zahlt die Krankenkasse Krankengeld in Höhe von 750,00 €. Eine Mitschuld des Fußgängers liegt nicht vor.

Es handelt sich bei diesem Beispiel um den Forderungstyp I: Sowohl die haftungs- als auch die sozialversicherungsrechtlichen Voraussetzungen sind erfüllt.

1 § 19 BVG regelt die Erstattung für die für Kriegsopfer zu erbringenden Aufwendungen für Leistungen.

Haftungsrechtlich bedeutet, dass der geschädigte Fußgänger B nach dem BGB Schadenersatz von dem Radfahrer A beanspruchen kann.

Sozialversicherungsrechtlich heißt, die Krankenkasse hat für ihren Versicherten (Fußgänger B) Leistungen nach dem SGB V zu erbringen. Wenn sich nun die Krankenkassenleistungen mit den haftungsrechtlichen Ansprüchen überschneiden oder decken, dann geht der Anspruch auf Schadenersatz auf die Krankenkasse über (§ 116 SGV X).

Die Krankenkasse kann sich die entstandenen Kosten von dem Radfahrer bzw. dessen Haftpflichtversicherung erstatten lassen.

Haftungsrechtliche Ansprüche	Gesetzliche Grundlagen	Sozialversicherungsrechtliche Ansprüche
Heilungskosten	§ 249 BGB §§ 27 ff. SGB V	Krankenbehandlung (ambulant/stationär)
Verdienstausfall/ Erwerbsschaden	§ 842 BGB §§ 44 ff. SGB V	Krankengeld

Übergang des Schadenersatzanspruchs nach § 116 SGB X auf die Krankenkasse

„Haftungsrechtliche Ansprüche" umfassen auch Schmerzensgeld nach § 253 BGB. Weil die Krankenkasse keine entsprechende Leistung erbringt, kann dieser Anspruch nach § 116 SGB X nicht übertragen werden.

Bestimmung der Forderungshöhe

a) Teilungsabkommen

§ 116 SGB X lässt eine pauschale Abgeltung der Ersatzansprüche zu.

> **§ 116 SGB X Ansprüche gegen Schadenersatzpflichtige**
> (9) Die Vereinbarung einer Pauschalierung der Ersatzansprüche ist zulässig.

Darunter fallen auch Teilungsabkommen; das sind gegenseitige Verträge zwischen Sozialversicherungsträgern und z. B. Haftpflichtversicherungsgesellschaften. Die beabsichtigte Vereinfachung der Schadensregulierung soll im Wesentlichen durch zwei Punkte erreicht werden:

- Bis zu einem vereinbarten „Leistungshöchstbetrag" des Sozialversicherungsträgers wird auf die Prüfung der Sach- und Rechtslage durch die Individualversicherung verzichtet.
- Die Haftpflichtversicherung zahlt dem Sozialversicherungsträger einen bestimmten Prozentsatz (Quote) des erbrachten Leistungsaufwandes. Danach entfällt für den Sozialversicherungsträger die Möglichkeit, weitere Ansprüche (z. B. ein verbleibender Restbetrag) gegenüber dem Schädiger geltend zu machen.

Die Höhe der Quote ist Vereinbarungssache der Vertragspartner. Im Allgemeinen wird nach Haftungsprinzipien (Verschuldens- und Gefährdungshaftung) unterschieden, wobei der Gefährdungshaftung in der Regel eine höhere Quote zugeordnet wird (z. B. 55 % bei Gefährdungshaftung und 45 % bei Verschuldenshaftung).

Zur Gefährdungshaftung zählen u.a. Fälle, die im Zusammenhang mit einem Kfz stehen.

b) Pauschalabgeltung

Bei nicht stationärer ärztlicher Behandlung und Aufwendungen für Arznei- und Verbandmittel können Pauschalbeträge zum Tragen kommen.

> **§ 116 SGB X Ansprüche gegen Schadenersatzpflichtige**
> (8) Weist der Versicherungsträger oder Träger der Sozialhilfe nicht höhere Leistungen nach, sind ... je Schadensfall für nicht stationäre ärztliche Behandlung und Versorgung mit Arznei- und Verbandmitteln fünf vom Hundert der monatlichen Bezugsgröße nach § 18 SGB IV zu ersetzen.

Liegt der tatsächliche Leistungsaufwand unter dem jeweils geltenden Pauschbetrag (5 % der monatlichen Bezugsgröße[1]), dann wird der Pauschbetrag bezahlt. Übersteigt der Leistungsaufwand diesen Wert, dann wird der tatsächliche Aufwand erstattet, sofern die Krankenkasse die erbrachten Leistungen nachweist.

Forderungstypen

Forderungstyp I	Forderungstyp II
Forderungen aus Versicherungs- und Betreuungsleistungen, die den Krankenkassen aufgrund eigener Verpflichtungen entstanden sind: **Grundlagen:** § 116 SGB X § 39 Abs. 2 SGB V §§ 49 Abs. 1 Nr. 3, 50, 52 SGB V § 19 BVG	Forderungen wegen zu Unrecht gewährter Leistungen

Buchungstechnische Erfassung:

Forderungstyp I

Greifen wir das **Beispiel** des verletzten Fußgängers auf, der durch das fahrlässige Verhalten eines Radfahrers schwer verletzt wird. Die entstandenen Kosten sind 2400,00 € für einen Krankenhausaufenthalt und 750,00 € gezahltes Krankengeld.

Für die Krankenkasse zerfällt dieser Vorgang in drei **Buchungen**:

1. Auszahlung

2. Geltendmachen der Forderung

3. Zahlungseingang des geforderten Betrages

1 mtl. Bezugsgröße 2016 = 2905,00 € (West)/2520,00 € (Ost)

Buchungssätze:

1. Auszahlung

Krankenhausbehandlung	2 400,00 €			
Mitgliederkrankengeld	750,00 €	an	Bank	3 150,00 €
4600	**2 400,00 €**			
4700	**750,00 €**	**an**	**0002**	**3 150,00 €**

2. Forderungsbuchung

Forderungen aus Versicherungsleistungen aufgrund von Ersatzansprüchen gegen Dritte	3 150,00 €	an	Einnahmen aus Ersatzansprüchen gegen Dritte	3 150,00 €
0243	**3 150,00 €**	**an**	**3400**	**3 150,00 €**

3. Zahlungseingang der Forderung

Bank	3 150,00 €	an	Forderungen aus Versicherungsleistungen aufgrund von Ersatzansprüchen gegen Dritte	3 150,00 €
0002	**3 150,00 €**	**an**	**0243**	**3 150,00 €**

Darstellung auf Konten:

Soll	0002		Haben
9900	20 000,00	① 4600/4700	3 150,00
③ 0243	3 150,00		

Soll	0243		Haben
② 3400	3 150,00	③ 0002	3 150,00

Soll	4600		Haben
① 0002	2 400,00	9800	2 400,00

Soll	3400		Haben
9800	3 150,00	② 0243	3 150,00

Soll	4700		Haben
① 0002	750,00	9800	750,00

Soll	9800		Haben
4600	2 400,00	3400	3 150,00
4700	750,00		

Forderungstyp II

Beispiel

Die AOK überweist irrtümlich per Bank Krankengeld 890,00 €. Sie macht nach drei Tagen eine Forderung in gleicher Höhe an den Versicherten geltend.
Die Zahlung des Versicherten geht 14 Tage später auf dem Bankkonto ein.

Buchungssätze:

1. Auszahlung

Krankengeld	890,00 €	an	Bank	890,00 €
4700	**890,00 €**	**an**	**0002**	**890,00 €**

2. Forderungsbuchung

Forderungen an Sonstige aus Versicherungs-leistungen	890,00 €	an	Krankengeld	890,00 €
0249	**890,00 €**	**an**	**4700**	**890,00 €**

3. Zahlungseingang der Forderung

Bank	890,00 €	an	Forderungen an Sonstige aus ...	890,00 €
0002	**890,00 €**	**an**	**0249**	**890,00 €**

Darstellung auf Konten:

Soll	0002		Haben
9900	20 000,00	① 4700	890,00
③ 0249	890,00		

Soll	4700		Haben
① 0002	890,00	② 0249	890,00

Soll	0249		Haben
② 4700	890,00	③ 0002	890,00

Übungen

1. Forderungstyp I

Bilden Sie zu den folgenden Geschäftsfällen Buchungssätze mit den richtigen Kontierungen.

Am 5. Februar .. fallen folgende **Geschäftsfälle** an:

Beleg-Nr.	Vorgang	Zahlungsweg	€
1	Krankengeld	Bank	370,00
2	Krankengeld	Bank	1 210,00
3	ärztliche Behandlung	Bank	140,00

Am 6. Februar .. macht die Krankenkasse folgende **Forderungen** geltend:

Beleg-Nr.	Zahlungspflichtiger	Grundlage	Gegenstand	Bezug zu Beleg-Nr.	€
4	Versorgungsamt	§19 BVG	K-geld	1	370,00
5	Dt. RV Nord	§ 50 SGB V	K-geld	2	1 210,00
6	Allianz Vers. AG	§116 SGB X	ärztl. Beh.	3	140,00

Am 12. Februar .. werden auf dem **Bankkonto** folgende **Gutschriften** angezeigt:

Beleg-Nr.	Auftraggeber der Überweisung	Bezug zu Beleg-Nr.	€
7	Versorgungsamt	4	370,00
8	Dt. RV Nord	5	1 210,00
9	Allianz Versicherungs AG	6	140,00

2. Forderungstyp II

Bilden Sie zu den folgenden Geschäftsfällen Buchungssätze mit den richtigen Kontierungen.

Am 10. Mai .. fallen folgende Geschäftsfälle an:

Beleg-Nr.	Vorgang	Zahlungsweg	€
1	Krankengeldzahlung (Mitgl.)	Bank	1 070,00
2	Kostenerstattung für eine selbst beschaffte Haushaltshilfe (Mitgl.)	Bank	2 160,00

Am 13. Mai .. macht die AOK folgende Forderungen geltend:

Beleg-Nr.	Zahlungspflichtiger	Grundlage	Bezug zu Beleg-Nr.	€
3	Mitglied T.	Überzahlung	1	140,00
4	Mitglied U.	Überzahlung	2	2 160,00

Am 6. Juni .. werden auf dem Bankkonto der AOK folgende Gutschriften angezeigt:

Beleg-Nr.	Auftraggeber	Bezug zu Beleg-Nr.	€
5	Mitglied T.	1/3	140,00
6	Mitglied U.	2/4	2 160,00

3. Die AOK Süderlügum hat folgende Anfangsbestände:

	€
Büroeinrichtung (Verwaltung)	52 000,00
Aufgenommene Kredite (Laufzeit 6 Monate)	10 000,00
Barmittel	9 460,00
Darlehen an Sozialversicherungsträger	80 000,00
Bank	57 830,00
Forderungen an den Bund (§ 19 BVG)	2 700,00
Aufgenommene Kredite (Laufzeit 3 Jahre)	40 000,00

Am 18. Juli .. fallen folgende **Geschäftsfälle** an:

Beleg-Nr.	Vorgang	Zahlungsweg	€
1	Kauf von drei gleichen Softwarepaketen	Kasse	990,00
2	Krankengeld (Mitgl.)	Bank	1 214,00
3	Verkauf eines Regals (Buchwert am Jahresanfang 1 940,00 €, Restnutzungsdauer 2 Jahre))	Bank	805,00
4	Kinderkrankengeld (Mitgl.)	Bank	1 940,00

Am 23. Juli .. macht die Krankenkasse folgende Forderungen geltend:

Beleg-Nr.	Zahlungspflichtiger	Grundlage	Gegenstand	Bezug zu Beleg-Nr.	€
5	Iduna-Vers.	§ 116 SGB X	Krankengeld	2	1 214,00
6	Mitglied	Überzahlung	Kinderkrankengeld	4	870,00

Am 30. August .. werden dem Bankkonto die Beträge der Belege Nr. 7 und 8 gutgeschrieben:

Beleg-Nr.	Auftraggeber	Bezug zu Beleg-Nr.	€
7	Iduna-Vers.	2/5	1 200,00
8	Mitglied Müller	4/6	870,00

Am Ende des Geschäftsjahres wird die folgende Abschreibung gebucht:

9	Büroeinrichtungen 10 % vom Anschaffungswert 65 000,00 €		?

a) Bilden Sie zu den Geschäftsfällen Buchungssätze.
b) Buchen Sie formgerecht von der Eröffnungsbilanz bis zum Schlussbilanzkonto.

6.2 Auftragsgeschäfte

Die Krankenkassen erfüllen auch Aufgaben, die ihnen aufgrund gesetzlicher Bestimmungen oder besonderer Vereinbarungen übertragen worden sind, bei denen sie aber nicht „auf eigene Rechnung" tätig werden, sondern im Auftrag anderer.

Es lassen sich dabei zwei verschiedene Arten von Auftragsgeschäften unterscheiden: Zum einen handelt es sich um die Leistungsgewährung anderer Kostenträger, die von der Krankenkasse erbracht wird, wie z. B. beim Verletztengeld. Zum anderen handelt es sich um Verwaltungsarbeiten, die die Krankenkasse für andere Leistungsträger abwickelt, hierzu gehören – vom Umfang her am bedeutsamsten – in erster Linie der Einzug und die Abführung von Beiträgen für die anderen Sozialversicherungszweige und den Gesundheitsfonds.

6.2.1 Leistungserbringung im Auftrag anderer Sozialleistungsträger

Bei den Auftragsgeschäften, bei denen die Krankenkasse im Auftrag anderer Sozialleistungsträger Leistungen erbringt, sind grundsätzlich zwei Situationen zu unterscheiden:

Situationen

(a)	(b)
Zahlungspflichtiger und Höhe sind bei Leistungserbringung **bekannt**.	Zahlungspflichtiger und/oder Höhe sind bei Leistungserbringung **nicht bekannt**.

Zu (a) Zahlungspflichtiger und Höhe sind bekannt:

Beispiel

Zahlung von Verletztengeld im Auftrag einer Berufsgenossenschaft per Bank, 1 500,00 €.

Es wird sofort in der Kontenklasse 8 gebucht, sowohl bei der Leistungsauszahlung als auch bei der Erstattung durch die Berufsgenossenschaft. Dabei ist darauf zu achten, dass die Auszahlung und die Erstattung auf unterschiedlichen Konten zu buchen sind.

Buchungssätze:

1. **Auszahlung**

Leistungsausgaben für die Träger der Unfallversicherung	1 500,00 €	an	Bank	1 500,00 €
8800	**1 500,00 €**	**an**	**0002**	**1 500.00 €**

2. **Zahlungseingang**

Bank	1 500,00 €	an	Ersatz für Leistungsausgaben	1 500,00 €
0002	**1 500,00 €**	**an**	**8810**	**1 500,00 €**

Hinweis: Ausgaben- und Erstattungskonto werden gegeneinander aufgerechnet. Überschüsse oder Fehlbeträge stellen in der Kontenklasse 8 die Ausnahme dar. In solchen Fällen wird das Konto mit dem kleineren Betrag über das Konto mit dem höheren Betrag abgeschlossen. Der Saldo ist entweder in die Kontengruppe 02 oder 12 zu übernehmen, je nachdem ob es sich um einen Ausgaben- oder Einnahmenüberschuss handelt.

Darstellung auf Konten:

Soll	0002		Haben
9900	20 000,00	① 8800	1 500,00
② 8810	1 500,00		

Soll	8800		Haben
① 0002	1 500,00	8810	1 500,00

Soll	8810		Haben
8800	1 500,00	② 0002	1 500,00

Zu (b) Zahlungspflichtiger und/oder Höhe sind bei Leistungserbringung nicht bekannt:

Beispiel

Per Bank werden 1 800,00 € Krankengeld überwiesen. Es stellt sich 3 Tage später heraus, dass 1 500,00 € Verletztengeld (im Auftrag der Berufsgenossenschaft) waren.

In diesem Fall ist die Höhe des Verletztengeldes zum Zeitpunkt der Leistungserbringung der Krankenkasse nicht genau bekannt. Deshalb wird der gesamte Betrag zunächst über das Krankengeldkonto erfasst. Nachdem die Höhe geklärt ist, erfolgt eine Umbuchung (Berichtigung) aus der Kontenklasse 4 in die Kontenklasse 8.

Der Eingang der Erstattung wird wie im ersten Fall behandelt.

Buchungssätze:

1. Auszahlung

Krankengeld	1 800,00 €	an	Bank	1 800,00 €
4700	**1 800,00 €**	**an**	**0002**	**1 800,00 €**

2. Umbuchung (= Berichtigung)

Leistungsausgaben für die Träger der Unfallversicherung	1 500,00 €	an	Krankengeld	1 500,00 €
8800	**1 500,00 €**	**an**	**4700**	**1 500,00 €**

3. Zahlungseingang der Forderung

Bank	1 500,00 €	an	Ersatz für Leistungsausgaben	1 500,00 €
0002	**1 500,00 €**	**an**	**8810**	**1 500,00 €**

Darstellung auf Konten:

Soll	0002		Haben
9900	20 000,00	① 4700	1 800,00
③ 8810	1 500,00		

Soll	4700		Haben
① 0002	1 800,00	② 8880	1 500,00
		9800	300,00
	1 800,00		1 800,00

Soll	8800		Haben
② 4700	1 500,00	8810	1 500,00

Soll	8810		Haben
8800	1 500,00	③ 0002	1 500,00

Übungen

1. Übung zur Leistungsgewährung im Auftrag anderer Sozialleistungsträger

(a1) Zahlungspflichtiger und Höhe der Zahlung sind bekannt.
Bilden Sie Buchungssätze und buchen Sie auf den entsprechenden Konten (mit Abschluss). Das Bankkonto hat einen Anfangsbestand von 5 000,00 €.

Am 20. Juni .. fallen folgende Geschäftsfälle an:

Beleg-Nr.	Vorgang	Zahlungsweg	€
1	Versorgungskrankengeld i. A. des Versorgungsamtes	Bank	840,00
2	I. A. der BG erfolgt eine Verletztengeldzahlung.	Bank	1 960,00

Am 24. Juni .. werden auf dem Bankkonto der Krankenkasse folgende Gutschriften angezeigt:

Beleg-Nr.	Auftraggeber	Bezug zu Beleg-Nr.	€
3	Versorgungsamt	1	840,00
4	BG	2	1 960,00

(a2) Zahlungspflichtiger und Höhe der Zahlung sind bekannt (Überschuss/Fehlbetrag).

Bilden Sie Buchungssätze und buchen Sie auf den entsprechenden Konten (mit Abschluss). Das Bankkonto hat einen Anfangsbestand von 5 000,00 €.

Am 20. Juni .. fallen folgende Geschäftsfälle an:

Beleg-Nr.	Vorgang	Zahlungsweg	€
1	Versorgungskrankengeld i. A. des Versorgungsamtes	Bank	840,00
2	I. A. der BG erfolgt eine Verletztengeldzahlung.	Bank	1 960,00

Am 24. Juni .. werden auf dem Bankkonto der Krankenkasse folgende Gutschriften angezeigt:

Beleg-Nr.	Auftraggeber	Bezug zu Beleg-Nr.	€
3	Versorgungsamt	1	800,00
4	BG	2	2 000,00

(b) Zahlungspflichtiger und/oder Höhe der Zahlung sind *nicht* bekannt.

Bilden Sie Buchungssätze und buchen Sie auf den entsprechenden Konten (mit Abschluss). Das Bankkonto hat einen Anfangsbestand von 5 000,00 €.

Am 10. Mai .. fallen folgende Geschäftsfälle an:

Beleg-Nr.	Vorgang	Zahlungsweg	€
1	Krankengeld	Bank	1 760,00
2	Krankengeld	Bank	1 110,00

Am 20. Mai .. macht die Krankenkasse folgende Forderungen geltend:

Beleg-Nr.	Zahlungspflichtiger	Grundlage	Bezug zu Beleg-Nr.	€
3	BG	Auftrag	1	760,00
4	Versorgungsamt	§ 20 BVG[1]	2	1 000,00

1 *Zwischen Krankenkassen und Versorgungsamt wird die Erstattung für Aufwendungen pauschal abgegolten.*

Am 4. Juni .. werden auf dem Bankkonto der Krankenkasse folgende Gutschriften angezeigt:

Beleg-Nr.	Auftraggeber der Überweisung	Bezug zu Beleg-Nr.	€
5	BG	1/3	760,00
6	Versorgungsamt	2/4	1 000,00

2. Die AOK Bargum hat folgende **Anfangsbestände**:

	€
Forderungen an den Bund nach § 19 BVG	5 000,00
Büroeinrichtung für die Verwaltung	100 000,00
Hypothekenschulden	80 000,00
Maschinen	60 000,00
Grundstücke und Gebäude für die Verwaltung	250 000,00
Verpflichtungen für die Behandlung durch Ärzte	25 000,00
Anleihen des Bundes	60 000,00
Kasse	30 000,00
Bankdarlehen (Laufzeit 4 Jahre)	30 000,00
Bankguthaben	230 000,00

Am 3. Juni .. fallen folgende **Geschäftsfälle** an:

Beleg-Nr.	Vorgang	Zahlungsweg	€
1	Krankengeld	Bank	600,00
2	Kauf von 28 SGB-Exemplaren	Kasse	2 000,00
3	Krankengeld	Bank	700,00
4	Verletztengeld i. A. der UV	Bank	750,00
5	Kauf eines Safes	Bank	20 000,00
6	Krankengeld	Bank	600,00

Am 28. Juni .. werden folgende **Forderungen** geltend gemacht:

Beleg-Nr.	Zahlungspflichtiger	Grundlage	Gegenstand	Bezug zu Beleg-Nr.	€
7	Deutscher Ring	§ 116 SGB X	Krankengeld	1	600,00
8	Dt. RV Bund	§ 50 SGB V	EU-Rente (befristet)	3	400,00
9	Versorgungsamt	§ 19 BVG	Krankengeld		450,00
		§ 16 BVG	Versorgungskrankengeld	6	150,00

Am 19. Juli .. werden auf dem Bankkonto folgende **Beträge** gutgeschrieben:

Beleg-Nr.	Auftraggeber	Bezug zu Beleg-Nr.	€
10	Deutscher Ring	1/7	600,00
11	Dt. RV Bund	3/8	400,00
12	Tiefbau-BG	4	500,00
13	Versorgungsamt	6/9	600,00

Am Ende des Geschäftsjahres werden die jährlichen Abschreibungen gebucht:

Beleg-Nr.	Vorgang	€
14	Abschreibungen auf Maschinen 20 % vom Anschaffungswert 120 000,00 €	
15	Abschreibungen auf Büroeinrichtung 10 % vom Buchwert	
16	Abschreibungen auf Grundstücke und Gebäude 2 % vom Buchwert	

a) Bilden Sie zu den Geschäftsfällen Buchungssätze.

b) Buchen Sie formgerecht von der Eröffnungsbilanz bis zum Schlussbilanzkonto.

3. Die AOK Risum hat folgende **Anfangsbestände**:

	€
Aufgenommene Darlehen (Laufzeit 3 Jahre)	50 000,00
Forderungen aus Ersatzansprüchen gegen Dritte	5 000,00
Sonstige Verwahrungen	2 000,00
Kasse	15 000,00
EDV-Anlage für die Verwaltung	140 000,00
Termineinlagen (Laufzeit 90 Tage)	20 000,00
Kredite von Sparkassen (Laufzeit 6 Monate)	6 000,00
Anleihen des Bundes	100 000,00
Fahrzeuge für die Verwaltung	60 000,00
Bank	230 000,00
Büroeinrichtung für die Verwaltung	240 000,00
Forderungen an UV-Träger	1 000,00

Am 11. April .. fallen folgende **Geschäftsfälle** an:

Beleg-Nr.	Vorgang	Zahlungsweg	€
1	Verletztengeld i. A. der UV	Bank	840,00
2	Kauf eines Aktenschrankes	Kasse	950,00
3	Ausgaben nach § 14 Abs. 2 Mutterschutzgesetz (Barleistungen)	Bank	900,00
4	Kauf von 2 Lieferfahrzeugen	Bank	40 000,00
5	Krankengeld	Bank	630,00
6	Krankengeld	Bank	700,00
7	Verkauf der kompletten EDV-Anlage (Abschreibungssatz 33 $^{1}/_{3}$ %, Anschaffungswert 210 000,00 €)	Bank	75 000,00
8	Versorgungskrankengeld	Bank	800,00

Am 30. April .. macht die Krankenkasse folgende **Forderungen** geltend:

Beleg-Nr.	Zahlungspflichtiger	Grundlage	Gegenstand	Bezug zu Beleg-Nr.	€
9	Dt. RV Nord	§ 50 SGB V	Erwerbsminderungsrente (unbefristet)	5	180,00
10	Iduna-Vers.	§ 116 SGB X	Krankengeld	6	700,00

Am 25. Mai .. werden dem Bankkonto folgende **Beträge** gutgeschrieben:

Beleg-Nr.	Auftraggeber	Bezug zu Beleg-Nr.	€
11	Verwaltungs-BG	1	840,00
12	Bundesversicherungsamt	3	900,00
13	Dt. RV Nord	5/9	180,00
14	Iduna-Vers.	6/10	700,00
15	Versorgungsamt	8	600,00

Am Ende des Geschäftsjahres werden die jährlichen Abschreibungen gebucht:

Beleg-Nr.	Vorgang	€
16	Abschreibungen auf Fahrzeuge 20 % vom Anschaffungswert: 120 000,00	?
17	Abschreibungen auf üroeinrichtung 10 % vom Anschaffungswert: 300 000,00	?

a) Bilden Sie zu den Geschäftsfällen Buchungssätze.

b) Buchen Sie formgerecht von der Eröffnungsbilanz bis zum Schlussbilanzkonto.

6.2.2 Einzug und Weiterleitung des Gesamtsozialversicherungsbeitrags

Die Krankenkassen sind Einzugsstellen für den Gesamtsozialversicherungsbeitrag. Sie ziehen die Beiträge zur Kranken-, Renten- und Pflegeversicherung sowie zur Arbeitsförderung ein, überwachen die rechtzeitige und vollständige Zahlung der Beiträge und machen Beitragsansprüche, die nicht rechtzeitig erfüllt worden sind, geltend.

Nicht zum GSV-Beitrag gehören die Unfallversicherungsbeiträge, diese werden von den Arbeitgebern direkt an die Berufsgenossenschaft gezahlt.

Die Krankenkasse leitet die eingezogenen Beiträge an die jeweils zuständigen Träger der Pflegeversicherung und der Rentenversicherung, an die Bundesanstalt für Arbeit und an den Gesundheitsfonds weiter (vgl. §§ 28 h, 28 k SGB IV) – einschließlich Zinsen und Säumniszuschlägen.

Der Gesundheitsfonds ist ein Sondervermögen des BVA. Er verwaltet die gesamten Beiträge für die Krankenversicherung. Dies umfasst nicht nur die von den Einzugsstellen der Krankenkassen eingezogenen und an den Fonds weitergeleiteten Mittel, sondern auch die Bundesmittel nach § 221 SGB V für versicherungsfremde Leistungen.

In einigen Fällen werden die Beiträge nicht an die Einzugsstellen gezahlt, sondern direkt an den Gesundheitsfonds, z. B. von der Bundesanstalt für Arbeit für Bezieher von Arbeitslosengeld und Unterhaltsgeld, vom Bund für versicherungspflichtige Bezieher von Arbeitslosengeld II oder von der Deutschen Rentenversicherung Bund für Rentner (§ 271 SGB V).

Die Krankenkassen erhalten als Zuweisungen aus dem Gesundheitsfonds zur Deckung ihrer Leistungsausgaben eine **Grundpauschale** mit **Zu- oder Abschlägen,** die sich nach der Alters-, Geschlechts- und Risikostruktur der Krankenkasse richten. Für diese Zu- und Abschläge wird jährlich ein Risikostrukturausgleich durchgeführt, um die finanziellen Auswirkungen der Geschlechts-, Alters- und Morbiditätsunterschiede zwischen den Versicherten der Krankenkassen auszugleichen. Weiterhin erhalten die Krankenkassen eine **Verwaltungskostenpauschale** zur Deckung ihrer Verwaltungskosten (§§ 266 ff. SGB V).

Seit dem 01.01.2015 organisiert der Gesundheitsfonds auch den Einkommensausgleich zwischen den Krankenkassen in Bezug auf den **Zusatzbeitrag:** Der von den Krankenkassen als Prozentsatz auf das beitragspflichtige Einkommen erhobene Zusatzbeitrag wird zusammen mit dem GSV-Beitrag von den Arbeitgebern an die Einzugsstellen abgeführt und von diesen an den Gesundheitsfonds weitergeleitet. Dieser führt einen vollständigen Einkommensausgleich durch, sodass die Krankenkassen einen Betrag zurück erhalten, der dem durchschnittlichen Einkommen aller Mitglieder der GKV entspricht (§ 270a SGB V).

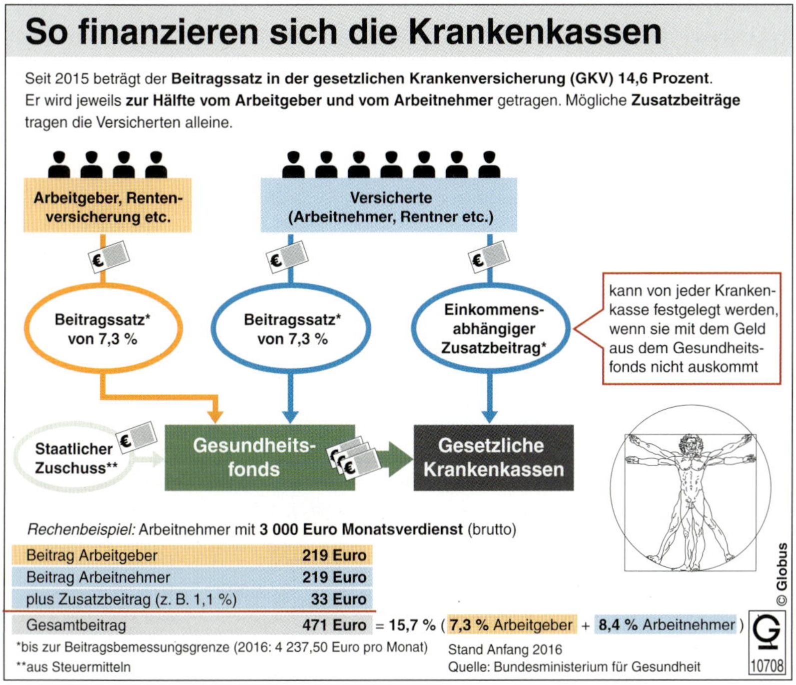

Die Grafik ist insofern ungenau, da der einkommensabhängige Zusatzbeitrag nicht direkt den gesetzlichen Krankenkassen zufließt, sondern auch einen "Umweg" über den Gesundheitsfonds macht.

Ebenso wie die Einzugsstellen der Krankenkassen die Sozialversicherungsbeiträge taggleich an den Gesundheitsfonds weiterleiten müssen, leistet der Gesundheitsfonds tägliche Abschlagszahlungen an die Krankenkassen auf die monatlich ergehenden Zuweisungsbescheide.

Buchung des Gesamtsozialversicherungsbeitrags

a) Buchung ohne Schlüsselverfahren

Beispiel

1. Arbeitgeber zahlt den GSV-Beitrag an die Einzugsstelle:

Unserem Bankkonto werden 10 000,00 € gutgeschrieben. Aus der Beitragsnachweisung des Arbeitgebers ergibt sich, dass folgende Aufteilung vorgesehen ist: KV (ohne Zusatzbeiträge) = 3 650,00 €, Zusatzbeiträge-KV 275,00 €, RV = 4 675,00 €, AF = 750,00 € und PV = 650,00 €.

0002 10 000,00 €	an	8010	3 650,00 €
	an	8018	275,00 €
	an	8020	4 675,00 €
	an	8040	750,00 €
	an	8080	650,00 €

2. Die Krankenkasse sammelt die GSV-Beitragseingänge des Tages und bucht anhand der angesammelten Bestände auf den Konten 8010 bis 8080 (aus Vereinfachungsgründen sei an diesem Tag nur die eine obige Zahlung eingegangen) die Zahlung an den Gesundheitsfonds und die SV-Träger:

8010	3 650,00 €			
8018	275,00 €			
8020	4 675,00 €			
8040	750,00 €			
8080	650,00 €	an	0002	10 000,00 €

Darstellung auf Konten:

Soll	0002		Haben
9900	5 000,00	② 8010/ 8018/ 8020/ 8040/ 8080	10 000,00
① 8010/ 8018/ 8020/ 8040/ 8080	10 000,00		

Soll	8010		Haben
② 0002	3 650,00	① 0002	3 650,00

Soll	8018		Haben
② 0002	275,00	① 0002	275,00

Soll	8020		Haben
② 0002	4 675,00	① 0002	4 675,00

Soll	8040		Haben
② 0002	750,00	① 0002	750,00

Soll	8080		Haben
② 0002	650,00	① 0002	650,00

Das Beispiel macht deutlich, dass die eingehenden Beiträge nur durchlaufende Posten sind. Erst die Zuweisungen aus dem Gesundheitsfonds sind Erträge, die das Eigenkapital der KK mehren. Auch die Zusatzbeiträge sind erst nach dem Einkommensausgleich nach § 270a SGB V durch den Gesundheitsfonds Erträge der Krankenkasse. Sie heißen dann „Mittel aus dem Einkommensausgleich nach § 270a SGB V".

Buchung der Zuweisungen aus dem Gesundheitsfonds:

Der Gesundheitsfonds verbucht die erhaltenen Beiträge von den Einzugsstellen sowie die direkt erhaltenen Beiträge und die Bundeszuschüsse in der Kontenklasse 2 und zahlt an die KK die Grundpauschale mit Zu- und Abschlägen und die Verwaltunskostenpauschale.

Die Krankenkasse erhält einen monatlichen Zuweisungsbescheid vom Gesundheitsfonds. Mit Zugang des Bescheides hat die Krankenkasse eine Forderung gegen den Gesundheitsfonds.

Beispiel

Die KK bucht die Forderung:

0295	1 600 000,00 €	an	3760 (Mittel aus den Einkommensausgleich)	100 000,00 €
		an	3770 (Grundpauschale mit Zu- und Abschlägen)	1 200 000,00 €
		an	3771 (Pauschale für Satzungs- und Ermessensleistungen)	200 000,00 €
		an	3772 (für strukturierte Behandlungsprogramme)	25 000,00 €
		an	3773 (Verwaltungskostenpauschale)	75 000,00 €

Den Eingang der täglichen Abschlagszahlungen bucht die Krankenkasse dann als:

0002	an	0295	100 000,00 €

b) Buchung mit Schlüsselverfahren

Für eine Einzugsstelle kann es bei einer Vielzahl von Zahlungseingängen schwer sein, jede eingehende Beitragszahlung taggleich mit der richtigen Beitragsnachweisung abzugleichen.

Daher kann die KK auch nach dem Schlüsselverfahren vorgehen. Dabei ermittelt die KK aus allen Beitragsnachweisungen eines Monats die Anteile, die den einzelnen Trägern zustehen. Diese sind bei auf sechs Dezimalstellen nach dem Komma zu errechnen.

Die Zahlungseingänge eines Tages werden dann einfach entsprechend dieser Anteile weitergeleitet.

Beispiel

1. Mehrere Arbeitgeber zahlen den GSV-Beitrag an die Einzugsstelle. Es gelten für den laufenden Monat folgende Schlüsselzahlen:
   KV (ohne Zusatzbeitrag) = 0,365000 Zusatzbeiträge(KV) = 0,027500
   RV 0,467500 AF 0,075000 PV 0,065000

0002	100 000,00 €	an	8000	100 000,00 €

2. KK sammelt die GSV-Beitragseingänge des Tages und bucht anhand der Schlüsselzahlen:

8010	36 500,00 €			
8018	2 750,00 €			
8020	46 750,00 €			
8040	7 500,00 €			
8080	6 500,00 €	an	0002	100 000,00 €

3. Erst am Ende des Einziehungsabschnittes wird das 8000 gegen 8010 bis 8080 umgebucht:

8000 100 000,00 €	an	8010	36 500,00 €
	an	8018	2 750,00 €
	an	8020	46 750,00 €
	an	8040	7 500,00 €
	an	8080	6 500,00 €

Darstellung auf Konten:

Soll 0002		Haben	
9900	5000,00	② 8010/8018/8020/8040/8080	100 000,00
① 8000	100 000,00		

Soll 8000		Haben	
③ 8010/8018/8020/8040/8080	100 000,00	① 0002	100 000,00

Soll 8010		Haben	
② 0002	36 500,00	③ 0002	36 500,00

Soll 8018		Haben	
② 0002	2 750,00	① 0002	2 750,00

Soll 8020		Haben	
② 0002	46 750,00	③ 0002	46 750,00

Soll 8040		Haben	
② 0002	7 500,00	③ 0002	7 500,00

Soll 8080		Haben	
② 0002	6 500,00	③ 0002	6 500,00

Das Beispiel macht deutlich, dass auch hier die eingehenden Beiträge nur durchlaufende Posten sind. Die Konten 8010–8080 werden zuerst im Soll angesprochen und erst am Ende des Einziehungsabschnitts ausgeglichen.

Das zusätzlich geschaffene Verrechnungskonto 8000 dient zur Verteilung der Buchungen auf die einzelnen Konten.

Übungen

1. Die AOK Rügen ist eine Einzugsstelle, die ohne Schlüsselverfahren arbeitet. Am 27. Januar werden folgende Beträge dem Bankkonto gutgeschrieben:

Lfd. Nr.	Einzahler	Betrag
1	Phönix AG	124 211,90
2	P-Service GmbH	4 218,72
3	Reifenwerk Knoll	23 511,07
4	Linde-KG	52 227,04

Folgende Beitragsnachweisungen liegen der AOK Rügen vor:

Zweig	Phönix AG	P-Service GmbH	Reifenwerk Knoll	Linde-KG
KV	40266,97	1367,62	7621,81	16930,94
Zusatzbeitrag-KV	7212,30	244,96	1365,16	3032,54
RV	60957,26	2070,35	11538,11	25630,53
AF	9189,54	312,11	1739,41	3863,90
PV	6585,83	223,68	1246,58	2769,13

Buchen Sie die eingehenden Zahlungen. Sorgen Sie für eine rechtzeitige Weiterleitung an den Gesundheitsfonds und die SV-Träger.

2. Als große Einzugsstelle arbeitet die AOK Brunsbek nach dem Schlüsselverfahren. Am 25. Februar werden folgende Beträge dem Bankkonto gutgeschrieben:

Lfd. Nr.	Einzahler	Betrag
1	Quasar OHG	78931,76
2	Sternschnuppe e. V.	970,40
3	Autohof Gebrüder L.	2470,45
4	Cunda Moden	248712,00

Aus den eingereichten Beitragsnachweisungen der Abrechnungsperiode ergeben sich folgende Schlüsselzahlen:

Zweig	Schlüsselzahl
KV	0,366833
Zusatzbeitrag-KV	0,022613
RV	0,469849
AF	0,075377
PV	0,065328

Buchen Sie die eingehenden Zahlungen. Sorgen Sie für eine rechtzeitige Weiterleitung an den Gesundheitsfonds und die SV-Träger.

Erst am Ende des Einziehungsabschnitts führen Sie auch den Abschluss der Verrechnungskonten durch.

3. Erläutern Sie die Vorteile des Schlüsselverfahrens gegenüber dem Buchungsverfahren ohne Schlüsselzahlen aus Sicht der Krankenkasse.

7 Personalkosten

7.1 Begriffsklärung

Mitarbeiter (= Arbeitnehmer) erhalten für ihre erbrachten Leistungen Entgelt von ihren Arbeitgebern, den Krankenkassen. Dabei wird je nach Art des Beschäftigungsverhältnisses folgende grundsätzliche Einteilung vorgenommen:

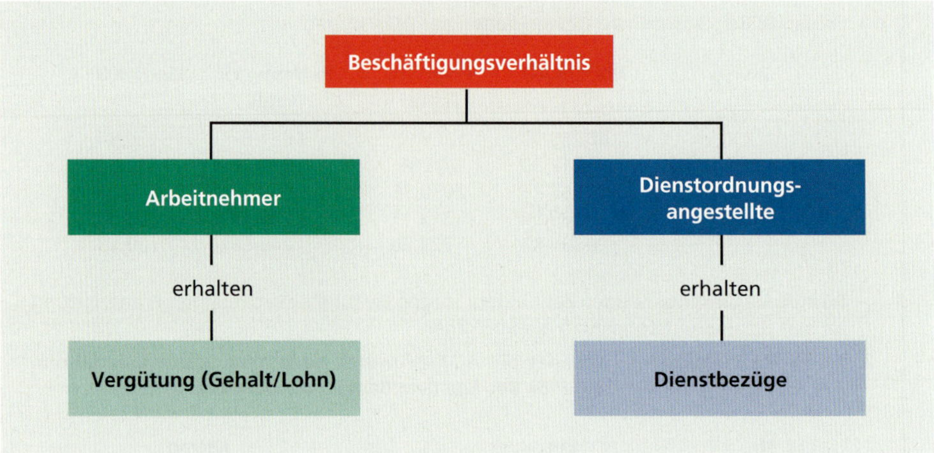

Im weiteren Verlauf wird auf die DO-Angestellten[1] nicht weiter eingegangen, weil die Krankenkassen diese Beschäftigungsverhältnisse zukünftig nicht weiterführen.

Löhne und Gehälter haben einen **„Doppelcharakter"**; für die Arbeitnehmer handelt es sich um **Einkommen**, für den Arbeitgeber um **Kosten** des Personalbereichs. Dazu zählen nicht nur die **„Direktentgelte"** für geleistete Arbeit, sondern auch die sogenannten **Personalzusatz-** oder **-nebenkosten**. Dieser Kostenanteil entsteht zum einen aufgrund gesetzlicher Vorschriften, zum anderen aber auch durch arbeitsvertragliche Vereinbarungen. Durch die gesetzlichen Bestimmungen erhält ein Teil der Zusatzkosten den Charakter einer allgemeingültigen Zwangsabgabe, die durch die Tarifvertragsparteien kaum zu beeinflussen ist.

Arbeitskosten (in €) 2014 je Arbeitnehmer

	Unternehmensdienstleistungen	Finanzdienstleistungen	Produzierendes Gewerbe	Verkehr und Lagerei	Handel
Bruttolohn und -gehalt	56 140,00	64 070,00	47 320,00	34 800,00	36 620,00
Personalzusatzkosten	25 680,00	37 060,00	24 260,00	17 230,00	17 470,00

Quelle: Christoph Schröder „Die Struktur der Arbeitskosten im Dienstleistungssektor", in: Institut der deutschen Wirtschaft Köln: IW-Trends Nr. 2 2015, S. 15; www.iwkoeln.de/studien/iw-trends/beitrag/christoph-schroeder-die-struktur-der-arbeitskosten-in-der-deutschen-wirtschaft-230934, Zugriff am 11.03.2016

1 Für DO-Angestellte wird von der Krankenkasse eine Dienstordnung aufgestellt, in der alle wesentlichen Punkte des Beschäftigungsverhältnisses geregelt sind (§ 351 RVO). Beispielsweise besoldet die Krankenkasse diesen Personenkreis nach Beamtenrecht (siehe Anlage zum Haushaltsplan).

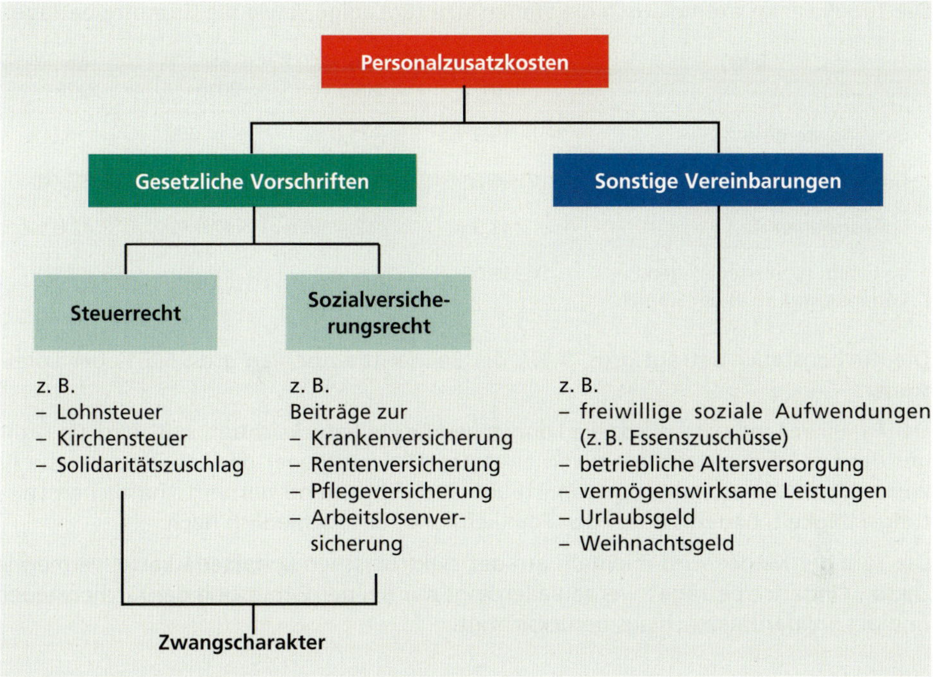

7.2 Steuerrechtliche Abgaben

Löhne/Gehälter sind Einkommen der Arbeitnehmerhaushalte, von dem Steuern gezahlt werden müssen. Der Arbeitgeber behält vom Bruttogehalt sowohl die Lohn- und ggf. die Kirchensteuer als auch die Sozialversicherungsbeiträge ein. Diese führt er an die entsprechenden Stellen (Finanzamt, Krankenkassen) ab.

Die Lohnsteuer ist vom Grundsatz her so aufgebaut, dass sowohl die Höhe des Arbeitsentgelts als auch der Familienstand berücksichtigt werden.

Der Steuersatz ist abhängig von der Höhe des zu versteuernden Einkommens. So zahlen zwei Arbeitnehmer bei gleichen Voraussetzungen (z. B. beide ledig, keine Steuerminderungsmöglichkeiten) unterschiedlich viel Steuern, wenn die Einkommen unterschiedlich hoch sind.

Die Tabelle zeigt exemplarisch die Steuersätze für Ledige sowie die Grundfreibeträge:

Jahr	ab 2001	ab 2005	ab 2010	ab 2016
Eingangssteuersatz[1]	19,9 %	15,0 %	14,0 %	14,0 %
Grundfreibetrag (in €)	7206,00	7664,00	8004,00	8652,00
Spitzensteuersatz	48,5 %	42,0 %[3]	42,0 %[3]	42,0 %[3]
ab einem zu versteuernden Einkommen von (in €) bei Singles	54998,00	52152,00[3]	52882,00[3]	53665,00[3]

Die Kirchensteuer beträgt grds. 9 %[2], der Solidaritätszuschlag grds. 5,5 % der Lohnsteuer.

Der Familienstand wird durch die Lohnsteuerklassen berücksichtigt, z. B. wird ein Lediger der Lohnsteuerklasse I, ein verheirateter Alleinverdiener der Lohnsteuerklasse III zugeordnet. Die zu zahlende Lohnsteuer ist entsprechend der wirtschaftlichen Leistungsfähigkeit, bedingt durch den Familienstand, unterschiedlich hoch.

Die Zahl der Kinder wird ebenfalls auf der elektronischen Lohnsteuerkarte[1] vermerkt. Diese „Kinderfreibeträge" werden allerdings nur bei der Ermittlung der Kirchensteuer und des Solidaritätszuschlags berücksichtigt.

Steuerklasse	Anwendung
I	Ledige, geschiedene, verwitwete oder dauernd getrennt lebende Steuerpflichtige
II	Alleinerziehende
III	Verheiratete Alleinverdiener
IV	Verheiratete, wenn beide Ehepartner arbeiten
V	Verheiratete, deren Ehepartner in Kl. III eingeordnet ist
VI	Zusätzliches Beschäftigungsverhältnis

Da die Ermittlung das Lohnsteuerabzugsbetrags insbesondere für den Solidaritätszuschlag und die Kirchensteuer wegen zahlreicher Ausnahmeregelungen recht schwer ist, empfiehlt sich hierzu die Verwendung eines Internetrechners, wie z. B. www.bmf-steuerrechner.de, um die Lohnsteuer, die Kirchensteuer und den Solidaritätszuschlag zu ermitteln.

1 *Der Eingangssteuersatz wird auf Einkommen angewandt, die über dem Grundfreibetrag liegen.*
2 *8 % in Baden-Württemberg und Bayern*
3 *Seit 2007 erhöht sich der Steuersatz ab einem steuerpflichtigen Jahreseinkommen von 250000,00 € (seit 2016: 254446,00 €) für Ledige auf 45 %.*
4 *Seit 01.01.2013 ersetzen „elektronische Lohnsteuerabzugsmerkmale" die Lohnsteuerkarte. Die an den Arbeitgeber zu übermittelnden Daten werden elektronisch zum Abruf bereitgestellt (ELStAM-Verfahren).*

7.3 Sozialversicherungsrechtliche Abgaben

Das Sozialversicherungssystem ruht auf folgenden Säulen (Stand 1/2016):

Versicherungszweige der Sozialversicherung					
	Krankenversicherung	**Pflegeversicherung**	**Rentenversicherung**	**Arbeitsförderung**	**Gesetzl. Unfallversicherung**
Beitragssatz	14,6 %[1] (seit 01.01.2015) (Gesetz)	2,35 %[2] (seit 01.01.2015) (Gesetz)	18,7 % (seit 01.01.2015) (Gesetz)	3,0 % (seit 01.01.11) (Gesetz)	unterschiedlich (Satzung)
Beitragsbemessungsgrenzen (2016) (in €)	50 850,00	50 850,00	74 400,00 (West) 64 800,00 (Ost)	74 400,00 (West) 64 800,00 (Ost)	unterschiedlich (Satzung)
	Die Beiträge werden vom Arbeitgeber und Arbeitnehmer grundsätzlich je zur Hälfte getragen.[1, 2]				Die Beiträge werden vom Arbeitgeber gezahlt.

Der Beitragssatz zur Krankenversicherung wurde zum 01.01.2015 per Gesetz auf 14,6 % „dauerhaft" festgesetzt. Es ist vorgesehen, dass zukünftige – über die allgemeine Preissteigerung hinausgehende – Kostensteigerungen im Gesundheitswesen durch die Erhebung von kassenindividuellen einkommensabhängigen Zusatzbeiträgen finanziert werden.

Diese Zusatzbeiträge müssen die Krankenkassen erheben, wenn ihr Finanzbedarf nicht durch die Zuweisungen aus dem Gesundheitsfonds gedeckt ist. Eine Begrenzung ihrer Höhe ist nicht vorgesehen. Der Zusatzbeitrag wird bei versicherungspflichtig beschäftigten Arbeitnehmern zusammen mit den anderen Beiträgen an die Krankenkassen als Einzugsstellen für den Gesamtsozialversicherungsbeitrag abgeführt. Es erfolgt ein Einkommensausgleich für die Zusatzbeiträge durch den Gesundheitsfonds (vgl. § 270a SGB V). Versicherte erhalten lediglich ein Sonderkündigungsrecht, wenn die Krankenkasse den Zusatzbeitrag erhöht oder zum ersten Mal erhebt. Übersteigt der von der eigenen Krankenkasse neu erhobene oder erhöhte Zusatzbeitrag den durchschnittlichen Zusatzbeitragssatz aller Krankenkassen, so muss die Krankenkasse ihre Versicherten sogar ausdrücklich auf die Möglichkeit eines Wechsels hinweisen (§ 175 Abs. 4 SGB V).

In der Renten- und Pflegeversicherung sowie in der Arbeitsförderung wird die Beitragssatzhöhe durch den Gesetzgeber bestimmt. Aber auch in diesen Versicherungszweigen werden die Beitragssätze in Abhängigkeit von der wirtschaftlichen Situation verändert.

1 *Zusätzlich fällt in der Krankenversicherung ein kassenindividueller vom Versicherten zu tragender Zusatzbeitrag an, der als Prozentsatz von den beitragspflichtigen Einnahmen erhoben wird (§§ 241, 242 SGB V).*

2 *In der Pflegeversicherung zahlen kinderlose Versicherte nach Vollendung des 23. Lebensjahres einen Zuschlag von 0,25 %. In Sachsen, wo zur Finanzierung der Pflegeversicherung kein Feiertag gestrichen wurde, zahlen die Versicherten 1,675 %, die Arbeitgeber 0,675 % (§§ 55, 58 SGB XI).*

Vgl.: Sozialversicherungs-Rechengrößenverordnung 2016

Beiträge werden im Regelfall vom Bruttoverdienst erhoben und mit Einschränkungen je zur Hälfte vom Arbeitgeber und Arbeitnehmer getragen. Eine Ausnahme stellt die gesetzliche Unfallversicherung dar. Die Berufsgenossenschaften verteilen nachträglich ihre Ausgaben auf die Mitgliedsunternehmen (Umlageverfahren der nachträglichen Bedarfsdeckung). Verteilungskriterien sind u. a. die gezahlten Löhne (Lohnsumme) und die Unfallgefahr, die für die jeweilige Betriebsart ermittelt wurde (Gefahrklasse). Den zu zahlenden Betrag (Umlagesoll) trägt ausschließlich der Arbeitgeber.

7.4 Buchungstechnische Erfassung der Personalkosten

Das Bruttogehalt sowie die Arbeitgeberanteile der Sozialversicherungsbeiträge stellen einen betrieblichen Aufwand dar, der auf den Konten

- 7000 (Dienstbezüge der Beamten und DO-Angestellten),
- 7001 (Vergütungen der Arbeitnehmer und Auszubildenden einschließlich der hauptamtlichen Vorstandsmitglieder),
- 7003 (Beschäftigungsentgelte, z. B. für Aushilfen, Praktikanten oder freie Mitarbeiter),
- 7011 (Sozialversicherungsbeiträge ... für Arbeitnehmer)

erfasst wird.

Die vom Bruttogehalt einbehaltenen Steuern und Sozialversicherungsbeiträge sind „Schulden“ (= Verpflichtungen) des Arbeitgebers gegenüber dem Finanzamt und der Krankenkasse als Einzugsstelle für den Gesamtsozialversicherungsbeitrag. Dies gilt auch für den Anteil der Sozialversicherungsbeiträge, die der Arbeitgeber zu tragen hat.

Diese Beträge werden auf der Buchungsstelle 1280 (Sozialversicherungsbeiträge und Steuern) zunächst gesammelt und zum jeweiligen Fälligkeitstermin an das Finanzamt und die Krankenkasse überwiesen. Obwohl es sich bei den vom Arbeitgeber einbehaltenen Steuern und Sozialversicherungsbeiträgen um eine Verpflichtung und nicht um eine Verwahrung handelt, werden sie hier aus Gründen der Verwaltungsvereinfachung auf das Konto 1280 gebucht.

Bevor eine Überweisung der einbehaltenen Beträge an die entsprechenden Stellen vorgenommen wird, lässt sich der Buchungsvorgang wie folgt schematisch darstellen:

<table>
<tr><th>Konten
(Soll-Seite)</th><th></th><th>Personalkosten anteile
in €</th><th></th><th>Konten
(Haben-Seite)</th></tr>
<tr><td>Kontenart
701
Versicherungsbeiträge</td><td></td><td>AG-Anteil
an der Sozial-
versicherung</td><td rowspan="4">vom
AG
einbehalten</td><td rowspan="4">Sozialversicherungs-
beiträge und Steuern
1280</td></tr>
<tr><td rowspan="4">Kontenart
700
Dienstbezüge,
Gehälter und
Löhne</td><td rowspan="4">Bruttogehalt</td><td>AN-Anteil
an der Sozial-
versicherung</td></tr>
<tr><td>Lohn- und
Kirchensteuer</td></tr>
<tr><td>Solidaritätszuschlag</td></tr>
<tr><td>Nettogehalt</td><td></td><td>Bank
0002
Auszahlung an den
Arbeitnehmer</td></tr>
</table>

Ein Zahlenbeispiel soll das o. a. Schema verdeutlichen.

Einer Gehaltsabrechnung sind folgende Daten zu entnehmen:

Bruttogehalt	2 419,34 €
Lohn- und Kirchensteuer	84,00 €
Solidaritätszuschlag	7,56 €
Rentenversicherungsbeitrag (1/2-Anteil)	226,21 €
Arbeitsförderung (1/2-Anteil)	36,29 €
Krankenversicherungsbeitrag	AG: 176,61 €; AN: 203,22[1] €
Pflegeversicherungsbeitrag	AG: 28,43 €; AN: 34,48[1] €
Nettogehalt (Überweisung vom Bankkonto)	1 827,58 €

1 RV = je 9,35 %; AF = je 1,5 %, PV = 1,175 % (AG), 1,425 % (AN) KV = 7,3 % (AG), 7,3 % + 1,1 % Zusatzbeitrag = 8,4 % (AN)

Konten (Soll-Seite)		Personalkostenanteile in €		Konten (Haben-Seite)
(1) 7011 468,54		AG-Anteil an der Sozialversicherung RV 226,21 AF 36,29 KV 176,61 PV 28,43 467,54		**an 1280 467,54**
(2) 7001 2419,34	Brutto-gehalt 2419,34	AN-Anteil an der Sozialversicherung RV 226,21 AF 36,29 KV 203,22 PV 34,48 500,20 Lohn- und Kirchensteuer 84,00 Solidaritätszuschlag 7,56 591,76	ein-behal-ten: 467,54 591,76 1059,30	**an 1280 591,76**
		Nettogehalt 1827,58		**an 0002 1827,58**

Hieraus ergeben sich die folgenden Buchungssätze:

Buchungssätze:

①	7011	467,54 €	an	1280	467,54 €
②	7001	2419,34 €	an	1280	591,76 €
			an	0002	1827,58 €

Die einbehaltenen Arbeitgeber- und Arbeitnehmeranteile werden per Bank an die Einzugsstelle und das Finanzamt überwiesen:

③	1280	1059,30 €	an	0002	1059,30 €

Darstellung auf Konten:

Soll	7011		Haben
① 1280	467,54	9800	467,54

Soll	1280		Haben
③ 0002	1059,30	① 7011	467,54
		② 7001	591,76
	1059,30		1059,30

Soll	7001		Haben
② 1280/ 0002	2419,34	9800	2419,34

Soll	9800		Haben
7011	467,54		
7001	2419,34		

Soll	0002		Haben
9900	10.000,00	② 7001	1827,58
		③ 1280	1059,30

Übungen

Bilden Sie für die folgenden Beispiele Buchungssätze und buchen Sie formgerecht auf den angesprochenen Konten.

a) Herr Anton ist 30 Jahre alt, seine Krankenkasse verlangt einen Zusatzbeitrag i. H. v. 0,9 %.

Monatlicher Bruttolohn	3026,89 €
Lohnsteuer (Kl. III, 1 Kinderfreibetrag) + Solidaritätszuschlag	208,66 €
Kirchensteuer	6,55 €

b) Frau Bertrand ist 22 Jahre alt, ihre Krankenversicherung kostet 1,5 % extra.

Bruttogehalt (monatlich)	4792,75 €
Lohn- und Kirchensteuer (Kl. III)	666,16 €
Solidaritätszuschlag	33,61 €

c) Herr Claus (45), Hausmann, hat nur eine geringfügige Beschäftigung in einem Betrieb (keine weitere Beschäftigung), 13 Std. wöchentlich, mtl. Lohn .... 422,11 €

d) Frau Dehs, (35), ledig, ohne Kinder, ist freiwilliges Mitglied einer Krankenkasse mit 1,0 % Zusatzbeitrag.

Beschäftigungsentgelt (mtl.)	6741,90 €
Lohnsteuer (Kl. I)	1772,16 €
Kirchensteuer	159,49 €
Solidaritätszuschlag	97,46 €

7.5 Buchung von vermögenswirksamen Leistungen (VL)

Vermögenswirksame Leistungen werden vom Arbeitgeber zusätzlich zum Gehalt gezahlt. Sie erhöhen aus betrieblicher Sicht die Aufwendungen für das Personal, für die Arbeitnehmer steigt das steuer- und sozialversicherungspflichtige Bruttogehalt. Grundlage für diese Zahlungen können Tarifverträge sein, aber auch freiwillige Arbeitgeberleistungen.

Der Arbeitgeber zahlt die vermögenswirksamen Leistungen nicht aus, sondern legt das Geld entsprechend den Wünschen des Arbeitnehmers an.

Die Höhe des Gehalts spielt für die Zahlung dieser finanziellen Zuwendung keine Rolle.

Der Staat fördert durch eine Arbeitnehmer-Sparzulage die Vermögensbildung. Allerdings ist die staatliche Förderung abhängig von:

- der Anlageform,
- der Höhe des zu versteuernden Einkommens und
- den Sparhöchstbeträgen.

Das folgende Schaubild zeigt die Zusammenhänge auf.

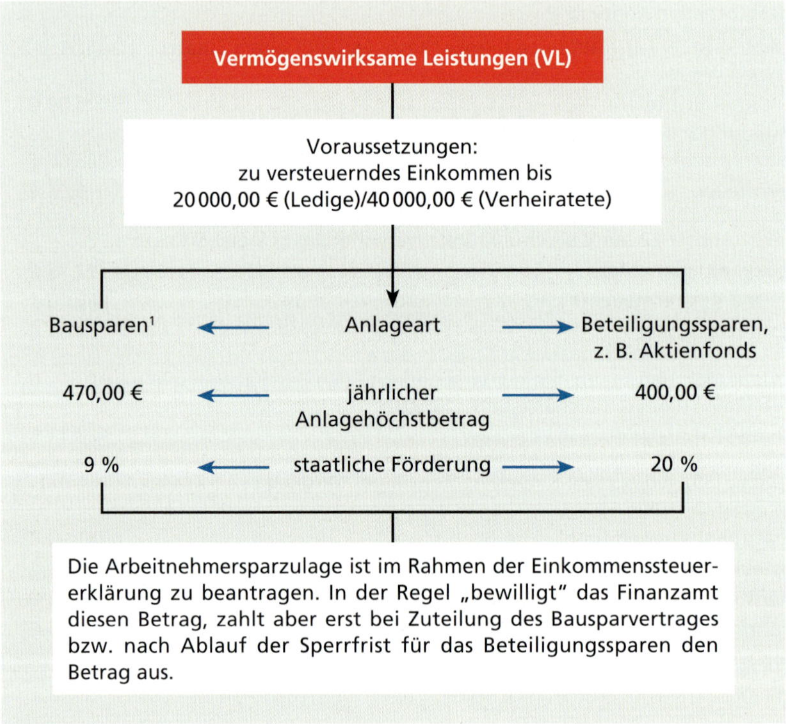

Meistens trägt der Arbeitgeber die vermögenswirksamen Leistungen nur teilweise, der volle Betrag von 40,00 € monatlich wird nur von wenigen übernommen.

1 Bei Anlagen für wohnungswirtschaftliche Zwecke gelten niedrigere Einkommensgrenzen in Höhe von 17 900,00 € bzw. 35 800,00 € (vgl. 5. VermBG).

Die vermögenswirksamen Leistungen der Krankenkassen werden als Lohn- bzw. Gehaltsbestandteil gesehen und über die Kontenart 700 (Dienstbezüge, Gehälter, Löhne) gebucht. Der zu überweisende „Sparbetrag" wird zunächst auf dem Konto 1290 (Verpflichtungen aus dem Verwaltungssektor) erfasst.

Beispiel

Ein Betriebshandwerker der Krankenkasse (38 Jahre, ledig, keine Kinder, konfessionslos) nutzt die Möglichkeit der Vermögensbildung, weil lt. Arbeitsvertrag die Krankenkasse die vermögenswirksamen Leistungen in voller Höhe (mtl. 40,00 €) trägt.
Der monatlichen Lohnabrechnung sind folgende Daten zu entnehmen:

Bruttolohn	1 900,00 €	Lohnsteuer (Kl. 1)	182,58 €
+ VL	40,00 €	Solidaritätszuschlag	10,04 €
Steuer- und SV-Brutto:	1 940,00 €	Krankenversicherungssatz	14,6 %+1,2 %
		Rentenversicherungssatz	18,7 %
		Arbeitsförderung	3,0 %
		Pflegeversicherung	2,35 %

Konten (Soll-Seite)		Personalkostenanteile		Konten (Haben-Seite)
(1) 7011 374,91		AG-Anteil an der Sozialversicherung RV 181,39 AF 29,10 KV 141,62 PV 22,80 374,91		**an 1280 374,91**
(2) 7001 1 940,00	Brutto-gehalt 1 940,00	AN-Anteil an der Sozialversicherung RV 181,39 AF 29,1 KV 164,90 PV 27,65 403,04 Lohn- und Kirchensteuer 182,58 Solidaritätszuschlag 10,04 595,66	ein-behal-ten: 374,91 595,66 970,57	**an 1280 595,66**
		VL 40,00	40,00	**an 1290 40,00**
		Zahlbetrag 1 304,34		**an 0002 1 304,34**

Buchungssätze:

a) Buchungen bei Gehaltszahlung

①	7011	374,91 €	an	1280	374,91 €
②	7001	1 940,00 €	an	1280	595,66 €
			an	1290	40,00 €
			an	0002	1 304,34 €

b) Überweisung der einbehaltenen Steuern, Sozialversicherungsbeiträge und vermögenswirksamen Leistungen

③	1280	970,57 €			
	1290	40,00 €	an	0002	1 010,57 €

Darstellung auf Konten:

Soll	7011		Haben
① 1280	374,91	9800	374,91

Soll	1280		Haben
③ 0002	970,57	① 7011	374,91
		② 7001	595,66
	970,57		970,57

Soll	7001		Haben
② 1280/ 1290/ 0002	1 940,00	9800	1 940,00

Soll	1290		Haben
③ 0002	40,00	① 7001	40,00

Soll	9800		Haben
7011	374,91		
7001	1 940,00		

Soll	0002		Haben
9900	10 000,00	② 7001	1 304,34
		③ 1280/1290	1 010,57

Nicht jede Krankenkasse übernimmt die Zahlung der VL in voller Höhe; häufig werden nur Teilbeträge übernommen (z. B. 6,65 €, 13,30 €). Wenn der Arbeitnehmer dennoch die vollen 40,00 € vermögenswirksam anlegen will, behält der Arbeitgeber den Differenzbetrag zusätzlich vom Bruttolohn ein und überweist die gesamte Summe auf das entsprechende Konto.

Beispiel

Verändert man das oben behandelte Beispiel dahin gehend, dass die Krankenkasse statt der 40,00 € nur 6,65 € vermögenswirksame Leistungen monatlich zahlt, dann ergeben sich daraus folgende Konsequenzen:

Bruttolohn	1 900,00 €	Lohnsteuer (Kl. 1)	175,25 €
+ VL	6,65 €	Solidaritätszuschlag	9,63 €
Steuer- und SV-Brutto:	1 906,65 €	Krankenversicherungssatz	14,6 % + 1,2 %
		Rentenversicherungssatz	18,7 %
		Arbeitsförderung	3,0 %
		Pflegeversicherung	2,35 %

Konten (Soll-Seite)		Personalkostenanteile		Konten (Haben-Seite)
(1) 7011 368,46		AG-Anteil an der Sozialversicherung RV 178,27 AF 28,60 KV 139,19 PV 22,40 368,46		an 1280 368,46
(2) 7001 1 906,65	Brutto-gehalt 1 906,65	AN-Anteil an der Sozialversicherung RV 178,27 AF 28,60 KV 162,07 PV 27,17 396,11	ein-behal-ten: 368,46 580,99 949,45	
		Lohn- und Kirchensteuer 175,25		
		Solidaritätszuschlag 9,63 580,99		an 1280 580,99
		VL 40,00	40,00	an 1290 40,00
		Zahlbetrag 1 285,66		an 0002 1 285,66

Buchungssätze:

a) Buchungen bei Gehaltszahlung

①	7011	368,46 €	an	1280	368,46 €
②	7001	1 906,65 €	an	1280	580,99 €
			an	1290	40,00 €
			an	0002	1 285,66 €

b) Überweisung der einbehaltenen Steuern, Sozialversicherungsbeiträge und vermögenswirksamen Leistungen

③	1280	949,45 €			
	1290	40,00 €	an	0002	989,45 €

Übungen

1. a) Berechnen Sie für die folgende Tabelle die fehlenden Werte. (Die drei Arbeitnehmer sind verheiratet, über 30, kinderlos und Alleinverdiener.) Jeder Arbeitnehmer zahlt in einen Bausparvertrag 40,00 € vermögenswirksame Leistungen ein. Alle zahlen einen Zusatzbeitrag in Höhe von 1,1%.

   b) Bilden Sie die erforderlichen Buchungssätze (einschließlich aller zu leistenden Zahlungen des Arbeitgebers).

Beträge in €	AN 1	AN 2	AN 3
Bruttogehalt (mtl.)	2800,00	4200,00	6930,00
VL, die der Arbeitgeber monatlich zahlt	13,00	40,00	–
Lohnsteuer	163,33	?	1261,66
Soli	?	?	?
Kirchensteuer (9 %)	?	42,35	?
Krankenversicherung	?	?	?
Rentenversicherung	?	?	?
Arbeitsförderung	?	?	?
Pflegeversicherung	?	?	?
Nettogehalt (Zahlbetrag):	?	?	?

2. Die Krankenkasse Ladelund will für den Monat April die Gehälter buchen (einschließlich der Überweisung der einbehaltenen Personalkostenanteile).

   Die Überweisungen werden vom Bankkonto vorgenommen.

   Die Zahlen für die Gehaltsabrechnung setzen sich wie folgt zusammen:
   Bruttoarbeitsentgelte für 14 Arbeitnehmer (insgesamt) .... 34593,33 €
   Vergütungen für 4 Auszubildende (insgesamt) .... 1980,00 €

   Vermögenswirksame Leistungen
   Die Krankenkasse zahlt den geförderten Höchstbeitrag von 40,00 € für alle Mitarbeiter.

   Sozialversicherungsbeiträge (AG-Anteil)
   Krankenversicherung 2560,13
   Pflegeversicherung 438,22
   Rentenversicherung 3487,11
   Arbeitsförderung 512,03

   Sozialversicherungsbeiträge (AN-Anteil)
   Krankenversicherung 2889,29
   Pflegeversicherung 443,07
   Rentenversicherung 3487,11
   Arbeitsförderung 531,46

   Einbehaltene Steueranteile
   Lohnsteuer 6860,21
   Solidaritätszuschlag 377,31

3. Die AOK Goldelund hat folgende **Anfangsbestände** in €:

Kasse	40 000,00	Ford. an UV-Träger	3 000,00
Bank	950 000,00	Ersatzansprüche gegen Dritte	3 200,00
Ford. an den Gesundheitsfonds	20 000,00	Grundstücke und Gebäude (Verwaltung)	600 000,00
Ford. nach dem OEG	1 800,00	Kredite (Laufzeit 6 M.)	50 000,00
Anleihen der Länder	100 000,00	Darlehen	30 000,00
Maschinen	90 000,00	EDV-Hardware	30 000,00
Büroeinrichtungen	200 000,00		
Sonst. Verwahrungen	5 000,00		
Hypothekenschulden	150 000,00		

Am 30.10. .. fallen folgende **Geschäftsfälle** an:

Beleg-Nr.	Vorgang	Zahlungsweg	€
1	Kauf eines Großkopiergerätes	Bank	4 300,00
2	Mitgliederkrankengeld	Kasse	700,00
3	Eingang der täglichen Abschlagszahlung vom Gesundheitsfonds	Bank	12 000,00
4	Verkauf von 2 Kopiergeräten (Buchwert 3 000,00 €, Abschreibungen in Beleg 12 enthalten)	Bank	4 200,00
5	Mitgliederkrankengeld	Bank	770,00
6.1	Lohnzahlungen an Arbeiter Bruttolöhne 18 760,00 € Lohnsteuer 5 157,00 € Solidaritätszuschlag 283,64 € AG-Anteile: / AN-Anteile: KV 1 313,20 € / 1 482,04 € RV 1 754,06 € / 1 754,06 € AF 262,64 € / 262,64 € PV 220,43 € / 267,33 €	Bank	?
6.2	Es werden die einbehaltenen Lohnkostenanteile überwiesen.	Bank	?

Am 20.11. .. werden folgende Forderungen geltend gemacht:

Beleg-Nr.	Zahlungspflichtiger	Grundlage	Gegenstand	Bezug zu Beleg-Nr.	€
7	Albingia	§116 SGB X	Krankengeld	2	700,00
8	Versorgungsamt	§19 BVG	a) Krankengeld		430,00
			b) Versorgungskrankengeld	5	340,00

Am 29.11. .. werden den Konten der AOK Goldelund folgende Beträge gutgeschrieben:

Beleg-Nr.	Auftraggeber	Konto	Bezug zu Beleg-Nr.	€
9	Albingia	Bank	2/7	700,00
10	Versorgungsamt	Bank	5/8	770,00

Am Ende der Geschäftsjahres werden die jährlichen Abschreibungen gebucht:

Beleg-Nr.	Vorgang	€
11	Abschreibungen Büroeinrichtungen, 10 % vom Anschaffungswert	120 000,00
12	Abschreibungen Maschinen, 20 % vom Anschaffungswert	160 000,00
13	Abschreibungen Gebäude, 2 % vom Anschaffungswert	350 000,00
14	Abschreibungen EDV-Hardware, 33 $\frac{1}{3}$ vom Anschaffungswert	45 000,00

a) Bilden Sie Buchungssätze.
b) Buchen Sie formgerecht von der Eröffnungsbilanz bis zum Schlussbilanzkonto.

4. Die AOK Schafflund hat folgende Anfangsbestände in €:

Kasse	15 000,00	Forderungen an die Dt. RV Nord	4 070,00
Ersatzansprüche gegen Dritte	914,00	Grundstücke und Gebäude	450 000,00
Kredite (Laufzeit 60 Tage)	20 000,00	Termineinlagen (Laufzeit 30 Tage)	10 000,00
Langfristige Spareinlagen	30 600,00	Büroeinrichtungen	40 000,00
Bank	102 300,00	Hypothek	72 000,00
Maschinen	72 000,00	Verpflichtungen für die Behandlung durch Ärzte	6 900,00
Teilweise noch nicht abgeführte Personalkostenanteile	6 480,70		

An diesem Tag werden folgende **Geschäftsfälle** gebucht:

Beleg-Nr.	Vorgang		Zahlungsweg	€
1	Eingang von Forderungen aus der zurückliegenden Abrechnungsperiode		Bank	4 070,00
2	Guthabenzinsen auf Termineinlagen		Bank	16,80
3	Kauf von DIN-Formularen für die Verwaltung		Kasse	820,00
4	Ablösung von Verpflichtungen gegenüber Ärzten		Bank	6 800,00
5	Die bisher noch einbehaltenen Personalkostenanteile werden überwiesen.		Bank	6 480,70
6	Krankengeld		Bank	4 800,00
7	Eingang mit unbekanntem Zweck		Bank	278,10
8	Gehaltszahlungen an 8 Beschäftigte		Bank	?
	Brutto-Arbeitsentgelte:	24 000,00 €		
	inkl. VL-Zuschuss des AG	320,00 €		
	Lohnsteuer	3 989,28 €		
	Kirchensteuer	359,04 €		
	Solidaritätszuschlag	219,41 €		
	KV (AG-Anteil)	1 775,36 €		
	KV (AN- Anteil)	1 994,24 €		
	PV (AG-Anteil)	285,76 €		
	PV (AN-Anteil)	346,56 €		
	RV (1/2)	2 273,92 €		
	AF (1/2)	364,80 €		

Zwei Wochen später macht die AOK Schafflund u. a. folgende Forderung geltend:

Beleg-Nr.	Zahlungspflichtiger	Grundlage	Gegenstand	Bezug zu Beleg-Nr.	€
9	Mitglied Claus Thaler	Überzahlung	Krankengeld	6	350,00

Am selben Tag fallen noch folgende Geschäftsfälle an:

Beleg-Nr.	Vorgang	Zahlungsweg	€
10	Bei Beleg-Nr. 7 handelt es sich um Zinsen für langfristige Spareinlagen für unser Mitglied Ulrike T.		
11	Die einbehaltenen Personalkostenanteile werden bezahlt (Beleg-Nr. 8).	Bank	?

Zum Ende des Geschäftsjahres werden folgende Buchungen vorgenommen:

Beleg-Nr.	Vorgang	€
12	Abschreibungen Gebäude, 2 % vom Gebäudewert	500 000,00
13	Abschreibungen Büroeinrichtung, 10 % vom Anschaffungswert	50 000,00
14	Abschreibungen Maschinen, Nutzungsdauer 5 Jahre, Anschaffungswert	90 000,00

a) Bilden Sie Buchungssätze.

b) Buchen Sie formgerecht von der Eröffnungsbilanz bis zum Schlussbilanzkonto.

V Controlling im Krankenkassenbereich

1 Einführungsgründe und Aufgaben des Controllings

Die wirtschaftliche Situation für Krankenkassen hat sich seit der Einführung der freien Kassenwahl durch die Versicherten im Jahre 1997 erheblich verändert. Ziel fast aller in Kraft getretenen Gesetze und Verordnungen ist die Hebung von Wirtschaftlichkeitsreserven im Krankenversicherungsbereich. Dieses Ziel verfolgt z. B. auch das Gesetz zur Weiterentwicklung der Finanzstruktur und der Qualität in der gesetzlichen Krankenversicherung das zum 01.01.2015 in Kraft getreten ist.

Nach diesem Gesetz werden die Beiträge zur Krankenversicherung auf 14,6 % – 7,3 % für den Arbeitgeber, 7,3 % für den Arbeitnehmer – dauerhaft festgeschrieben. Darüber hinaus erheben die Krankenkassen einen kassenindividuellen, einkommensabhängigen Zusatzbeitrag. „Wie hoch der Zusatzbeitrag einer Krankenkasse ausfällt, hängt auch davon ab, wie wirtschaftlich die Krankenkasse arbeitet"[1].

Die Versicherten erhalten ein Sonderkündigungsrecht, wenn die Krankenkasse erstmals einen Zusatzbeitrag erhebt oder erhöht. Die Krankenkassen müssen die Versicherten auf den durchschnittlichen Zusatzbeitrag die Übersicht des GKV-Spitzenverbandes über die individuellen Zusatzbeiträge aller Krankenkassen hinweisen.[2]

Die Zusatzbeiträge unterliegen einem vollständigen Einkommensausgleich über den Gesundheitsfonds, damit es bei den Krankenkassen nicht zu einem Wettbewerb um gut verdienende Mitglieder kommt, um niedrigere Zusatzbeiträge erheben zu können.

Tatsächlich erheben zurzeit (Stand 3/2016) alle – bis auf zwei – Krankenkassen einen Zusatzbeitrag zwischen 0,3 % und 1,7 %.[3,4]

Solche Beitragsunterschiede sind einer der häufigsten Anlässe für einen Kassenwechsel, was die Situation der teureren Krankenkassen weiter verschlechtert.

1 *www.bundesgesundheitsministerium.de/themen/krankenversicherung/finanzierungs-und-qualitaetsgesetz/weiterentwicklung-der-finanzstruktur.html, Zugriff am 14.03.2016*

2 *www.gkvspitzenverband.de/service/versicherten_service/krankenkassenliste/krankenkassen.jsp, Zugriff am 14.3.2016*

3 *www.gkv-spitzenverband.de/krankenkassenliste.pdf (Zugriff am 14.03.2016)*

4 *www.bundesgesundheitsministerium.de/themen/krankenversicherung/finanzierungs-und-qualitaetsgesetz/weiterentwicklung-der-finanzstruktur.html, Zugriff am 14.3.2016*

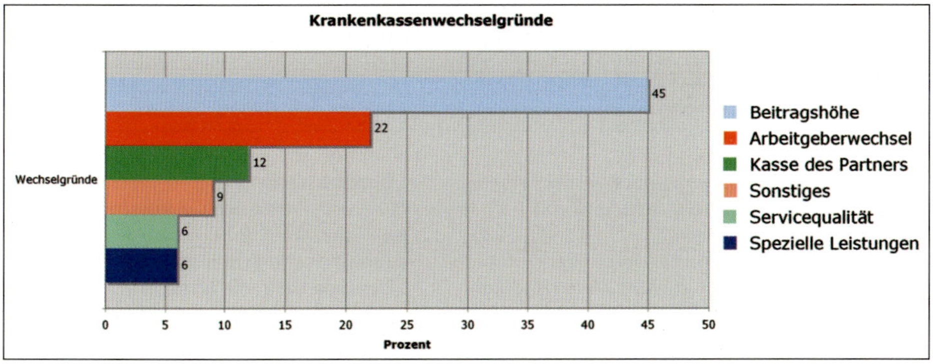

Quelle: BKK-Bundesverband 2008, BKK Faktenspiegel, S. 4, Zugriff am 05.06.2013 unter: www.bkk.de/fileadmin/userupload/PDF/Faktenspiegel/Archiv/Dez08.pdf, Stand: Dezember 2008

In diesem Umfeld müssen die Vorstände der Krankenkassen in sehr starkem Maße wirtschaftliche Überlegungen bei der Leitung des „Unternehmens" anstellen und umsetzen. Nur dann besteht eine „Überlebenschance" am Markt.

Mithilfe der Erfolgs- und Vermögensrechnung lässt sich dies nicht bewerkstelligen; die Informationen für innerbetriebliche Steuerungszwecke sind teilweise nicht geeignet und in der Regel liegen sie erst dann vor (einmal am Ende des Jahres), wenn Entscheidungen schon getroffen wurden. Deshalb ist die Forderung nach einem leistungsfähigen Informationssystem für die Geschäftsführung, aber auch für die Mitarbeiter einer Krankenkasse wichtig. Diese Aufgabe übernimmt das Controlling.

Controlling könnte man definieren als ein Konzept zur Führung einer Krankenkasse, das ein systematisches Planen mit Erfolgskontrolle umfasst. Dabei ist die sinnvolle Abstimmung aller Tätigkeiten genauso wichtig wie die Sammlung und Aufbereitung sämtlicher relevanter Daten. Es handelt sich um einen sich ständig wiederholenden Vorgang (= kontinuierlicher Prozess).

Erfolgskontrolle setzt Zielvorgaben voraus. Welche Ziele könnte das Controlling in einer Krankenkasse verfolgen?

Controllingziele, z. B.

- Kosten und Leistungen müssen transparent gemacht werden, um den Mitteleinsatz zu verbessern/optimieren
- Schaffung eines Kennzahlensystems zur Analyse von Entwicklungen
- Verbesserung der Planung (Soll-Zahlen) und Überwachung (Ist-Zahlen) der finanziellen Mittel im Hausplan

Diese Ziele müssen so formuliert werden, dass sie auch überprüfbar sind. Beispielsweise wäre folgende Aussage nur schwer zu kontrollieren: „Die Kosten sollen nur wenig steigen!" Nicht präzise ist z. B. der Begriff „wenig", unklar ist auch, welches Jahr als Vergleichsmaßstab herangezogen werden soll. Eindeutiger ist folgende Aussage: „Die Kosten sollen im Vergleich zum vorigen Geschäftsjahr nur um 2 % steigen!" Die letzte Zieldefinition ist im sogenannten **operativen Controlling** anzutreffen, während genaue Aussagen im **strategischen Controlling** eher schwierig sind. Die Unterschiede zwischen beiden Bereichen soll die folgende Gegenüberstellung verdeutlichen.

Kennzeichen der Controllingbereiche

Strategisches Controlling ⟶	Operatives Controlling
→ **verfolgt langfristige Ziele** z. B. – Verwendung neuer Technologien – systematische Schulung von Mitarbeitern – Ausbau von Marktanteilen – Erschließung neuer Vertriebswege	→ **orientiert sich am unmittelbaren „Tagesgeschäft“,** d. h., es handelt sich um kurzfristige Betrachtungen der Ergebnisse (Vergleich von Daten der Vergangenheit mit aktuellen Daten).
→ **ist zukunftsorientiert (externe Daten)** Darunter versteht man frühzeitiges Erkennen von Veränderungen mithilfe von Frühindikatoren, z. B. – technische Entwicklung, – demografische Entwicklung, – politische Veränderungen, – Änderung der Wertvorstellungen bei den Versicherten.	→ **arbeitet weitgehend mit internen Daten** Es werden speziell Daten der Kosten- und Leistungsrechnung herausgefiltert.
→ **Ziele sind schwierig präzise zu formulieren.**	→ **Ziele werden meistens rechnerisch aufbereitet, d. h. präzise formuliert.**

Fazit:

Steigerung der Effektivität Effektivität = Die richtigen Dinge tun!	**Steigerung der Effizienz** Effizienz = Die Dinge richtig tun!

Übungen

1. Erläutern Sie kurz den Begriff Controlling.
2. Wo liegt der wesentliche Unterschied zwischen strategischem und operativem Controlling?
3. Überlegen Sie sich zwei operative Controllingziele für den Ausbildungsbereich Ihres Ausbildungsbetriebes.
4. Die Zahl der Krankenkassen ist in den letzten Jahren durch eine Vielzahl von Fusionen stark gesunken. Erläutern Sie, welche Ziele mit solchen Fusionen in der Regel verfolgt werden.
5. Diskutieren Sie, inwiefern Controlling Fusionsprozesse zwischen Krankenkassen unterstützen kann.

2 Kosten- und Leistungsrechnung, ein Instrument des operativen Controllings

2.1 Aufgaben

- Kostenerfassung
  Wichtig ist für den Vorstand, z. B. die genaue Höhe der Kosten zu kennen, die der Betrieb verursacht. Erfasst werden soll der tatsächliche, zur Leistungserbringung notwendige Ressourcenverbrauch. Dieser weicht in einigen Fällen von den erfassten Aufwendungen ab.

- Wirtschaftlichkeitskontrolle
  Eine weitere wichtige Frage ist, ob der Betrieb/die Abteilung wirtschaftlich gearbeitet hat. Hierbei werden die Kosten mit den Leistungen (= Wertezuwächse) in Beziehung gesetzt (Leistungen : Kosten = Wirtschaftlichkeit). Die Aussagekraft der ermittelten Kennziffer wird z. B. durch den Vergleich mit Werten des Vorjahres, vorhandenen Planzahlen oder anderen Betrieben/Abteilungen erhöht.

- Erfolgskontrolle
  Zum Beispiel werden für einzelne Akquisitionsmaßnahmen (Messestand usw.) die Kosten den Leistungen (= Mehreinnahmen durch neue Mitglieder) gegenübergestellt, d. h., der Erfolg solcher Aktionen lässt sich ermitteln.

- Bereitstellung von Entscheidungsgrundlagen
  Die Kosten- und Leistungsrechnung liefert Daten, die Grundlage für Entscheidungen des Vorstandes sind oder sie zumindest unterstützen. Dies kann für den Bereich Marketing ebenso zutreffen wie für den Verwaltungsbereich.

Um die o. a. Anforderungen erfüllen zu können, muss die Kosten- und Leistungsrechnung

- Ergebnisse schnell zur Verfügung stellen, damit notwendige Entscheidungen der Krankenkassengeschäftsführung rechtzeitig getroffen werden können;
- Zusatzrechnungen ermöglichen. So sind Informationen über bestimmte Leistungsträger, Versichertengruppen u. Ä. wichtig.

Grundlage für die Ermittlung der Daten der Kosten- und Leistungsrechnung sollte die gesetzlich vorgeschriebene Erfolgsrechnung (=Gewinn- und Verlustkonto) sein, wobei diese sich nur teilweise dafür eignet. Die folgende Gegenüberstellung lässt die Gründe hierfür ansatzweise erkennen.

Gegenüberstellung:

Unterscheidungsmerkmale / Rechnung	Krankenkassenexterne Erfolgsrechnung (= Gewinn- und Verlustkonto)	Krankenkasseninterne Erfolgsrechnung (= Kosten- und Leistungsrechnung)
Gesetzliche Verpflichtung	Sozialgesetzbuch i. V. m. den entsprechenden Verordnungen	keine (Ausnahme: § 69 SGB IV – bei geeigneten Maßnahmen von erheblicher finanzieller Bedeutung)
Aussage/Zweck	Gibt an, ob die tatsächl. Einnahmen die tatsächl. Ausgaben decken und ob die geplanten Beträge (Einnahmen/Ausgaben) eingehalten wurden (Finanzkontrolle).	Gibt an, ob bei einzelnen Maßnahmen und/oder in bestimmten Bereichen wirtschaftlich gehandelt wurde.
Ziel	Rechnungslegung nach außen (z. B. Vertreterversammlung/Verwaltungsrat)	Auswertung für interne Zwecke
Durchführungshäufigkeit	kalenderjährlich	mehrmals jährlich (z. B. monatlich)
Aufgaben	Ermittlung des Vermögens und der Schulden: Ermittlung von Datenmaterial für Überwachungszwecke	Überwachungsaufgaben, Steuerungsaufgaben

2.2 Grundbegriffe

Die interne und die externe Erfolgsrechnung arbeiten teilweise mit unterschiedlichen Arten von Daten, für die es bestimmte feststehende Begriffe gibt.

Das folgende Beispiel macht die Unterschiede deutlich.

Beispiel

Unterscheidung Auszahlung, Ausgaben, Aufwendungen, Kosten:

Die AOK Helgoland ordert im November des Jahres 01 eine EDV-Anlage im Wert von 150 000,00 €. Installiert wird das System am 3. Januar im Jahr 02. Nach einer eintägigen Testphase wird die Anlage bereits im normalen Geschäftsbetrieb eingesetzt.

Am 1. Dezember des Jahres 01 hat die Krankenkasse bereits eine Anzahlung von 50 000,00 € geleistet, der Rest wird zu je gleichen Teilen im Januar und Februar des Jahres 02 beglichen.

Steuerlich ist für solche EDV-Systeme eine Nutzungsdauer von fünf Jahren vorgesehen; aufgrund betrieblicher Erfahrungswerte rechnet man nur mit einer vierjährigen Maschinennutzung. Weiterhin geht der AOK-Vorstand davon aus, dass der Wiederbeschaffungspreis eines gleichwertigen Systems fällt, zumindest aber nicht steigt. Für die weiteren Berechnungen wird aus Vorsichtsgründen der jetzt bezahlte Anschaffungspreis auch für eine zukünftige EDV-Anlage zugrunde gelegt.

Die Abschreibungen erfolgen linear.

Die Auszahlungen, Ausgaben, Aufwendungen und Kosten für die Jahre 01 bis 03 entnehmen Sie der Tabelle:

Jahr	01	02	03
Auszahlung	50 000,00 €	100 000,00 €	
Ausgabe	150 000,00 €		
Aufwand		30 000,00 €	30 000,00 €
Kosten		37 500,00 €	37 500,00 €

Sie sehen, dass die Zahlen sich teilweise überschneiden, aber auch voneinander abweichen. Von besonderem Interesse für die weitere Arbeit ist die Abgrenzung zwischen den unterschiedlichen Begriffen.

Erläuterungen:

Auszahlungen fallen in der Abrechnungsperiode an, in der sie gezahlt werden.

Eine Ausgabe entsteht zum Zeitpunkt des Kaufabschlusses (Eingehen einer Verpflichtung).

Aufwand ist eine Größe der externen Erfolgsrechnung. In diesem Fall beträgt die Nutzungsdauer 5 Jahre, d. h., der Abschreibungssatz beträgt 20 % pro Jahr; das entspricht einem Abschreibungsbetrag von 30 000,00 € pro Jahr.

Kosten ist ein Begriff aus der internen Kosten- und Leistungsrechnung. Hier wird intern eine Nutzungsdauer von nur vier Jahren unterstellt, d. h., der Abschreibungssatz beträgt pro Jahr 25 % (= 37 500,00 € pro Jahr).

Die folgende Übersicht stellt die im Beispiel genannten Begriffe und das jeweilige Pendant in Kurzbeschreibungen gegenüber[1].

Begriffliche Abgrenzung:

Auszahlung = Abgang von Geldmitteln	**Einzahlung** = Zugang von Geldmitteln
Ausgabe = Geldwert abgang in einem Abrechnungszeitraum für Einkäufe an Gütern und Dienstleistungen	**Einnahme** = Geldwert zugang in einem Abrechnungszeitraum für Verkäufe von Gütern und Dienstleistungen
Aufwand = der gesamte „Verbrauch" an Gütern und Dienstleistungen einer Krankenkasse innerhalb eines Abrechnungszeitraumes, der zu einer Ausgabe führt.	**Ertrag** = Wertzuflüsse jeglicher Art einer Krankenkasse innerhalb eines Abrechnungszeitraumes, die zu Einnahmen führen.
Kosten = in Geld bewerteter Verbrauch an Gütern und Dienstleistungen einer Krankenkasse für eine Abrechnungsperiode, soweit er zur Leistungserstellung notwendig ist.	**Leistungen** = in Geld bewerteter Wertezuwachs durch betriebliche Tätigkeit (Dienstleistung) in einem Abrechnungszeitraum

1 *Vgl. Düngen, Hans-Gerd; Zeiler, Wolfgang: Rechnungswesen in der öffentlichen Verwaltung, 5. Aufl. 2016, S. 178 f.*

Den Zusammenhang zwischen den unterschiedlichen Begriffen und der internen und externen Erfolgsrechnung bezogen auf den Krankenkassenbereich lässt die folgende vereinfachte Darstellung eines Krankenkassenbetriebes erkennen.

Vereinfachte Darstellung:

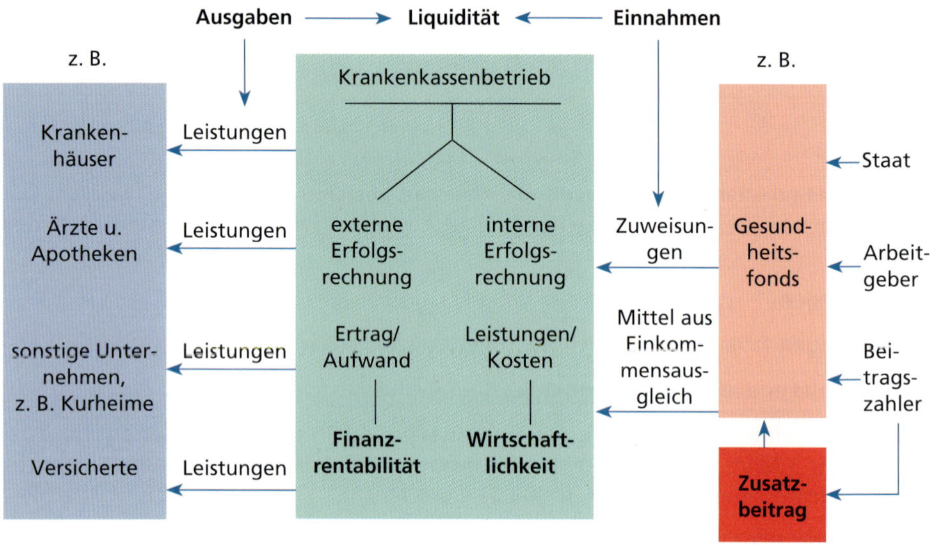

Unter **Liquidität** wird allgemein verstanden, dass zum Zeitpunkt der Fälligkeit von Verbindlichkeiten ausreichend Geldmittel zur Verfügung stehen. Dies trifft in hohem Maße für die Krankenkassen zu. Notwendige Versicherungsleistungen müssen jederzeit bezahlt werden können.

Rentabilität ist das Verhältnis einer Ertragsgröße zu einer Kapitalgröße, z. B.:

$$\textbf{Eigenkapitalrentabilität} = \frac{\textbf{Gewinn} \cdot \textbf{100}}{\textbf{Eigenkapital}} \textbf{ oder } \frac{(\textbf{Ertrag} - \textbf{Aufwand}) \cdot \textbf{100}}{\textbf{Eigenkapital}}$$

Unternehmensziel ist üblicherweise, eine höchstmögliche Verzinsung des eingesetzten Kapitals zu erreichen.

Krankenkassen ist die Ansammlung von Vermögen mit dem Ziel der Ertragsmaximierung aufgrund gesetzlicher Bestimmungen nur sehr begrenzt möglich. Das heißt, die Kennziffer Rentabilität hat eine wesentlich geringere Bedeutung als in Industrie- oder Handelsunternehmen.

Einige Krankenversicherungsträger ermitteln eine sogenannte „Finanzrentabilität":

Finanzrentabilität

$$= \frac{\textbf{Zinsen aus Geldanlagen}}{\textbf{Betriebsm.} + \textbf{Rücklage} + \textbf{Rückstellungen für Verwaltungsvermögen}}$$

Das Ergebnis zeigt, wie rentabel eine Krankenkasse ihre Mittel bewirtschaftet. Die Höhe der Verzinsung kann evtl. als Maßstab (Indikator) für die Güte des Verwaltungshandelns herangezogen werden.

Unter **Wirtschaftlichkeit** versteht man u.a. eine Kennzahl, die das Verhältnis von Leistungen zu Kosten im Rahmen der internen Erfolgsrechnung zum Ausdruck bringt.

$$\textbf{Wirtschaftlichkeit} = \frac{\textbf{Leistungen}}{\textbf{Kosten}}$$

In der Kosten- und Leistungsrechnung ist eine genaue Differenzierung zwischen Aufwand und Kosten (wobei die Kosten noch weiter unterteilt werden) sowie Ertrag und Leistungen (auch bei den Leistungen erfolgt eine weitere Unterteilung) notwendig.

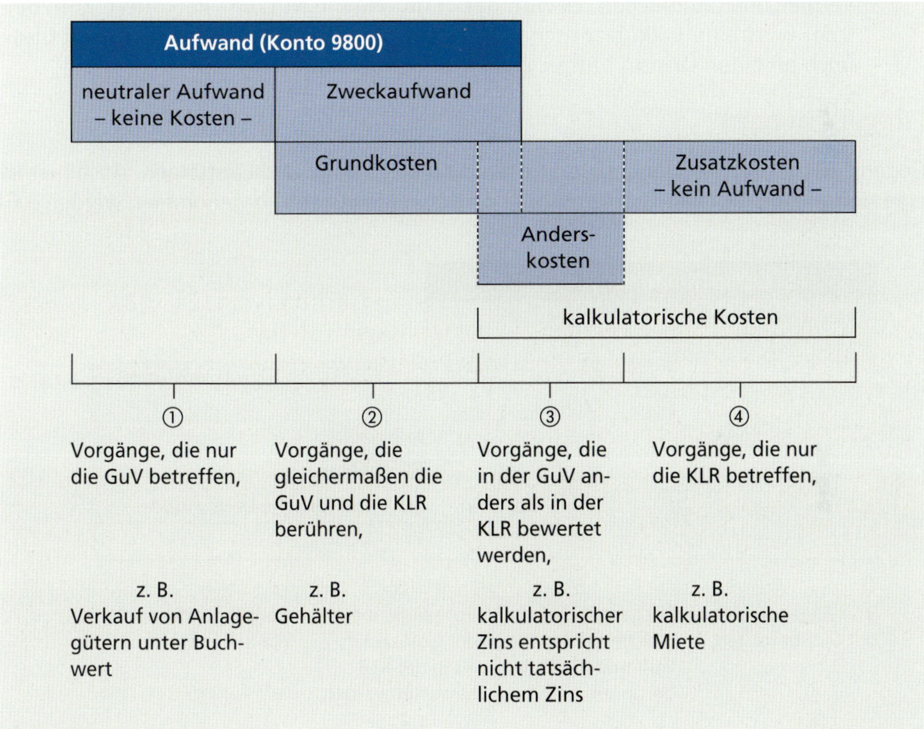

Erläuterungen:

Zu ① Neutrale Aufwendungen stellen keine Kosten dar, weil sie nicht durch den unmittelbaren betrieblichen Leistungsprozess verursacht werden. Sie lassen sich gliedern in:

- betriebsfremde Aufwendungen (hierzu könnten z.B. Zahlungen aufgrund des Innovationsfonds (§ 92Abs. 4 SGB V) oder Ausgaben für finanzielle Hilfen in besonderen Notlagen für andere Krankenkassen zählen),
- außerordentliche Aufwendungen (z.B. Verluste beim Verkauf von Anlagegütern, d. h., der Buchwert ist höher als der erzielte Verkaufspreis),

- periodenfremde Aufwendungen (z. B. Nachzahlungen von Geldleistungen aus früheren Jahren aufgrund eines verlorenen Rechtsstreits).

Zu ② Aufwendungen, die notwendigerweise durch den Betriebszweck der Krankenkassen entstehen (Zweckaufwand), werden unverändert in die Kostenrechnung übernommen (Grundkosten). Hierzu zählen u. a. Abschreibungen auf Anlagen, die dem tatsächlichen Werteverzehr entsprechen, Energieaufwand, Verwaltungsaufwand.

Zu ③ Hierbei handelt es sich um den betriebsbedingten Güter- und Dienstleistungsverbrauch, der in der Erfolgsrechnung anders bewertet wird als in der Kosten- und Leistungsrechnung. Beispielsweise kann der kalkulatorische Zins 6 %, der tatsächliche Fremdkapitalzins hingegen 7 % betragen, oder die bilanziellen Abschreibungen für ein Fahrzeug werden gleichermaßen über fünf Jahre verteilt (zeitabhängige Abschreibungen), die kalkulatorischen Abschreibungen werden jedoch leistungsabhängig (nach Kilometerleistung) ermittelt.

Zu ④ Zusatzkosten dienen dazu, die Kostenrechnung unterschiedlicher Unternehmen vergleichbar zu machen. Es wird der „entgangene Nutzen" kalkuliert. Zum Beispiel wird eine kalkulatorische Miete für „Eigenräume" angesetzt, weil diese auch an einen Dritten hätten vermietet werden können.

Ertrag/Leistungen

Gegenstück der Aufwendungen und Kosten sind die Erträge und Leistungen. Auch hier ist eine Abgrenzung notwendig, die mithilfe der folgenden Grafik vorgenommen werden soll.

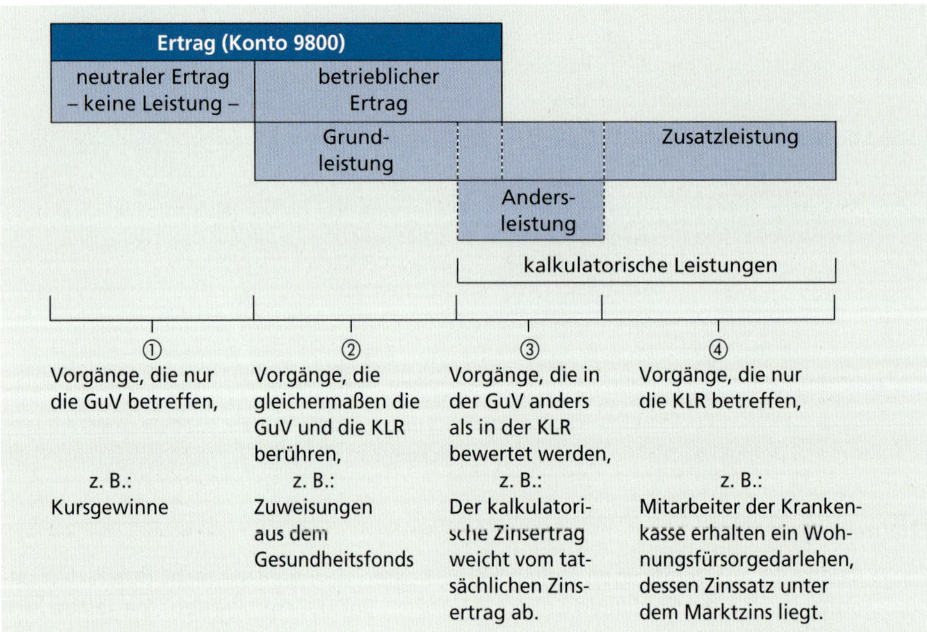

Erläuterungen:

Zu ① Nicht unter die Leistungen fallen neutrale Erträge, weil sie nicht aus dem unmittelbaren betrieblichen Leistungsprozess stammen. Man gliedert sie in
- betriebsfremde Erträge (Zinserträge),

- außerordentliche Erträge (Verkaufspreis eines Anlagegutes liegt über dem Buchwert),
- periodenfremde Erträge (Erstattungen zu Unrecht gewährter Zahlungen aus früheren Jahren).

Zu ② Erträge, die im Zusammenhang mit dem Betriebszweck der Krankenkassen entstehen (= betrieblicher Ertrag). Wird diese Ertragsart unverändert in die interne Erfolgsrechnung übernommen, spricht man von Grundleistungen.

Zu ③ Wenn die Höhe der Leistungen (interne Erfolgsrechnung) nicht mit der Höhe der Erträge (externe Erfolgsrechnung) übereinstimmt, spricht man von Andersleistungen. Diese sind im Krankenkassenbereich eher selten anzutreffen, können allerdings dann auftreten, wenn z. B. Bestände bilanziell zu Anschaffungskosten bewertet werden, kostenrechnerisch jedoch zu den höheren/niedrigeren Wiederbeschaffungskosten angesetzt werden.

Zu ④ Zusatzleistungen sind dadurch gekennzeichnet, dass ihnen kein Ertrag gegenübersteht und sie zu keinen Einnahmen führen. Es handelt sich um eine kalkulatorische Größe, die auch zur besseren „Vergleichbarmachung" unterschiedlicher Krankenkassen herausgezogen werden kann. Im Dienstleistungsbereich sind hier z. B. Arbeitgeberseminare im Bereich des Meldewesens anzuführen.

Übungen

1. Beschreiben Sie kurz die Aufgaben der Kostenrechnung.
2. Begründen Sie kurz, warum der externe und der interne Erfolg einer Krankenkasse nur in Ausnahmefällen gleich hoch sind.
3. Definieren Sie den Kostenbegriff/Leistungsbegriff im Rechnungswesen.
4. Ordnen Sie folgenden Geschäftsfällen die entsprechenden Aufwands-/Ertrags- und Kosten-/Leistungsarten zu.
   a) Zinsgutschrift der Bank, 400,00 €
   b) Kauf eines neuen KFZ für die Verwaltung auf Ziel
   c) Verkauf eines Regalsystems für 1 200,00 € (Buchwert 3 200,00 €)
   d) Es werden gesetzliche soziale Abgaben gezahlt.
   e) Eingang des Bescheids des Gesundheitsfonds über die Zuweisungen den nächsten Monats
   f) Darlehenstilgung
   g) Die bilanzmäßigen Abschreibungen betragen 50 000,00 €, kalkulatorisch sind nur 40 000,00 € angesetzt worden.
   h) Die Krankenkasse führt unentgeltlich Seminare im Beitragsbereich für Personalsachbearbeiter durch.
   i) Die Krankenkasse hat die Erstattung eines überzahlten Krankengeldbetrages (aus dem letzten Geschäftsjahr) gerichtlich durchgesetzt.
   j) Ein gebrauchter Computer, der vollständig abgeschrieben ist, wird an den Sohn eines Mitarbeiters für 210,00 € verkauft.
5. Überlegen Sie sich, welche Aussage jeweils richtig oder falsch ist, und notieren Sie das Ergebnis.

   Die externe Erfolgsrechnung
   a) hat kaum zwingende gesetzliche Vorschriften;
   b) spiegelt die finanziellen Beziehungen zwischen Krankenkassen, Versicherten und Leistungsanbietern wider;

c) ist allein Bestandteil des betrieblichen Rechnungswesens;
d) kann zum Zwecke der Wirtschaftlichkeitskontrolle beliebig geändert und angepasst werden.

Die interne Erfolgsrechnung dient u. a.
a) als Informationslieferant im Hinblick auf betriebliche Entscheidungen;
b) zur Erstellung des jährlichen Abschlusses;
c) als Grundlage für die Erstellung der Haushaltsrechnung;
d) zur Überwachung der Krankenkassenliquidität.

In der Kosten- und Leistungsrechnung sind zu berücksichtigen
a) Kreditaufnahme (Laufzeit 3 Jahre);
b) Lohnzahlungen an den Hausmeister;
c) Zahlungen von Spenden an das DRK;
d) Kauf eines betrieblich genutzten Pkws

Kosten sind gekennzeichnet durch
a) Dienstleistungsverbrauch;
b) Leistungsbezogenheit;
c) Verminderung von Zahlungsmitteln;
d) Bezogenheit auf die jetzige Abrechnungsperiode.

2.3 Bereiche der Kosten- und Leistungsrechnung

Wie schon angedeutet, ist es notwendig, die für den Geschäftsbetrieb der Krankenkasse erforderlichen Aufwendungen zu ermitteln. Dies ist Aufgabe der **Kostenartenrechnung**. Der Vorstand hat dadurch die Möglichkeit zu erkennen, ob z. B. einzelne Kostenarten stark gestiegen sind. Entsprechende Gegenmaßnahmen könnten dann eingeleitet werden.

Der Summe aller Kostenarten wird die Gesamtleistung gegenübergestellt. So erhält man das **Betriebsergebnis**.

Im Krankenkassenbereich weist der Leistungs- oder auch Erlösbegriff einige Besonderheiten auf.

Allgemein werden Leistungen als in Geld bewertete Güter und Dienstleistungen verstanden, die durch Einsatz und Kombination der Produktionsfaktoren innerhalb einer Abrechnungsperiode entstehen. Erlöse sind in diesem Zusammenhang die zu Marktpreisen abgesetzten Leistungen.

Die Absatzleistungen der Krankenkasse sind überwiegend Dienstleistungen (z. B. Bearbeitung eines Kurantrages), die nicht „auf Lager" produziert werden können. Demzufolge entsprechen Absatzleistungen grundsätzlich den Erlösen!

Die Erlöse, d. h. die Haupteinnahmequellen der Krankenkasse, sind die Zuweisungen aus dem Gesundheitsfonds und die Einnahmen aus Zusatzbeiträgen.

Zuweisungen aus dem Gesundheitsfonds umfassen:

- die Grundpauschale mit Zu- und Abschlägen,
- die Pauschale für Satzungs- und Ermessensleistungen,

- die Zuweisungen für die Entwicklung und Durchführung strukturierter Behandlungsprogramme und
- die Verwaltungskostenpauschale.

Die Zu- und Abschläge auf die Grundpauschale richten sich dabei nach dem Geschlecht, dem Alter, der Morbidität (gemessen anhand 80 ausgewählter Krankheiten) und dem Bezug einer Erwerbsminderungsrente[1]. Die Zu- und Abschläge sollen das unterschiedliche Risikostruktur zwischen den Krankenkassen vollständig ausgleichen.

Auch die Zusatzbeiträge, die die Krankenkasse erhebt, unterliegen einen Einkommensausgleich durch den Gesundheitsfonds, sodass die „Mittel aus dem Einkommensausgleich" aus Sicht der Krankenkasse nur von der Anzahl der Versicherten und der Höhe des Zusatzbeitragssatzes abhängen, nicht aber von deren Einkommen. Es handelt sich hierbei nur bedingt um einen Marktpreis, weil

- die Krankenkassen nur auf die vorhandenen Leistungsanbieter (z. B. Ärzte und Krankenhäuser) zurückgreifen können, deren „Preisbildung" nicht durch Marktkräfte (nach unten) beeinflusst wird, und
- das Leistungsangebot überwiegend gesetzlich festgeschrieben ist. Dadurch erfolgt nur eine Kostenverteilung auf die Versicherten in Abhängigkeit von der Einkommenshöhe. Ein unmittelbarer Zusammenhang zwischen der erstellten und abgegebenen Leistung der Krankenkasse und der Beitragszahlung ist für den versicherten Personenkreis nicht sichtbar, da auch bei Nichtinanspruchnahme von Leistungen Beiträge in unveränderter Höhe gezahlt werden müssen.

Als Nächstes wäre für den Vorstand von Interesse, von welchen Abteilungen/externen Leistungserbringern die Kosten verursacht wurden. Diese Aufgabe übernimmt die **Kostenstellenrechnung**.

Wenn die Entscheidungsträger wissen, wo die Kosten angefallen sind, dann ergibt sich fast zwangsläufig die Frage: „Wodurch bzw. wofür sind die Kosten entstanden?" Hierauf gibt die **Kostenträgerrechnung** eine Antwort.

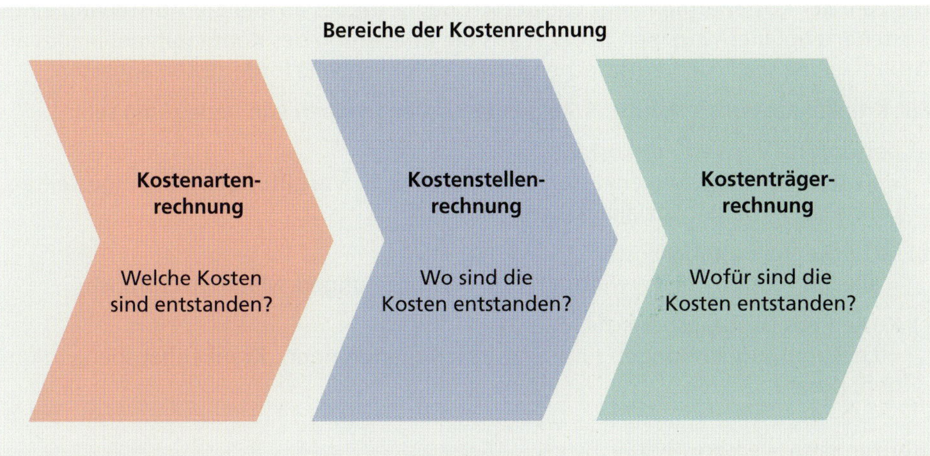

1 *Das BVA berücksichtigt 152 Risikogruppen für die Berechnung der Zu- und Abschläge (Bundesversicherungsamt: „So funktioniert der neue Risikostrukturausgleich im Gesundheitsfonds", 16.09.2008).*

2.4 Kostenartenrechnung

Um aus den Aufwendungen die Kosten abzuleiten, sind folgende vier Arbeitsschritte notwendig:

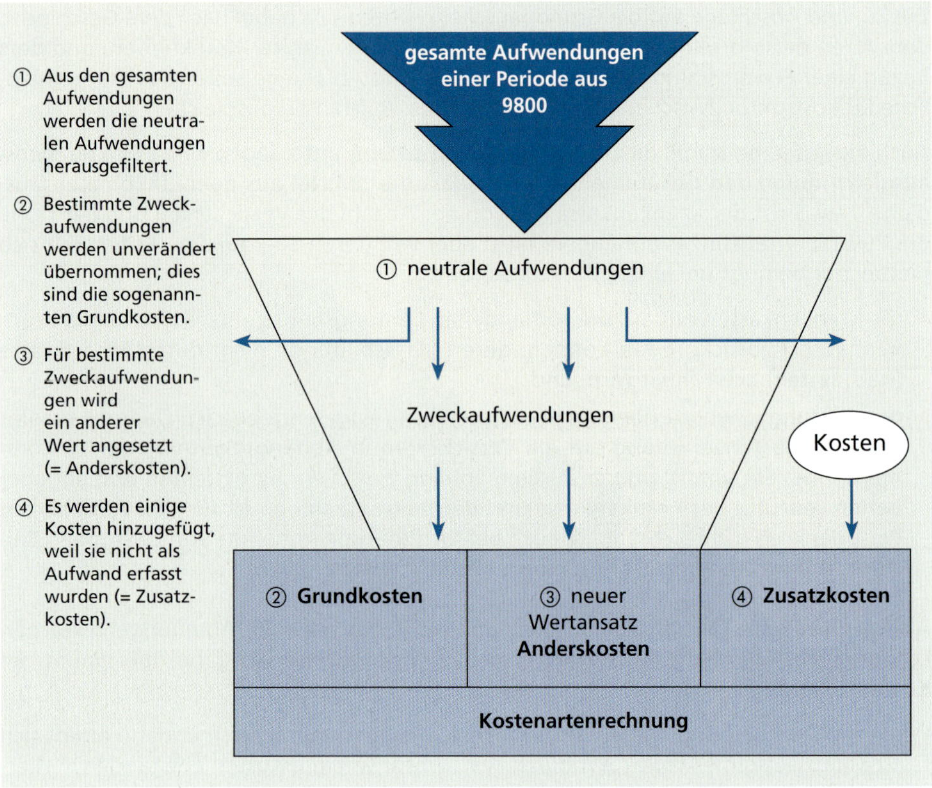

Die Zahl der Kostenarten hängt von der Art des Betriebes ab. Bei der Aufstellung eines Kostenartenplanes wird man in der Praxis die Gliederung des Kontenrahmenplanes als Grundlage nehmen und entsprechend den betrieblichen Erfordernissen anpassen.

Für Krankenkassen könnten z. B. folgende Kontengruppen von Bedeutung sein:

a) persönliche Verwaltungskosten
   = Kosten für die Krankenkassenmitarbeiter (z. B. Vergütungen der Angestellten, Löhne der Arbeiter, Sozialabgaben)

b) sächliche Verwaltungskosten
   = alle Sachkosten der Verwaltung (z. B. Abschreibungen, Materialverbrauch)

c) Kosten des Leistungsbereichs
   = Leistungsaufwendungen (u. a. ärztliche Behandlungen, Krankenhausbehandlungen, Kuren)

Abgrenzungsrechnung

Wie schon erwähnt, ist aus der externen Erfolgsrechnung (Kontenklasse 3 bis 7) die interne Kosten- und Leistungsrechnung zu entwickeln. Ein mögliches Hilfsmittel für die Durchführung der Abgrenzungsrechnung ist ein „Kostenermittlungstableau“.

Beispiel für eine Abgrenzungsrechnung:

Beispiel

Eine Krankenkasse weist in der GuV-Rechnung folgende Beträge (in €) auf:

Soll	9800		Haben
① **4600**	3 450 000,00	3760	180 000,00
4700	1 800 000,00	3770	7 800 000,00
4850	2 110 000,00	3771	2 640 000,00
② **6600**	4 500,00	3772	250 000,00
7001	2 900,00	3773	205 000,00
③ **7131**	92 000,00	.	.
.	.	.	.
.	.	.	.

Erläuterungen:

① Krankenhausbehandlung: 450 000,00 € sind noch aufgrund von Verpflichtungen aus dem letzten Jahr zu bezahlen.

② Verluste der Aktiva: Verkauf von Anlagegütern unter Buchwert

③ Abschreibungen: Abschreibungen werden in der externen Erfolgsrechnung linear, in der internen Erfolgsrechnung (Kosten- und Leistungsrechnung (KLR)) degressiv vorgenommen (neuer Abschreibungsbetrag: 122 000,00 €).

Abgrenzungsrechnung (für die Aufwandsseite des Kontos 9800):

Konto	externer Aufwand	neutraler Aufwand	Abgrenzungsrechnung		interne KLR (Ansatz)
			Grund-kosten	Anders-/Zusatz-kosten	
① **4600**	3 450 000,00	**450 000,00**	**3 000 000,00**		**3 000 000,00**
4700	1 800 000,00		1 800 000,00		1 800 000,00
4850	2 110 000,00		2 110 000,00		2 110 000,00
② **6600**	**4 500,00**	**4 500,00**			
7001	2 900,00		2 900,00		2 900,00
③ **7131**	**92 000,00**			**122 000,00**	**122 000,00**
....	...	...	...	...	...
....	...	...	...	...	...
Summe					

Erläuterungen:

zu ①: 450 000,00 € sind **periodenfremder** Aufwand (letztes Jahr).

zu ②: Bei den 4 500,00 € handelt es sich um einen **außerordentlichen** Aufwand.

zu ③: Die externen Abschreibungen werden intern **anders**, d. h. in diesem Fall höher **kalkuliert**.

Eine entsprechende Abgrenzungsrechnung muss evtl. auch für die Ertragsseite vorgenommen werden.

Übungen

1. Wodurch unterscheiden sich die Kostenartenrechnungen
   - in der Industrie,
   - in Versicherungen,
   - in Banken,
   - in Krankenkassen

   voneinander?

2. Auf dem Konto 9800 sind die u. a. Beträge erfasst.
Nehmen Sie mithilfe eines Kostenermittlungstableaus eine Abgrenzungsrechnung vor und ermitteln Sie den externen Aufwand und die internen Kosten:

a) 6600 1 200,00 €
b) 4000 26 800,00 €
c) 7001 13 600,00 €
d) 7100 1 200,00 €
e) 4700 6 300,00 € 1 300,00 € sind Krankengeldzahlungen aufgrund eines verlorenen Prozesses aus dem letzten Jahr.
f) 7121 8 000,00 € degressive Abschreibungen 6 700,00 €

3. Abgrenzungsrechnung:
Führen Sie mithilfe der folgenden externen Erfolgsrechnung und den u. a. Hinweisen eine interne Kosten- und Leistungsabgrenzungsrechnung durch. Erklären Sie die ermittelte Abweichung zwischen externer und interner Erfolgsrechnung.

Soll		9800		Haben
	4480	7 600,00	d) 3010	2 400,00
	4700	3 500,00	3250	900,00
a)	6600	4 000,00	3400	3 200,00
	7101	2 000,00	e) 3600	500,00
b)	7113	60 000,00	3760	480,00
c)	7131	32 000,00	3770	88 700,00
	1901	6 980,00	3771	12 600,00
			3772	6 200,00
			3773	1 100,00
		116 080,00		116 080,00

zu a) Verkauf einer EDV-Anlage 4 000,00 € unter Buchwert.
zu b) Die kalkulierte Nutzungsdauer der Gebäude liegt aufgrund der Bauweise nicht wie steuerlich vorgesehen bei 50 Jahren, sondern nur bei 25 Jahren.
zu c) Innerbetrieblich wird nicht eine 10-jährige, sondern eine 12-jährige Nutzungsdauer zugrunde gelegt.
zu d) Es handelt sich um Kursgewinne bei (festverzinslichen) Geldanlagen.
zu e) Verkauf von abgeschriebenen Büromöbeln an Krankenkassenangestellte.

4. Abgrenzungsrechnung:
Dem Verwaltungsrat der AOK Schönberg liegt u. a. die externe Erfolgsrechnung für das abgelaufene Geschäftsjahr vor. Aufgrund der ausgewiesenen Zahlen schlägt der Vorstand eine Erhöhung des Zusatzbeitrags um 0,5 Prozentpunkte vor. Dies ist dem Verwaltungsrat völlig unverständlich.
Aufgabe: Begründen Sie die Empfehlung des Vorstandes.

	9800	AOK Schönberg	
Kto.-Nr.	**Kto.-Bezeichnung**	**Soll**	**Haben**
3010	(a) Zinsen aus Geldanlagen		13 206,00
3218	(b) Erstattungen nach § 50 SGB V		9 640,00
3600	(c) Gewinne der Aktiva		6 704,00
3760	Mittel aus dem Einkommensausgleich nach § 270a Abs. 2 SGB V		12 156,00
3770			483 170,00
3771			80 910,00
3772			20 070,00
3773			3 820,00

Kto.-Nr.	Kto.-Bezeichnung	Soll	Haben
	9800	AOK Schönberg	
4000	ärztliche Behandlung	298 400,00	
4300	Arznei- und Verbandmittel (Mitglieder)	80 111,00	
4600	Krankenhausbehandlung (Mitglieder)	101 700,00	
4700	Krankengeld (Mitglieder)	98 500,00	
6010	(d) Schuldzinsen	36 580,00	
7104	(e) Reisekostenvergütung	9 210,00	

a) Durch das Absinken des Zinsniveaus für festverzinsliche Geldanlagen hat die Krankenkasse bei einem notwendigen Verkauf von hochverzinsten Wertpapieren aus der gesetzlichen Rücklage Kursgewinne von 2 600,00 € gemacht.

b) Die DRV-Nord hat erst im lfd. Geschäftsjahr die Höhe der Rente festgestellt. Die Erstattung des Krankengeldes gilt rückwirkend für das vorangegangene Geschäftsjahr.

c) Für 1 980,00 € wurden abgeschriebene Büroeinrichtungsgegenstände verkauft, der Rest ist durch einen außerordentlichen Gewinn beim Verkauf eines Lieferwagens erzielt worden.

d) Bei der innerbetrieblichen Kalkulation geht man davon aus, dass die günstigen Zinsen der externen Erfolgsrechnung nicht dauerhaft sind, weil ein variabler Zinssatz vereinbart wurde. In der Kalkulation geht man von einer durchschnittlichen Zinsbelastung von 39 600,00 € aus.

e) 2 040,00 € sind Reisekosten, die noch für das abgelaufene Jahr eingereicht wurden.

5. Abgrenzungsrechnung
Der Verwaltungsrat der AOK Holtenau ist mit dem Ergebnis der externen Erfolgsrechnung (= 9800) nicht zufrieden. Unter anderem wird die AOK Knoop als erfolgreiches „Dienstleistungsunternehmen" dargestellt. Sie – als Vorstand der AOK Holtenau – sollen dem Verwaltungsrat die relativ großen Unterschiede erläutern. Ihnen stehen die folgenden Daten zur Verfügung.

Externe Erfolgsrechnung		9800			
		Holtenau		Knoop	
Kto.-Nr.	Anmerkungen	Soll	Haben	Soll	Haben
3010	ⓐ		16 400,00		18 970,00
3600			2 200,00		1 800,00
3760			580,00		430,00
3770			509 180,00		584 010,00
3771			49 090,00		74 750,00
3772			7 200,00		8 120,00
3773		198 000,00	1 230,00	206 300,00	1 731,00
4000		110 600,00		121 700,00	
4700		48 200,00		65 900,00	
5200	ⓑ	28 780,00		38 240,00	
6010		98 120,00		131 500,00	
7101	ⓒ	30 000,00		40 000,00	
7113		90 000,00		81 000,00	
7132					
Betriebsergebnis:					

Anmerkungen zu:

ⓐ Die AOK Holtenau hat Kursgewinne von 2 600,00 €, Knoop von 6 090,00 € beim notwendigen Verkauf von Wertpapieren aus der gesetzlichen Rücklage erzielt.

ⓑ Die AOK Holtenau hat während der Hochzinsphase einen langfristigen Kredit mit einer dreijährigen Zinsbindung aufgenommen. Durch das gesunkene Zinsniveau geht man von einer kalkulierten durchschnittlichen Zinsbelastung von 21 300,00 € aus.
Die AOK Knoop hat ebenfalls einen langfristigen Kredit aufgenommen, allerdings in einer besonders zinsgünstigen Phase. Eine längere Zinsbindung wurde nicht mit der Bank vereinbart. Intern rechnet man mit einer durchschnittlichen Zinsbelastung von 42 600,00 € p. a.

© Das Gebäude der AOK Holtenau wird aufgrund der massiven Klinkerbauweise mit einer kalkulierten Lebensdauer von 75 Jahren, das Gebäude der AOK Knoop (Leichtbauweise) nur mit 30 Jahren angesetzt. Steuerrechtlich werden 2 % Abschreibungssatz zugrunde gelegt.

6. Entscheiden Sie, ob die folgenden Aussagen richtig oder falsch sind, und notieren Sie Ihre Ergebnisse.

   In der Kostenartenrechnung
   a) werden alle Aufwendungen der externen Erfolgsrechnung (= 9800) in die interne KLR übernommen;
   b) verteilt man die Kosten auf entsprechende Stellen (z. B. Abteilungen);
   c) wird keine Einteilung vorgenommen;
   d) werden Kosten nach „Produktionsfaktoren" gegliedert.

   Kalkulatorische Kosten werden
   a) berücksichtigt, um die Wirtschaftlichkeit zweier Krankenkassen vergleichen zu können;
   b) ermittelt, weil das Konto 9800 dies ermöglicht;
   c) berechnet, um richtige Kalkulationsgrundlagen (Planungsgrundlagen) für die Krankenkasse zu schaffen;
   d) angesetzt, wenn es sich um Aufwendungen aus vergangenen Abrechnungsperioden handelt.

   Die Abgrenzungsrechnung
   a) wird im Bereich der Kostenstellenrechnung durchgeführt;
   b) ermittelt den neutralen Erfolg einer Krankenkasse;
   c) leitet Aufwand und Ertrag der externen Erfolgsrechnung in die Leistungen der internen Erfolgsrechnung über;
   d) wird nur für die Positionen auf der Soll-Seite des Kontos 9800 durchgeführt.

7. Lückentext:

   Ersetzen Sie die Buchstaben durch die folgenden Worte:

   Abrechnungszeitraum (2x), ändern, Betriebsergebnis, betriebsnotwendige, externen, kalkulatorischen, Kosten, Leistungen, neutrale, nicht, nichts, notwendig, regelmäßig, tatsächlicher, 9800.

   Aufwendungen, die
   - für die betriebliche Tätigkeit **(a)** sind und
   - die **(b)** auftreten und
   - in dem **(c)** anfallen, in dem die betriebliche

   Tätigkeit durchgeführt wurde, bezeichnet man als **(d)**. Ihnen werden die in der jeweiligen Periode regelmäßig erzielten betrieblichen **(e)** gegenübergestellt. Das Resultat ist das sogenannte **(f)**.

   Die Daten entnimmt man der externen Erfolgsrechnung (Konto **(g)**), muss diese aber abgrenzen. Zahlen der **(h)** Erfolgsrechnung, die z. B. **(i)** mit der betrieblichen Leistungserstellung zu tun haben oder nicht in den **(j)** gehören, werden als **(k)** Aufwendungen/Erträge bezeichnet und werden **(l)** in der internen Kosten- und Leistungsrechnung berücksichtigt. Unter Umständen sind **(m)** Aufwendungen/Leistungen mit **(n)** Beträgen anzusetzen. Beispielsweise können steuerliche Abschreibungen der externen Erfolgsrechnung von den Abschreibungen in **(o)** Höhe abweichen. Als Oberbegriff spricht man dann von **(p)** Kosten bzw. Leistungen, die die interne Kosten- und Leistungsrechnung beeinflussen.

2.5 Kostenstellenrechnung

2.5.1 Aufgaben und Überblick

Die zunächst durchgeführte Kostenartenrechnung kann zwar die Veränderungen einzelner Kostenarten aufzeigen, aber keine örtliche Zuordnung vornehmen. Das heißt, die Frage, **wo die Kosten angefallen sind**, kann nur mithilfe einer Kostenstellenrechnung beantwortet werden. Eine **Kostenstelle** ist ein **betrieblicher Teilbereich** (z. B. Abteilungen, Arbeitsplätze), der **kostenrechnerisch selbstständig abgerechnet** werden kann. Um dies sinnvoll durchführen zu können, müssen die unterschiedlichen Kostenarten nach ihrer Zurechenbarkeit in Einzel- und Gemeinkosten unterschieden werden.

Einzelkosten (z. B. Krankengeldzahlungen) können sogenannten **Kostenträgern** (in diesem Fall Versicherte) **direkt zugerechnet** werden.

Gemeinkosten wie Mietaufwand und Energiekosten lassen sich nicht Kostenträgern direkt zuordnen; sie **können** aber den **verursachenden Kostenstellen angelastet** werden. Dies geschieht **mithilfe von Verteilungsschlüsseln**. Bezugsgrößen sind u. a. Mitarbeiterzahl, Bürofläche usw. Den Zusammenhang zwischen Kostenarten- und Kostenstellenrechnung soll folgendes Schaubild verdeutlichen.

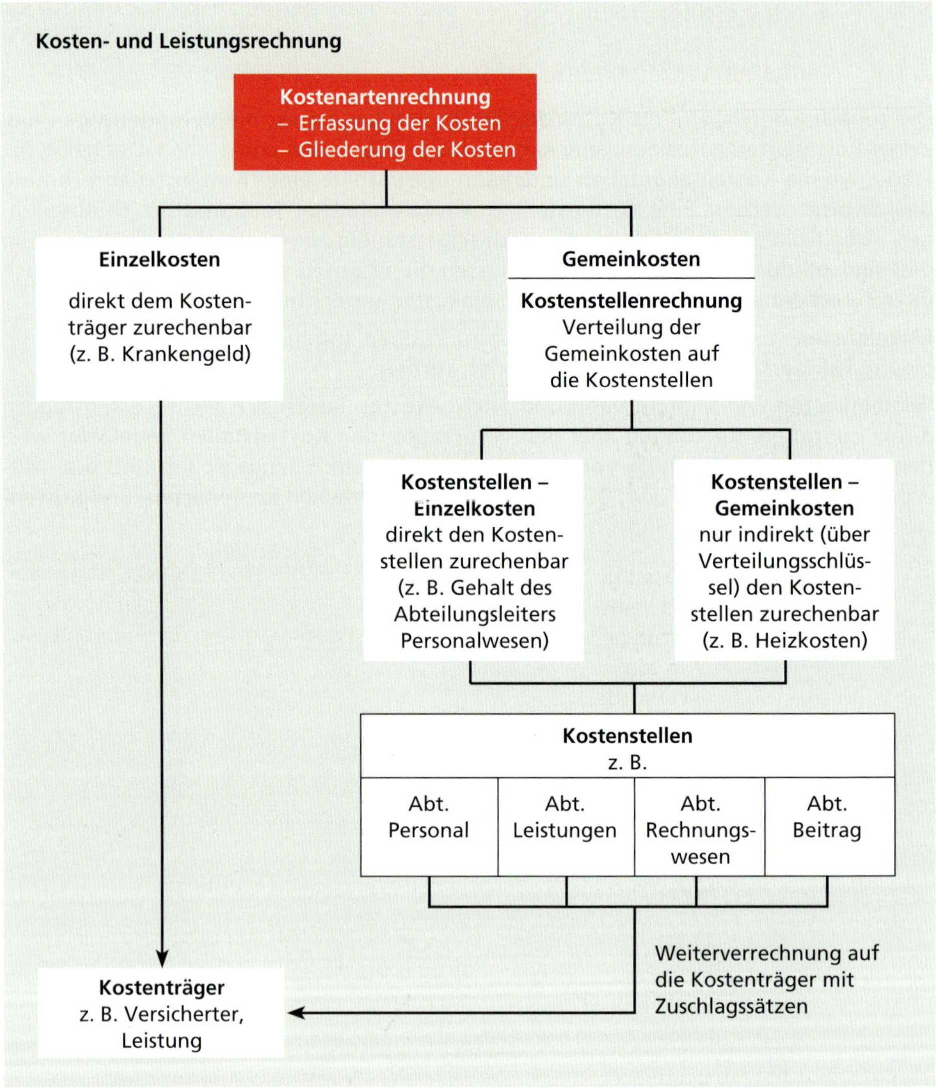

Die Kostenstellenrechnung lässt u. a. eine wirksamere und genauere Überwachung der Kosten in den einzelnen Entstehungsbereichen zu, die für Betriebsvergleiche im Hinblick auf die Wirtschaftlichkeit wichtig sind.

2.5.2 Kostenstellenbildung

Bei der Bildung von Kostenstellen sind folgende **Grundsätze** zu beachten:

- Die Kostenstellengliederung sollte über einen längeren Zeitraum nicht verändert werden; nur so können Daten abgelaufener Perioden mit aktuellen Zahlen verglichen werden.

- Eine Kostenkontrolle kann nur dann wirksam durchgeführt werden, wenn auch jemand für die Kostenstelle verantwortlich zeichnet, d. h., diese Person muss die Kompetenz haben, zukünftige Kostenüberschreitungen zu verhindern.
- Es müssen sinnvolle Verrechnungsgrößen für die Kostenstellengemeinkosten gefunden werden, damit eine verursachungsgerechte Kostenermittlung für die Kostenstellen möglich ist.
- Es sollte auch das Wirtschaftlichkeitsprinzip bei der Anzahl der zu bildenden Kostenstellen beachtet werden. Eine sehr weitgehende Untergliederung führt zu einer großen Anzahl von Kostenstellen, die einen höheren Arbeitsaufwand und damit eine Kostensteigerung nach sich ziehen.

Die Bildung der Kostenstellen geschieht nach unterschiedlichen Gesichtspunkten. In der **Praxis** haben sich folgende **Einteilungskriterien** herausgebildet:

- Eine sehr nahe liegende Möglichkeit ist die Anpassung der Kostenstellen an die **bestehende Organisationsstruktur**, d. h., Kostenstellen sind Organisationsstellen (z. B. Arbeitsgruppen, Abteilungen, Geschäftsstellen).

  Empfehlenswert erscheint dieses Vorgehen z. B. im Hinblick auf die Verantwortlichkeit der Kostenkontrolle und der einfachen Zurechenbarkeit eines Großteils der Kostenarten.
- Häufig wird auch eine **aufgabenbezogene** (funktionale) **Einteilung** vorgenommen. Die Kostenstellen sind selbstständige Aufgabenbereiche, in denen Kosten entstehen, z. B. Melde-, Leistungs- und Ausbildungsstelle. Diese Gliederung kann mit den tatsächlichen Abteilungen übereinstimmen, wenn die Organisation nach Aufgabenbereichen strukturiert wurde.

Kostenstellenbildung

Grundsätze →	Umsetzung in der Praxis
▶ Beibehaltung der Kostenstellen für einen längeren Zeitraum	▶ Abteilungen, Arbeitsgruppen, Teams
▶ Verantwortung für eine Kostenstelle durch eine Person	▶ Abteilungsleiter, Teamleiter usw.
▶ Wirtschaftlichkeitsprinzip im Hinblick auf die Anzahl der Kostenstellen	▶ Auf die bestehende Organisationsstruktur wird zurückgegriffen.
▶ Ermittlung sinnvoller Verrechnungsgrößen für die Kostenstellengemeinkosten	▶ Die Sinnhaftigkeit der Verrechnungsgrößen ist nicht immer gegeben.

- Die **Verrechnungsart** ist eine weitere wichtige Einteilung der Kostenstellen. Zu unterscheiden sind dabei **Hilfs-** oder Vorkostenstellen und **Haupt-** oder **Endkostenstellen**.
  - **Hilfskostenstellen** erbringen „innerbetriebliche" Vor- oder Zwischenleistungen für andere Stellen des Betriebes. Die dabei entstandenen Kosten werden auf diejenigen Kostenstellen umgelegt, die Leistungen empfangen haben. Wesentliche Hilfskostenstellen im Krankenkassenbetrieb sind u. a. die „Verwaltungsabteilungen", insbesondere Personal-, Haus- und Materialverwaltung, zentrale Datenverarbeitung, Kantine, Hilfsdienste wie Poststelle, „Fahrdienst" usw.
  - **Hauptkostenstellen** sind die Bereiche, in denen die wesentlichen betrieblichen Leistungen erbracht werden (z. B. Beitrags- und Leistungsstelle). Die hier angefallenen Kosten werden mithilfe von Zuschlagssätzen den Kostenträgern zugerechnet.

Zunächst werden die Kosten der Hilfskostenstellen auf die Hauptkostenstellen verteilt.

Danach erfolgt die Verrechnung der Kosten der Hauptkostenstellen auf die Kostenträger. Beides geschieht mithilfe von Verteilungsschlüsseln!

Ein Problem stellt die verursachungsgerechte Verteilung der angefallenen Kostenstellengemeinkosten auf die Kostenstellen dar. Der Verteilungsschlüssel sollte dem tatsächlichen Güter- und Dienstleistungsverbrauch in der jeweiligen Kostenstelle möglichst nahekommen. Die folgenden Beispiele zeigen einige Möglichkeiten auf:

Kostenstellengemeinkosten	mögliche Verteilungsschlüssel
Heizungskosten	Rauminhalt der zu beheizenden Räume oder Zahl der Heizkörper (Fläche, Rippen)
Stromverbrauch (Beleuchtung)	Zahl der Anschlüsse, Glühlampen
Reinigung	Fläche in m², evtl. wird eine Gewichtung im Hinblick auf die Reinigungsintensität (je nach Bodenbelag) vorgenommen
Telefongebühren	Anzahl der Anschlüsse, verbrauchte Telefoneinheiten
Fotokopierkosten	Zahl der gefertigten Kopien
Gehälter der Geschäftsführung	Anzahl der Beschäftigten (Kopfzahl)
Kosten der Sozialeinrichtungen (z. B. Kantine)	Anzahl der Beschäftigten
Kosten der Poststelle	Zahl der Postein- und -ausgänge
Hausmeister	Nutzfläche in m² oder Anzahl der Mitarbeiter

Häufig ist in der Praxis die Verteilung der Gemeinkosten auf die Kostenstellen sehr aufwendig oder zu umständlich, sodass eine willkürliche Zuordnung vorgenommen wird.

2.5.3 Formen der Kostenstellenrechnung

Die Verteilung der Gemeinkosten auf die Kostenstellen kann sowohl buchhalterisch wie auch tabellarisch erfolgen.

Im Kontenrahmenplan für die Träger der gesetzlichen Krankenversicherung stehen Kontengruppen zur Verfügung bzw. sind als Verrechnungskonten gekennzeichnet (z. B. 95.., 97..). Sie sind für eine Kostenstellenrechnung vorgesehen.

In der Regel bedient man sich in der Kostenstellenrechnung des Betriebsabrechnungsbogens (BAB), d. h. der tabellarischen Form. Dabei sind je nach „Aufgliederungsgenauigkeit" der Kostenstellen der einstufige und der mehrstufige BAB zu unterscheiden. Beim einstufigen BAB werden die angefallenen Gemeinkosten auf die Hauptkostenstellen verteilt; beim mehrstufigen BAB werden die betriebsintern erbrachten Leistungen für andere Kostenstellen (und die damit entstandenen Kosten) von den Hilfskostenstellen auf die Hauptkostenstellen umgelegt.

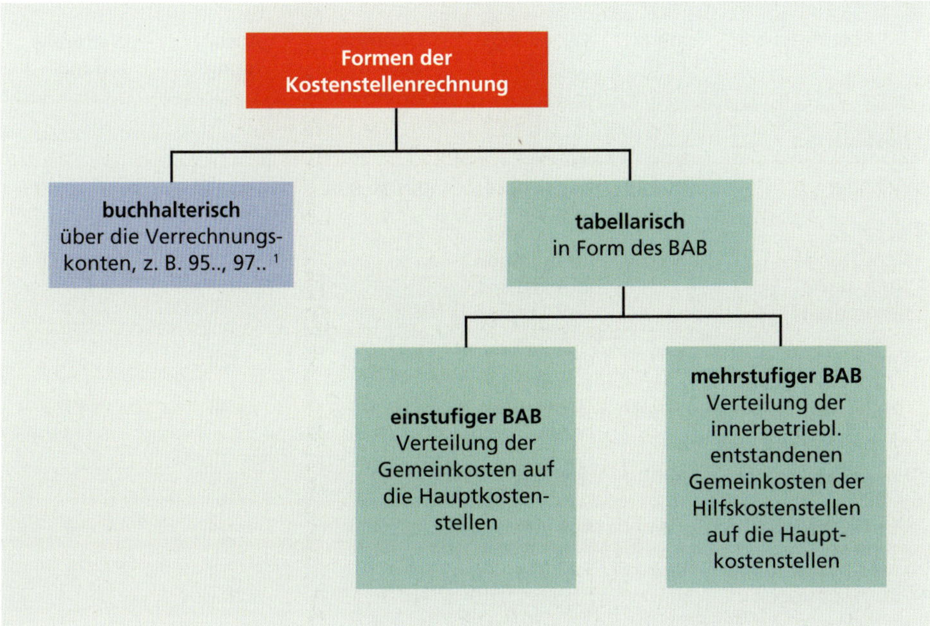

2.5.3.1 Einstufiger Betriebsabrechnungsbogen (einfache Zuschlagskalkulation)

Der grundsätzliche Aufbau eines einstufigen BAB (ohne innerbetriebliche Leistungsverrechnung) sieht wie folgt aus:

Kostenstellen / Kostenarten	Summe in €	Verteilungsgrundlage	Kostenstelle 1 Personalstelle in €	Kostenstelle 2 Beitragsstelle in €	...
Energiekosten	3 000,00	direkt	500,00	800,00	
.	.	.	.	.	
.	.	.	.	.	
Hausverwaltung	1 800,00	Schlüssel	200,00	300,00	
.	.	.	.	.	
.	.	.	.	.	
Summe der Gemeinkostenarten					

Bildung von Gemeinkostenzuschlagssätzen zur Weiterverrechnung der Gemeinkosten auf die Kostenträger

1 *Auf diese Möglichkeit wird nicht weiter eingegangen!*

Beispiel

Eine Krankenkasse hat für den Bereich Aus- und Weiterbildung drei Hauptkostenstellen gebildet. Für den Monat April fallen folgende Kosten an:

Kostenstellen / Kostenarten	Summe in €	Verteilungs-schlüssel	Organisa-tion- und Koordination	Ausbil-dung	Weiterbil-dung
Gehälter	38 000,00	Gehaltsliste (direkt)	12 000,00 €	18 000,00 €	8 000,00 €
Vergütungen für externe Referenten	2 800,00	Rechnungen (direkt)	–	800,00 €	2.000,00 €
Raumkosten	3 600,00	m²	20	: 120	: 40
Materialkosten	1 500,00	Teilnehmer-anzahl	1	: 40	: 19
Energiekosten	800,00	Schlüssel	1	: 6	: 3
Wartungskosten	1 200,00	Schlüssel	2	: 4	: 2
kalkulatorische Abschreibungen	1 000,00	Schlüssel	1	: 2	: 2
Summe der Gemeinkosten-arten	48 900,00				

Die Kostenrechner haben sich bemüht, für die Energie- und Wartungskosten sowie für die kalkulatorischen Abschreibungen verursachungsgerechte Verteilungsschlüssel zu finden.

Lösung

Beispielhaft soll für die Raumkosten die rechnerische Aufteilung für die einzelnen Kostenstellen vorgenommen werden.

$$3\,600{,}00\ € : (20\ m^2 + 120\ m^2 + 40\ m^2) = 20{,}00\ €/m^2$$

$$\cdot\ 20\ m^2 = 400{,}00\ €$$

$$\cdot\ 120\ m^2 = 2\,400{,}00\ €$$

$$\cdot\ 40\ m^2 = 800{,}00\ €$$

Kostenstellen / Kostenarten	Summe in €	Verteilungs-schlüssel	Hauptkostenstellen: Organisation und Koordination in €	Ausbil-dung in €	Weiterbil-dung in €
Gehälter	38 000,00	Gehaltsliste (direkt)	12 000,00	18 000,00	8 000,00
Vergütungen für externe Referenten	2 800,00	Rechnungen (direkt)	–	800,00	2 000,00
Raumkosten	3 600,00	m²	400,00	2 400,00	800,00
Materialkosten	1 500,00	Teilnehmer-anzahl	25,00	1 000,00	475,00
Energiekosten	800,00	Schlüssel	80,00	480,00	240,00
Wartungskosten	1 200,00	Schlüssel	300,00	600,00	300,00
kalkulatorische Abschreibungen	1 000,00	Schlüssel	200,00	400,00	400,00
Summe der Gemeinkostenarten	48 900,00		13 005,00	23 680,00	12 215,00

Übungen

1. Beschreiben Sie kurz, welche zusätzlichen Informationen eine Krankenkasse durch die Kostenstellenrechnung im Vergleich zur Kostenartenrechnung erhält.
2. Erläutern Sie kurz drei wichtige Grundsätze bei der Kostenstellenbildung.
3. Welche Gesichtspunkte haben sich in der Praxis für die Einteilung von Kostenstellen herausgebildet (kurze Beschreibung)?
4. Worin besteht der Unterschied zwischen Kostenstellen-Einzelkosten und Kostenstellen-Gemeinkosten (kurze Erläuterung)?
5. Die Buchhaltung einer Krankenkassengeschäftsstelle liefert folgende Ist-Zahlen für einen Monat:
   4300 Arznei- und Verbandmittel (Mitgl.) .... 1 820,00 €
   7001 Gehälter .... 65 800,00 €
   7011 Sozialversicherungsbeiträge .... 27 307,00 €
   7100 Geschäftsbedarf .... 850,00 €
   7104 Reisekostenvergütung .... 380,00 €
   7110 Raumkosten .... 4 700,00 €
   7131 Abschreibung beweglicher Einrichtung .... 1 800,00 €

Erstellen Sie einen einstufigen BAB, bei dem die Gemeinkosten wie folgt zu verteilen sind:

Kostenstellen / Kostenarten	Verteilungsschlüssel	Hauptkostenstellen			
		Beiträge	Leistungen	Versichertenbetreuung	Verwaltung
4300	Rechnung	–	1 820,00 €	–	–
7001	Gehaltsliste	9 200,00 €	19 000,00 €	28 700,00 €	8 900,00 €
7011	nach Gehaltssumme	3 818,00 €	7 885,00 €	11 910,00 €	3 694,00 €
7104	Abrechnung	–	–	380,00 €	–
7100	Schlüssel	2	: 3	: 4	: 1
7110	m²	35	: 80	: 85	: 60
7131	Schlüssel	2	: 4	: 3	: 3

6. In der durchgeführten Kostenartenrechnung werden die nachstehenden Gemeinkosten herausgefiltert. Ordnen Sie die aufgeführten Kosten in Kostenstellen-Einzelkosten und Kostenstellen-Gemeinkosten. Begründen Sie Ihre Entscheidung durch die Angabe der Verteilungsgrundlage (Verteilungsschlüssel).

   Fortbildungskosten, Angestelltengehälter, Gehalt des Geschäftsstellenleiters, Sozialversicherungsbeiträge, Geschäftsbedarf (Büromaterial), Abschreibungen auf Anlagegüter, Heizkosten, Fernsprechkosten, Werbemaßnahmen (auch Aufklärung i. S. des § 13 SGB I)

7. Dem Vorstand der BKK Plön liegen u. a. die folgenden Quartalszahlen vor. Er überträgt Ihnen die Aufgabe, diese Zahlen für den internen Gebrauch aufzubereiten (bis zur Kostenstellenrechnung).

BKK	**Plön**	**9800** (Auszüge einer Quartalszusammenstellung)	
Kto.	**Erklärung**	**Soll**	**Haben**
4000	Ärztl. Behandlung (Mitgl.)	270 000,00	
4180	Parodontose-Behandlung (Mitgl.)	6 940,00	
4300	Arzneimittel	149 600,00	
4710	Krankengeld bei Erkrankung eines Kindes	16 200,00	
5710	Zahnärztliche Behandlung bei integrierter Versorgung (Mitgl.)	4 200,00	
6600	Verlust beim Verkauf von DV-Geräten	3 000,00	
7001	Gehälter	150 000,00	
7100	Geschäftsbedarf	2 110,00	
7102	Telefongebühren	4 590,00	
7104	Reisekosten	1 460,00	
7110	Heizung	1 250,00	
7113	a) Gebäudeabschreibungen	10 000,00	
7220	b) Aufwendungen des Verwaltungsrates	8 700,00	

zu a) Abweichend von der steuerlichen Abschreibung (2 % p. a.) wird intern nur mit einer 40-jährigen Lebensdauer gerechnet.

zu b) Der Verwaltungsrat hat vorab eine Abschlagszahlung für die Sitzung im kommenden Quartal erhalten.

Die Gemeinkostenverteilung soll wie folgt vorgenommen werden:

Kto.	Verteilungsschlüssel	Sachleistungen	Geldleistungen
7001	Gehaltsliste	88 700,00 €	61 300,00 €
7100	Anzahl der Mitarbeiter	6	: 4
7102	Anzahl der Anschlüsse	6	: 3
7104	Abrechnungen	670,00 €	790,00 €
7110	m²	78	: 47
7113	m²	78	: 47

8. Dem Vorstand der BKK Selent liegen u. a. die folgenden Quartalszahlen vor. Er überträgt Ihnen die Aufgabe, diese Zahlen für den internen Gebrauch aufzubereiten (bis zur Kostenstellenrechnung). Gleichzeitig sollen Sie überprüfen, ob die Kostensteigerungsrate von insgesamt 3,5 % eingehalten wurde (Kosten der KLR des vorangegangenen Quartals = 614 045,00 €).

BKK **Selent** **9800** (Auszüge einer Quartalszusammenstellung)

Kto.	Erklärung	Soll	Haben
4001	Ärztl. Behandlung (Familienangehörige)	118 470,00	
4160	Individualprophylaxe	18 111,00	
4300	Arznei- und Verbandmittel (Mitgl.)	126 349,00	
4630	Krankenhausbehandlung durch Belegärzte	96 724,00	
4710	Krankengeld bei Erkrankung eines Kindes	31 620,00	
5520	Stationäre Entbindung (Mitgl.)	6 480,00	
5560	Mutterschaftsgeld (Mitgl.)	3 000,00	
5671	Häusliche Krankenpflege (Familienangehörige)	17 940,00	
6600	Verlust beim Verkauf von Büromöbeln	2 760,00	
7001	Gehälter	175 000,00	
7100	Geschäftsbedarf	4 228,00	
7101	Bücher	924,00	
7102	Post- und Telefongebühren	6 370,00	
7110	Heizungskosten und Miete	22 250,00	
7131	a) Abschr. auf bewegliche Einrichtungsgegenstände	8 000,00	
7220	b) Reisekosten für den Verwaltungsrat	6 320,00	

zu a) Die kalkulierte Lebensdauer liegt bei 8 Jahren, der steuerliche Abschreibungssatz beträgt 20 %.

zu b) Es handelt sich um eine Abschlagszahlung an den Vorstand für eine im nächsten Quartal notwendige Dienstreise.

Die Gemeinkostenverteilung soll wie folgt vorgenommen werden:

Erklärung	Verteilungsschlüssel	Ausbildungsabteilung	Sachleistungen	Geldleistungen
Gehälter	Gehaltsliste	25 000,00 €	112 500,00 €	37 500,00 €
Geschäftsbedarf	Schlüssel	2	: 9	: 3
Bücher	Bestellschein	924,00 €		
Post- und Telefongebühren	Schlüssel	1	: 7	: 6
Heizung und Miete	m²	112	: 86	: 52
Abschreibungen	Belege über die Anschaffungswerte der Einrichtung	32 000,00 €	78 000,00 €	50 000,00 €

2.5.3.2 Mehrstufiger Betriebsabrechnungsbogen

Bisher wurde ein wechselseitiges Austauschverhältnis von Leistungen innerhalb eines Betriebes nicht berücksichtigt. Beispielsweise erbringt die Kostenstelle „Fuhrpark" Transportleistungen für andere Kostenstellen („Haustechnik", Poststelle usw.). Diese **betrieblichen Eigenleistungen werden in Hilfskostenstellen erfasst**. Anschließend werden die Kosten der ersten Hilfskostenstelle auf alle anderen Kostenstellen verursachungsgerecht umgelegt, dann folgt die nächste Hilfskostenstelle usw. (Stufenleiterverfahren). Die Reihenfolge der Hilfskostenstellen ist so zu wählen, dass möglichst die erste Hilfskostenstelle (Fuhrpark) keine Leistungen der zweiten Hilfskostenstelle (Haustechnik) empfangen hat, weil sich der Verrechnungspreis für Leistungen des Fuhrparks sonst nicht ermitteln lässt. Die Verrechnungspreise der Hilfskostenstellen müssen so ermittelt werden, dass sich die Inanspruchnahme der Hilfskostenstellen durch die Hauptkostenstellen verursachungsgerecht aufteilen lässt (z. B. Stundensatz, Fallzahl).

Kostenstellen / Kostenarten	Gesamtkosten in €	Hilfskostenstellen		Hauptkostenstellen			
		Fuhrpark in €	Haustechnik in €	Beiträge in €	Leistungen in €	Personal in €	...
⋮	⋮	⋮	⋮	⋮	⋮	⋮	
Summe Gemeinkosten	145 000,00	2 800,00	7 200,00	16 100,00	28 100,00	19 800,00	.
Umlage Fuhrpark		↳	700,00	300,00	600,00	400,00	.
			7 900,00 ↳				
Umlage Haustechnik				2 100,00	1 600,00	1 300,00	.
	145 000,00	0	0	18 500,00	30 300,00	21 500,00	.

Übungen

1. Beschreiben Sie das Stufenleiterverfahren und zeigen Sie evtl. auftretende Probleme auf.
2. Mehrstufiger Betriebsabrechnungsbogen (BAB)
   Der Vorstand möchte von Ihnen wissen, wie viel Euro die Hauptkostenstellen an internen Leistungen bezogen haben, wie hoch die Stundensätze der Hilfskostenstellen waren und in welcher Höhe die Hauptkostenstellen Kosten verursachen.

   In der internen KLR stehen u. a. folgende Positionen:

Kto.	Erklärung	Soll	Haben
.	.	.	
4300	Arznei- und Verbandmittel (Mitgl.)	124 000,00	
4730	Krankengeld bei Reha	81 120,00	
5130	Zuschüsse Selbsthilfegruppen	12 300,00	
7001	Gehälter	490 000,00	
7100	Geschäftsbedarf	17 400,00	
7111	Miete	22 600,00	

   Verteilung der Gemeinkosten

Kto.	Verteilungsschlüssel	Kostenstellen				
		Hausservice	EDV-Abteilung	Geldleistungen	Sachleistungen	Prävention
7001	Gehaltsliste	82 000,00	128 000,00	89 000,00	124 000,00	67 000,00
7100	Schätzung	6	: 4	: 3	: 5	: 2
7111	m²	52	: 120	: 73	: 110	: 55

   Die Kostenstellen, die nur Leistungen an andere Abteilungen (= Kostenstellen) „im Hause“ erbringen, sind sogenannte Hilfskostenstellen (in diesem Beispiel Hausservice und EDV-Abteilung).

Die innerbetriebliche Leistungsabgabe sieht wie folgt aus:

Leistungsinanspruchnahme	Leistungsabgabe der Hilfskostenstellen	
Kostenstelle bezieht von → ↑	Hausservice	EDV-Abteilung
Hausservice	–	–
EDV-Abteilung	228 Std.	–
Geldleistungen	218 Std.	280 Std.
Sachleistungen	222 Std.	240 Std.
Prävention	209 Std.	210 Std.
Summe	877 Std.	730 Std.

3. Der Vorstand überlegt, ob der Hausservice an eine externe Gesellschaft vergeben werden soll (Angebotspreis 49,80 €/Std.). Ermitteln Sie die Stundensätze für die Hilfskostenstellen sowie Gesamtkosten pro Hauptkostenstelle. Wie hoch ist insgesamt eine evtl. Kostenersparnis für die Krankenkasse?
Erstellen Sie aufgrund der u. a. Daten einen BAB (mehrstufig) und wenden Sie für die innerbetriebliche Leistungsverrechnung das „Stufenleiterverfahren" an.

Kostenstellen	Kostenstelleneinzelkosten	
	Gehälter in €	Sozialversicherung in €
1. Versichertenbetreuung	121 900,00	51 200,00
2. Arbeitgeberbetreuung	44 000,00	18 500,00
3. Beiträge	19 200,00	8 000,00
4. Personal	10 400,00	4 400,00
5. Poststelle	5 600,00	2 350,00
6. Hausservice	12 600,00	5 300,00

Die Kostenartenrechnung weist folgende Kostenstellengemeinkosten aus:

Kostenstellen-gemeinkosten	Betrag in €	Verteilungs-schlüssel	Verteilungsverhältnis auf die Kostenstellen					
			1	2	3	4	5	6
Geschäfts-führergehalt	8 800,00	Schätzung	3	3	1	1	1	1
Sozialversiche-rungsbeiträge	3 120,00	Schätzung	3	3	1	1	1	1
Raumkosten	15 800,00	m²	345	120	60	30	30	45
Abschreibungen	1 001,00	Anlagekartei	2	1	1	2	3	4
Geschäftsbedarf	1 200,00	Schätzung	4	3	1	1	2	1

Die innerbetriebliche Leistungsabgabe zeigt folgende Tabelle:

Leistungsinanspruchnahme durch die Kostenstellen	Leistungsabgabe der Hilfskostenstellen	
	Poststelle	Hausservice
Poststelle	–	128 Std.
Hausservice	8 Std.	–
Versichertenbetreuung	136 Std.	150 Std.
Arbeitgeberbetreuungs	64 Std.	61 Std.
Beiträge	110 Std.	110 Std.
Personal	28 Std.	70 Std.
Summe	346 Std.	519 Std.

Hinweis: Beginnen Sie im BAB mit der Hilfskostenstelle „Poststelle".

4. a) Sie sollen für die Geschäftsführung die Kosten für die jeweiligen Hauptkostenstellen mithilfe der unten angegebenen Daten ermitteln.
   b) Gleichzeitig haben Sie den Auftrag zu prüfen, ob die Kosten der hausinternen Bildungsabteilung mit folgenden Maßnahmen um 6 % (bezogen auf den Stundensatz) gesenkt werden können:
      - die Soll-Stundenzahl der Bildungsabteilung wird um 20 Stunden erhöht;
      - die Inanspruchnahme der Leistungen der EDV-Abteilung soll um 10 Std. verringert werden;
      - bei der Hilfskostenstelle „Hausservice" reduziert sich der Materialaufwand in der kommenden Abrechnungsperiode auf 2355,00 €.
   c) Der Vorstand zieht in Erwägung, die Weiterbildung an betriebsfremde Bildungsträger zu einem durchschnittlichen Stundenpreis von 135,00 € zu vergeben. Eventuelle Reisekosten sind hierbei nicht berücksichtigt worden. Ausgangsbasis sind die Daten der Teilaufgabe b).

   Bereiten Sie die Zahlen so auf, dass eine Entscheidung möglich wird. Nennen Sie zwei weitere Argumente, die evtl. gegen einen betriebsfremden Bildungsträger sprechen.

		Einzelkosten				
Lfd. Nr.	Abt.	Gehälter in €	Sozialabgaben in €	Material in €	Telefongebühren in €	Seminare (extern) in €
1	Marketing	19687,50	4085,16	4140,00	2672,00	–
2	Beiträge	48750,00	10115,63	940,00	3150,00	–
3	Leistungen	93281,25	19355,86	1080,00	4844,00	–
4	Vers.betreuung	64281,25	13338,36	2110,00	4122,00	–
5	AG-Betreuung	46812,50	9713,60	2870,00	3360,00	1470,00
6	Prävention	11750,00	2438,13	633,00	982,00	–
7	Verwaltung	16687,50	3462,66	515,00	328,00	–
8	Hausservice	10125,00	2100,94	4710,00	349,00	–
9	EDV	42750,00	8870,63	4980,00	498,00	5.360,30
10	Bildung	19218,75	3987,89	1015,00	426,00	–

Es wurden folgende Kostenstellengemeinkosten ermittelt, deren Verteilung wie folgt vorgenommen werden soll:

Kostenstellengemeinkosten	€	Verteilungsschlüssel	Verteilungsverhältnis auf die Kostenstellen									
			1	2	3	4	5	6	7	8	9	10
Vorstandsgehalt (inkl. Sozialabgaben)	5835,00	Schätzung	2	0,5	1	1	2	1	0,5	0,5	1	0,5
Raumkosten	16720,00	m²	25	90	185	125	95	20	35	60	90	35
kalkulatorische Abschreibungen	97000,00	Schlüssel	2	1	1	1	2	2	1	4	5	1

Innerbetrieblich werden Leistungen von folgenden Hilfskostenstellen an andere Kostenstellen abgegeben:

Leistungsinanspruchnahme	Leistungsabgabe der Hilfskostenstellen		
Kostenstelle bezieht von → ↑	Hausservice	EDV-Abt.	Bildungsabt.
Hausservice	–	–	–
EDV-Abteilung	180 Std.	–	15 Std.
Bildungsabteilung	50 Std.	150 Std.	–
Marketing	52 Std.	90 Std.	50 Std.
Beiträge	33 Std.	180 Std.	55 Std.
Leistungen	60 Std.	160 Std.	70 Std.
Vers.betreuung	48 Std.	200 Std.	40 Std.
Arbeitgeberbetreuung	42 Std.	200 Std.	65 Std.
Prävention	28 Std.	100 Std.	30 Std.
Verwaltung	27 Std.	280 Std.	10 Std.

2.6 Kostenträgerrechnung

2.6.1 Aufgaben/Überblick

Für die Entscheidungsträger einer Krankenkasse ist es wichtig zu wissen, welche Kosten entstehen, wenn bestimmte Krankenkassenleistungen erbracht werden, um

1. eine wirksame Kostenkontrolle durchzuführen,
2. einen Selbstkostenpreis zu ermitteln, z. B. für ein Mitarbeiterseminar (es könnte geklärt werden, ob es kostengünstiger ist, externe oder hausinterne Referenten einzusetzen),
3. evtl. Gesundheitspräventionsangebote hinsichtlich der Kostenhöhe beurteilen zu können.

Üblicherweise sind die wichtigsten Kostenträger die betrieblichen Leistungen, die je nach Betriebsart sehr unterschiedlich sein können.

Im Krankenkassenbereich könnten als Kostenträger beispielsweise der Versicherungsfall (z. B. „Krankengeldfall"), einzelne Bearbeitungsvorgänge (z. B. Bewilligung eines Kurantrages) oder das einzelne Mitglied gewählt werden.

Voraussetzung für die Kostenträgerrechnung ist normalerweise die Kostenstellenrechnung.

Die folgende stark vereinfachte Darstellung soll die Verteilung der Kosten auf die Kostenträger verdeutlichen:

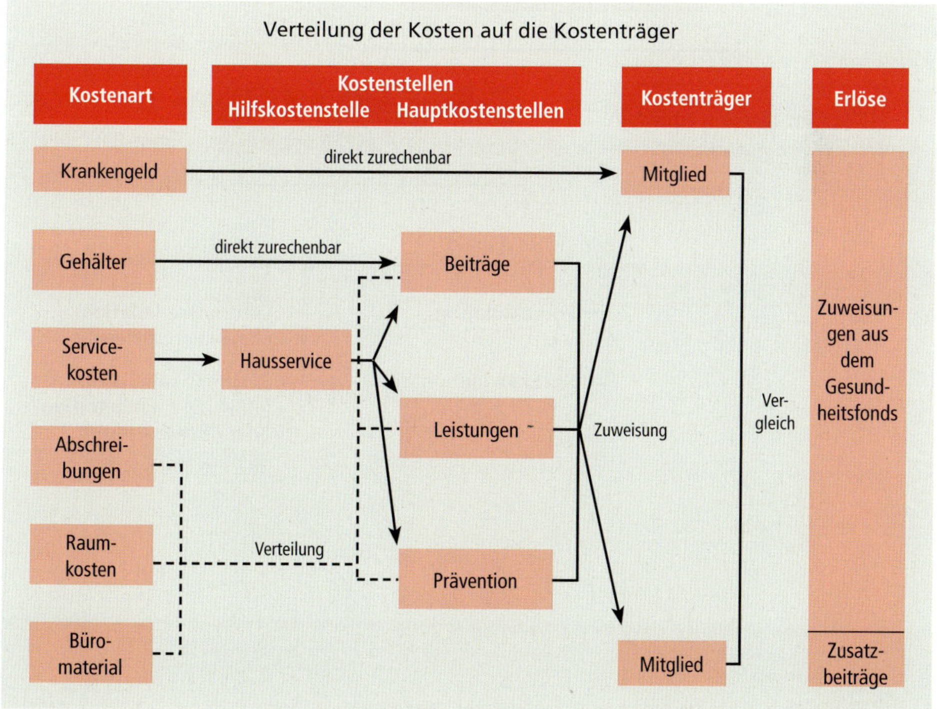

2.6.2 Arten der Kostenträgerrechnung

Die Kostenträgerrechnung lässt sich einteilen in

- Kostenträgerzeitrechnung
  (es werden die Kosten für eine bestimmte Zeitspanne – z. B. einen Monat – erfasst und auf die Kostenträger umgelegt),
- Kostenträgerstückrechnung (Kalkulation)
  (es werden die ermittelten Kosten möglichst verursachungsgerecht auf die einzelnen Kostenträger umgelegt).
  Je nach zeitlicher Richtung der Kalkulation kann man eine Vor- oder Nachkalkulation betreiben. Bei der Vorkalkulation werden im Voraus errechnete Kosten zugrunde gelegt, um über die zukünftig zu erwartende Kostenbelastung informiert zu sein (z. B. Informationsstand auf einer Verbrauchermesse). In der Nachkalkulation werden die geplanten und tatsächlich angefallenen Kosten gegenübergestellt (Kostenkontrolle).

Je nachdem, ob ein Unternehmen nur ein Produkt bzw. eine Dienstleistung oder mehrere erbringt, kann man die Kostenumlage auf die Kostenträger nach der Divisions- oder Zuschlagskalkulation vornehmen. Im ersten Fall werden die Kosten eines Bereiches durch die Leistungsmenge (Kostenträger) dieses Bereiches dividiert. Bei der Zuschlagskalkulation werden die Gemeinkosten eines Betriebes mithilfe von Gemeinkostenzuschlägen verrechnet.

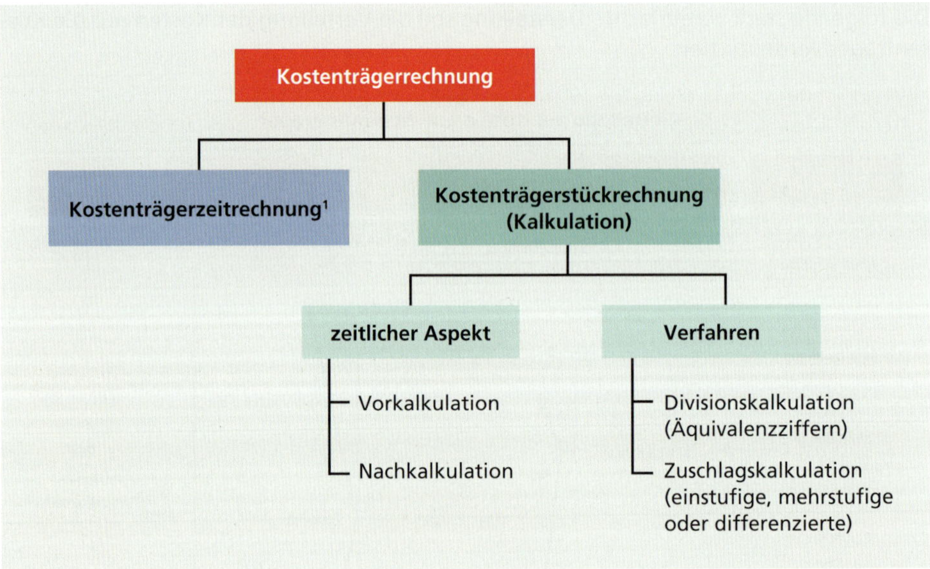

1 Auf die Kostenträgerzeitrechnung wird nicht weiter eingegangen!

2.6.3 Kostenträgerstückrechnung

2.6.3.1 Divisionskalkulation

Die einfache, auch einstufige Divisionskalkulation kommt in Betracht, wenn der gesamte Betrieb oder bestimmte Kostenstellen (Betriebsbereiche) nur eine Leistung erbringen und keine „Lagerbestandsänderungen" auftreten. Dies ist bei Krankenkassen überwiegend gegeben.

Beispiel

Die Kostenstelle „Krankenhausabrechnung" hat folgende Daten:

Ausgaben insgesamt: 2 216 000,00 €
stationär behandelte Mitglieder: 791

$$\text{Durchschnittliche Kosten pro Mitglied} = \frac{\text{Ausgaben insgesamt}}{\text{Anzahl der behandelten Mitglieder}}$$

$$\frac{2\,216\,000{,}00}{791} = \mathbf{2\,801{,}52\ €}$$

2.6.3.2 Äquivalenzziffernkalkulation

Werden in einem Teilbereich einer Krankenkasse zwar nicht identische, aber doch ähnliche Leistungen erbracht, so kann eine Sonderform der einfachen Divisionskalkulation angewendet werden, die Äquivalenzziffernkalkulation.

Beispiel

Die Kostenstelle „Versichertenbetreuung" weist folgende Daten auf:

Gesamtkosten für den Monat Februar: 192 026,25 €

Aufgrund betriebswirtschaftlicher Untersuchungen schätzt man, dass die Kosten der Betreuung eines Rentners 2,5-mal so hoch sind wie die für ein versicherungspflichtiges Mitglied in einem Beschäftigungsverhältnis.

Art	Anzahl der Versicherten	Äquivalenzziffer	Recheneinheit	Kosten insgesamt (€)	Kosten pro Person (€)
Versicherte	9 000	1	9 000	118 170,00	13,13
Rentner	2 250	2,5	5 625	73 867,50	32,83
	11 250		14 625	192 037,50	

$$\text{Kosten pro Person} = \frac{\text{Gesamtkosten}}{\text{Recheneinheiten}} = \frac{192\,026{,}25}{14\,625} = \mathbf{13{,}13\ €}$$

2.6.3.3 Einstufige Zuschlagskalkulation

In der einfachsten Form werden alle Gemeinkosten in einem einzigen prozentualen Zuschlagssatz verrechnet. Dieser ergibt sich, indem die Gemeinkosten auf die Summe der Einzelkosten bezogen werden. Der Vorteil dieser einfachen Kalkulationsmethode liegt darin, dass eine Kostenstellenrechnung entfallen kann; ihr Nachteil liegt in der fehlenden Genauigkeit.

Jede Dienstleistung wird mit einem gleich hohen Gemeinkostenzuschlag bedacht, obwohl eventuell gravierende Unterschiede bei der Inanspruchnahme von Verwaltungs-, DV- oder sonstigen Leistungen bestehen.

Beispiel

Mithilfe der Kostenartenrechnung werden folgende Zahlen ermittelt:

Einzelkosten: 364 486,00 €
Gemeinkosten: 390 000,00 €

$$\text{Ermittlung des Gemeinkostenzuschlags} = \frac{\text{Gemeinkosten} \cdot 100}{\text{Gesamtsumme Einzelkosten}}$$

$$\frac{390\,000{,}00\text{ €} \cdot 100}{364\,486{,}00\text{ €}} = \mathbf{107\ \%}$$

Es sollen die Kosten eines Seminars ermittelt werden, dessen Einzelkosten mit 15.000,00 € angesetzt werden.

	Einzelkosten	15 000,00 €
+	107 % Gemeinkostenzuschlag	+ 16 050,00 €
=	Selbstkosten	31 050,00 €

2.6.3.4 Mehrstufige/Differenzierte Zuschlagskalkulation

Basis für eine mehrstufige Zuschlagskalkulation ist die Kostenstellenrechnung, in der die Gemeinkosten auf die unterschiedlichen Kostenbereiche verteilt werden. Nimmt ein Bereich Leistungen nicht in Anspruch, dann entfällt auch die anteilige Verrechnung der Gemeinkosten. Die Verrechnung erfolgt mithilfe von Zuschlagssätzen.

Als Basis für die Ermittlung von Zuschlägen dienen u. a.

- die Kosten des Verbrauchsmaterials für den Materialgemeinkostenzuschlag,
- Personaldirektkosten für den Personalgemeinkostenzuschlag,
- die „Erstellungskosten", auch Herstellkosten genannt, für den Verwaltungsgemeinkostenzuschlag.

Die Grobstruktur eines Kalkulationsschemas für eine Krankenkasse könnte wie folgt aussehen:

	Verbrauchsmaterial		
+	Materialgemeinkostenzuschlag		
		= Materialkosten	
	Personaldirektkosten		
+	Personalgemeinkostenzuschlag		
		= + Personalkosten	(= Fertigungskosten)
		Erstellungskosten	(= Herstellkosten)
		+ Verwaltungsgemeinkostenzuschlag	
		= Selbstkosten	

Beispiel

Es soll eine Informationsschrift für versicherte Studenten erstellt werden, die über die Änderungen im Beitragsrecht in der Rentenversicherung informiert. Ausgangspunkt sind folgende Daten:

Kostenarten	in €
Materialkosten (Einzelkosten) Gemeinkosten	240 000,00 60 000,00
Personaldirektkosten (Einzelkosten) Gemeinkosten	125 000,00 250 000,00
Verwaltungskosten (Einzelkosten) Gemeinkosten	675 000,00 180 000,00

1. Berechnung der Zuschlagssätze:

$$\text{Materialgemeinkostenzuschlag} = \frac{60\,000{,}00 \cdot 100}{240\,000{,}00} = \underline{\underline{25\ \%}}$$

$$\text{Personalgemeinkostenzuschlag} = \frac{250\,000{,}00 \cdot 100}{125\,000{,}00} = \underline{\underline{200\ \%}}$$

$$\text{Verwaltungsgemeinkostenzuschlag} = \frac{180\,000{,}00 \cdot 100}{675\,000{,}00} = \underline{\underline{26{,}67\ \%}}$$

2. Kalkulation der Selbstkosten für die geplante Broschüre:

Einzelkosten: 6 000,00 € Material
5 000,00 € Personaldirektkosten

Kalkulationsschema:

	Verbrauchsmaterial	6 000,00 €	
+	25 % Materialgemeinkostenzuschlag	+ 1 500,00 €	
	Materialkosten		7 500,00 €
	Personaldirektkosten	5 000,00 €	
+	200 % Personalgemeinkostenzuschlag	+ 10 000,00 €	
	Personalkosten		15 000,00 €
	Erstellungskosten		22 500,00 €
+	26,67 % Verwaltungsgemeinkostenzuschlag		6 000,75 €
	Selbstkosten		28 500,75 €

Übungen

1. Beschreiben Sie die Aufgaben der Kostenträgerrechnung.
2. Bilden Sie vier Beispiele für Kostenträger aus dem Krankenkassenbereich.
3. Begründen Sie, weshalb eine Vor- bzw. Nachkalkulation notwendig sein kann.
4. Erklären Sie die grundsätzlichen Unterschiede zwischen der Divisions- und Zuschlagskalkulation.
5. Eine Krankenkasse führt ein neues EDV-Programm ein. Die Mitarbeiter in den Bereichen Melde- und Beitragswesen benötigen eine intensive Schulung, während die Angestellten aus dem Leistungsbereich und der Versichertenbetreuungsstelle nur über grundlegende Kenntnisse verfügen müssen.
   Die Gesamtkosten für die Schulung betragen 40 500,00 €.
   Aufgrund betriebswirtschaftlicher Untersuchungen in der Vergangenheit schätzt man, dass die Schulungskosten für das Beitragswesen 3-mal, für das Meldewesen 1,5-mal und den Leistungsbereich 0,8-mal so hoch sind wie für die Versichertenbetreuung.

Abteilungen	Anzahl der Schulungsteilnehmer
Beitragswesen	16
Meldewesen	7
Leistungsbereich	23
Vers.betreuung	148
Insgesamt	194

   Bestimmen Sie die Selbstkosten pro Mitarbeiter und für jede Abteilung
   a) nach der einfachen Divisionskalkulation und
   b) mithilfe der Äquivalenzziffernkalkulation.

6. Ermitteln Sie die Selbstkosten für eine Dialysekostenrechnung von 27 800,00 €. Wenden Sie die einfache (einstufige) Zuschlagskalkulation an. Gesamte Einzelkosten einer Krankenkasse in einer Abrechnungsperiode: 12 558 000,00 €
   Gemeinkosten:
   a) Personalgemeinkosten 5 437 900,00 €
   b) Sachkosten 1 469 000,00 €.

7. Eine Krankenkasse hat aus Wettbewerbsgründen samstags eine „Hotline" für Arbeitgeber eingerichtet. Gedacht ist an eine telefonische Beratungsstelle für Klein- und Mittelbetriebe, die häufig am Samstag ihre Buchführung und die sonstigen Schreibarbeiten erledigen.
   Es werden Krankenkassenangestellte aus unterschiedlichen Bereichen zu dieser Tätigkeit herangezogen. Nach einer bestimmten Zeit (Abrechnungsperiode) möchte die Geschäftsführung der Krankenkasse die Selbstkosten dieses Dienstleistungsangebots wissen.
   Es wurden für den Abrechnungszeitraum folgende Einzelkosten ermittelt:
   „Materialeinzelkosten" (einschließlich Telefongebühren) 480,00 €
   Personaldirektkosten
   - Leistungsabteilung: 8 Arbeitsstunden zu 24,25 €
   - Beitragsabteilung: 8 Arbeitsstunden zu 23,00 €
   - Meldeabteilung: 12 Arbeitsstunden zu 21,25 €
   - Vertragsabteilung: 4 Arbeitsstunden zu 26,50 €

   Aus der Kostenrechnung werden folgende Gemeinkostenzuschläge genannt:
   - Materialgemeinkosten: 28 % (Bezugsgröße Materialeinzelkosten)
   - Personalgemeinkosten: 90 % (Bezugsgröße Personaldirektkosten)
   - Verwaltungsgemeinkosten: 15 % (Bezugsgröße Erstellungskosten)

2.7 Die Teilkostenrechnung in Form der Deckungsbeitragsrechnung

2.7.1 Abgrenzung Vollkostenrechnung/Teilkostenrechnung

Das bisherige Vorgehen war im Wesentlichen dadurch gekennzeichnet, dass **alle entstandenen Kosten** über die Kostenstellenrechnung **auf die Kostenträger verrechnet** wurden. Man spricht in diesem Zusammenhang auch von einer **Vollkostenrechnung**.

Sie gibt ausreichende Hilfestellung bei der Ermittlung der Selbstkosten, die durch entsprechende „Erlöse" abzudecken sind.

Die Entscheidungsregel ist einfach, aber nicht unproblematisch:

Man vergleicht die auf eine Leistungseinheit entfallenden Kosten (Stückkosten) mit dem „Preis" dieser Leistungseinheit. Sind die Stückkosten höher als der gegenwärtige Preis, dann ist

- entweder der „Preis" anzuheben (falls dies der Markt zulässt) oder
- es muss auf die „Produktion" dieser Leistungseinheit verzichtet werden.

Für die Krankenkassen heißt „Preisanhebung" Erhöhung des Zusatzbeitrags, was eine Mitgliederabwanderung zu Kassen mit geringeren Zusatzbeiträgen bewirken könnte. Eine „Produktionseinstellung" bedeutet für die Krankenversicherungsträger, dass bestimmte Leistungen nicht mehr bezahlt werden. Der Leistungskatalog ist jedoch größtenteils gesetzlich festgeschrieben, sodass diese Möglichkeit nur bedingt gegeben ist.

An der **Vollkostenrechnung** werden hauptsächlich zwei **Kritikpunkte** geäußert:

- Die Vollkostenrechnung führt bei Beschäftigungsveränderungen zu **Preiskalkulationen**, die **nicht marktgerecht** sind.
  Das folgende stark vereinfachte **Beispiel** soll diese Aussage verdeutlichen: Wenn die Mitgliederzahl einer Krankenkasse sinkt und damit auch die Erlöse aus Zuweisungen aus dem Gesundheitsfonds und aus Zusatzbeiträgen zurückgehen, dann nehmen die unveränderten Fixkosten anteilsmäßig pro Mitglied zu. Aus der Sicht der Vollkostenrechnung müsste der Zusatzbeitrag angehoben werden, damit Kostendeckung erreicht wird. Dies könnte jedoch noch mehr Mitglieder zu einem Kassenwechsel veranlassen, mit der Folge, dass der Zusatzbeitrag erneut angehoben werden müsste. In dieser kritischen Situation würde eventuell eine Senkung des Zusazbeitrags neue Mitglieder anziehen, sodass der Fixkostenanteil pro Mitglied wahrscheinlich sinken würde.

- Bei der Ermittlung von Gemeinkostenzuschlägen (z. B. für Hausservice u. Ä.) **unterstellt** man einen **direkten Zusammenhang** zwischen der **Verrechnungsgrundlage** (z. B. Mitarbeiterzahl oder m²) **und den Gemeinkosten**, was nicht immer der Fall ist. Das heißt, es liegen eventuell „nicht brauchbare" Daten vor, die zu falschen Entscheidungen führen können.

2.7.2 Deckungsbeitragsrechnung

Sollen die o. a. Fehler der Vollkostenrechnung vermieden werden, dann ist eine **Teilkostenrechnung** notwendig, die in der Praxis **meistens als Deckungsbeitragsrechnung** anzutreffen ist.

In der Teilkostenrechnung werden die Kosten nach **Abhängigkeit vom Beschäftigungsgrad** in **variable** (beschäftigungsabhängige) und **fixe** (beschäftigungsunabhängige) **Kosten** eingeteilt.

- **Variable Kosten** verändern sich mit der erbrachten Leistungsmenge/dem Grad der Beschäftigung. Hierunter fallen u. a. der zu zahlende Formular- und Papierverbrauch usw.
- **Fixe Kosten** fallen unabhängig von der Ausnutzung der Kapazität der Krankenkassen an, d. h. grundsätzlich auch bei einer Leistung von 0.
  Beispiele sind Gehälter für unbefristet beschäftigte Krankenkassenangestellte oder Mietaufwand für längerfristig gemietete Geschäftsräume.

Einzelkosten sind meistens variable Kosten, Gemeinkosten sind häufig fixe Kosten, manchmal aber auch variable Kosten. Dies lässt sich nur in der jeweiligen Kostenstelle feststellen. So können Energiekosten für die Klimaanlage des Rechenzentrums fix sein, weil die Raumtemperatur, unabhängig von der Beschäftigung, konstant gehalten werden muss. Für Büroräume kann die Klimaanlage beispielsweise an Wochenenden oder Feiertagen abgeschaltet oder gedrosselt werden, d. h., die Stromkosten sind variabel. Den Zusammenhang zwischen Einzel- und Gemeinkosten sowie variablen und fixen Kosten zeigt das folgende Schaubild:

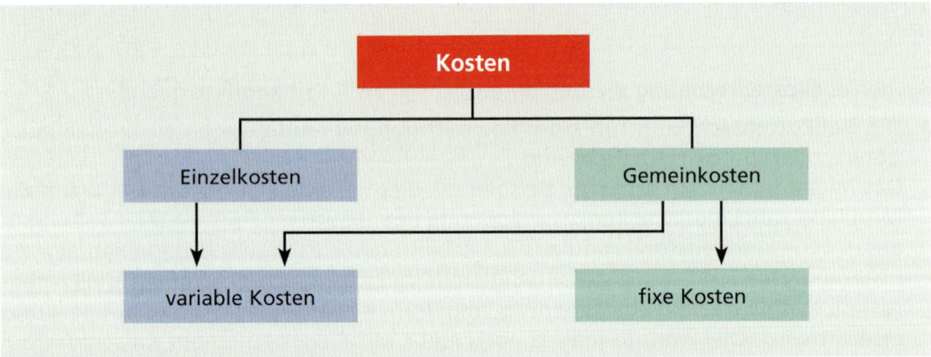

Unterstellt man aus Vereinfachungsgründen einen linearen Kostenverlauf, dann entwickeln sich die variablen Kosten proportional zum Beschäftigungsgrad. Für den Deckungsbeitrag einer „Produktionseinheit" gilt dann folgende Gleichung:

➔ **Deckungsbeitrag = Preis – variable Kosten**

Der Deckungsbeitrag gibt den Teil des „Preises“ an, der zur Abdeckung des Fixkostenblockes oder zur Gewinnerzielung dient.

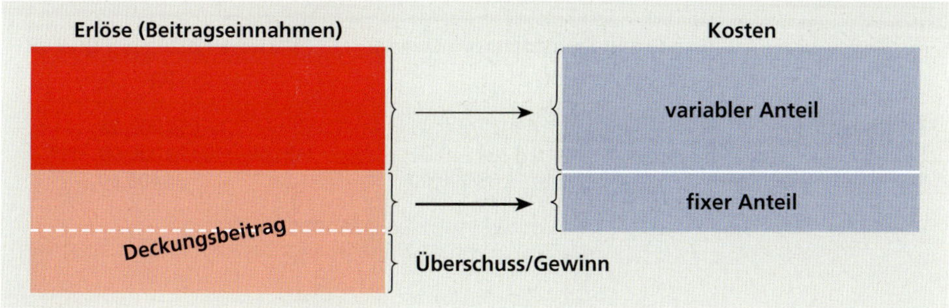

Beispiel

Fixkosten	1 000,00 €
variable Stückkosten	4,00 €
Nettostückpreis	8,00 €

Bei einer abgesetzten Menge von 50 Stück beträgt der Deckungsbeitrag:

(50 · 8,00) – (50 · 4,00) = 200,00 €

Die 200,00 € tragen zur Deckung der Fixkosten (= 1 000,00 €) bei.

Lösung

Grafische Lösung:

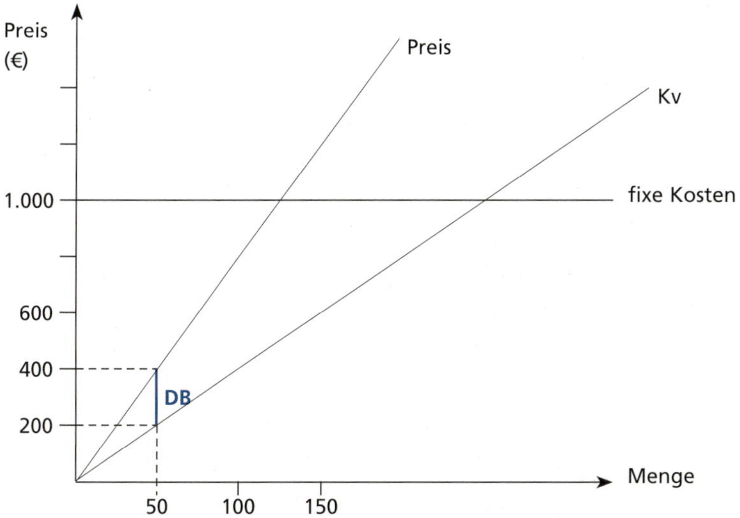

Bezogen auf die Krankenkassen könnte beispielsweise der Deckungsbeitrag pro Versicherten ermittelt werden. Eine Unterteilung in freiwillig Versicherte, pflichtversicherte Arbeitnehmer, Studenten usw. bietet Anhaltspunkte für eine erfolgreiche Steuerung von Präventions- und Betreuungsmaßnahmen, Werbeaktionen u. Ä. Mit anderen Worten, die Mitgliederstruktur kann mithilfe der Deckungsbeitragsrechnung verbessert werden.

Beispiel

Anhand folgender Zahlen sollen die jeweiligen Deckungsbeiträge errechnet werden.

Zuweisungen aus dem Gesundheitsfonds pro Quartal (€)		Variable Kosten pro Quartal (€)
Pflichtmitglieder	49 125 000,00	46 050 000,00
Rentner	6 204 750,00	6 129 000,00
Studenten/Praktikanten	33 000,00	26 400,00
Fixkosten	2 850 000,00	

Lösung

	Pflichtmitglieder in €	Rentner in €	Studenten/ Praktikanten in €	Summe in €
Zuweisungen	49 125 000,00	6 204 750,00	33 000,00	
– variable Kosten	46 050 000,00	6 129 000,00	26 400,00	
= Deckungsbeitrag	**3 075 000,00**	**75 750,00**	**6 600,00**	**3 157 350,00**
– fixe Kosten				2 850 000,00
Nettoüberschuss der Abrechnungsperiode				307 350,00

Die Zahlen zeigen, dass die angefallenen Fixkosten hauptsächlich durch den Deckungsbeitrag (DB) der Pflichtmitglieder abgedeckt werden, Studenten und Rentner tragen nur in vermeintlich geringem Maße zur Fixkostendeckung bei. Ermittelt man jedoch den relativen Deckungsbeitrag für die drei Gruppen, so ergibt sich ein anderes Bild.

$$\textbf{Relativer DB} = \frac{\textbf{100} \cdot \textbf{absoluter DB}}{\textbf{Beitragseinnahmen}} = \frac{100 \cdot 6\,600{,}00}{33\,000{,}00} = \textbf{20 \%}$$

	Pflichtmitglieder	Rentner	Studenten/ Praktikanten
relativer DB	ca. 5,8 %	ca. 1,2 %	20 %

Fazit: Verstärkte Werbung um Studenten/Praktikanten könnte positiv auf die „Erwirtschaftung" der Fixkosten und damit letztlich senkend auf den Zusatzbeitragssatz wirken.

Übungen

1. Erklären Sie, worin der wesentliche Unterschied zwischen der Vollkostenrechnung und der Teilkostenrechnung besteht.
2. Erläutern Sie zwei grundsätzliche Schwächen der Vollkostenrechnung.
3. Nehmen Sie zu folgender Aussage Stellung:
   „Die Einführung einer Teilkostenrechnung ist in unserer Krankenkasse nicht sinnvoll, weil über 50 % der Gesamtkosten Gemeinkosten sind."
4. Um Arbeitgeber an sich zu binden und aus Werbegründen vertreibt eine Krankenkasse drei Softwarepakete:
   a) Sozialversicherungsrecht Preis 24,25 €
   b) Steuerrecht Preis 21,00 €
   c) Arbeitsrecht Preis 19,25 €

   Die Verkaufszahlen und die variablen Stückkosten sind der folgenden Aufstellung zu entnehmen:

Softwarepaket	variable Stückkosten	Anzahl der verkauften Softwarepakete
a	17,85 €	2780 Stck.
b	19,90 €	3150 Stck.
c	19,05 €	680 Stck.

   Die Fixkosten betragen insgesamt 21250,00 €.
   Errechnen Sie
   ① die Deckungsbeiträge für die verkauften Softwarepakete,
   ② die relativen Deckungsbeiträge für die Abrechnungsperiode und
   ③ einen evtl. „Nettoüberschuss" für die Abrechnungsperiode.
5. Eine Krankenkasse führt für folgende Mitgliedsgruppen eine Deckungsbeitragsrechnung mithilfe der folgenden Daten durch:

Die Fixkosten betragen		1,5 Mio. €
Anzahl der **Pflichtmitglieder**	51000	
Durchschnittsbeitrag pro Mitglied		355,75 €
variable Kosten (insgesamt)		16645123,00 €
Anzahl der **beitragspflichtigen Rentner**	16400	
Durchschnittsbeitrag pro Rentner		142,70 €
variable Kosten pro Rentner		141,41 €
Anzahl der **Studenten/Praktikanten**	335	
Durchschnittsbeitrag pro ...		50,18 €
variable Kosten (insgesamt)		9122,00 €

   Ermitteln Sie den absoluten und relativen Deckungsbeitrag für jede Versichertengruppe sowie den Nettoüberschuss.

2.7.3 Stufenweise Fixkostendeckung

Bisher wurden die Fixkosten nur als ein Block betrachtet, der durch die Summe der Deckungsbeiträge abgedeckt werden muss.

Die **stufenweise Fixkostendeckungsrechnung untersucht den Fixkostenblock dahingehend, ob langfristig bestimmte Fixkosten durch Änderungen im „Produktionsprogramm" abgebaut werden können.** Dabei wird der Fixkostenblock in mehrere Schichten zerlegt und auf bestimmte Bezugsgrößen (Betriebsbereiche, Geschäftsstellen usw.) verursachungsgerecht umgelegt. Eine Zurechnung mithilfe von Verteilungsschlüsseln wird also vermieden.

Die Einteilung der Fixkosten hängt von den jeweiligen betrieblichen Erfordernissen ab. So erscheint es nicht in jedem Fall ratsam, alle nachfolgend aufgeführten „Schichten" im Krankenkassenbetrieb zu verwenden.

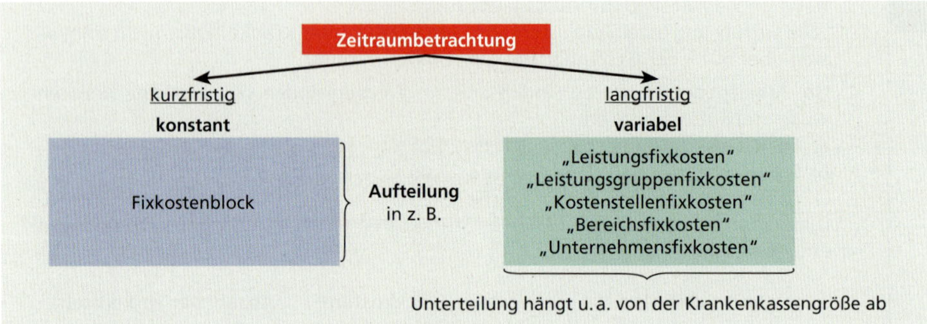

Begriff	Definition	Beispiel
„Leistungsfixkosten"	fallen bei Verzicht auf eine bestimmte Leistung künftig weg	Es wird keine Mitgliederzeitschrift in Papierform versandt.
„Leistungsgruppenfixkosten"	entfallen bei Verzicht auf eine Leistungsgruppe	kalkulatorische Abschreibungen für krankenkasseneigene Kurheime
„Kostenstellenfixkosten"	fallen nicht an, wenn auf eine/mehrere Kostenstellen verzichtet wird	Mietaufwand, Raumkosten einer Geschäftsstelle
„Bereichsfixkosten"	fallen bei Schließung eines Teilbereiches der Krankenkasse zukünftig weg, z. B. bei einer Fusion	Fixkosten für den Ausbildungsbereich
„Unternehmensfixkosten"	entfallen erst, wenn die Krankenkasse „geschlossen" wird	Fixkosten für den zentralen DV-Bereich, die Personalentwicklung usw.

Zunächst werden die Deckungsbeiträge der einzelnen „Leistungsarten" ermittelt. Hiervon sind die Leistungsfixkosten abzuziehen; anschließend fasst man die „Leistungen" zu Gruppen zusammen und zieht je Gruppe die Leistungsgruppenfixkosten ab usw.

Folgendes Schema stellt die Vorgehensweise dar:

Stufenweise Fixkostendeckungsrechnung

	Versicherten-gruppe A	Versicherten-gruppe B	Versicherten-gruppe C	Versicherten-gruppe D
Erlöse	...	...	...	...
– variable Kosten	...	...	...	...
Deckungsbeitrag I	Summe	Summe	Summe	Summe
– Leistungsfixkosten	...	...	...	...
Deckungsbeitrag II	Summe	Summe	Summe	Summe
	→ Summe ← (A + B)		→ Summe ← (C + D)	
– Leistungsgruppenfixkosten	... (A + B)		... (C + D)	
Deckungsbeitrag III	Summe (A + B)		Summe (C + D)	
	→ Summe ← (A–D)			
– Unternehmensfixkosten	... (A–D)			
Nettoüberschuss der Abrechnungsperiode	Summe (A–D)			

Beispiel

Eine Krankenkasse hat in einer Großstadt fünf Geschäftsstellen. Die Daten der „einfachen" (einstufigen) Deckungsbeitragsrechnung für eine Abrechnungsperiode sehen wie folgt aus:

	Geschäftsstellen					
	1	2	3	4	5	Summe
Erlöse (Tausend €) variable Kosten	6384 6200	3808 3800	6272 5872	2240 2100	5180 4980	23884 22952
Deckungsbeitrag	184	8	400	140	200	932
Fixkosten			930			930
Nettoüberschuss der Abrechnungsperiode						2

Der Fixkostenblock wird eingehend untersucht. Danach sind die Fixkosten folgendermaßen aufzuteilen und zuzurechnen:

Geschäftsstellen					
1	2	3	4	5	Summe
179	20	360	135	236	930

	Geschäftsstellen					
	1	2	3	4	5	Summe
Erlöse (Tausend €) variable Kosten	6384 6200	3808 3800	6272 5872	2240 2100	5180 4980	23884 22952
Deckungsbeitrag Fixkosten (Tausend €)	184 179	8 20	400 360	140 135	200 236	932 930
Nettoüberschuss der Abrechnungsperiode	5	– 12	40	5	– 36	2

Fazit: Aufgrund der stufenweisen Fixkostendeckungsrechnung wird deutlich, dass die Geschäftsstellen 2 und 5 den „Nettoüberschuss" erheblich verringern. Würde die Krankenkasse diese beiden Geschäftsstellen schließen, so hätte dies eine Kostenentlastung von 48 000,00 € zur Folge.

Die Geschäftsstellen 1 und 4 sind aufgrund der geringen Überschüsse auf Kosteneinsparungsmöglichkeiten zu untersuchen.

Übungen

1. Beschreiben Sie kurz den Unterschied zwischen der „einfachen" (einstufigen) Deckungsbeitragsrechnung und der stufenweisen Fixkostendeckungsrechnung.

2. Begründen Sie kurz, warum die stufenweise Fixkostendeckungsrechnung nur bei langfristiger Betrachtungsweise von Bedeutung ist.

3. Erstellen Sie das Berechnungsschema bis zum Deckungsbeitrag III aus folgenden Angaben:
   Unternehmensfixkosten, Beiträge, Leistungsgruppenfixkosten, variable Kosten, Leistungsfixkosten.

4. Eine Krankenkasse untersucht mithilfe der stufenweisen Fixkostendeckungsrechnung ihre Kostenstruktur bezogen auf bestimmte Mitgliedergruppen, um ggf. geeignete Gegenmaßnahmen zu ergreifen.

	Pflichtversicherte				freiwillig Versicherte				
„Versichertentypen"	1	2	3	4	5	6	7	8	Summe
Zuweisungen aus dem Gesundheitsfonds (Tausend €) variable Kosten	2 756 2 568	4 823 4 219	689 730	1 102,4 1 210	1 653,6 1 340	3 445 2 945	1 378 1 078	2 057 1 557	17 904 15 647

Die folgende Darstellung zeigt, wie die Versicherten zu Gruppen und dann zu Bereichen zusammengefasst werden. Entsprechend den gebildeten „Ebenen" werden die Fixkosten möglichst verursachungsgerecht zugeordnet.

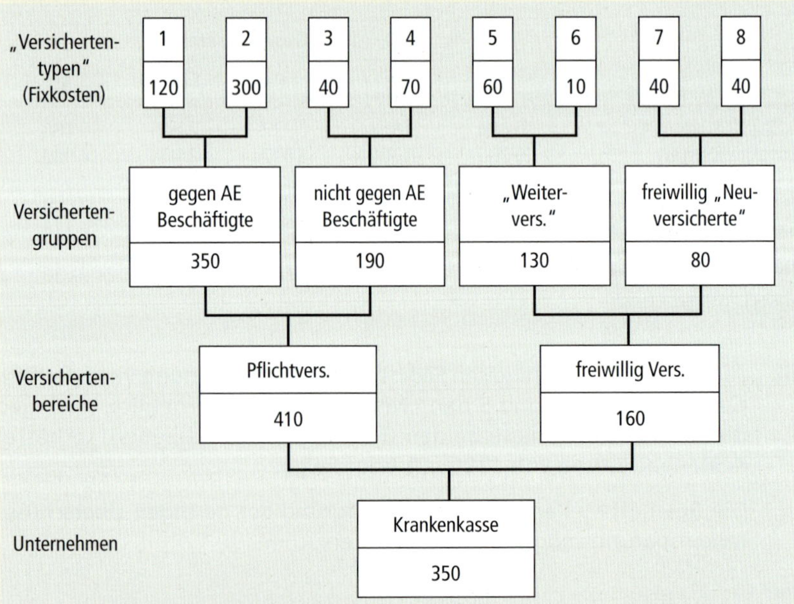

Führen Sie die stufenweise Fixkostendeckungsrechnung für die Krankenkasse mithilfe der schematisch dargestellten Lösungstabelle durch.

Anhang

- Abkürzungsverzeichnis
- Gesetze und Verordnungen
- Sachwortverzeichnis
- Kontenrahmen

Abkürzungsverzeichnis

AAG	Gesetz über den Ausgleich der Arbeitgeberaufwendungen für Entgeltfortzahlung
AF	Arbeitsförderung
AO	Abgabenordnung
BAB	Betriebsabrechnungsbogen
BG	Berufsgenossenschaft
BGB	Bürgerliches Gesetzbuch
BSG	Bundessozialgericht
BVG	Bundesversorgungsgesetz
DEÜV	Datenerfassungs- und Übermittlungsverordnung
DRV Bund	Deutsche Rentenversicherung Bund
DRV Nord	Deutsche Rentenversicherung Nord
EStG	Einkommensteuergesetz
GG	Grundgesetz
GuV	Gewinn- und Verlust-Rechnung
HGB	Handelsgesetzbuch
IHH	Investitionshaushalt
KHStatV	Krankenhausstatistikverordnung
KLR	Kosten- und Leistungsrechnung
KSVwV	Allgemeine Verwaltungsvorschrift über die Statistik in der Krankenversicherung
KV	Krankenversicherung (gesetzlich)
OEG	Opferentschädigungsgesetz
PV	Pflegeversicherung
RSVwV	Rentenstatistikverwaltungsverordnung
RV	Rentenversicherung (gesetzlich)
SGB	Sozialgesetzbuch
SV	Sozialversicherung
SVHV	Verordnung über das Haushaltswesen in der Sozialversicherung
SVRV	Verordnung über den Zahlungsverkehr, die Buchführung und die Rechnungslegung in der Sozialversicherung
SRVwV	Allgemeine Verwaltungsvorschrift über das Rechnungswesen in der Sozialversicherung
USK	Urteilssammlung Soziale Krankenversicherung
UV	Unfallversicherung (gesetzlich)
VL	Vermögenswirksame Leistungen
WoGG	Wohngeldgesetz

SVHV Verordnung über das Haushaltswesen in der Sozialversicherung

§ 1 Veranschlagung und Gliederung

(1) Im Haushaltsplan sind die Einnahmen nach dem Entstehungsgrund, die Ausgaben und die Verpflichtungsermächtigungen nach Zwecken getrennt zu veranschlagen. Für jede Einnahmeart und für jeden Einzelzweck ist eine besondere Haushaltsstelle vorzusehen.

(2) Die Gliederung des Haushaltsplanes und die Bezeichnung der Haushaltsstellen richten sich nach den für die einzelnen Versicherungszweige jeweils vorgeschriebenen Kontenrahmen. Der Haushaltsplan ist entsprechend den Kontenklassen, Kontengruppen, Kontenarten und gegebenenfalls den Konten der vorgeschriebenen Kontenrahmen zu gliedern. Die Bezeichnung der Haushaltsstelle entspricht der Kontenarten- gegebenenfalls der Kontenbezeichnung.

(3) Bei jeder Haushaltsstelle sind neben der Bezeichnung, dem Geldansatz und etwaigen Haushaltsvermerken auch der Vorjahresansatz und die tatsächlichen Einnahmen und Ausgaben des vorletzten Haushaltsjahres aufzuführen.

(4) In der Unfallversicherung können Einnahmen, deren Höhe erst im Rahmen der Umlagerechnung endgültig durch den Vorstand bestimmt wird, abweichend vom Kontenrahmen in einer Haushaltsstelle Haushaltsausgleich zusammengefasst werden.

§ 2 Abgrenzung nach Haushaltsjahren

Die Einnahmen und Ausgaben sind für das Haushaltsjahr zu veranschlagen, für das sie nach den für die einzelnen Versicherungsträger jeweils geltenden Verordnungen oder allgemeinen Verwaltungsvorschriften über das Rechnungswesen zu buchen sind.

§ 3 Grundsatz der Gesamtdeckung

Alle Einnahmen dienen als Deckungsmittel für alle Ausgaben. Auf die Verwendung für bestimmte Zwecke dürfen Einnahmen nur beschränkt werden, soweit dies durch Gesetz vorgeschrieben oder im Haushaltsplan zugelassen ist.

§ 4 Vorbemerkung, Übersichten zum Haushaltsplan

(1) In einer Vorbemerkung zum Haushaltsplan sollen Einnahmen und Ausgaben nach wichtigen Bereichen dargelegt werden.

(2) Dem Haushaltsplan ist eine Übersicht über die Planstellen der Beamten und dienstordnungsmäßig Angestellten und die Stellen der Angestellten und Arbeiter als Anlage beizufügen:

(3) Darüber hinaus sind auf Verlangen der Selbstverwaltungsorgane dem Haushaltsplan insbesondere folgende Anlagen beizufügen:

1. eine Darstellung der veranschlagten Einnahmen und Ausgaben in einer Gliederung nach Kontenklassen oder in einer Gruppierung nach bestimmten Arten (Gruppierungsübersicht)
2. eine Übersicht über die veranschlagten Verpflichtungsermächtigungen
3. eine Übersicht über die den Haushalt in Einnahmen und Ausgaben durchlaufenden Posten.

§ 5 Bruttoveranschlagung, Vollständigkeit

(1) Die Einnahmen und Ausgaben sind in voller Höhe und getrennt voneinander zu veranschlagen. Dies gilt nicht, soweit Ausnahmen in den für die einzelnen Versicherungsträger jeweils geltenden Verordnungen oder allgemeinen Verwaltungsvorschriften über das Rechnungswesen angeordnet sind. In den Fällen des Satzes 2 ist, soweit erforderlich, die Berechnung des veranschlagten Betrages in die Erläuterungen des Haushaltsplanes aufzunehmen.

(2) Als Einnahmen und Ausgaben gelten auch

1. die erfolgsunwirksamen Einnahmen und Ausgaben im Zusammenhang mit dem Verwaltungsvermögen
2. die erfolgsunwirksamen Einnahmen und Ausgaben im Zusammenhang mit dem Rücklagevermögen, soweit es in Grundstücken, Gebäuden und deren beweglicher Einrichtung angelegt ist
3. die Einnahmen aus Schuldaufnahmen (Passivzugänge) und die Ausgaben zur Schuldentilgung (Passivabgänge)
4. die Entnahmen aus dem Vermögen und die Zuführungen zum Vermögen.

(2a) ...

§ 6 Verpflichtungsermächtigungen

(1) Verpflichtungsermächtigungen sind zu veranschlagen, wenn die Ermächtigung zum Eingehen von Verpflichtungen, die zu Ausgaben in künftigen Jahren führen können, erst durch den Haushaltsplan begründet werden soll (§ 75 Abs. 1 Satz 1 SGB IV). Für bereits eingegangene Verpflichtungen dürfen Verpflichtungsermächtigungen nicht veranschlagt werden.

(2) Die Verpflichtungsermächtigungen sind bei den jeweiligen Ausgaben gesondert zu veranschlagen. Wenn Verpflichtungen zu Lasten mehrerer Haushaltsjahre eingegangen werden können, sollen die Jahresbeträge im Haushaltsplan angegeben werden.

(3) Einer Veranschlagung von Verpflichtungsermächtigungen bedarf es insbesondere nicht
1. für das Eingehen von Verpflichtungen zur Leistung von Personalausgaben
2. für den Abschluss von Tarifverträgen sowie Verträgen über die kassenärztliche Versorgung
3. für die Übernahme von Hypotheken, Grund- und Rentenschulden unter Anrechnung auf den Kaufpreis von Grundstücken.

§ 29 Vermögensrechnung

(1) In der Vermögensrechnung sind der Bestand des Vermögens und der Schulden zu Beginn des Haushaltsjahres, die wesentlichen Veränderungen während des Haushaltsjahres und der Bestand zum Ende des Haushaltsjahres nachzuweisen.

(2) Stellt der Versicherungsträger eine Bilanz auf, tritt diese an die Stelle der Vermögensrechnung. Die wesentlichen Veränderungen während des Haushaltsjahres sind nicht nachzuweisen, solange dies einen erheblichen verwaltungsmäßigen Mehraufwand erfordert.

§ 31 Interne Rechnungsprüfung

Die Jahresrechnung ist durch die für den Versicherungsträger eingerichteten Prüfstellen oder, wenn ständige Prüfstellen nicht vorhanden sind, durch einen vom Vorstand bestellten sachverständigen Prüfer zu prüfen. Über das Ergebnis der Prüfung ist ein Prüfbericht aufzustellen. Bei den in § 35a Abs. 1 SGB IV genannten Krankenkassen erfolgt die Bestellung des Prüfers nach Satz 1 durch den Verwaltungsrat.

§ 32 Entlastung

Der Vorstand hat die geprüfte Jahresrechnung zusammen mit dem Prüfbericht und einer Stellungnahme zu den Feststellungen des Prüfberichts der Vertreterversammlung vorzulegen. Soweit im Bereich der gesetzlichen Krankenversicherung ein Verwaltungsrat besteht, tritt dieser an die Stelle der Vertreterversammlung.

§ 33 Beauftragter für den Haushalt

(1) Bei jedem Versicherungsträger hat der Geschäftsführer einen Beauftragten für den Haushalt zu bestellen, soweit er diese Aufgaben nicht selbst wahrnimmt. Der Beauftragte soll dem Geschäftsführer unmittelbar unterstellt werden.

(2) Dem Beauftragten obliegen die Aufstellung der Unterlagen für den Entwurf des Haushaltsplanes sowie die Ausführung des Haushaltsplanes. Im Übrigen ist der Beauftragte bei allen Maßnahmen von finanzieller Bedeutung zu beteiligen. Er kann Aufgaben bei der Ausführung des Haushaltsplanes übertragen.

SVRV Verordnung über den Zahlungsverkehr, die Buchführung und die Rechnungslegung in der Sozialversicherung

§ 10 Grundsätze der Buchführung

(1) Die Grundsätze ordnungsmäßiger Buchführung sind zu beachten; Buchungen und Aufzeichnungen sind vollständig, richtig, zeitgerecht, geordnet und nachprüfbar vorzunehmen.

(2) Alle Buchungen müssen jederzeit in zeitlicher und sachlicher Ordnung (Zeitbuch/Journal und Sachbuch/Konten) nachweisbar sein.

(3) Die Beträge sind brutto zu buchen, das heißt ohne Abzug der Erstattungen mit Ausnahme von Rabatten und Skonti, soweit die Bestimmungen zu einzelnen Positionen des den Buchungen zugrunde zu legenden Kontenrahmens nichts anderes vorschreiben.

§ 11 Aktivierung und Bewertung

(1) Geldanlagen, Beteiligungen, Grundstücke, Gebäude, technische Anlagen sowie Gegenstände der beweglichen Einrichtung, die ohne Umsatzsteuer den Wert von 410 Euro übersteigen, sind mit den Anschaffungs- oder Herstellungskosten zu aktivieren.

(1a) Abweichend von Absatz 1 kann für Gegenstände der beweglichen Einrichtung, deren Anschaffungs- oder Herstellungskosten ohne Umsatzsteuer den Wert von 150 Euro, aber nicht 1 000 Euro übersteigen, im Jahr der Anschaffung ein Sammelposten gebildet werden.
Der Wert des Sammelpostens wird durch Veräußerungen, durch Entnahmen oder Wertminderungen nicht beeinflusst. Satz 1 ist für alle in einem Geschäftsjahr angeschafften Gegenstände der beweglichen Einrichtung einheitlich anzuwenden. Ein einmal gewähltes Verfahren muss in den folgenden Geschäftsjahren beibehalten werden. Das Verfahren kann nur mit Genehmigung der Aufsichtsbehörde geändert werden. Nähere Einzelheiten sind in der allgemeinen Verwaltungsvorschrift zu regeln.
(2) Nachträgliche Anschaffungs- oder Herstellungskosten von Gebäuden, technischen Anlagen sowie von Gegenständen der beweglichen Einrichtung sind, wenn sie zu einer erheblichen Werterhöhung führen, nach Maßgabe allgemeiner Verwaltungsvorschriften zu aktivieren.
(3) Gebäude, technische Anlagen sowie Gegenstände der beweglichen Einrichtung sind nach Maßgabe allgemeiner Verwaltungsvorschriften jährlich linear abzuschreiben.
(4) Wird der Wert von Grundstücken, Gebäuden, technischen Anlagen sowie von Gegenständen der beweglichen Einrichtung erheblich gemindert, so ist eine außerordentliche Abschreibung nach dem Grad der Wertminderung vorzunehmen.
(5) Technische Anlagen im Sinne der Absätze 1 bis 4 sind alle im Bauwerk eingebauten, daran angeschlossenen oder damit fest verbundenen technischen Anlagen oder Anlagenteile. Hierzu zählen auch technische Anlagen auf dem Grundstück einschließlich der Ver- und Entsorgung des Bauwerks.
(6) Gewinne oder Verluste aus Preis- und Kursänderungen sind erst beim Verkauf als außerordentlicher Aufwand oder Ertrag in Ansatz zu bringen.

SRVwV Allgemeine Verwaltungsvorschrift über das Rechnungswesen in der Sozialversicherung

§ 23 Zeitbuch

(1) Bei der Buchung in zeitlicher Reihenfolge sind mindestens einzutragen
1. der Buchungstag,
2. die Belegnummer,
3. der Betrag.

(2) Bei kameralistischer Buchführung müssen mindestens auch die Tagessummen getrennt nach Barzahlungen und nach unbaren Zahlungen ausgewiesen werden, sofern diese nicht in den Büchern nach § 29 Nr. 1 und 3 festgehalten werden.
(3) Werden Tagesnachweisungen, Sammelnachweisungen oder Vorbücher zum Zeitbuch geführt, müssen diese die für die Führung des Zeitbuches erforderlichen Angaben enthalten. Das Gleiche gilt auch für die Einnahmen- und Ausgabennachweisungen von Eigenbetrieben und Außenstellen mit selbstständigem Zahlungsverkehr; die von diesen geführten Nachweisungen gelten als Vorbücher zum Zeitbuch. Es genügt, wenn die Tagesergebnisse der Nachweisungen und Vorbücher mindestens monatlich – jedoch stets zum Monatsende – in das Zeitbuch übernommen werden.

§ 24 Sachbuch

(1) Das Sachbuch hat mindestens folgende Angaben zu enthalten:
1. den Buchungstag,
2. die Belegnummer,
3. den Betrag.

(2) Werden die auf dasselbe Konto entfallenden Buchungen in Tagesnachweisungen, Sammelnachweisungen oder Vorbücher eingetragen, sind die Tagessummen in längstens monatlichen Abständen – jedoch stets zum Monatsende – in das Sachbuch zu übernehmen. Das gilt auch für Nachweisungen von Eigenbetrieben und Außenstellen mit selbstständigem Zahlungsverkehr. Die Träger der gesetzlichen Unfallversicherung haben die Einnahmen aus Beiträgen spätestens für den Jahresabschluss auf die zutreffenden Buchungsstellen zu übernehmen.

§ 25 Gliederung des Sachbuches (Kontenrahmen)

(1) Die Buchungen im Sachbuch sind so vorzunehmen, dass die Vermögensveränderungen eines Geschäftsjahres sowohl aus der Vermögensrechnung als auch aus der Erfolgsrechnung ermittelt werden können. Die Buchungen sind grundsätzlich wie folgt zu gliedern: Für die Vermögensrechnung sind die Aktiva in der Kontenklasse 0 und die Passiva in der Kontenklasse 1 zu buchen; für die Erfolgsrechnung sind die Einnahmen/Erträge in den Kontenklassen 2 und 3 und die Ausgaben/Aufwendungen in den Kontenklassen 4 bis 7 zu buchen. Das Nähere über die Gliederung des Sachbuches und die Art und Weise der Buchungen ergibt sich aus den in Absatz 2 bezeichneten und als Anlagen 1 bis 8 beigefügten Kontenrahmen sowie aus den in Absatz 2 Nr. 9 genannten Kontenrahmen.

(2) Für die Buchungen im Sachbuch ist zugrunde zu legen von

1. den Krankenkassen und dem Gesundheitsfonds der „Kontenrahmen für die Träger der gesetzlichen Krankenversicherung und den Gesundheitsfonds" (Anlage 1).

...

§ 29 Sonstige Bücher

Wenn es die Sicherheit des Zahlungsverkehrs und der Buchführung oder der Umfang der Geschäftstätigkeit erfordern, sind nach näherer Bestimmung in der Kassenordnung neben Zeit-, Sach- und Beitragsbuch weitere Bücher oder Aufzeichnungen zu führen. Dabei kommen insbesondere in Betracht

1. ein Kassenbuch für alle Bareinzahlungen und Barauszahlungen,
2. Schecküberwachungsbücher zur Überwachung der Gutschrift von eingereichten Schecks bzw. zur Überwachung der Belastung durch ausgestellte Schecks,
3. Gegenbücher zur Überwachung der Zahlungsmittel auf den Girokonten.
4. Aufzeichnungen zur Überwachung von kurz- und mittelfristigen Forderungen und Verpflichtungen,
5. Aufzeichnungen zur Überwachung von Vermögensanlagen und von Schuldverpflichtungen.

§ 34 Bewertung

...

(6) Abschreibungen (§ 11Abs.3 der Sozialversicherungs-Rechnungsverordnung) sind von den Anschaffungs- oder Herstellungskosten einschließlich erheblicher Werterhöhungen mindestens einmal jährlich zu berechnen. Der Sammelposten nach § 11Abs.1a der Sozialversicherungs-Rechnungsverordnung ist im Jahr der Bildung und in den folgenden vier (Geschäfts-)Jahren mit jeweils einem Fünftel aufzulösen. Der Wert des Sammelpostens wird durch Veräußerungen, durch Entnahmen oder Wertminderungen nicht beeinflusst.

...

BVG Bundesversorgungsgesetz

§ 16 Versorgungskrankengeld

(1) Versorgungskrankengeld nach Maßgabe der folgenden Vorschriften wird gewährt

a) Beschädigten, wenn sie wegen einer Gesundheitsstörung, die als Folge einer Schädigung anerkannt ist oder durch eine anerkannte Schädigungsfolge verursacht ist, arbeitsunfähig im Sinne der Vorschriften der gesetzlichen Krankenversicherung werden; bei Gesundheitsstörungen, die nur im Sinne der Verschlimmerung als Folge einer Schädigung anerkannt sind, tritt an deren Stelle die gesamte Gesundheitsstörung, es sei denn, dass die als Folge einer Schädigung anerkannte Gesundheitsstörung auf die Arbeitsunfähigkeit ohne Einfluss ist,

b) Beschädigten, wenn sie wegen anderer Gesundheitsstörungen arbeitsunfähig werden, sofern ihnen wegen dieser Gesundheitsstörungen Heil- oder Krankenbehandlung zu gewähren ist (§ 10 Abs. 2, 5 Buchst. a und Abs. 7),

c) Witwen und hinterbliebenen Lebenspartnern (§§ 38, 42 bis 44 und 48), Waisen (§§ 45 und 48) und versorgungsberechtigten Eltern (§§ 49 bis 51), wenn sie arbeitsunfähig werden, sofern ihnen Krankenbehandlung zu gewähren ist (§10 Abs. 4 Buchst. c und Abs. 7).

(2) Als arbeitsunfähig im Sinne der §§ 16 bis 16 f ist auch der Berechtigte anzusehen, der

a) wegen der Durchführung einer stationären Behandlungsmaßnahme der Heil- oder Krankenbehandlung, einer Badekur oder

b) ohne arbeitsunfähig zu sein, wegen einer anderen Behandlungsmaßnahme der Heil- oder Krankenbehandlung, ausgenommen die Anpassung und die Instandsetzung von Hilfsmitteln,

keine ganztägige Erwerbstätigkeit ausüben kann.

(3) [1]Anspruch auf Versorgungskrankengeld besteht auch dann, wenn Heil- oder Krankenbehandlung vor Anerkennung des Versorgungsanspruchs nach § 10 Abs. 8 gewährt oder eine Badekur durchgeführt wird. [2]Einem versorgungsberechtigten Kind steht im Falle einer schädigungsbedingten Erkrankung und dadurch erforderlichen Beaufsichtigung, Betreuung oder Pflege für den betreuenden Elternteil ein Anspruch auf Versorgungskrankengeld in entsprechender Anwendung des § 45 SGBV zu.

(4) [1]Der Anspruch auf Versorgungskrankengeld ruht, solange der Berechtigte Arbeitslosengeld, Unterhaltsgeld, Mutterschaftsgeld oder Kurzarbeitergeld bezieht. [2]Das gilt nicht für die Dauer einer stationären Behandlungsmaßnahme der Heil- oder Krankenbehandlung oder einer Badekur. [3]Es besteht kein Anspruch auf Versorgungskrankengeld, wenn unmittelbar vor der Arbeitsunfähigkeit Arbeitslosengeld II bezogen wurde.
Satz 2 geändert und Satz 3 angefügt durch G vom 13.12.2007 (BGBl I S. 2904) (**21.12.2007**).

(5) [1]Der Anspruch auf Versorgungskrankengeld ruht während der Elternzeit nach dem BEEG. [2]Dies gilt nicht, wenn die Arbeitsunfähigkeit vor Beginn der Elternzeit eingetreten ist oder das Versorgungskrankengeld aus dem Arbeitsentgelt zu berechnen ist, das durch Erwerbstätigkeit während der Elternzeit erzielt wurde.

§ 19 Erstattung von Aufwendungen

[1]Den Krankenkassen werden Aufwendungen für Leistungen erstattet, die sie nach § 18c erbracht haben. [2]Aufwendungen für ihre Mitglieder werden ihnen nur erstattet, soweit diese Aufwendungen durch Behandlung anerkannter Schädigungsfolgen entstanden sind.

§ 20 Pauschale Abgeltung

(1) Die Erstattungsansprüche der Krankenkassen nach § 19 werden pauschal abgegolten. Grundlage für die Festsetzung des Pauschalbetrages eines Kalenderjahres ist die Erstattung des Vorjahres. Sie wird um den Vom-Hundert-Satz verändert, um den sich die Zahl der rentenberechtigten Beschädigten und Hinterbliebenen am 1. Juli des Jahres im Vergleich zum 1. Juli des Vorjahres verändert hat. Dieses Ergebnis wird dann um den Vom-Hundert-Satz verändert, um den sich die Ausgaben der Krankenkassen je Mitglied und Rentner einschließlich Familienangehörige für ärztliche und zahnärztliche Behandlung (ohne Zahnersatz und ohne kieferorthopädische Behandlung), für Arznei- und Verbandmittel, für Heilmittel, für Krankenhausbehandlung und für Fahrkosten jeweils im ersten Halbjahr gegenüber dem ersten Halbjahr des Vorjahres verändert haben. Mit der Zahlung dieses Pauschalbetrages sind die in § 19 genannten Aufwendungen der Krankenkassen abgegolten.

(2) Das Bundesministerium für Arbeit und Soziales zahlt die Pauschalbeträge an den AOK-Bundesverband, der sie für die Krankenkassen in Empfang nimmt. Zum Ende jeden Kalendervierteljahres werden Teilbeträge gezahlt. Für die Berechnung der Teilbeträge wird der Pauschalbetrag des Vorjahres um 10 vom Hundert vermindert. Solange die in Absatz 1 genannten Vergleichsdaten nicht vorliegen, werden Abschlagszahlungen in Höhe des Pauschalbetrags des Vorjahres vermindert um 10 vom Hundert erbracht. Der AOK-Bundesverband verteilt die Beträge auf die Spitzenverbände der Krankenkassen mit deren Einvernehmen; die Verteilung soll sich nach dem Verhältnis der Anteile der einzelnen Krankenkassenarten an den Erstattungen nach den §§ 19 und 20 in der bis zum 31. Dezember 1993 geltenden Fassung zum Erstattungsvolumen aller Krankenkassen des Haushaltsjahres 1993 richten.

(3) Den Krankenkassen werden für die Erbringung von Leistungen nach § 18c Verwaltungskosten in Höhe von 3,25 vom Hundert des Pauschalbetrages nach Absatz 1 erstattet. Die Aufteilung dieses Betrages auf die einzelnen Länder richtet sich nach der Zahl der rentenberechtigten Beschädigten und Hinterbliebenen jeweils am 1. Juli des Jahres. Das Bundesministerium für Arbeit und Soziales gibt die von den Ländern zu zahlenden Anteile bekannt. Absatz 2 gilt entsprechend.

(4) Für von den Ländern zu tragende Aufwendungen nach Gesetzen, die eine entsprechende Anwendung dieses Gesetzes vorsehen, gelten die Absätze 1, 2 und 3 nur, soweit dies ausdrücklich vorgesehen ist.

SGB I	Buch – Allgemeiner Teil

§ 44 Verzinsung

(1) Ansprüche auf Geldleistungen sind nach Ablauf eines Kalendermonats nach dem Eintritt ihrer Fälligkeit bis zum Ablauf des Kalendermonats vor der Zahlung mit 4 v. H. zu verzinsen.

(2) Die Verzinsung beginnt frühestens nach Ablauf von sechs Kalendermonaten nach Eingang des vollständigen Leistungsantrags beim zuständigen Leistungsträger, beim Fehlen eines Antrags nach Ablauf eines Kalendermonats nach der Bekanntgabe der Entscheidung über die Leistung.

(3) Verzinst werden volle Euro-Beträge. Dabei ist der Kalendermonat mit 30 Tagen zugrunde zu legen.

SGB IV	Buch – Gemeinsame Vorschriften für die Sozialversicherung

§ 18 Bezugsgröße

(1) Bezugsgröße im Sinne der Vorschriften für die Sozialversicherung ist, soweit in den besonderen Vorschriften für die einzelnen Versicherungszweige nichts Abweichendes bestimmt ist, das Durchschnittsentgelt der gesetzlichen Rentenversicherung im vorvergangenen Kalenderjahr, aufgerundet auf den nächsthöheren, durch 420 teilbaren Betrag.

(2) Die Bezugsgröße für das Beitrittsgebiet (Bezugsgröße [Ost]) verändert sich zum 01.01. eines jeden Kalenderjahres auf den Wert, der sich ergibt, wenn der für das vorvergangene Kalenderjahr geltende Wert der Anlage 1 zum SGB VI durch den für das Kalenderjahr der Veränderung bestimmten vorläufigen Wert der Anlage 10 zum SGB VI geteilt wird, aufgerundet auf den nächsthöheren, durch 420 teilbaren Betrag.

(3) Beitrittsgebiet ist das in Artikel 3 des Einigungsvertrages genannte Gebiet.

§ 23 Fälligkeit

(1) Laufende Beiträge, die geschuldet werden, werden entsprechend den Regelungen der Satzung der Krankenkasse und den Entscheidungen des Spitzenverbandes Bund der Krankenkassen fällig. Beiträge, die nach dem Arbeitsentgelt oder dem Arbeitseinkommen zu bemessen sind, sind in voraussichtlicher Höhe der Beitragsschuld spätestens am drittletzten Bankarbeitstag des Monats fällig, in dem die Beschäftigung oder Tätigkeit, mit der das Arbeitsentgelt oder Arbeitseinkommen erzielt wird, ausgeübt worden ist oder als ausgeübt gilt; ein verbleibender Restbeitrag wird zum drittletzten Bankarbeitstag des Folgemonats fällig. Der Arbeitgeber kann abweichend von Satz 2 den Betrag in Höhe der Beiträge des Vormonats zahlen, wenn Änderungen der Beitragsabrechnung regelmäßig durch Mitarbeiterwechsel oder variable Entgeltbestandteile dies erfordern; für einen verbleibenden Restbetrag bleibt es bei der Fälligkeit zum drittletzten Bankarbeitstag des Folgemonats. Sonstige Beiträge werden spätestens am Fünfzehnten des Monats fällig, der auf den Monat folgt, für den sie zu entrichten sind. Die erstmalige Fälligkeit der Beiträge für die nach § 3 Satz 1 Nummer 1a des Sechsten Buches versicherten Pflegepersonen ist abhängig von dem Zeitpunkt, zu dem die Pflegekasse, das private Versicherungsunternehmen, die Festsetzungsstelle für die Beihilfe oder der Dienstherr bei Heilfürsorgeberechtigten die Versicherungspflicht der Pflegeperson festgestellt hat oder ohne Verschulden hätte feststellen können. Wird die Feststellung in der Zeit vom Ersten bis zum Fünfzehnten eines Monats getroffen, werden die Beiträge erstmals spätestens am Fünfzehnten des folgenden Monats fällig; wird die Feststellung in der Zeit vom Sechzehnten bis zum Ende eines Monats getroffen, werden die Beiträge erstmals am Fünfzehnten des zweiten darauffolgenden Monats fällig; das Nähere vereinbaren die Spitzenverbände der beteiligten Träger der Sozialversicherung, der Verband der privaten Krankenversicherung e. V. und die Festsetzungsstellen für die Beihilfe.

(2) …

(2a) …

(3) Geschuldete Beiträge der Unfallversicherung werden am Fünfzehnten des Monats fällig, der dem Monat folgt, in dem der Beitragsbescheid dem Zahlungspflichtigen bekannt gegeben worden ist; Entsprechendes gilt für Beitragsvorschüsse, wenn der Bescheid hierüber keinen anderen Fälligkeitstermin bestimmt. Die landwirtschaftliche Berufsgenossenschaft kann in ihrer Satzung von Satz 1 abweichende Fälligkeitstermine bestimmen. Für den Tag der Zahlung und die zulässigen Zahlungsmittel gelten die für den Gesamtsozialversicherungsbeitrag geltenden Bestimmungen entsprechend. Die Fälligkeit von Beiträgen für geringfügig Beschäftigte in Privathaushalten, die nach § 28a Absatz 7 der Einzugsstelle gemeldet worden sind, richtet sich abweichend von Satz 1 nach Absatz 2a.

(4) Besondere Vorschriften für einzelne Versicherungszweige, die von den Absätzen 1 bis 3 abweichen oder abweichende Bestimmungen zulassen, bleiben unberührt.

§ 30 Eigene und übertragene Aufgaben

(1) Die Versicherungsträger dürfen nur Geschäfte zur Erfüllung ihrer gesetzlich vorgeschriebenen oder zugelassenen Aufgaben führen und ihre Mittel nur für diese Aufgaben sowie die Verwaltungskosten verwenden.

(2) Den Versicherungsträgern dürfen Aufgaben anderer Versicherungsträger und Träger öffentlicher Verwaltung nur auf Grund eines Gesetzes übertragen werden; dadurch entstehende Kosten sind ihnen zu erstatten. Verwaltungsvereinbarungen der Versicherungsträger zur Durchführung ihrer Aufgaben bleiben unberührt.

(3) ...

§ 67 Aufstellung des Haushaltsplanes

(1) Die Versicherungsträger stellen für jedes Kalenderjahr (Haushaltsjahr) einen Haushaltsplan auf, der alle im Haushaltsjahr voraussichtlich zu leistenden Ausgaben und voraussichtlich benötigten Verpflichtungsermächtigungen sowie alle im Haushaltsjahr zu erwartenden Einnahmen enthält.

(2) Im Haushaltsplan sind die Stellen für die Beamten und die dienstordnungsmäßig Angestellten der Versicherungsträger nach Besoldungsgruppen auszubringen; für die übrigen Beschäftigten der Versicherungsträger sind die Haushaltsansätze nach Vergütungs- und Lohngruppen zu erläutern.

§ 68 Bedeutung und Wirkung des Haushaltsplanes

(1) [1]Der Haushaltsplan dient der Feststellung der Mittel, die zur Erfüllung der Aufgaben des Versicherungsträgers im Haushaltsjahr voraussichtlich erforderlich sind. [2]Er ist die Grundlage für die Haushalts- und Wirtschäftsführung und stellt sicher, dass insbesondere die gesetzlich vorgeschriebenen Ausgaben rechtzeitig geleistet werden können.

(2) Durch den Haushaltsplan werden Ansprüche oder Verbindlichkeiten weder begründet noch aufgehoben.

§ 69 Ausgleich, Wirtschaftlichkeit und Sparsamkeit, Kosten- und Leistungsrechnung, Personalbedarfsermittlung

(1) Der Haushalt ist in Einnahme und Ausgabe auszugleichen.

(2) Bei der Aufstellung und Ausführung des Haushaltsplans hat der Versicherungsträger sicherzustellen, dass er die ihm obliegenden Aufgaben unter Berücksichtigung der Grundsätze der Wirtschaftlichkeit und Sparsamkeit erfüllen kann.

(3) Für alle finanzwirksamen Maßnahmen sind angemessene Wirtschaftlichkeitsuntersuchungen durchzuführen.

(4) In geeigneten Bereichen ist eine Kosten- und Leistungsrechnung einzuführen.

(5) Die Träger der Kranken- und Rentenversicherung, die gewerblichen Berufsgenossenschaften, die Unfallversicherungsträger der öffentlichen Hand sowie die Sozialversicherung für Landwirtschaft, Forsten und Gartenbau führen in geeigneten Bereichen ein Benchmarking durch.

(6) Die Sozialversicherungsträger dürfen Planstellen und Stellen nur ausbringen, soweit sie unter Anwendung angemessener und anerkannter Methoden der Personalbedarfsermittlung begründet sind. Die Erforderlichkeit der im Haushaltsplan ausgebrachten Planstellen und Stellen ist bei gegebenem Anlass, im Übrigen regelmäßig zu überprüfen.

§ 70 Haushaltsplan

(1) Der Haushaltsplan wird vom Vorstand aufgestellt. Die Vertreterversammlung stellt ihn fest.

(2) Der Haushaltsplan der Träger der Unfallversicherung ist vor Beginn des Kalenderjahrs, für das er gelten soll, der Aufsichtsbehörde vorzulegen, wenn diese es verlangt.

...

(5) Die Träger der Krankenversicherung und die Träger der Pflegeversicherung haben den vom Vorstand aufgestellten Haushaltsplan spätestens am 1. November vor Beginn des Kalenderjahrs, für das er gelten soll, der Aufsichtsbehörde vorzulegen, wenn diese es verlangt. Auf Verlangen der Aufsichtsbehörde ist der Haushaltsplan zusätzlich in einer maschinell auswertbaren Form zu übermitteln. Näheres hierzu, insbesondere zur Form und Struktur der Datenmeldung, wird von den Aufsichtsbehörden mit dem

Spitzenverband Bund der Krankenkassen vereinbart. Die Aufsichtsbehörde kann den Haushaltsplan oder einzelne Ansätze innerhalb von einem Monat nach Vorlage beanstanden, soweit gegen Gesetz oder sonstiges für den Träger maßgebendes Recht verstoßen wird, insbesondere soweit dadurch die wirtschaftliche Leistungsfähigkeit des Versicherungsträgers zur Erfüllung seiner Verpflichtungen gefährdet wird.

§ 78 Verordnungsermächtigung
[1]Die Bundesregierung wird ermächtigt, durch Rechtsverordnung mit Zustimmung des Bundesrates für die Sozialversicherungsträger mit Ausnahme der BA Grundsätze über die Aufstellung des Haushaltsplanes, seine Ausführung, die Rechnungsprüfung und die Entlastung sowie die Zahlung, die Buchführung und die Rechnungslegung zu regeln. [2]Die Regelung ist nach den Grundsätzen des für den Bund und die Länder geltenden Haushaltsrechts vorzunehmen; sie hat die Besonderheiten der Sozialversicherung und der einzelnen Versicherungszweige zu berücksichtigen.

§ 80 Verwaltung der Mittel
(1) Die Mittel des Versicherungsträgers sind so anzulegen und zu verwalten, dass ein Verlust ausgeschlossen erscheint, ein angemessener Ertrag erzielt wird und eine ausreichende Liquidität gewährleistet ist.
(2) Die Mittel der Versicherungsträger sind getrennt von den Mitteln Dritter zu verwalten.

§ 81 Betriebsmittel
Die Versicherungsträger haben nach Maßgabe der besonderen Vorschriften für die einzelnen Versicherungszweige kurzfristig verfügbare Mittel zur Bestreitung ihrer laufenden Ausgaben sowie zum Ausgleich von Einnahme- und Ausgabeschwankungen (Betriebsmittel) bereitzuhalten.

§ 82 Rücklage
Die Versicherungsträger haben nach Maßgabe der besonderen Vorschriften für die einzelnen Versicherungszweige zur Sicherstellung ihrer Leistungsfähigkeit, insbesondere für den Fall, dass Einnahme- und Ausgabeschwankungen durch Einsatz der Betriebsmittel nicht mehr ausgeglichen werden können, eine Rücklage bereitzuhalten.

§ 83 Anlegung der Rücklage
(1) Die Rücklage kann, soweit in den besonderen Vorschriften für die einzelnen Versicherungszweige nichts Abweichendes bestimmt ist und die Anlage den dort geregelten Liquiditätserfordernissen entspricht, nur angelegt werden in
   1. [1]Schuldverschreibungen von Ausstellern mit Sitz in einem Mitgliedstaat der EG, wenn die Schuldverschreibungen an einer Börse in der EG zum amtlichen Handel zugelassen sind oder in einen anderen organisierten Markt in einem Mitgliedstaat der EG einbezogen sind, der anerkannt und für das Publikum offen ist und dessen Funktionsweise ordnungsgemäß ist. [2]Wertpapiere gemäß Satz 1, deren Zulassung in den amtlichen Handel an einer Börse in der EG oder deren Einbeziehung in einen organisierten Markt in einem Mitgliedstaat der EG nach den Ausgabebedingungen zu beantragen ist, dürfen ebenfalls erworben werden, sofern die Zulassung oder Einbeziehung innerhalb eines Jahres nach ihrer Ausgabe erfolgt,
   2. Schuldverschreibungen und sonstige Gläubigerrechte verbriefende Wertpapiere von Ausstellern mit Sitz in einem Mitgliedstaat der EG, wenn für die Einlösung der Forderung eine öffentlich-rechtliche Gewährleistung besteht oder eine Sicherungseinrichtung der Kreditwirtschaft für die Einlösung der Forderung eintritt oder kraft Gesetzes eine besondere Deckungsmasse besteht,
   3. Schuldbuchforderungen gegen öffentlich-rechtliche Stellen aus dem Gebiet der EG,
   4. Forderungen aus Darlehen und Einlagen gegen
      a) öffentlich-rechtliche Gebiets- oder Personenkörperschaften oder Sondervermögen aus dem Gebiet der EG,
      b) Personen und Gesellschaften des privaten Rechts aus dem Gebiet der EG, wenn für die Forderungen eine öffentlich-rechtliche Einrichtung die Gewährleistung für Rückzahlung und Verzinsung übernimmt oder wenn bei Kreditinstituten eine Sicherungseinrichtung der Kreditwirtschaft in die Gewährleistung eintritt,

5. Anteilen an Sondervermögen nach dem [richtig] InvG, wenn sichergestellt ist, dass für das Sondervermögen nur Vermögensgegenstände gemäß den Nummern 1 bis 4 und 8 dieser Vorschrift erworben werden dürfen,
6. Forderungen, für die eine sichere Hypothek, Grund- oder Rentenschuld an einem Grundstück, Wohnungseigentum oder Erbbaurecht im Bereich der EG besteht,
7. Beteiligungen an gemeinnützigen Einrichtungen, soweit die Zweckbestimmung der Mittelhingabe vorwiegend den Aufgaben des Versicherungsträgers dient sowie Darlehen für gemeinnützige Zwecke,
8. Grundstücken und grundstücksgleichen Rechten im Gebiet der EG.

(2) [1]Die Anlegung der Rücklage soll grds. in der im Inland geltenden Währung erfolgen. [2]Der Erwerb von auf die Währung eines anderen Mitgliedstaates der EG lautenden Forderungen ist nur in Verbindung mit einem Kurssicherungsgeschäft zulässig.

(3) Anlagen für soziale Zwecke sollen mit Vorrang berücksichtigt werden.

(4) Den Staaten der Europäischen Gemeinschaften in den Absätzen 1 und 2 stehen die Staaten des Abkommens über den Europäischen Wirtschaftsraums und die Schweiz gleich.

SGB V Buch – Gesetzliche Krankenversicherung

§ 10 Familienversicherung

(1) Versichert sind der Ehegatte, der Lebenspartner und die Kinder von Mitgliedern sowie die Kinder von familienversicherten Kindern, wenn diese Familienangehörigen
1. ihren Wohnsitz oder gewöhnlichen Aufenthalt im Inland haben,
2. nicht nach § 5 Abs. 1 Nr. 1, 2, 3 bis 8, 11 oder 12 oder nicht freiwillig versichert sind,
3. nicht versicherungsfrei oder nicht von der Versicherungspflicht befreit sind; dabei bleibt die Versicherungsfreiheit nach § 7 außer Betracht,
4. nicht hauptberuflich selbständig erwerbstätig sind und
5. kein Gesamteinkommen haben, das regelmäßig im Monat ein Siebtel der monatlichen Bezugsgröße nach § 18 des Vierten Buches überschreitet; bei Renten wird der Zahlbetrag ohne den auf Entgeltpunkte für Kindererziehungszeiten entfallenden Teil berücksichtigt; für geringfügig Beschäftigte nach § 8 Abs. 1 Nr. 1, § 8a des Vierten Buches beträgt das zulässige Gesamteinkommen 450,00 €.

Eine hauptberufliche selbständige Tätigkeit im Sinne des Satzes 1 Nr. 4 ist nicht deshalb anzunehmen, weil eine Versicherung nach § 1 Abs. 3 des Gesetzes über die Alterssicherung der Landwirte vom 29. Juli 1994 (BGBl. I S. 1890, 1891) besteht. Das Gleiche gilt bis zum 31. Dezember 2018 für eine Tagespflegeperson, die bis zu fünf gleichzeitig anwesende, fremde Kinder in Tagespflege betreut. Ehegatten und Lebenspartner sind für die Dauer der Schutzfristen nach § 3 Abs. 2 und § 6 Abs. 1 des Mutterschutzgesetzes sowie der Elternzeit nicht versichert, wenn sie zuletzt vor diesen Zeiträumen nicht gesetzlich krankenversichert waren.

(2) Kinder sind versichert
1. bis zur Vollendung des achtzehnten Lebensjahres,
2. bis zur Vollendung des dreiundzwanzigsten Lebensjahres, wenn sie nicht erwerbstätig sind,
3. bis zur Vollendung des fünfundzwanzigsten Lebensjahres, wenn sie sich in Schul- oder Berufsausbildung befinden oder ein freiwilliges soziales Jahr oder ein freiwilliges ökologisches Jahr im Sinne des Jugendfreiwilligendienstegesetzes oder Bundesfreiwilligendienst nach dem Bundesfreiwilligendienstgesetz leisten; wird die Schul- oder Berufsausbildung durch Erfüllung einer gesetzlichen Dienstpflicht des Kindes unterbrochen oder verzögert, besteht die Versicherung auch für einen der Dauer dieses Dienstes entsprechenden Zeitraum über das fünfundzwanzigste Lebensjahr hinaus; dies gilt ab dem 1. Juli 2011 auch bei einer Unterbrechung oder Verzögerung durch den freiwilligen Wehrdienst nach § 58b des Soldatengesetzes, einen Freiwilligendienst nach dem Bundesfreiwilligendienstgesetz, dem Jugendfreiwilligendienstegesetz oder einen vergleichbaren anerkannten Freiwilligendienst oder durch eine Tätigkeit als Entwicklungshelfer im Sinne des § 1 Abs. 1 des Entwicklungshelfer-Gesetzes für die Dauer von höchstens zwölf Monaten,

1 $^{1}/_{7}$ seit 01.01.2016 = 415,00 €

4. ohne Altersgrenze, wenn sie als behinderte Menschen (§ 2 Abs. 1 Satz 1 des Neunten Buches) außerstande sind, sich selbst zu unterhalten; Voraussetzung ist, dass die Behinderung zu einem Zeitpunkt vorlag, in dem das Kind nach Nummer 1, 2 oder 3 versichert war.

(3) Kinder sind nicht versichert, wenn der mit den Kindern verwandte Ehegatte oder Lebenspartner des Mitglieds nicht Mitglied einer Krankenkasse ist und sein Gesamteinkommen regelmäßig im Monat ein Zwölftel der Jahresarbeitsentgeltgrenze übersteigt und regelmäßig höher als das Gesamteinkommen des Mitglieds ist; bei Renten wird der Zahlbetrag berücksichtigt.

(4) Als Kinder im Sinne der Absätze 1 bis 3 gelten auch Stiefkinder und Enkel, die das Mitglied überwiegend unterhält, sowie Pflegekinder (§ 56 Abs. 2 Nr. 2 des Ersten Buches). Kinder, die mit dem Ziel der Annahme als Kind in die Obhut des Annehmenden aufgenommen sind und für die die zur Annahme erforderliche Einwilligung der Eltern erteilt ist, gelten als Kinder des Annehmenden und nicht mehr als Kinder der leiblichen Eltern. Stiefkinder im Sinne des Satzes 1 sind auch die Kinder des Lebenspartners eines Mitglieds.

(5) Sind die Voraussetzungen der Absätze 1 bis 4 mehrfach erfüllt, wählt das Mitglied die Krankenkasse.

(6) Das Mitglied hat die nach den Absätzen 1 bis 4 Versicherten mit den für die Durchführung der Familienversicherung notwendigen Angaben sowie die Änderung dieser Angaben an die zuständige Krankenkasse zu melden. Der Spitzenverband Bund der Krankenkassen legt für die Meldung nach Satz 1 ein einheitliches Verfahren und einheitliche Meldevordrucke fest.

§ 12 Wirtschaftlichkeitsgebot

(1) Die Leistungen müssen ausreichend, zweckmäßig und wirtschaftlich sein; sie dürfen das Maß des Notwendigen nicht überschreiten. Leistungen, die nicht notwendig oder unwirtschaftlich sind, können Versicherte nicht beanspruchen, dürfen die Leistungsträger nicht bewirken und die Krankenkassen nicht bewilligen. ...

§ 24i Mutterschaftsgeld

(1) Weibliche Mitglieder, die bei Arbeitsunfähigkeit Anspruch auf Krankengeld haben oder denen wegen der Schutzfristen nach § 3 Absatz 2 und § 6 Absatz 1 des Mutterschutzgesetzes kein Arbeitsentgelt gezahlt wird, erhalten Mutterschaftsgeld. Mutterschutzgeld erhalten auch Frauen,
   1. deren Arbeitsverhältnis unmittelbar vor Beginn der Schutzfrist nach § 3 Absatz 2 des Mutterschutzgesetzes endet, wenn sie am letzten Tag des Arbeitsverhältnisses Mitglied einer Krankenkasse waren, oder
   2. die zu Beginn der Schutzfrist nach § 3 Absatz 2 des Mutterschutzgesetzes die Voraussetzungen nach Satz 1 nicht erfüllen, weil ihr Anspruch auf Arbeitslosengeld nach den §§ 157 oder 159 des Dritten Buches ruht.

Absatz 1 Satz 2 angefügt durch G vom 16.2.2015 (BGBl. S.1211) (23.7.2015)

(2) Für Mitglieder, die bei Beginn der Schutzfrist nach § 3 Absatz 2 des Mutterschutzgesetzes in einem Arbeitsverhältnis stehen oder in Heimarbeit beschäftigt sind oder deren Arbeitsverhältnis während ihrer Schwangerschaft oder der Schutzfrist nach § 6 Absatz 1 des Mutterschutzgesetzes nach Maßgabe von § 9 Absatz 3 des Mutterschutzgesetzes aufgelöst worden ist, wird als Mutterschaftsgeld das um die gesetzlichen Abzüge verminderte durchschnittliche kalendertägliche Arbeitsentgelt der letzten drei abgerechneten Kalendermonate vor Beginn der Schutzfrist nach § 3 Absatz 2 des Mutterschutzgesetzes gezahlt. Es beträgt höchstens 13,00 € für den Kalendertag. Einmalig gezahltes Arbeitsentgelt (§ 23a des Vierten Buches) sowie Tage, an denen infolge von Kurzarbeit, Arbeitsausfällen oder unverschuldeten Arbeitsversäumnissen kein oder ein vermindertes Arbeitsentgelt erzielt wurde, bleiben außer Betracht. Ist danach eine Berechnung nicht möglich, ist das durchschnittliche kalendertägliche Arbeitsentgelt einer gleichartig Beschäftigten zugrunde zu legen. Für Mitglieder, deren Arbeitsverhältnis während der Mutterschutzfristen vor oder nach der Geburt beginnt, wird das Mutterschaftsgeld von Beginn des Arbeitsverhältnisses an gezahlt. Übersteigt das Arbeitsentgelt 13,00 € kalendertäglich, wird der übersteigende Betrag vom Arbeitgeber oder von der für die Zahlung des Mutterschaftsgeldes zuständigen Stelle nach den Vorschriften des Mutterschutzgesetzes gezahlt. Für andere Mitglieder wird das Mutterschaftsgeld in Höhe des Krankengeldes gezahlt.

(3) Das Mutterschaftsgeld wird für die letzten sechs Wochen vor dem mutmaßlichen Tag der Entbindung, den Entbindungstag und für die ersten acht Wochen, bei Mehrlings- und Frühgeburten für die ersten zwölf Wochen nach der Entbindung gezahlt. Wird bei Frühgeburten und sonstigen vorzeitigen Entbindungen der Zeitraum von sechs Wochen vor dem mutmaßlichen Tag der Entbindung verkürzt, so verlängert sich die Bezugsdauer um den Zeitraum, der vor der Entbindung nicht in Anspruch genommen werden konnte. Für die Zahlung des Mutterschaftsgeldes vor der Entbindung ist das Zeugnis eines Arztes oder einer Hebamme maßgebend, in dem der mutmaßliche Tag der Entbindung angegeben ist. Bei Geburten nach dem mutmaßlichen Tag der Entbindung verlängert sich die Bezugsdauer bis zum Tag der Entbindung entsprechend.

(4) Der Anspruch auf Mutterschaftsgeld ruht, soweit und solange das Mitglied beitragspflichtiges Arbeitsentgelt, Arbeitseinkommen oder Urlaubsabgeltung erhält. Dies gilt nicht für einmalig gezahltes Arbeitsentgelt. Absatz 4 Satz 1 geändert durch G vom 16.7.2015 (BGBl. S. 1211) (23.7.2015)

§ 50 Ausschluss und Kürzung des Krankengeldes

(1) Für Versicherte, die
1. Rente wegen voller Erwerbsminderung, Erwerbsunfähigkeit oder Vollrente wegen Alters aus der gesetzlichen Rentenversicherung,
2. Ruhegehalt, das nach beamtenrechtlichen Vorschriften oder Grundsätzen gezahlt wird,
3. Vorruhestandsgeld nach § 5 Abs. 3,
4. Leistungen, die ihrer Art nach den in den Nummer 1 und 2 genannten Leistungen vergleichbar sind, wenn sie von einem Träger der gesetzlichen Rentenversicherung oder einer staatlichen Stelle im Ausland gezahlt werden,
5. Leistungen, die ihrer Art nach den in den Nummern 1 und 2 genannten Leistungen vergleichbar sind, wenn sie nach den ausschließlich für das in Artikel 3 des Einigungsvertrages genannte Gebiet geltenden Bestimmungen gezahlt werden,

beziehen, endet ein Anspruch auf Krankengeld vom Beginn dieser Leistungen an; nach Beginn dieser Leistungen entsteht ein neuer Krankengeldanspruch nicht. [2] Ist über den Beginn der in Satz 1 genannten Leistungen hinaus Krankengeld gezahlt worden und übersteigt dieses den Betrag der Leistungen, kann die Krankenkasse den überschießenden Betrag vom Versicherten nicht zurückfordern. [3]In den Fällen der Nummer 4 gilt das überzahlte Krankengeld bis zur Höhe der dort genannten Leistungen als Vorschuss des Trägers oder der Stelle; es ist zurückzuzahlen. [4]Wird eine der in Satz 1 genannten Leistungen nicht mehr gezahlt, entsteht ein Anspruch auf Krankengeld, wenn das Mitglied bei Eintritt einer erneuten Arbeitsunfähigkeit mit Anspruch auf Krankengeld versichert ist.

(2) Das Krankengeld wird um den Zahlbetrag
1. der Altersrente, der Rente wegen Erwerbsminderung oder der Landabgaberente aus der Alterssicherung der Landwirte,
2. der Rente wegen teilweiser Erwerbsminderung, Berufsunfähigkeit oder der Teilrente wegen Alters aus der gesetzlichen Rentenversicherung,
3. der Knappschaftsausgleichsleistung oder der Rente für Bergleute oder
4. einer vergleichbaren Leistung, die von einem Träger oder einer staatlichen Stelle im Ausland gezahlt wird,
5. von Leistungen, die ihrer Art nach den in den Nummern 1 bis 3 genannten Leistungen vergleichbar sind, wenn sie nach den ausschließlich für das in dem in Artikel 3 des Einigungsvertrages genannten Gebiets geltenden Bestimmungen gezahlt werden,

gekürzt, wenn die Leistung von einem Zeitpunkt nach dem Beginn der Arbeitsunfähigkeit oder der stationären Behandlung an zuerkannt wird.

§ 259 Mittel der Krankenkasse

Die Mittel der Krankenkasse umfassen die Betriebsmittel, die Rücklage und das Verwaltungsvermögen.

§ 260 Betriebsmittel

(1) Betriebsmittel dürfen nur verwendet werden
1. für die gesetzlich oder durch die Satzung vorgesehenen Aufgaben sowie für die Verwaltungskosten, ...

2. zur Auffüllung der Rücklage und zur Bildung von Verwaltungsvermögen.

(2) Die Betriebsmittel sollen im Durchschnitt des Haushaltsjahres monatlich das $1^1/_2$-Fache des nach dem Haushaltsplan der Krankenkasse auf einen Monat entfallenden Betrages der Ausgaben für die in Absatz 1 Nr. 1 genannten Zwecke nicht übersteigen. Bei der Feststellung der vorhandenen Betriebsmittel sind die Forderungen und Verpflichtungen der Krankenkasse zu berücksichtigen, soweit sie nicht der Rücklage oder dem Verwaltungsvermögen zuzuordnen sind. Durchlaufende Gelder bleiben außer Betracht.

(3) Die Betriebsmittel sind im erforderlichen Umfang bereitzuhalten und im Übrigen so anzulegen, dass sie für die in Absatz 1 genannten Zwecke verfügbar sind.

§ 261 Rücklage

(1) Die Krankenkasse hat zur Sicherstellung ihrer Leistungsfähigkeit eine Rücklage zu bilden.

(2) Die Satzung bestimmt die Höhe der Rücklage in einem Vomhundertsatz des nach dem Haushaltsplan durchschnittlich auf den Monat entfallenden Betrages der Ausgaben für die in § 260 Abs. 1 Nr. 1 genannten Zwecke (Rücklagesoll). Die Rücklage muss mindestens ein Viertel und darf höchstens das Einfache des Betrages der auf den Monat entfallenden Ausgaben nach Satz 1 betragen.

(3) Die Krankenkasse kann Mittel aus der Rücklage den Betriebsmitteln zuführen, wenn Einnahme- und Ausgabeschwankungen innerhalb eines Haushaltsjahres nicht durch die Betriebsmittel ausgeglichen werden können. In diesem Fall soll die Rücklage in Anspruch genommen werden, wenn dadurch Erhöhungen des Zusatzbeitragssatzes nach § 242 während des Haushaltsjahres vermieden werden.
Absatz 3 Satz 2 geändert durch G vom 21.7.2014 (BGBl S.1133) (1.1.2015).

(4) Ergibt sich bei der Aufstellung des Haushaltsplans, dass die Rücklage geringer ist als das Rücklagesoll, ist bis zur Erreichung des Rücklagesolls die Auffüllung der Rücklage im Regelfall mit einem Betrag in Höhe von mindestens einem Viertel des Rücklagesolls im Haushaltsplan vorzusehen.

(5) Übersteigt die Rücklage das Rücklagesoll, ist der übersteigende Betrag den Betriebsmitteln zuzuführen.

(6) Die Rücklage ist getrennt von den sonstigen Mitteln so anzulegen, dass sie für den nach Absatz 1 genannten Zweck verfügbar ist. Sie wird vorbehaltlich des § 262 von der Krankenkasse verwaltet.

§ 262 Gesamtrücklage

(1) Die Satzungen der Landesverbände können bestimmen, dass die von den Verbandsmitgliedern zu bildenden Rücklagen bis zu $^1/_3$ des Rücklagesolls von dem Landesverband als Sondervermögen (Gesamtrücklage) verwaltet werden. Die Gesamtrücklage ist vorrangig vor dem von der Krankenkasse verwalteten Teil der Rücklage aufzufüllen.

(2) Die im Laufe eines Jahres entstehenden Kapitalerträge und die aus den Veräußerungen erwachsenden Gewinne der Gesamtrücklage werden gegen die aus Veräußerungen entstehenden Verluste ausgeglichen. Der Unterschied wird auf die beteiligten Krankenkassen nach der Höhe ihres Rücklageguthabens beim Landesverband im Jahresdurchschnitt umgelegt.

(3) Ergibt sich nach Absatz 2 ein Überschuss, wird er den Krankenkassen ausgezahlt, deren Rücklageguthaben beim Landesverband den nach Absatz 1 bestimmten Anteil erreicht hat. Ist dieses Rücklageguthaben noch nicht erreicht, wird der Überschuss bis zur Höhe des fehlenden Betrages nicht ausgezahlt, sondern gutgeschrieben. Ergibt sich nach Absatz 2 ein Fehlbetrag, wird er dem Rücklageguthaben der Krankenkassen zur Last geschrieben.

(4) Die Krankenkasse kann über ihr Rücklageguthaben beim Landesverband erst verfügen, wenn die von ihr selbst verwalteten Rücklagemittel verbraucht sind. Hat die Krankenkasse ihr Rücklageguthaben verbraucht, kann sie von dem Landesverband ein Darlehen aus der Gesamtrücklage erhalten. Die Satzung des Landesverbandes trifft Regelungen über die Voraussetzungen der Darlehensgewährung, die Rückzahlung und die Verzinsung.

(5) Die Gesamtrücklage ist so anzulegen, dass sie für die in § 261 Abs. 1 und 4 genannten Zwecke verfügbar ist.

§ 263 Verwaltungsvermögen

(1) Das Verwaltungsvermögen der Krankenkasse umfasst

1. Vermögensanlagen, die der Verwaltung der Krankenkasse sowie der Führung ihrer betrieblichen Einrichtungen (Eigenbetriebe) zu dienen bestimmt sind,
2. die zur Anschaffung und Erneuerung dieser Vermögensteile und für künftig zu zahlende Versorgungsbezüge der Bediensteten und ihrer Hinterbliebenden bereitgehaltenen Geldmittel,

soweit sie für die Erfüllung der Aufgaben der Krankenkasse erforderlich sind. Zum Verwaltungsvermögen gehören auch Grundstücke, die nur teilweise für Zwecke der Verwaltung der Krankenkasse oder für Eigenbetriebe erforderlich sind.

(2) Als Verwaltungsvermögen gelten auch sonstige Vermögensanlagen aufgrund rechtlicher Verpflichtung oder Ermächtigung, soweit sie nicht den Betriebsmitteln, der Rücklage oder einem Sondervermögen zuzuordnen sind.

SGB X Buch – Sozialverwaltungsverfahren und Sozialdatenschutz

§ 91 Erstattung von Aufwendungen

(1) [1]Erbringt ein Beauftragter Sozialleistungen für einen Auftraggeber, ist dieser zur Erstattung verpflichtet. [2]Sach- und Dienstleistungen sind in Geld zu erstatten. [3]Eine Erstattungspflicht besteht nicht, soweit Sozialleistungen zu Unrecht erbracht worden sind und den Beauftragten hierfür ein Verschulden trifft.

(2) [1]Die bei der Ausführung des Auftrags entstehenden Kosten sind zu erstatten. [2]Absatz 1 Satz 3 gilt entsprechend.

(3) Für die zur Ausführung des Auftrags erforderlichen Aufwendungen hat der Auftraggeber dem Beauftragten auf Verlangen einen angemessenen Vorschuss zu zahlen.

(4) Abweichende Vereinbarungen, insbesondere über pauschalierte Erstattungen, sind zulässig.

§ 116 Ansprüche gegen Schadensersatzpflichtige

(1) [1]Ein auf anderen gesetzlichen Vorschriften beruhender Anspruch auf Ersatz eines Schadens geht auf den Versicherungsträger oder Träger der Sozialhilfe über, soweit dieser aufgrund des Schadensereignisses Sozialleistungen zu erbringen hat, die der Behebung eines Schadens der gleichen Art dienen und sich auf denselben Zeitraum wie der vom Schädiger zu leistende Schadenersatz beziehen. [2]Dazu gehören auch

1. die Beiträge, die von Sozialleistungen zu zahlen sind, und
2. die Beiträge zur Krankenversicherung, die für die Dauer des Anspruchs auf Krankengeld unbeschadet des § 224 Abs. 1 SGB V zu zahlen wären.

(2) Ist der Anspruch auf Ersatz eines Schadens durch Gesetz der Höhe nach begrenzt, geht er auf den Versicherungsträger oder Träger der Sozialhilfe über, soweit er nicht zum Ausgleich des Schadens des Geschädigten oder seiner Hinterbliebenen erforderlich ist.

(3) [1]Ist der Anspruch auf Ersatz eines Schadens durch ein mitwirkendes Verschulden oder eine mitwirkende Verantwortlichkeit des Geschädigten begrenzt, geht auf den Versicherungsträger oder Träger der Sozialhilfe von dem nach Absatz 1 bei unbegrenzter Haftung übergehenden Ersatzanspruch der Anteil über, welcher dem Vomhundertsatz entspricht, für den der Schädiger ersatzpflichtig ist. [2]Dies gilt auch, wenn der Ersatzanspruch durch Gesetz der Höhe nach begrenzt ist. [3]Der Anspruchsübergang ist ausgeschlossen, soweit der Geschädigte oder seine Hinterbliebenen dadurch hilfebedürftig im Sinne der Vorschriften des SGB XII werden.

(4) Stehen der Durchsetzung der Ansprüche auf Ersatz eines Schadens tatsächliche Hindernisse entgegen, hat die Durchsetzung der Ansprüche des Geschädigten und seiner Hinterbliebenen Vorrang vor den übergegangenen Ansprüchen nach Absatz 1.

(5) Hat ein Versicherungsträger oder Träger der Sozialhilfe aufgrund des Schadensereignisses dem Geschädigten oder seinen Hinterbliebenen keine höheren Sozialleistungen zu erbringen als vor diesem Ereignis, geht in den Fällen des Absatzes 3 Satz 1 und 2 der Schadensersatzanspruch nur insoweit über, als der geschuldete Schadensersatz nicht zur vollen Deckung des eigenen Schadens des Geschädigten oder seiner Hinterbliebenen erforderlich ist.

(6) [1]Ein Übergang nach Absatz 1 ist bei nicht vorsätzlichen Schädigungen durch Familienangehörige, die im Zeitpunkt des Schadensereignisses mit dem Geschädigten oder seinen Hinterbliebenen in häuslicher Gemeinschaft leben, ausgeschlossen. [2]Ein Ersatzanspruch nach Absatz 1 kann dann nicht geltend gemacht werden, wenn der Schädiger mit dem Geschädigten oder einem Hinterbliebenen nach Eintritt des Schadensereignisses die Ehe geschlossen hat und in häuslicher Gemeinschaft lebt.

(7) [1]Haben der Geschädigte oder seine Hinterbliebenen von dem zum Schadenersatz Verpflichteten auf einen übergegangenen Anspruch mit befreiender Wirkung gegenüber dem Versicherungsträger oder Träger der Sozialhilfe Leistungen erhalten, haben sie insoweit dem Versicherungsträger oder Träger der Sozialhilfe die erbrachten Leistungen zu erstatten. [2]Haben die Leistungen gegenüber dem Versicherungsträger oder Träger der Sozialhilfe keine befreiende Wirkung, haften der zum Schadenersatz Verpflichtete und der Geschädigte oder dessen Hinterbliebene dem Versicherungsträger oder Träger der Sozialhilfe als Gesamtschuldner.

(8) Weist der Versicherungsträger oder Träger der Sozialhilfe nicht höhere Leistungen nach, sind vorbehaltlich der Absätze 2 und 3 je Schadensfall für nicht stationäre ärztliche Behandlung und Versorgung mit Arznei- und Verbandmitteln 5 v. H. der monatlichen Bezugsgröße[1] nach § 18 SGB IV zu ersetzen.

(9) Die Vereinbarung einer Pauschalierung der Ersatzansprüche ist zulässig.

(10) Die BA und die Träger der Grundsicherung für Arbeitsuchende nach dem SGB II gelten als Versicherungsträger im Sinne dieser Vorschrift.

§ 119 Übergang von Beitragsansprüchen

(1) [1]Soweit der Schadensersatzanspruch eines Versicherten den Anspruch auf Ersatz von Beiträgen zur Rentenversicherung umfasst, geht dieser auf den Versicherungsträger über, wenn der Geschädigte im Zeitpunkt des Schadensereignisses bereits Pflichtbeitragszeiten nachweist oder danach pflichtversichert wird; dies gilt nicht, soweit

1. der Arbeitgeber das Arbeitsentgelt fortzahlt oder sonstige der Beitragspflicht unterliegende Leistungen erbringt oder
2. der Anspruch auf Ersatz von Beiträgen nach § 116 übergegangen ist.

[2]Für den Anspruch auf Ersatz von Beiträgen zur Rentenversicherung gilt § 116 Abs. 3 Satz 1 und 2 entsprechend, soweit die Beiträge auf den Unterschiedsbetrag zwischen dem bei unbegrenzter Haftung zu ersetzenden Arbeitsentgelt oder Arbeitseinkommen und der bei Bezug von Sozialleistungen beitragspflichtigen Einnahme entfallen.

...

(3) [1]Die eingegangenen Beiträge oder Beitragsanteile gelten in der Rentenversicherung als Pflichtbeiträge. [2]Durch den Übergang des Anspruchs auf Ersatz von Beiträgen darf der Versicherte nicht schlechter gestellt werden, als er ohne den Schadensersatzanspruch gestanden hätte.

(4) [1]Die Vereinbarung der Abfindung von Ansprüchen auf Ersatz von Beiträgen zur Rentenversicherung mit einem ihrem Kapitalwert entsprechenden Betrag ist im Einzelfall zulässig. [2]Im Falle des Absatzes 1 Satz 1 Nr. 1 gelten für die Mitwirkungspflichtigen des Geschädigten die §§ 60, 61, 65 Abs. 1 und 3 sowie § 65 a SGB I entsprechend.

1 5 v. H. seit 01.01.2016 = 145,25 €, im Beitrittsgebiet ab 01.01.2016 = 126,00 €

Sachwortverzeichnis

Bildquellenverzeichnis

BKK Bundesverband (GbR), Essen: S. 269.1
dpa Infografik GmbH, Hamburg: S. 17.1, 29.1, 31.1, 34.1, 97.1, 109.1-3, 110.1, 111.1, 122.1, 126.1, 247.1

Titelfoto
mauritius images GmbH, Mittenwald

Patrick BOUSQUET

PAGES DE GLOIRE
1914-1918

Dessins :
HECTOR

Éditions Serpenoise

Éditions Serpenoise
3, avenue des deux fontaines
B.P. 70090
57004 Metz cedex 1
03 87 34 19 79
www.editions-serpenoise.fr

ISBN : 978-2-87692-965-4

Quatorze ans et sept « Bleu » plus tard, je suis toujours en contact avec de jeunes élèves et leurs professeurs pour évoquer ou faire découvrir cette guerre qui se voulait la « Der des ders ».Ces rencontres se déroulent en milieu scolaire, parfois au Centre mondial de la paix ou lors de séances de dédicaces dans des Salons du livre de Lorraine ou d'ailleurs.
Lors de ces interventions, je suis toujours surpris par l'intérêt, la qualité de l'écoute et la pertinence des questions de ces élèves sur un thème aussi difficile, aussi douloureux...
Et ma plus grande fierté est peut-être, à la veille de la commémoration du centenaire de cette tragédie, d'avoir entendu l'un d'eux me dire :
– En fait, si je vous comprends bien, à votre façon, vous aussi, vous êtes devenu un combattant.
Devant mon étonnement, le garçonnet a poursuivi :
– Je veux dire, un combattant de la mémoire...

Et, ce matin-là, face à cette classe de CM2 de la région de Verdun, le visage du vieux jardinier de mon enfance m'est apparu en une fraction de seconde...
Un visage apaisé.
Mieux, un visage heureux.

Patrick BOUSQUET
Septembre 2013

À tous les combattants de la Grande Guerre
dont les souffrances ont été les mêmes
au cours de ces quatre années de folie meurtrière...

Les auteurs

LES TAXIS DE LA MARNE

Paris. Place de la République.
6 septembre 1914.

La jeune femme élégante, un bouquet de fleurs à la main, se tenait au bord du trottoir juste en face de l'hôtel des Voyageurs, guettant avec impatience le passage d'un taxi.
Apercevant un G7 qui venait dans sa direction, elle leva aussitôt le bras pour le héler.
– Vous êtes libre ?
– Non ma p'tite dame, lui répondit le chauffeur, l'air rigolard.
Pas aujourd'hui !

SUZE

– Mais enfin, reprit la jeune femme très surprise, je ne comprends pas, votre taxi est vide !
– Pas pour longtemps. Je dois en effet conduire des soldats sur la ligne de front.
– Qu'est-ce que c'est que cette histoire ?
– La vérité, tout simplement. Comme des centaines d'autres taxis, j'ai été réquisitionné par l'armée pour me rendre sur le champ de bataille de la Marne.
– Mais alors ?
– Alors aujourd'hui, comme je l'ai dit à tous les clients que j'ai déjà refusés, je vous conseille de prendre plutôt le métro, surtout si vous avez un rendez-vous important !

*

La guerre avait débuté un peu plus d'un mois auparavant, le 3 août 1914 exactement.
On pensait alors qu'elle serait « courte et joyeuse ».
Très vite, elle allait se révéler longue, sanglante et cruelle.
Personne ne pouvait raisonnablement imaginer que ce conflit devenu mondial, outre des destructions considérables, allait causer 8 millions de morts, plus de 20 millions de blessés, sans compter les séquelles psychologiques éprouvées par des milliers d'autres, incapables de reprendre une vie normale après la fin des hostilités.
En septembre 1914, l'avance allemande fut si rapide et si importante que des détachements de Uhlans* avaient été signalés à quelques dizaines de kilomètres de Paris seulement.

**Ulhans : cavaliers allemands*

La situation semblait désespérée.
Pour y faire face, l'état-major français commandé par le général Joffre décida aussitôt de lancer une contre-attaque.
Aussi, le 6 septembre, afin d'amener des troupes fraîches et reposées sur le front de la Marne, le général Gallieni, gouverneur militaire de Paris, ordonna-t-il de réquisitionner 630 taxis parisiens Renault G 7.

Ces derniers pouvaient embarquer cinq soldats avec leur paquetage, quatre à l'intérieur du véhicule, et l'un à côté du chauffeur.
Partis de l'esplanade des Invalides, les « Taxis de la Marne », comme on les appellera désormais, permettront d'acheminer, à une vitesse moyenne de 25 km/h, entre 3 000 et 6 000 fantassins.

Comme pour n'importe quelle course effectuée, les chauffeurs de taxis furent rétribués et, pour ces deux jours de mobilisation exceptionnelle, on estime qu'ils touchèrent 70 102 francs de l'époque de la part du Trésor public.

Ces taxis de légende qui contribuèrent, dans une certaine mesure, au succès de la première bataille de la Marne, eurent un impact psychologique considérable sur le moral des troupes, mais aussi et surtout sur celui de la population.

Devenus aujourd'hui des pièces de collection, on peut encore en admirer un au musée de l'Armée à Paris, et un autre au musée de la Grande Guerre à Meaux.

VAILLANT LE PIGEON DE TOUS LES ESPOIRS

De nombreux animaux, chiens, chevaux, mulets, mais aussi pigeons, pris dans le tourbillon infernal de la Grande Guerre, accompagnèrent le cruel quotidien des soldats sur les différents champs de bataille.
Ces animaux devinrent dans bien des cas des « soldats auxiliaires » et leur courage, leur fidélité, leur affection firent merveille auprès des Poilus...
Parmi ceux-ci, certains sont entrés dans la légende, ainsi le pigeon *Vaillant* qui n'a jamais si bien porté son nom, et qui joua un rôle de première importance dans la dramatique histoire du fort de Vaux en juin 1916.

*

Fin mai 1916.

Depuis quelques jours un ouragan de fer et de feu s'abat sur le fort de Vaux : 8 000 obus par jour ! 22 heures sur 24 de bombardements ! Un obus à gaz toxique toutes les cinq secondes devant chaque ouverture, bouchée tant bien que mal avec des sacs de sable !
Sueur, peur, faim, soif, chaleur, fumée, poussière !
À l'intérieur du fort, les soldats français vivent un véritable calvaire. Ils sont quelque 600 hommes entassés là dans les pires conditions, essayant de résister aux troupes ennemies du Kronprinz* qui attaquent en permanence par vagues successives.
Parmi eux il y a de nombreux blessés qu'on s'efforce de protéger et de soigner du mieux que l'on peut.

Au milieu de cet enfer, sous la surveillance attentive d'un sergent colombophile, survivent quelques pigeons enfermés dans une cage.

Les ventilateurs ont cessé de fonctionner depuis longtemps et la soif est omniprésente. Que ne ferait-on pas pour une gorgée d'eau, même croupie ?

Le commandant Raynal a bien conscience de la situation catastrophique dans laquelle se trouvent ses hommes.
– Si ça continue comme ça, se surprend-il soudain à penser, je ne commanderai bientôt plus qu'à des monceaux de cadavres. Les Allemands sont partout ! Les renforts ne parviendront jamais à rompre leur encerclement.

**Kronprinz* : fils de l'empereur Guillaume II

4 juin 1916.

Devant l'urgence et la gravité de la situation, le commandant Raynal décide d'envoyer son dernier pigeon afin de demander de l'aide.
« Nous tenons toujours, mais nous subissons une attaque par les gaz et les fumées très dangereuses. Il y a urgence à nous dégager. Faites-nous donner de suite toute communication optique par Souville, qui ne répond pas à nos appels. C'est mon dernier pigeon.
Signé : Raynal »

Le précieux message fixé à la patte, le volatile baptisé *Vaillant*, - matricule 787.15 -, s'envole à 11 h 30 sous le feu des mitrailleuses allemandes en direction de la citadelle de Verdun.
Malheureusement, intoxiqué par les gaz de combat, *Vaillant* arrive mourant au pigeonnier.

Pendant ce temps, à l'intérieur du fort de Vaux, la situation ne cesse de se dégrader.
Les hommes, victimes des balles et des lance-flammes, tombent comme des mouches.
Les infirmiers manquent cruellement de pansements et de médicaments pour soigner ceux qui sont susceptibles d'être encore sauvés.

La soif est telle que certains Poilus en arrivent à boire leur urine, d'autres devenus à moitié fous errent dans les couloirs du fort plongé dans une obscurité presque totale.
Une contre-attaque française est bien menée le 6 juin, mais elle échoue, une fois de plus...

*

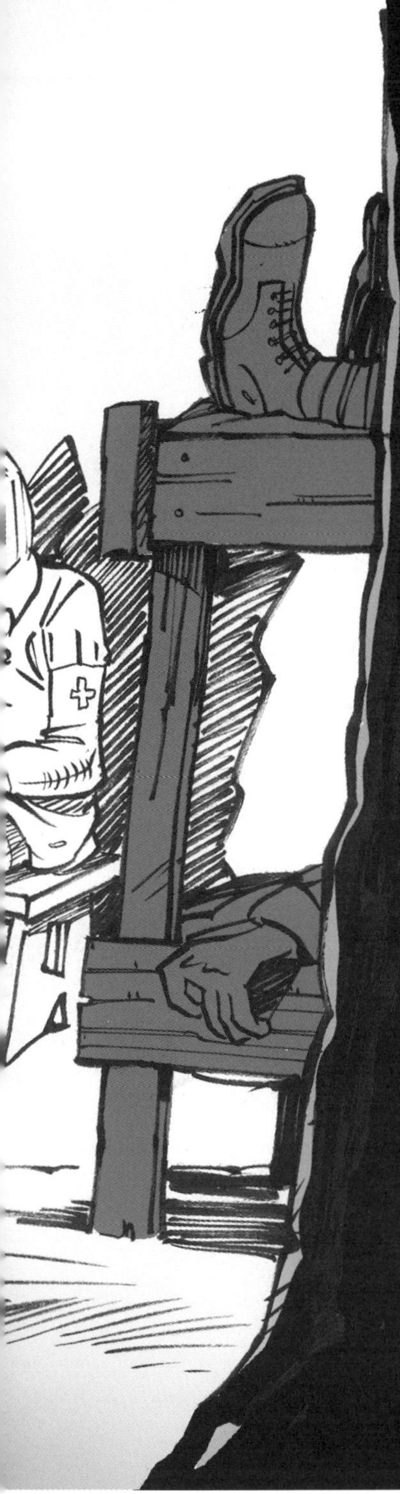

– Bon dieu, qu'est-ce qu'il attend, Raynal, pour se rendre ? demande un soldat aux yeux rougis par le manque de sommeil. Qu'on soit tous crevés ? poursuit-il d'une voix rageuse.

– J'en sais rien ! lui répond un caporal allongé sur un brancard. Il doit pourtant bien savoir qu'on n'a aucune chance de s'en sortir.

Presque au même instant, une voix répercutée sous les sombres voûtes du fort, annonce la nouvelle que tous les défenseurs espèrent depuis longtemps :

– Courage, les gars, c'est bientôt fini !

Raynal a décidé de se rendre ! Il a même envoyé un soldat parlementer avec les Boches.

– Je savais bien que notre commandant, c'était un chic type ! reprend un autre dont le bas du visage disparaît sous un linge maculé de poussière et de sang.

Au petit jour, les ouvertures sont enfin débouchées pour laisser entrer les Allemands dans le fort si âprement défendu.
Bientôt, une longue colonne de fantômes aux uniformes en loques sort sous le regard admiratif du Kronprinz et de ses soldats.
Afin de rendre honneur au commandant Raynal, le fils de l'empereur Guillaume II lui tend alors une épée ramassée sur le champ de bataille.
Après avoir salué son ennemi, Raynal, très digne, entouré de son armée de spectres prend, quelques minutes plus tard, le chemin de la captivité...

Ironie du sort après tant de souffrances et de sacrifices, le fort de Vaux sera repris sans combat par les Français, le 2 novembre 1916, les Allemands l'ayant abandonné...

Quant au brave pigeon *Vaillant* qui est entré dans la légende, il sera cité à l'ordre de la Nation en ces termes :

« Malgré les difficultés énormes résultant d'une intense fumée et d'une émission abondante de gaz, a accompli la mission dont l'avait chargé le commandant Raynal, unique moyen de communication de l'héroïque défenseur du fort de Vaux, a transmis les derniers renseignements qui aient été reçus de cet officier fortement intoxiqué, est arrivé mourant au colombier. »

LA VOIE SACRÉE

– Tu viens d'où ? demanda le caporal Antoine Vernon au jeune soldat blond qui se tenait debout à proximité de son camion, un Berliet à la carrosserie pleine de bosses et maculée de boue.
– Du Pays Basque. D'Hendaye exactement.
– J'connais pas, mais ça doit être une belle région ! C'est ton premier jour au front ? ajouta Vernon en allumant une cigarette.

– Oui. Mon nom est Hiraboure. Peyo Hiraboure. Je suis arrivé hier matin à Bar-le-Duc. Je dois rejoindre mon régiment à Verdun. D'après les gars avec qui j'ai voyagé, il paraît que c'est un endroit pas trop peinard...
– T'as raison, c'est le moins qu'on puisse dire ! Allez monte, reprit Vernon tout en s'installant au volant du véhicule. On vient de finir de charger les caisses de munitions. Départ dans moins d'une minute !

– Vous transportez des munitions ? fit Hiraboure en esquissant un léger mouvement de recul.

– Faut bien ! Tu sais, j'ai un peu de tout à l'arrière, sous la bâche. Des obus, des grenades, des bandes de mitrailleuses, en veux-tu en voilà ! En ce moment, les gars en consomment pas mal ! Mais t'en fais pas, camarade, si on saute, t'auras pas le temps de souffrir. C'est une bonne nouvelle, non ? La deuxième bonne nouvelle c'est que nous allons emprunter une route un peu spéciale qui, à mon avis, un jour, entrera dans l'Histoire. Mais avant, il va falloir intégrer le flot des centaines de camions qui montent en direction de Verdun, chargés de ravitaillement, de munitions comme moi, ou de chair à canon, précisa-t-il en désignant le *Berliet* qui les précédait d'où s'échappaient des rires, des cris et quelques chansons. Et parfois, crois-moi, cette manœuvre tient du véritable exploit !

Après quelques minutes d'attente, en forçant un peu le passage entre deux véhicules, Antoine Vernon parvint enfin à se glisser dans la file ininterrompue qui remontait vers la ligne de feu.

Fasciné par la vision des nombreux territoriaux qui se tenaient au bord de la route, une pelle à la main, des brouettées de cailloux devant eux, son passager ne disait plus rien.
– Ils servent à quoi ces pékins au bord de la route ? demanda le jeune Basque au bout de quelques instants.
– À faire en sorte que les convois de camions ne prennent aucun retard. C'est un ordre du général Pétain. La moindre ornière, le moindre trou sont aussitôt rebouchés grâce aux pierres des carrières qu'on a ouvertes aux alentours. Sache aussi que tout véhicule qui tombe en panne est aussitôt dégagé sur le bas-côté ou dans le fossé. Et ce, de jour comme de nuit, dans les deux sens.
Comme Hiraboure put le constater, la voie descendante était aussi chargée que la voie montante.
Ambulances, camions vides ou remplis de permissionnaires silencieux, aux yeux cernés par la fatigue et l'âpreté des derniers combats ne cessaient de les croiser.
– On dirait des morts-vivants, pensa Hirabourre en frissonnant.

Beaucoup plus tard, alors qu'ils traversaient Moulin Brûlé, ils furent survolés par deux avions aux cocardes tricolores.
– Des *Bébé Nieuport*, précisa Vernon en désignant du doigt les appareils. Ils sont chargés de descendre les *Fokker** ou les *Aviatik** qui seraient tentés de nous faire une petite visite surprise...

**Fokker* et *Aviatik* : avions de chasse allemands

Au fur et à mesure qu'ils approchaient de Verdun, les bruits de canonnade se faisaient de plus en plus fréquents.
De plus en plus intenses.
De plus en plus proches.
L'horizon rougeoyait des centaines d'incendies et, par endroits, la fumée était si épaisse que l'on se serait cru en pleine nuit.

– Là-bas juste en face de toi, c'est Verdun, mon gars, indiqua le caporal Vernon à son passager. C'est là que ça se passe !
J'espère sincèrement que tu en reviendras…
En attendant, sois le bienvenu en enfer !

Cette route stratégique entre Bar-le-Duc et Verdun qui permit d'acheminer sur le front plus de 90 000 hommes et quelque 50 000 tonnes de munitions, de ravitaillement et de matériel au cours de l'été 1916, reçut, à l'initiative de l'écrivain Maurice Barrès, le nom de Voie Sacrée.
De nos jours, elle est matérialisée par des bornes surmontées d'un casque de Poilu coiffé de lauriers et porte l'inscription NVS (Nationale Voie Sacrée).

PRINCE, LE CHIEN SANITAIRE

4 mai 1916, 7 h du matin, Front de Verdun.

Un long coup de sifflet retentit tout le long de la tranchée. Aussitôt, le capitaine Figeac dégaina son pistolet.
– Suivez-moi, les gars ! hurla-t-il peu après, en gravissant rapidement les premiers barreaux de l'échelle située devant lui.
L'ordre fut répercuté tout le long de la ligne de front.
Baïonnette au canon, les Français partirent à l'attaque des positions allemandes en poussant des cris sauvages.

*

L'infirmier Paul Rivière et son chien, *Prince*, faisaient partie de la deuxième vague d'assaut.
Juste avant de s'élancer hors de la tranchée, Rivière se tourna vers le berger malinois qui ne le quittait jamais.
– *Prince*, dit-il en s'accroupissant face à l'animal. Tu dois rester à côté de moi. Toujours. Pas d'imprudences surtout. Beaucoup de gars vont avoir besoin de nous aujourd'hui. Compris ? *Prince* poussa un jappement bref, son bon regard doré fixé sur son maître.
Rivière vérifia encore une fois que le morceau de toile frappé d'une croix rouge était fixé de façon bien visible sur les flancs du malinois.
– À nous de jouer maintenant, mon *Prince* ! s'écria l'infirmier en franchissant le parapet, sa trousse de premier secours à la main.

*

Prince à ses côtés, Rivière avançait le dos courbé, au milieu de la mitraille, des explosions et des nuages de fumée.

– Infirmier ! Infirmier !

Rivière tendit l'oreille pour tenter de localiser l'appel du soldat blessé.

Celui-ci était allongé sur le sol juste à l'entrée d'une tranchée qui venait d'être prise. Touché à la tête, il perdait son sang en abondance, gémissant doucement.
Rivière s'approcha et lui appliqua un pansement sur le front en essayant de le rassurer.
– C'est pas grave, mon garçon... Juste une éraflure...Tu as eu de la chance. Ne bouge pas d'ici... Je dois m'occuper des copains...
Puis il quitta l'homme pour se diriger à quelques mètres de là vers un autre soldat qui se tordait de douleur.
– *Prince*, dit Rivière en se tournant vers le malinois qui l'avait suivi. Va chercher de l'aide. Cet homme est trop grièvement blessé pour pouvoir être soigné sur place. Vite ! Et essaie d'être persuasif...
Le chien aboya pour montrer qu'il avait compris ce que son maître attendait de lui, puis fila aussitôt vers le poste de secours.

Un peu plus tard, il était de retour avec deux brancardiers qui chargèrent le blessé sur une civière déjà couverte de sang.
– Bon chien ! fit Rivière au malinois en le caressant. On continue, suis-moi...

*

Le combat avait pris fin depuis quelques minutes.
On entendait encore ici et là des tirs sporadiques dans le lointain.
Des Allemands prisonniers, les yeux bandés, les mains sur la tête, les traits marqués par la peur et la fatigue, étaient conduits sans ménagement vers l'arrière.
Des soldats français choqués par la violence du combat, s'étaient allongés à même le sol, les yeux tournés vers le ciel, comme pour remercier Dieu de les avoir encore une fois épargnés.
D'autres récupéraient des armes et fouillaient des abris à la recherche d'éventuels survivants.
Un peu plus loin, un aumônier donnait les derniers sacrements à un soldat allemand grièvement blessé au ventre.
– Beaucoup de pertes ? demanda un lieutenant en s'approchant de Rivière.
– Trop, de toute façon, pour une centaine de mètres conquis, répondit celui-ci d'un air désabusé tout en allumant une cigarette...
– Dites-donc, il est drôlement courageux votre chien, reprit l'officier en désignant *Prince*, couché près d'une caisse à munitions.
– Lui, fit Rivière en riant, c'est un vrai lion !
– Tâchez d'en prendre soin ! lança le lieutenant avant de s'éloigner peu après pour donner des ordres...

Peu après, Rivière qui changeait le pansement d'un blessé, s'aperçut soudain de la disparition de *Prince*.
Il le siffla longuement. L'appela à plusieurs reprises.
En vain.
Il interrogea une sentinelle postée non loin de là.
– T'as pas vu mon chien ?
Celle-ci fut incapable de lui répondre.
– Il ne doit pas être bien loin, pensa Rivière... Il s'est tellement fait d'amis parmi les Poilus. Gourmand comme il est, il a sans doute suivi un soldat dans l'espoir d'avoir un morceau de sucre ou un bout de saucisson.

*

Le cri était faible, mais perceptible cependant pour l'ouïe extrêmement fine d'un chien.
Immobile, les oreilles dressées, *Prince* fouillait des yeux le terrain environnant.
Tout près de là, un soldat chantonnait en remplissant des sacs de terre.
Le malinois lui jeta un regard si sévère que le chanteur s'interrompit aussitôt.
Le cri était maintenant suivi de sanglots étouffés. Cela venait de la gauche.
Sans hésiter, le chien se faufila hors de la tranchée.
Au fur et à mesure que *Prince* progressait en direction d'un profond ravin, les pleurs devenaient plus distincts.

Le malinois franchit encore quelques
mètres parmi des barbelés
et des armes abandonnées,
avant de tomber en arrêt face
à un immense trou gorgé
d'eau saumâtre.

Il aperçut alors le corps d'un homme allongé face contre terre. Avec précaution, *Prince* descendit dans le ravin.

Il s'approcha davantage et vint renifler le visage du soldat. Celui-ci eut un léger mouvement de recul.
Le malinois poussa un petit jappement de joie.
– Brave toutou ! murmura l'homme dans un souffle. Tu m'as entendu et tu es venu me chercher.
Le soldat voulut se retourner mais un nouveau cri de souffrance interrompit son geste.
– Je suis salement blessé, dit-il... Va chercher ton maître. Vite !
Comme on le lui avait appris, le malinois se pencha alors sur le soldat et lui arracha un morceau de sa chemise.
Puis, sans plus attendre, le bout de tissu souillé de sang et de boue entre les crocs, il courut prévenir Rivière.

*

Quelques instants plus tard, *Prince* et l'infirmier, suivis de deux autres soldats, entouraient le blessé dans lequel Rivière reconnut le capitaine Figeac.
– On vous avait porté disparu, mon capitaine. Certains même disaient que vous étiez mort... fit Rivière en retournant avec précaution l'officier.
– Je ne vaux guère mieux, soupira Figeac. J'ai si mal. Ma jambe droite... Je ne la sens plus... J'ai perdu beaucoup de sang.
– Ne parlez pas surtout... Restez tranquille... Vous autres, continua Rivière à l'adresse des deux soldats, installez notre capitaine sur le brancard... Très doucement... Voilà... Parfait...
Au moment où les deux hommes couchaient Figeac sur la civière, Rivière ne put s'empêcher de jeter un rapide coup d'œil à la jambe

du blessé. La blessure était très grave et l'officier devrait sans doute être amputé.

– Ne vous en faites pas, mon capitaine, ça va s'arranger, lui dit-il pourtant d'une voix qui se voulait pleine d'espoir... Grâce à *Prince*, on vous a retrouvé, c'est le principal, pas vrai ?

– Vous avez raison, soldat ! répondit Figeac en tendant la main pour flatter l'encolure de son sauveur qui aboya joyeusement.

*

À l'image de *Prince*, de nombreux chiens sanitaires ont permis de sauver des centaines de Poilus d'une mort certaine sur les différents fronts du conflit 14-18.

En France, l'une des rares sculptures rendant hommage aux chiens qui ont partagé la vie des combattants de la Grande Guerre se trouve à l'entrée du village de Pagny-sur-Moselle, situé à une vingtaine de kilomètres de Metz.

Cette œuvre en bronze qui domine le monument aux morts et qui représente un soldat accompagné de son chien est due au sculpteur Albert Boudarel.

LA MADELON

Dans la salle de spectacle où étaient réunis une centaine de soldats en permission, les applaudissements crépitèrent pour saluer la fin du récital du chanteur Charles Bach.
Au moment où ce dernier s'apprêtait à quitter la scène, une exclamation, suivie de dizaines d'autres se firent entendre.
– Bravo ! Bravo ! Quel talent !
Un peu surpris par l'accueil du public qui se mit à taper frénétiquement des pieds sur le sol, Charles Bach réfléchit quelques secondes.
– Très bien, dit-il après avoir demandé un peu de calme à l'assistance. À la demande générale, je vais donc vous interpréter une dernière chanson qui, je l'espère, vous plaira. Elle s'intitule *La Madelon*.
Charles Bach entonna aussitôt les premières notes de *La Madelon* sous un tonnerre d'applaudissements. Le succès fut tel qu'il fut obligé de reprendre plusieurs fois le refrain de la mélodie.

– Quel triomphe ! fit remarquer un peu plus tard un lieutenant au chanteur attablé devant un verre de bière, au foyer des artistes. C'était très impressionnant. Mais, dites-moi un peu, où êtes-vous donc allé chercher cette adorable *Madelon* ?
– Dans mon répertoire tout simplement. C'est en effet une chanson de 1913 dont les paroles ont été écrites par Louis Bousquet sur une musique de Camille Robert, répondit Bach. Je suis à la fois ravi, mais en même temps très surpris, ajouta-t-il avec un petit sourire complice, qu'elle ait déclenché un tel enthousiasme aujourd'hui !
– Pas moi, répondit l'officier en mettant amicalement sa main sur l'épaule du chanteur. Je vous fiche mon billet que votre *Madelon* fera bientôt le tour de la France... si ce n'est le tour du monde.
Il ne s'était pas trompé.

Et les paroles qui suivent, vantant la beauté et la gentillesse de *La Madelon*, accompagnèrent les Poilus jusqu'au jour de l'armistice grâce aux comiques troupiers des différents théâtres aux armées.

Pour le repos, le plaisir du militaire,
Il est là-bas à deux pas de la forêt
Une maison aux murs tout couverts de lierre
« Aux Tourlourous », c'est le nom du cabaret.
La servante est jeune et gentille,
Légère comme un papillon.
Comme son vin son œil pétille,
Nous l'appelons la Madelon
Nous en rêvons la nuit, nous y pensons le jour,
Ce n'est que Madelon *mais pour nous c'est l'amour.*

Refrain
Quand Madelon *vient nous servir à boire*
Sous la tonnelle on frôle son jupon
Et chacun lui raconte une histoire
Une histoire à sa façon.
La Madelon *pour nous n'est pas sévère*
Quand on lui prend la taille ou le menton
Elle rit, c'est tout le mal qu'elle sait faire
Madelon, Madelon, Madelon !

Nous avons tous au pays une payse
Qui nous attend et que l'on épousera
Mais elle est loin, bien trop loin pour qu'on lui dise
Ce qu'on fera quand la classe rentrera
En comptant les jours on soupire
Et quand le temps nous semble long
Tout ce qu'on ne peut pas lui dire
On va le dire à Madelon
On l'embrasse dans les coins. Elle dit « veux-tu finir… »
On s'figure que c'est l'autre, ça nous fait bien plaisir.

Refrain

Un caporal en képi de fantaisie
S'en fut trouver Madelon *un beau matin*
Et, fou d'amour, lui dit qu'elle était jolie
Et qu'il venait pour lui demander sa main
La Madelon, *pas bête, en somme,*
Lui répondit en souriant :
Et pourquoi prendrais-je un seul homme
Quand j'aime tout un régiment ?
Tes amis vont venir. Tu n'auras pas ma main
J'en ai bien trop besoin pour leur verser du vin

Refrain

Un film ayant pour héroïne *La Madelon* a été tourné en 1955 par le réalisateur Jean Boyer.
Le rôle principal y était tenu par la célèbre actrice et chanteuse Line Renaud.

*

Une autre chanson, du côté allié cette fois, eut un succès considérable pendant la Première Guerre mondiale.
Intitulée *It's a Long Way to Tipperary*, écrite par Jack Judge et Harry William en 1912, elle fut popularisée par les soldats britanniques lorsqu'ils débarquèrent à Boulogne-sur-Mer en août 1914.

DES HÉROÏNES PARMI TANT D'AUTRES

Le convoi de permissionnaires aborda le dernier virage conduisant à la gare de l'Est.
À l'intérieur du train, l'ambiance était joyeuse, détendue et bon enfant.
Les quelques jours de détente qui attendaient les soldats venant du front de Verdun, promettaient d'être inoubliables.
Dans le wagon de tête, Louis Dupin, dont l'épaule droite disparaissait sous un énorme pansement, se tourna vers ses deux camarades de tranchées, Georges Boisset et Sauveur Langlois.
– Qu'est-ce que tu comptes faire durant ton séjour dans la capitale ? demanda-t-il à Langlois, un jeune homme blond au visage poupin.
– Tout d'abord dormir dans un vrai lit et me réveiller demain matin devant un copieux petit déjeuner, si possible en galante compagnie ! Ça fait si longtemps que ça ne m'est pas arrivé ! Puis, retrouver les copains et continuer à faire la bringue dans les guinguettes du bord de Marne afin d'oublier ces semaines de violences et d'épouvante auxquelles nous avons été confrontés. Et toi, Sauveur ?
– Je l'ignore. Avec Madeleine, l'amie parisienne dont je t'ai si souvent parlé, nous profiterons peut-être de ces quelques jours de détente pour visiter la Tour Eiffel, Saint-Germain des Prés et...
– Et ? Et ?
– Et nous aimer bien sûr ! À la folie ! Mais ça je n'avais pas besoin de te le préciser, si ? ajouta Sauveur en éclatant de rire.
– Pour ma part, dit Louis Dupin après avoir rallumé la pipe qui ne le quittait jamais, mon voyage n'est, hélas, pas encore terminé. Je dois prendre une correspondance, gare Saint-Lazare, pour me rendre en Normandie dans la ferme familiale. Dans sa dernière lettre, mon père semblait préoccupé par le manque de main d'œuvre pour faire les moissons.

À tel point qu'il a dû faire appel à des femmes pour remplacer les hommes partis au front.

– Des femmes qui prennent la place des hommes dans les champs ? On aura vraiment tout vu ! ironisa Louis Dupin visiblement très surpris par la nouvelle. Mais après tout, pourquoi pas ?

Quelques minutes plus tard, le train en provenance de Bar-le-Duc fit son entrée dans la gare pavoisée de drapeaux tricolores. Sur le quai, une foule impressionnante saluait par des cris, des applaudissements, beaucoup de larmes aussi, l'arrivée des permissionnaires.
Tout au bout du quai, plusieurs infirmières de la Croix-Rouge étaient rassemblées dans l'attente de prendre en charge les blessés les plus graves qui se trouvaient dans un wagon situé en queue de convoi.
On débarquerait ces malheureux en dernier, comme pour mieux les dissimuler aux regards des parents et des amis de tous ceux, pour combien de temps encore, que la guerre avait oubliés...

À peine descendus du train, les trois hommes se dirigèrent vers l'une des sorties du bâtiment.
Soudain, alors qu'il passait devant un crieur de journaux, Langlois sentit une petite main très douce se glisser dans la sienne.
– Bonjour Sauveur, lui susurra une élégante jeune femme blonde à l'oreille. Tu me sembles bien pressé !
– Madeleine, quelle bonne surprise ! Qu'est-ce que tu fais ici ?
– À ton avis ? répondit celle-ci en lui effleurant les lèvres d'un baiser.
– Les copains, s'exclama Langlois fou de joie, je vous présente celle qui, je l'espère, partagera ma vie un jour prochain. Madeleine, voici Louis Dupin, c'est l'homme au pansement, précisa-t-il à l'adresse de la jeune femme, et Georges Boisset, le rigolo de la bande. Des chics types que je considère comme les frères que j'aurais aimé avoir !
Puis il enchaîna aussitôt à l'adresse de Boisset visiblement tombé sous le charme de Madeleine :
– Tu as quand même le temps de boire un verre avec nous avant ta correspondance pour la Normandie ?

Quelques minutes plus tard, les quatre nouveaux amis étaient installés à la terrasse d'une brasserie située juste en face de la gare.
Après avoir commandé des boissons, ils gardèrent quelques instants de silence se contentant d'observer la foule et l'incroyable circulation autour du bâtiment.
– Vous avez vu, ça ? s'exclama tout à coup Louis Dupin en désignant un tramway qui déversait un flot ininterrompu de voyageurs sur le trottoir.
– Quoi ?
– Le tramway, là ! Incroyable, c'est une femme qui le conduit !
– Et elle n'est pas la seule, il faudra vous y faire, commença Madeleine en souriant. Depuis quelque temps, en effet, pour compenser l'absence des hommes envoyés au front, on a fait appel aux femmes pour les remplacer dans de nombreux secteurs d'activités.
– Par exemple ? demanda Langlois.
– Elles conduisent des tramways comme vous avez pu le constater, répondit-elle en désignant le véhicule qui s'éloignait dans un bruit de ferraille. Elles distribuent le courrier ou travaillent dans les usines d'armements, les fabriques d'obus en particulier, comme mon amie Lucienne. On appelle celles-ci « les munitionnettes ». C'est d'ailleurs une tâche très pénible.
– Les femmes ne combattent quand même pas les Boches ! plaisanta Georges Boisset, en reposant son verre de bière.
– Détrompez-vous, lui répondit Madeleine. L'une d'elles, Marie Marvingt, surnommée « la Fiancée du danger » a réussi à se faire passer pour un homme et à rejoindre les rangs du 42e bataillon de chasseurs à pied avec lequel elle a combattu peu avant d'être démasquée.
– C'est une histoire incroyable ! fit Louis Dupin, d'une voix admirative.

– Et pourtant vraie ! Moi-même, enchaîna Madeleine avec enthousiasme, j'ai bien l'intention d'entrer comme aide-soignante à l'hôpital du Val-de-Grâce pour m'occuper des grands blessés de la face. Ils sont, hélas, de plus en plus nombreux...
– Tu as bien raison, ma chérie, et j'approuve entièrement ton choix dit Sauveur Langlois, en caressant avec tendresse le cou de Madeleine.
– Ce n'est pas tout ça, remarqua peu après Boisset en consultant sa montre. Ma correspondance pour la Normandie m'attend. Garçon, s'écria-t-il à l'adresse du serveur, apportez-moi l'addition !
– S'il vous plaît, dit soudain Madeleine alors que les trois hommes sortaient déjà leur porte-monnaie pour régler la note, laissez-moi vous inviter...
– Mais, je..., commença Sauveur Langlois.
– J'insiste. Je sais, cela ne se fait pas, du moins pas encore, mais j'y tiens... Ça sera en quelque sorte ma participation à l'effort de guerre, ajouta Madeleine en riant.
Et, devant un couple de bourgeois plutôt âgés, stupéfaits par son audace, la jeune femme tendit fièrement un billet au serveur tout en ponctuant son geste d'un facétieux :
– Eh oui, M'sieur'dame, vous avez bien vu ! Aujourd'hui c'est une femme qui régale ! Que voulez-vous, à la guerre comme à la guerre, pas vrai !

LA TRANCHÉE DES BAÏONNETTES

11 juin 1916.

Dans la pâle clarté du jour, les soldats français se tenaient alignés debout, le fusil, baïonnette au canon, appuyé au parapet de la tranchée, prêts à s'en saisir dès que l'ennemi se lancerait à l'assaut de leur position.
La plupart d'entre eux avaient une grenade dans chaque main.
L'attaque allemande semblait à présent imminente, et pourtant le silence était impressionnant, à peine troublé de temps à autre par un discret bruit de toux ou par une prière dite à voix basse.

Tout à coup, les canons allemands ouvrirent le feu. Instinctivement les hommes baissèrent la tête, tandis que les premiers obus passaient au-dessus d'eux.
Fracas et fureur.
Geysers de flammes et de boue.
Un véritable enfer se déchaîna.
Un sifflement lugubre se fit entendre dans le lointain.
– Gaffe, les aminches, celui-là, il est pour nous ! lança un soldat à ses voisins. C'est du gros ! Du 150 ou du 210 ! Planquez-vous !
L'homme, hélas, ne s'était pas trompé. L'obus explosa à quelques mètres de la tranchée.
Il fut immédiatement suivi par une dizaine d'autres qui tombèrent devant et derrière l'excavation, rapprochant dangereusement, et petit à petit, les lèvres de cette dernière.
Les deux derniers obus ensevelirent les malheureux Vendéens et Bretons du 137e régiment d'infanterie sans leur laisser la moindre chance de s'échapper.

C'est certainement dû au fait qu'ils n'avaient pas le fusil à la main, qu'on retrouva les baïonnettes émergeant du sol, telles qu'on peut encore les voir aujourd'hui, après l'écroulement de la tranchée.
Légende ou réalité, les historiens et les experts se contredisent et s'affrontent encore de nos jours sur la véracité des faits concernant cette fameuse « Tranchée des Baïonnettes », d'abord appelée « la Tranchée des Fusils »...

Et c'est un riche banquier américain, Georges T. Rand, ému par la symbolique de l'histoire, qui fit don de 500 000 francs pour que soit édifié un mémorial au-dessus même de la tranchée.
Il le fit dans le but de la protéger des ravages du temps et des intempéries, mais aussi et surtout afin de rendre hommage aux malheureux qui ont trouvé, sur tous les fronts et dans les mêmes conditions que les hommes du 137e RI, une mort atroce au cours de cette guerre.

L'imposant monument de béton, conçu par l'architecte André Ventre, sera finalement inauguré le 8 décembre 1920 par le président de la République, Alexandre Millerand.

CHARLES NUNGESSER
PIÈGE MORTEL DANS LE CIEL

Juin 1917.

L'avion, un Nieuport 17 vient de se poser sur le terrain d'aviation de Saint-Pol situé dans le nord de la France.
Le pilote attend, moteur coupé, que l'on vienne l'aider à sortir de son habitacle. Il s'appelle Charles Nungesser.

C'est un As.
Un As parmi tant d'autres qui ont pour noms :
Georges Guynemer, René Fonck, Henri Navarre, René Dorme, Jean Chaput. Des hommes jeunes, courageux jusqu'à l'inconscience, indifférents, semble-t-il, au danger, et qui collectionnent les blessures, les victoires, les médailles et les bonnes fortunes.
Des pilotes qui connaissent par cœur la dure loi du combat aérien dans les abattoirs du ciel :
Tuer ou être tué.
Rien que toi et moi, face à face dans l'azur.
Tandis qu'il cherche des yeux Pochon, son ami mécanicien, Nungesser ne peut s'empêcher de regarder avec fierté son appareil qui l'a conduit tant de fois au succès.
Son Nieuport est reconnaissable entre tous. Il entretient d'ailleurs à sa manière la légende de son pilote.
En effet, les deux côtés de son fuselage s'ornent d'une tête de mort aux tibias entrecroisés, surmontée par un cercueil entouré de deux chandeliers, le tout dessiné dans un cœur noir.
Un véritable défi aux aviateurs ennemis en même temps qu'un facétieux pied de nez à la mort qui rôde sans cesse dans les nuages...
Après s'être extirpé de l'appareil, Nungesser allume un cigare puis se dirige à l'aide d'une canne - triste rappel d'une blessure parmi tant d'autres - vers la popote.
– Quoi de neuf, les aminches ? demande-t-il à la ronde, à peine entré.
– Pas grand-chose. L'ennemi se fait plutôt discret, ces temps-ci. Ah si, tiens, lis ça ! lui répond un pilote en lui tendant un papier.

Les Boches en ont balancé plusieurs centaines...
Je crois que ça te concerne...
Nungesser s'empare aussitôt de la feuille.
C'est un tract invitant « Nungessen » à accepter un combat singulier au-dessus de la ville de Douai.
– C'est incroyable ! Jamais les Boches n'apprendront à écrire mon nom correctement ! s'exclame, furieux, le pilote français. À croire qu'ils ne lisent pas les journaux !

– Tu sais sans doute qu'ils ont mis ta tête à prix ! lance quelqu'un.
– Très cher, j'espère ! rétorque Nungesser en éclatant de rire, sinon je serais vexé !
Puis il regarde plus attentivement le tract, et découvre avec surprise que le combat singulier auquel il est convié doit avoir lieu aujourd'hui même.
– J'ai juste le temps de faire le plein ! remarque Nungesser en se levant avec difficulté.
– Mais, Charles, tu ne vas pas...? commence un sergent, accoudé au bar devant un verre de bière.
– Si, mon vieux, le coupe l'As français en se levant, et je m'en voudrais de faire attendre plus longtemps mon adversaire.
Vingt minutes plus tard et en dépit des avis des autres membres de l'escadrille qui redoutent un traquenard, Charles Nungesser décolle seul aux commandes de son Nieuport pour répondre à l'invitation de l'ennemi...

*

Nungesser grimpe rapidement à 3 000 mètres.
Il aime ces moments de solitude dans l'espace, juste avant un combat.
Le ciel est dégagé. Au-dessous de lui, il distingue les premiers toits de Douai.
Après un virage serré, Nungesser lâche une longue rafale pour vérifier que ses mitrailleuses sont en état de marche. Ça ne serait vraiment pas le moment qu'elles s'enrayent !
Rassuré, il scrute à présent l'horizon à la recherche de celui qui l'a défié.
Aucun avion ennemi n'est en vue. Aurait-il été victime d'une mauvaise blague ?
C'est alors qu'il aperçoit six avions à croix noires se diriger droit sur lui.
– J'ai été piégé comme un bleu, murmure-t-il rageur entre ses dents.
Nungesser décide malgré tout d'engager le combat et de faire payer au prix fort sa traîtrise à l'ennemi.
Quelques instants plus tard, il fonce vers les six appareils en ouvrant le feu.
Surpris par sa folle manœuvre, les avions allemands s'écartent comme ils peuvent de la trajectoire du *Nieuport*.
Bientôt, deux d'entre eux s'écrasent en flammes - ils seront les 28e et 29e victoires de Nungesser - et les autres, sans demander leur reste, rebroussent chemin...
Charles Nungesser apprendra un peu plus tard que le chef de l'escadrille qui lui a tendu ce piège mortel s'appelle... Hermann Gœring.
L'histoire ne s'arrête pas là...

*

En 1927, Charles Nungesser tente, en compagnie de François Coli, de traverser l'Atlantique à bord de l'*Oiseau Blanc*.
Les deux hommes disparaissent sans laisser de trace au cours de ce voyage. Un monument est alors érigé à Étretat en leur mémoire, car c'est au-dessus de cette ville que l'*Oiseau Blanc* a été aperçu pour la dernière fois.

En 1940, la France est occupée par les troupes d'Adolf Hitler.
Deux ans plus tard, alors qu'il est devenu le chef de la *Luftwaffe**, Hermann Gœring donne l'ordre de faire sauter à la dynamite la stèle commémorative de Nungesser et Coli.
Le nom de Charles Nungesser devait sans doute lui rappeler de trop mauvais souvenirs...

**Luftwaffe :* aviation allemande

LA MORT N'A PAS DE COULEUR

Chemin des Dames, 16 avril 1917.

Il était près de 4 heures du matin et le soldat Mamadou Soko ne dormait pas.

Inconfortablement allongé dans une couverture râpeuse, à même le sol de sa tranchée, il essayait d'oublier le froid et la canonnade lointaine en se rappelant quelques bons moments de sa jeunesse passée, dans une autre vie, dans un autre monde au-delà des mers, dans son Sénégal natal.

Non loin de là, sur sa gauche à travers le *no man's land*, il pouvait deviner les ruines de plusieurs bâtiments agricoles susceptibles d'abriter des tireurs embusqués et pilonnés par les obus allemands.

Cette vision le renvoya au village de cases dans lequel il avait grandi avec ses nombreux frères et sœurs non loin de Conakry.

À l'époque, la vie en AOF* était certes difficile, mais n'avait pourtant rien à voir avec la réalité à laquelle le jeune Africain était confronté aujourd'hui.

Mamadou Soko s'était engagé dans les troupes coloniales après bien des hésitations.

Mais pour finir, l'appel de la France, la lointaine Mère Patrie, jointe aux exhortations du chef de son village l'avaient finalement décidé à rejoindre les rangs de la *Force noire* si chère au général Mangin*.

Son arrivée en France datait de quelques mois à peine, après une traversée sur le *Ville de Bordeaux*, un navire ventru qui ressemblait, selon les dires de certains de ses compatriotes, à l'énorme hippopotame qui pataugeait joyeusement dans le marigot jouxtant son village.

Après une rapide instruction sur la Côte d'Azur, le temps de s'acclimater au continent européen et de s'aguerrir au maniement des armes, le jeune soldat avait été très vite confronté à l'horreur et à la violence des combats.

Comme de nombreux tirailleurs sénégalais, Mamadou Soko avait été dirigé sur le front de Verdun.

Il avait lui-même participé à la reprise du fort de Douaumont en octobre 1916.

Un assaut meurtrier au cours duquel de nombreux TS* avaient laissé la vie.

* AOF : Afrique occidentale française
* Général Mangin (1866-1925) co-responsable avec le général Nivelle (1856-1924) de la désastreuse offensive du Chemin des Dames
* TS : abréviation pour tirailleur sénégalais

En ce 16 avril 1917, quelque part entre Soissons et Reims, Mamadou Soko attendait le signal de l'offensive sur le point de se déclencher sous les ordres du général Nivelle.

Une attaque d'envergure qui serait appuyée par des mastodontes blindés et chenillés - des chars Schneider et Saint-Chamond - et qui, selon l'état-major, devait changer définitivement le cours de la guerre.

À quelques mètres de lui, à la mauvaise lueur de son briquet, son cousin Honoré Diallo aiguisait avec soin son coupe-coupe, une arme particulièrement redoutable entre ses mains et dont plusieurs Boches avaient déjà fait les frais.
Un peu plus loin, pour oublier son angoisse et le froid, Moussa Ngolo parlait avec le sergent Dupré, un « long crayon »* comme on disait chez lui, un ancien instituteur originaire de la région parisienne.
C'est lui qui, tout à l'heure, conduirait leur section à l'assaut des positions ennemies.
Dupré avait une tendresse particulière pour l'Afrique où il avait vécu et enseigné quelque temps, et Moussa lui faisait, encore une fois sans doute, le récit d'une fête de son village lorsque les danseurs se déchaînaient au son du djembé* et de la kora*...
Une fusée interrompit la rêverie de Soko, illuminant brièvement le paysage d'apocalypse qui se trouvait devant lui.
Elle fut aussitôt suivie par plusieurs rafales de mitrailleuse en provenance des lignes boches fortifiées, situées sur une crête à moins d'une centaine de mètres de là.
Puis, étrangement, le silence retomba peu à peu sur la ligne de front, tandis que les premiers flocons de neige faisaient leur apparition.
Un silence inhabituel, presque obscène, qui n'annonçait rien de bon...
Une sorte de faux calme avant la tempête qui se déclencha à six heures du matin lorsque les Français lancèrent leur attaque.

* Long crayon : personne ayant suivi des études
* Djembé : tambour d'Afrique de l'ouest
* Kora : sorte de luth africain

*

Perdant son sang en abondance, Mamadou Soko était couché sur le dos, veillé par le sergent Dupré, lui-même blessé à l'épaule, alors qu'autour d'eux le combat continuait de faire rage.
– Ne bouge pas, lui dit Dupré, en faisant de son mieux pour comprimer avec sa main droite l'horrible blessure au ventre du tirailleur sénégalais. Les infirmiers ne vont pas tarder à venir te chercher.
– Foutu, sergent, j'suis foutu, réussit à murmurer Sako à l'oreille du sous-officier.
Dupré ne répondit pas.
– L'Afrique, mon Afrique, continua Sako en plein délire. Si lointaine. Si lointaine.
Au même instant, une mitrailleuse boche prit les deux hommes pour cible. Dupré mit aussitôt Soko à l'abri dans une déclivité de terrain où s'entassaient déjà plusieurs cadavres de soldats blancs comme de soldats noirs, mélangés dans la même mortelle fraternité.
Ne sachant plus quoi inventer pour apaiser les souffrances de son frère d'armes, le sergent Dupré lui dit soudain tout en désignant le ciel sillonné par des éclairs de feu et d'acier en provenance des canons des deux camps :
– Mamadou, la guerre n'existe plus... Écoute les barrissements des éléphants, les feulements de la lionne, le lourd martèlement des troupeaux de buffles, la fuite éperdue des antilopes.
Presque instantanément, les gémissements de douleur de Soko s'espacèrent.

Dupré poursuivit alors à voix basse, les yeux remplis de larmes en indiquant l'horizon obscurci par la fumée :

– Regarde le fleuve tranquille où s'ébattent crocodiles et hippopotames. Et ce ciel bleu, limpide, lumineux, où nagent des milliers d'oiseaux de toutes les couleurs. Mamadou, tu les vois ? Tu les vois ? Toute ton Afrique, tous tes amis sont là pour te dire qu'ils t'aiment, qu'ils t'aimeront toujours et qu'ils attendent ton retour parmi eux avec impatience. Et la douce mélopée des femmes écrasant le mil, et les rires des enfants accompagnés par la voix du tam-tam, tu les entends, dis, tu les entends ?

Comme par magie, bercé par les paroles du sergent Dupré, Mamadou Soko oublia peu à peu le fracas des obus, le miaulement des balles, les hurlements des hommes en train de s'étriper.

Il s'endormit bientôt d'un sommeil paisible, loin, très loin de ce Chemin des Dames où, en ce 16 avril 1917, périrent des centaines de ses congénères venus défendre une patrie dont ils ne savaient rien ou presque.

Une France qu'ils aimaient passionnément, et qui, du moins l'espéraient-ils, le leur rendait bien...

LES GUEULES CASSÉES

Dans la Ve division des blessés de la face de l'hôpital du Val-de-Grâce, le sergent Antoine Lacorne reprit peu à peu conscience.

À travers les pansements qui lui recouvraient presque entièrement le visage, ou du moins ce qu'il en restait, il distingua l'ombre de la nouvelle aide-soignante bénévole affectée à la surveillance de l'étage, pour la nuit.

Celle-ci passait rapidement d'un lit à l'autre, jetant un rapide coup d'œil à la vingtaine de « baveux* » comme lui, qui occupaient la salle commune, s'arrêtant de temps à autre pour remonter une couverture, écouter le souffle d'une respiration, vérifier une courbe de température, presser la main d'un dormeur agité, sans doute en proie à un horrible cauchemar, avant de passer à la salle suivante.

Antoine Lacorne le savait, la journée qui s'annonçait serait décisive pour l'avenir de son couple.

Après plusieurs opérations et des semaines de soins intensifs et combien douloureux pour tenter de redonner à ses traits figure humaine, il devait, ce matin-là, en effet, recevoir la visite de son épouse Lucille...

Un cri de douleur en provenance du lit situé au fond de sa rangée, le fit soudain sursauter.

Il émanait d'un fantassin originaire de Marseille dont la moitié du visage avait été arraché par un éclat d'obus alors qu'il venait juste d'arriver sur la ligne de front de la cote 304.

– Ta gueule, le nouveau ! Sois gentil, fais comme nous, souffre en silence ! lança alors la voix caverneuse de Robert Darcy, un nettoyeur de tranchées, dont les yeux et le haut du visage avaient été brûlés lors d'une attaque aux gaz.

*Baveux : surnom donné aux grands blessés de la face

Comme par miracle, les gémissements de douleur du jeune soldat provençal s'éteignirent peu à peu.

Dans les premières lueurs de l'aube, une fois le silence revenu, Antoine Lacorne se remit à évoquer sa prochaine et difficile rencontre avec sa chère Lucille.
Une entrevue qu'il redoutait par-dessus tout et qu'il avait, à la demande du chirurgien qui l'avait opéré, repoussée le plus longtemps possible.

Lucille le reconnaîtrait-elle ? Ne s'évanouirait-elle pas en découvrant son visage massacré, ce visage doux et fin qui l'avait séduite au premier regard dans un petit bal du 14 juillet, un peu avant la guerre ?
Pire ne s'enfuirait-elle pas en courant comme tant d'autres compagnes de mutilés, en découvrant ce qu'une rafale de mitrailleuse ou quelque vingt centimètres d'acier avaient fait du visage de leur conjoint ?
Et si c'était le cas, lui-même, résisterait-il à la tentation d'en finir une fois pour toutes avec le bout de manche de cuillère patiemment aiguisé qu'il avait réussi à sortir du réfectoire avec la complicité d'un infirmier compatissant ?
Peut-être était-ce après tout la meilleure solution ?

Le drame vécu par Antoine Lacorne était celui de milliers d'hommes victimes d'une guerre atroce, où la violence des combats et la puissance de destruction inventée par l'être humain avaient atteint des sommets vertigineux...

Cette tragédie avait aussi été celle de trois hommes grièvement blessés au visage, Albert Jugon, en septembre 1914, Bienaimé Jourdain, en juin 1915, ainsi que le colonel Yves Picot en janvier 1917.
À force de patience, de courage et de volonté, ces trois héros de la Grande Guerre, ambassadeurs des souffrances indicibles de tous leurs frères d'armes, allaient réussir peu à peu à faire accepter leur handicap à leurs concitoyens, pour que ces derniers cessent de les regarder avec horreur, dégoût ou pitié.

Albert Jugon eut même le privilège de faire partie du groupe des cinq grands mutilés qui, à la demande de Georges Clémenceau*, assistèrent à la signature du traité de Paix dans la Galerie des Glaces du château de Versailles, le 28 juin 1919.

En 1921, le colonel Picot, lui-même inventeur de l'appellation des « Gueules Cassées », fonda avec une quarantaine d'autres camarades l'*Union des Blessés de la Face*.
Reconnue d'utilité publique en 1927, cette association, dont la devise est « Sourire quand même », est encore, de nos jours, plus active plus que jamais.

Georges Clémenceau (1841-1929): homme d'état français, surnommé *le Tigre* ou *le Père de la Victoire*

L'OSSUAIRE DE DOUAUMONT

Alors qu'il arpentait en compagnie du général Valantin, gouverneur de Verdun, un paysage bouleversé par le feu et l'acier, pathétique souvenir des huit mois d'un combat de titans qui avait opposé Français et Allemands, Monseigneur Ginisty, évêque de Verdun se tourna soudain vers son interlocuteur :
– Que diriez-vous de donner aux restes des soldats tombés lors de cette sanglante bataille, une sépulture décente où les familles pourraient venir se recueillir et prier pour leurs proches disparus.
– Je trouve votre proposition plutôt intéressante, répondit l'officier supérieur, tout en essuyant négligemment un morceau de boue qui collait à ses bottes.
Se sentant encouragé dans sa démarche, Monseigneur Ginisty enchaîna presque aussitôt en désignant une jeune femme vêtue de noir accompagnée d'une fillette face à une croix de bois plantée de guingois dans la terre :
– Cela permettrait aussi aux générations futures de s'interroger sur l'absurdité des guerres qui engendrent autant de souffrances et de destructions. Vous ne croyez pas ?
Cette fois-ci, le général Valantin se contenta de répondre par un bref hochement de tête accompagné d'un discret :
– Sans doute... Sans doute...

L'idée de la construction de l'Ossuaire de Douaumont était née ce jour-là...

Bâti sur la colline de Thiaumont, l'imposant monument que nul ne peut visiter sans éprouver une intense émotion, est l'œuvre des architectes Léon Azéma, Max Edrei et Jacques Hardy.

La tour centrale nommée « La Tour des Morts », haute de 46 m est surmontée d'une lanterne, « La Lanterne des Morts » abritant un phare de quatre feux blancs et rouges, entourant une cloche de 2 300 kg, appelée « le Bourdon de la Victoire ».

Face à l'Ossuaire, dans la nécropole nationale de Douaumont qui s'étend sur 144 380 m², reposent les corps de plus de 16 600 soldats français identifiés, et de toutes confessions religieuses.
Cet immense cimetière rappelle le sacrifice de toute une génération dans une terre gorgée de sang qui renferme, aujourd'hui encore, les corps de nombreux soldats portés disparus au cours des combats.
L'Ossuaire de Douaumont dont la première pierre avait été posée par le maréchal Pétain en 1920, a été inauguré en 1932 par Albert Lebrun, président de la République.

LE CHOIX DU SOLDAT INCONNU

10 novembre 1920.

La cérémonie se déroule dans la citadelle de Verdun, transformée pour l'occasion en chapelle ardente, en présence de quelques-unes des plus hautes autorités militaires et de l'État.
Âgé de 24 ans, originaire de la région normande, le soldat Auguste Thin a la redoutable tâche de désigner parmi les huit cercueils placés devant lui et qui contiennent les corps de huit soldats français non identifiés, celui qui symbolisera le sacrifice héroïque des 1 500 000 morts français de la Première Guerre mondiale.
Ces huit cercueils correspondent aux principaux champs de bataille qui ont vu s'affronter les belligérants durant les quatre années terribles d'une guerre dont l'armistice du 11 novembre 1918 a vu la fin.

Appuyé sur sa canne dont il ne sépare jamais, le ministre des Pensions, André Maginot, s'avance vers Auguste Thin dont l'émotion est presque palpable.
André Maginot remet alors au soldat un bouquet d'œillets tricolores, en lui demandant de le déposer sur le cercueil de son choix.
Conscient des responsabilités qui pèsent sur ses jeunes épaules, Auguste Thin fait lentement, une première fois, puis une deuxième, le tour des huit cercueils recouverts du drapeau bleu, blanc, rouge.
Comment et lequel choisir ?
Pourquoi celui-ci ? Pourquoi pas cet autre ?
Auguste Thin hésite toujours.

Puis, il se décide tout à coup et dépose les fleurs sur le sixième cercueil... La raison de son choix ? Il l'expliquera lui-même par la suite :
« Je ne savais vraiment pas quel cercueil désigner, alors j'ai pensé à mon régiment, le 132e d'infanterie et j'ai additionné les chiffres : 1, 2, 3. Le total faisait 6... J'ai donc choisi le sixième cercueil... »

Celui-ci fut ensuite posé sur un affut de canon de 75, tiré par un attelage, avant d'être chargé à bord d'un train à destination de Paris.
Conduit d'abord au Panthéon, puis à l'Arc de Triomphe sur les Champs-Élysées, au matin du 11 novembre 1920, c'est seulement à la fin du mois de janvier 1921 que le Soldat Inconnu prendra sa place définitive ; une crypte creusée sous l'Arc où l'on peut lire ces simples mots :
« Ici, repose un soldat français, mort pour la Patrie ».

Depuis, la flamme sacrée qui brûle en permanence depuis 1923 pour rappeler le souvenir de tous les soldats français morts au cours de la Grande Guerre, est ranimée chaque soir à 18 h 30.

Auguste Thin, quant à lui, décéda le 10 avril 1982 peu après avoir été décoré de la légion d'honneur par le président de la République, François Mitterrand.

GRANDE GUERRE ET LITTÉRATURE

De nombreux écrivains ont apporté des témoignages aussi précieux qu'émouvants sur ce que fut le quotidien des Poilus au cours de ces quatre années de folie meurtrière.

Parmi les plus célèbres, citons Roland Dorgelès *(Les Croix de bois)*, Henri Barbusse *(Le Feu, prix Goncourt 1916)* Georges Duhamel, qui raconta son expérience de chirurgien sur le front *(Vie des martyrs)*, Maurice Genevoix (Ceux de 14), Gabriel Chevallier *(La peur)*.
Certains y furent grièvement blessés tel Blaise Cendrars *(La main coupée)*.
D'autres enfin y perdirent la vie comme le poète Charles Péguy ou les romanciers Alain-Fournier, auteur du Grand Meaulnes, mort au combat en 1914, et dont le corps ne fut retrouvé et identifié qu'en 1991 dans une clairière du Bois de Saint-Rémy, Louis Pergaud *(La Guerre des boutons)*, Ernest Psichari *(Le voyage du Centurion)*.

N'oublions pas non plus les récits du côté des soldats allemands dont les souffrances tout au long de cette guerre furent semblables à celles de nos Poilus.
Ainsi, Erich Maria Remarque *(À l'Ouest rien de nouveau)* et Ernst Jünger *(Orages d'acier)*.

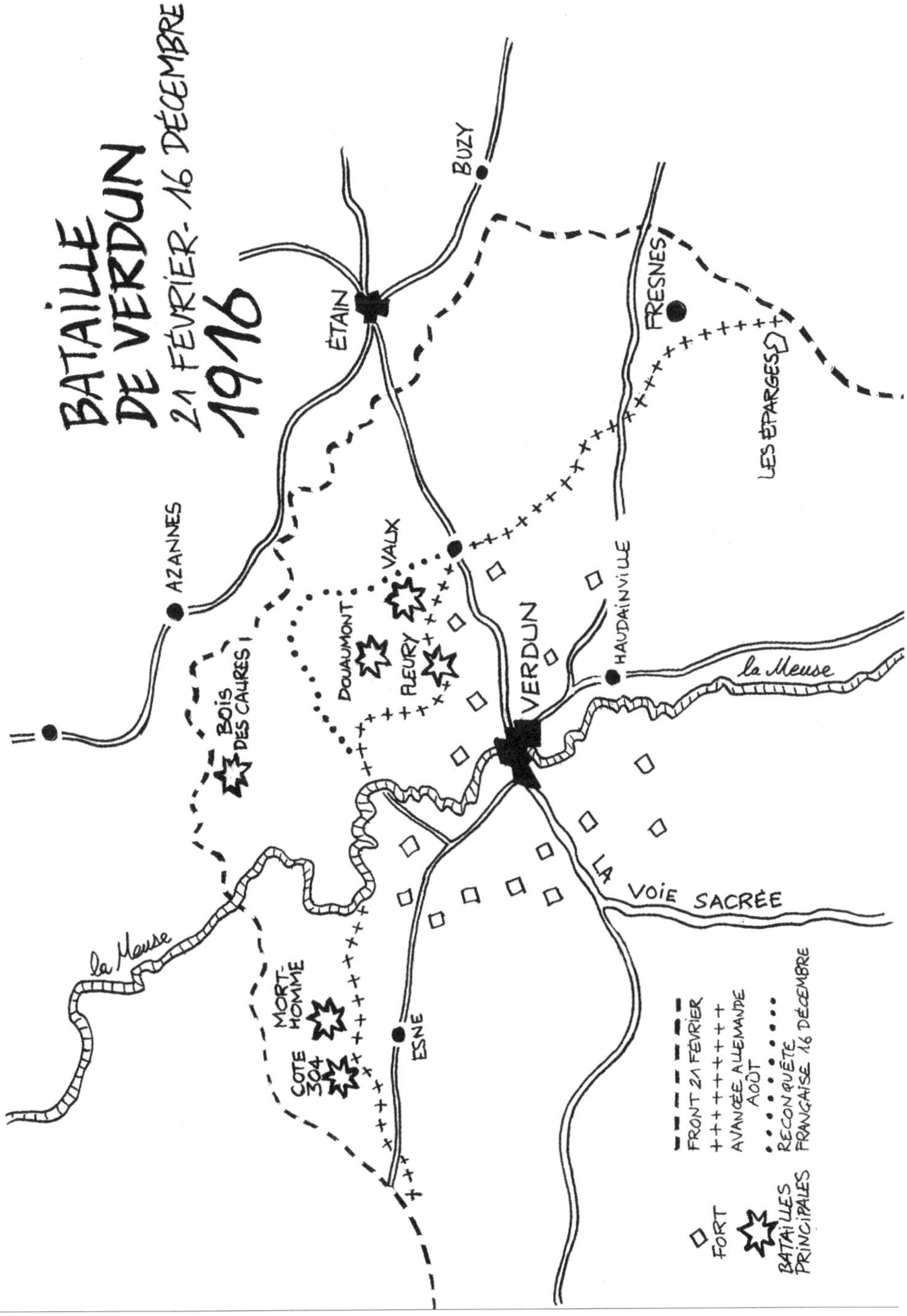
BATAILLE DE VERDUN
21 FÉVRIER - 16 DÉCEMBRE
1916
BUZY
ÉTAIN
AZANNES
FRESNES
LES ÉPARGES
VAUX
DOUAUMONT
FLEURY
BOIS DES CAURES
VERDUN
HAUDAINVILLE
la Meuse
LA VOIE SACRÉE
la Meuse
MORT-HOMME
COTE 304
ESNE
FRONT 21 FÉVRIER
AVANCÉE ALLEMANDE AOÛT
RECONQUÊTE FRANÇAISE 16 DÉCEMBRE
FORT
BATAILLES PRINCIPALES

Repères chronologiques

3 août 1914 .... L'Allemagne déclare la guerre à la France.
Septembre 1914........ Bataille de la Marne.
21 février 1916.......... Début de la bataille de Verdun.
Avril 1917..................... Entrée en guerre des États-Unis.
11 novembre 1918... Signature de l'Armistice en forêt de Compiègne.
28 juin 1919............... Traité de Versailles signé entre les Alliés et l'Allemagne.

Le bilan de la guerre de 14-18

On estime que cette guerre, outre des destructions considérables, a causé 8 millions de morts, plus de 20 millions de blessés, sans compter les séquelles psychologiques éprouvées par des milliers d'autres, incapables de reprendre une vie normale après la fin des hostilités.

Plus de 80 musées traitent de la guerre 14-18, parmi lesquels :

Le Musée-Mémorial de Verdun, à Fleury-devant-Douaumont.
Le musée du fort de Vaux, à Vaux-devant-Damloup.
Le musée militaire du fort de Douaumont.
Le musée de la Grande Guerre, à Meaux.
Le musée et le wagon de l'Armistice, à Compiègne.
Le musée de l'Armée, à Paris.
Le musée de la Citadelle militaire de Verdun.
Le musée de la Voie Sacrée, à Souilly.
Le musée de la Première Guerre mondiale, à Varennes-en- Argonne.
L'historial de la Grande Guerre, à Péronne.
Le musée du fort de la Pompelle, à Reims.

Sommaire

Achevé d'imprimer sur les presses de GRLI : 03 89 64 55 10
Dépôt légal : 1er trimestre 2014